Feststellung und Systematisierung von Kompetenzen im Berufsfeld IT

Eine crossdisziplinäre und quantitative Studie aus Sicht der Weiterbildung

Andreas Schneider

Inauguraldissertation

Vorgelegt dem Fachbereich 02 Sozialwissenschaften, Medien und Sport
der Johannes Gutenberg-Universität Mainz

2022

Erstgutachter: Univ.-Prof. Dr. habil. Sebastian Lerch
Zweitgutachterin: Jun.-Prof. Dr. Julia Koller
Datum der Disputation: 12. April 2023

D77

Reihe: Interdisziplinäre Lehre

Reihenherausgebende:

Dr.in Simone Brandstädter ist wissenschaftliche Mitarbeiterin der Arbeits- und Organisationspsychologie am Psychologischen Institut der Universität Heidelberg. Sie forscht u. a. zu den Anforderungen der modernen Arbeitswelt, insbesondere zur Interdisziplinarität und zur psychischen Belastung am Arbeitsplatz.

Dr.in Mirjam Braßler ist wissenschaftliche Mitarbeiterin am Institut für Psychologie der Universität Hamburg. Sie forscht zu interdisziplinärem Lehren und Lernen, interdisziplinärer Teamarbeit und Bildung für Nachhaltige Entwicklung (BNE).

Prof. Dr. Sebastian Lerch hat die Professur für Erziehungswissenschaft mit dem Schwerpunkt Erwachsenenbildung/Weiterbildung an der Johannes Gutenberg-Universität Mainz inne. Seine Arbeitsschwerpunkte sind Kompetenzförderung, Biographiearbeit, Lebenslanges Lernen sowie Interdisziplinarität.

Weitere Informationen finden Sie auf
https://www.wbv.de/interdisziplinaere-lehre/

Andreas Schneider

Feststellung und Systematisierung von Kompetenzen im Berufsfeld IT

Eine crossdisziplinäre und quantitative Studie aus Sicht der Weiterbildung

Interdisziplinäre Lehre

Mit der Publikationsreihe „Interdisziplinäre Lehre" bieten wir Ihnen ein lebendiges Forum für den gemeinsamen Diskurs und die Verbreitung wertvoller Impulse für die Praxis – eine Plattform für die Vielfalt interdisziplinärer Zugänge, Arbeitsformen, Erfahrungen und Impulse in der Hochschullehre.

Gesamtherstellung:
wbv Media GmbH & Co. KG, Bielefeld
wbv.de

Umschlaggrafik:
Christiane Zay, Passau

ISBN Print: 9783763976034
ISBN E-Book: 9783763976041
Bd.-Nr.: 2

Printed in Germany

Bibliografische Information der Deutschen Nationalbibliothek
Die Deutsche Nationalbibliothek verzeichnet diese Publikation in der Deutschen Nationalbibliografie; detaillierte bibliografische Daten sind im Internet über http://dnb.d-nb.de abrufbar.

Inhaltsverzeichnis

Abkürzungsverzeichnis

AES	Adult Education Survey
API	Application Programming Interface
BA	Bundesagentur für Arbeit
BBiG	Berufsbildungsgesetz
BIBB	Bundesinstitut für Berufsbildung
BMAS	Bundesministerium für Arbeit und Soziales
BMBF	Bundesministerium für Bildung und Forschung
CBOW	Continuous Bag of Words
Cedefop	Centre européen pour le développement de la formation professionnelle
CMMI	Capability Maturity Model Integration
COMET	Competence Measuring and Training
CRISP-DM	Cross-Industry Standard Process for Data Mining
CSS	Cascading Style Sheets
DIE	Deutsches Institut für Erwachsenenbildung - Leibniz-Zentrum für Lebenslanges Lernen
DL	Deep Learning
DQR	Deutscher Qualifikationsrahmen
EQR	Europäischer Qualifikationsrahmen
ERP	Enterprise Resource Planning
FDP	Freie Demokratische Partei
GRETA	Grundlagen für die Entwicklung eines trägerübergreifenden Anerkennungsverfahrens von Kompetenzen Lehrender in der Erwachsenen- und Weiterbildung
HTML	HyperText Markup Language
IAB	Institut für Arbeitsmarkt- und Berufsforschung
IOB	Inside Outside Beginning
IT	Information Technology
IT-WBS	IT-Weiterbildungssystem
ITIL	Information Technology Infrastructure Library
JEE	Java Enterprise Edition
JSF	Jakarta Server Faces

KODE®	Kompetenz-Diagnostik und -Entwicklung
LiNe	Lernen im Netz
LiPA	Lernen im Prozess der Arbeit
LisU	Lernen im sozialen Umfeld
LiWE	Lernen in Weiterbildungseinrichtungen
LSTM	Long Short-term Memory
ML	Machine Learning
MOOC	Massive Open Online Course
NLP	Natural Language Processing
NQR	Nationaler Qualifikationsrahmen
NWS	Nationale Weiterbildungsstrategie
O*NET-SOC	Occupational Information Network Standard Occupational Classification
OECD	Organisation for Economic Co-operation and Development
PIAAC	Programme for the International Assessment of Adult Competencies
RNN	Recurrent Neural Network
SGB	Sozialgesetzbuch
SMART	Spezifisch, Messbar, Akzeptiert, Realistisch, Terminiert
SPD	Sozialdemokratische Partei Deutschlands
SPICE	Software Process and Capability Determination
STTS	Stuttgart-Tübingen TagSet
USDOL/ETA	U.S. Department of Labor / Employment and Training Administration
VBA	Visual Basic for Applications
VoIP	Voice over IP
wWB	wissenschaftliche Weiterbildung

Vorwort

Das vorliegende Buch (zugleich Dissertation an der JGU Mainz) widmet sich mit der Kompetenzmodellierung für den IT-Arbeitsmarkt einem sehr wichtigen und aktuellen Thema, was an Schnittstellen verschiedener Disziplinen liegt: Es verfolgt einen crossdisziplinären Ansatz, indem informatische Methoden aus den Bereichen des Natural Language Processings, Machine Learnings und Deep Learnings zur Bestimmung von Kompetenzanforderungen im Berufsfeld der IT angewendet werden; zugleich wird das Thema auch für Sozial- und Erziehungswissenschaften erschlossen.

Die grundlegende Fragestellung lautet: Wie lassen sich aus Onlinestellenangeboten durch den Einsatz quantitativ-interpretativer Methoden, Tätigkeits- und Kompetenzfelder synthetisieren, sodass diese anschließend für die berufliche Weiterbildung nutzbar sind? Als Anwendungsfeld sind Tätigkeiten im IT-Umfeld gewählt worden, da diese eine immer größere Bedeutung durch die Digitalisierung erfahren und sich zudem durch technische Fortschritte schnell ändern. Allein die Größe der Datenbasis, bestehend aus 1.683.109 Online-Stellenanzeigen, zeigt anschaulich den Nutzen solcher Methoden bei der systematischen Ableitung von Erkenntnissen aus Textdokumenten auf. Herr Schneider beschreibt dabei den technischen Methodenteil sehr gut verständlich und somit auch für Fachfremde nachvollziehbar. Die immer wieder kritische Auseinandersetzung mit den Vor- und Nachteilen der verwendeten Methode zeigt anschaulich die Möglichkeiten und Grenzen sowohl quantitativ-automatisierter als auch qualitativinhaltsanalytischer Vorgehensweisen auf – und hebt damit gerade die Notwendigkeit von synergetischem Zusammenarbeiten verschiedener Disziplinen und Methoden hervor. Die Aktualität zeigt sich auch in der gegenwärtigen gesellschaftlichen Diskussion über selbstlernende Algorithmen, artifizielle Sprachmodelle und künstliche Intelligenz.

Die vorgelegte Arbeit schafft es, ein komplexes und vielgestaltiges Thema – das der Kompetenzbeschreibung in der IT – mittels weiterbildnerischer Perspektivierung anschaulich einzufangen und vor dem Hintergrund der theoretischen und empirischen Analyse Konsequenzen für didaktische Szenarien und berufliche Weiterbildung abzuleiten. Insofern wird die Ausarbeitung sowohl theoretische Auseinandersetzungen (u. a. zu Kompetenzmodellierungen, New Work oder Deep Learning) anregen, als auch praktische Folgerungen (z.B. zu Einstellungspraktiken, Ausschreibungen) sowie weitere inter- und crossdisziplinäre empirische Studien (u. a. zu Kompetenzbegriffen) bedingen. Die Arbeit hat insgesamt also eine hohe interdisziplinäre und arbeitsmarktbezogene Relevanz und bereichert unsere Buchreihe.

Simone Brandstädter, Mirjam Braßler, Sebastian Lerch

Zusammenfassung

Kompetenzanforderungen Berufstätiger können sich angesichts vielfältiger Umwelteinflüsse auf die Gesellschaft und den Arbeitsmarkt, beispielsweise infolge sich verändernder Berufsrollen, im Laufe der Zeit wandeln, vor allem dann, wenn sich das Angebot aufgrund von Marktveränderungen auf die Nachfrage, sprich die menschliche Arbeitskraft und deren Kompetenzanforderungen, auswirkt. Im Hinblick auf diese Dynamik besteht zum einen die Herausforderung darin, den Bedarf an Kompetenzen im Markt zu erkennen und zu erfassen. Andererseits ist es notwendig, diesen ermittelten Bedarf berufsfeldspezifisch zu interpretieren, zu systematisieren und auszulegen. Hieran lässt sich eine weiterführende Nutzung der gewonnenen Erkenntnisse, beispielsweise im Rahmen einer Programm- und Angebotsplanung in der beruflichen Weiterbildung, anschließen. Zum Erreichen dieses Zieles wurde ein crossdisziplinärer Ansatz (Kapitel 1) und ein feldtheoretischer Zugang (Kapitel 2) gewählt. Der Blick wird dabei auf den IT-Arbeitsmarkt, die berufliche Weiterbildung und gesellschaftliche Einflüsse, unter anderem bedingt durch die zunehmende Digitalisierung, gerichtet und in diesem Zusammenhang Lernen als berufliche Notwendigkeit und Chance im Berufsfeld IT diskutiert. Im darauffolgenden quantitativ geprägten Teil der Arbeit werden Methoden aus den Bereichen des Natural Language Processings (NLP), Machine Learnings (ML) und Deep Learnings (DL) genutzt, Onlinestellenanzeigen systematisch zu erfassen und aufzubereiten sowie IT-Tätigkeitsfelder abzuleiten und Kompetenzanforderungen zu extrahieren. Interpretative Überprüfungsschritte dienen hierbei der Qualitätssicherung der aus der Datenanalyse automatisiert ermittelten Erkenntnisse (Kapitel 3). Im Sinne der gewählten crossdisziplinären Ausrichtung werden die festgestellten Einzelkompetenzen berufsfeldspezifisch systematisiert und aus kompetenztheoretischen, organisations- und führungspsychologischen sowie pädagogischen Gesichtspunkten interpretiert, diskutiert und in Form von IT-Kompetenzfeldern geordnet (Kapitel 4). Diese gilt es, weiter statistisch zu evaluieren und auszulegen (Kapitel 5). Abschließend soll eine didaktische Perspektive Orientierung geben, inwieweit sich die Top-3-Kompetenzfelder Selbstständigkeit, Team und Kommunikation fördern lassen und welche Möglichkeiten einer Förderbarkeit im Rahmen beruflicher Weiterbildung hierzu berücksichtigt werden können (Kapitel 6). Die Ergebnisse dieser Untersuchung können somit als zusätzliche Informationen durch das auf mesodidaktischer Handlungsebene tätige pädagogische Personal herangezogen werden, um zukünftige planerische Tätigkeiten zu unterstützen.

1 Berufsfeld IT und Weiterbildung: Möglichkeiten und Herausforderungen einer crossdisziplinären Diskussion

1.1 Forschungsstand und Forschungslücke

Vor allem in der IT lässt sich beobachten, dass Fachwissen im Vergleich äußerst schnell altert, was zu kurzfristigen Veränderungen fachlicher Anforderungen führen und gleichzeitig ganzheitliche Auswirkungen auf berufliche Kompetenzen sowie bestehende Rahmungen und Systeme haben kann. Lernen und sich Weiterbilden stellen somit einen integrativen Bestandteil dieser Berufsgruppe dar (Hall et al., 2016, S. 29). In Bezug auf die Dynamik innerhalb dieser Branche besteht jedoch die Gefahr, dass Weiterbildungsmaßnahmen und -angebote auf veraltetem Wissen aufsetzen. Zugleich muss auch das pädagogische Personal, welches diese Maßnahmen entwickelt, einen aktuellen Wissensstand über Kompetenzbedarfe besitzen.

So war es Ziel dieser Studie, Kompetenzen aus Stellenanzeigen mit IT-Bezug zu erheben, die im Anschluss von Trägern und Institutionen in der Erwachsenenbildung und Weiterbildung genutzt werden können. Die erhobenen Kompetenzbedarfe wurden dabei in Feldern systematisiert und in Abhängigkeit zu IT-Tätigkeitsfeldern näher untersucht. Dieser Zugang soll eine zusätzliche Orientierungshilfe, beispielsweise im Rahmen einer Programm- und Angebotsplanung, in der beruflichen Weiterbildung bieten, um die Erhebung des Bildungsbedarfs, als didaktisches Handlungsfeld auf der Mesoebene, zu unterstützen. Um eine vielmehr übergeordnete Perspektive zu schaffen, wurde ein feldtheoretischer Zugang (siehe Kapitel 2.1) gewählt und der Fokus auf den (IT-)Arbeitsmarkt und die Weiterbildung, im Sinne beruflicher Weiterbildung, gelegt, die sich als eigenständig agierende Felder innerhalb eines geschlossenen gesellschaftlichen Raumes gegenseitig beeinflussen. Als Ausgangsbasis für die Feststellung und Systematisierung von Kompetenzen hin zu Kompetenzfeldern und deren Untersuchung im Kontext von Tätigkeitsfeldern im Berufsfeld IT dienten Stellenangebote des IT-Arbeitsmarktes.

Mit der Extraktion und Analyse möglicher Anforderungen, welche seitens der Arbeitgeber:innen in Stellenanzeigen artikuliert werden, befassten sich in der Vergangenheit bereits zahlreiche Forschungsarbeiten und Studien, um spezifische Berufszweige und Branchen hinsichtlich geforderter Qualifikationen, Kenntnisse oder Kompetenzen zu untersuchen. Im internationalen Kontext finden sich aus den letzten Jahren unter anderem Arbeiten von Colombo et al. (2019), die Methoden des maschinellen Lernens auf Onlinestellenanzeigen anwendeten, mit denen sie die für offene Vakanzen erforderlichen Fähigkeiten berechneten. Ebenfalls hat das Europäische Zentrum für die Förderung der Berufsbildung (Centre européen pour le développement de la formation professionnelle [Cedefop]) ein paneuropäisches System für die Analyse von Onlinestellenangeboten entworfen, womit Erkenntnisse über den Qualifikationsbedarf erlangt werden können, die bei der Ausgestaltung von Bildungs- und Ausbildungsprogrammen unterstützen sollen (Cedefop, 2019). Pejic-Bach et al. (2020) analysierten Annoncen mit Bezug zu Industrie 4.0 mit dem Ziel, Berufsprofile aus Stellenbeschreibungen automatisiert abzuleiten. Die Studie von Bäck et al. (2021) beschäftigte sich mit der Identifikation von Stellenanzeigen, die sich mit Tätigkeiten im Bereich der künstlichen Intelligenz und daran geknüpfte, notwendige Fähigkeiten in Verbindung bringen lassen. Hieran lässt sich die Arbeit von Verma und Lamsal (2022) anschließen, die eine Analyse von Onlinestellenanzeigen der Jobsuchmaschine Indeed durchführten, in der erforderliche Fähigkeiten für Tätigkeiten mit Schwerpunkt *künstliche Intelligenz* und *maschinelles Lernen* untersucht wurden.

Mit Blick auf den deutschsprachigen Arbeitsmarkt finden sich darüber hinaus Untersuchungen aus dem Sozialwesen, unter anderem von Schneider und Schroll-Decker (2016, S. 1–4), um Kompetenzanforderungen von Fachkräften und Sozialmanagern zu analysieren, digitale Kompetenzen von sozialpädagogischen Fachkräften (Schroll-Decker & Schneider, 2019, S. 151–155) näher zu beleuchten oder die Medienkompetenz bei Erzieher:innen festzustellen (Schroll-Decker & Schneider, 2020, S. 48–51). Zugleich existieren Studien, die ausschließlich Kompetenzanforderungen innerhalb des deutschen IT-Arbeitsmarktes (Schneider, 2016, S. 197–207) oder diesen in Kombination mit anderen Berufszweigen (Stops et al., 2020) betrachteten. Bei allen genannten Untersuchungen bildeten Stellenanzeigen aus dem deutschsprachigen Arbeitsmarkt die Datengrundlage, welche mittels quantitativer Methoden aufbereitet und anschließend bewertet wurden.

All die beispielhaft aufgezählten Studien verdeutlichen, dass sich bereits auf vielfältige Art und Weise mit der quantitativen Analyse von Onlinestellenanzeigen auseinandergesetzt wurde, um spezifische Anforderungen des Arbeitsmarktes zu ermitteln und aufzubereiten. Zudem zeigt die Aktualität dieser Studien, dass das Medium Stellenanzeige als adäquate und zeitgemäße Datengrundlage anerkannt ist. Dies bestätigen auch Jäger und Wickel-Kirsch (2020), die im Rahmen der Personalgewinnung die Onlinestellenanzeige „... nach wie vor [als] das wichtigste Werbemittel des Personalmarketings, um auf offene Stellen aufmerksam zu machen und Einstellungen zu generieren“ (S. 108), einschätzen.

Hieran knüpft die vorliegende Forschungsarbeit an. So ist es das Ziel, Hinweise auf Kompetenzanforderungen aus Stellenanzeigen mit IT-Bezug zu erheben, die als Ausgangsbasis, beispielsweise von Trägern und Institutionen der Erwachsenenbildung und Weiterbildung (wie das Bundesinstitut für Berufsbildung (BIBB)), genutzt werden können, um den Empfängerinnen und Empfängern von Weiterbildungsangeboten ein möglichst marktorientiertes und ein an erforderlichen Kompetenzen ausgerichtetes Angebot beruflicher Weiterbildungsmaßnahmen anzubieten. Zur Einschätzung beruflicher Kompetenzbedarfe kann über Stellenangebote eine Perspektive geschaffen werden, wie die oben genannten Studien unterstreichen. Stellenangebote geben dabei Hinweise darauf, welche Tätigkeiten und daran geknüpfte Anforderungen in spezifischen Industrien und Berufsrollen nachgefragt werden. Neben fachlichen Aspekten enthalten insbesondere die Anforderungsprofile solcher Anzeigen unter anderem

Hinweise auf geforderte berufsrollenspezifische Kompetenzen potenzieller Bewerber:innen. So gehört „zu den didaktischen Handlungsfeldern auf der Mesoebene ... [auch eine] Erhebung von Bildungsbedarf ...“ (von Hippel et al., 2019, S. 32), der sich aus Stellenanzeigen ermitteln und als Orientierungshilfe, beispielsweise im Rahmen einer Programm- und Angebotsplanung (Gieseke, 2018b) in der beruflichen Weiterbildung, nutzen ließe. Dieser Aspekt wird in Kapitel 6 noch weiter ausgeführt.

Jedoch muss durch den Anspruch, quantitativ gewonnene Erkenntnisse aus der Analyse von Stellenanzeigen in der beruflichen Weiterbildung nutzbar zu machen, auch ein Mehrwert für die Träger motiviert werden. Der Übergang hin zu einer möglichen Umsetzbarkeit beruflicher Weiterbildungsmaßnahmen aus Erwachsenenbildungs- und Weiterbildungssicht muss deshalb gewährleistet sein, was wiederum die Berücksichtigung spezifischer Anforderungen beider Disziplinen gleichzeitig notwendig macht, die der Informatik und die der beruflichen Weiterbildung. Dies kann nur dann geschehen, wenn fachliche Grenzen überwunden und die jeweilige Domäne und entsprechende Sichtweisen füreinander zugänglich gemacht werden.

Treffen unterschiedliche Disziplinen aufeinander, wird häufig der Begriff der *Interdisziplinarität* aufgeworfen. Jungert (2013) merkt dazu kritisch an, dass „... nur wenige Begriffe in der ... Wissenschaftsdiskussion [existieren], bei denen die Diskrepanz zwischen Verwendungshäufigkeit und theoretischer Reflexion so groß ist wie im Fall der Interdisziplinarität“ (S. 1). Diese Ansicht teilt auch Lerch (2021), der in Bezug auf Interdisziplinarität von einem „konjunkturstarken Label“ (S. 14) spricht. So soll an dieser Stelle zwar keine grundlegende Diskussion zu Interdisziplinarität und den damit verwobenen Begrifflichkeiten durchgeführt werden. Jedoch ist es notwendig, durch den in dieser Arbeit erhobenen Anspruch einer disziplinübergreifenden Ausrichtung und der hiermit einhergehenden Motivation der Annäherung zweier unterschiedlicher Disziplinen (Informatik und Erwachsenenbildung und Weiterbildung), das disziplinäre Verständnis dieser Arbeit zu klären und für das vorliegende Anwendungsfeld entsprechend auszulegen und zu prüfen. Hinsichtlich des Begriffes der Interdisziplinarität kann auf eine Vielzahl von Terminologien verwiesen werden, unter anderem auf *Multidisziplinarität, Pluridisziplinarität* und *Crossdisziplinarität,* die für den vorliegenden Forschungskontext unterschieden und eingeordnet werden sollen (Jungert, 2013, S. 1). Multidisziplinarität „... impliziert ... ein disziplinäres Nebeneinander auf demselben bzw. einem ähnlichen Themengebiet ohne (strukturierte) Zusammenarbeit oder fachübergreifende Synthesebemühungen der einzelwissenschaftlichen Ergebnisse. Die beteiligten Disziplinen widmen sich zwar dem gleichen Thema, jede Disziplin für sich jedoch nur jenen Teilaspekten des Problems ...“ (ebd., S. 2). Auf Grundlage dieser Auslegung nach Jungert lassen sich auch die meisten der eingangs erwähnten, quantitativ orientierten Studien verorten, was eine Kritik, Träger und Institutionen der Erwachsenenbildung und Weiterbildung lediglich als Abnehmer quantitativ gewonnener Ergebnisse zu deklarieren, scheinbar erklärbar machen könnte, gleichzeitig aber auch die Erfordernis interdisziplinärer Denk- und Handlungsweisen aufzeigt. Pluridisziplinarität kann in Anlehnung an Jungert (ebd.) als Synonym zu Multidisziplinarität verstanden werden und nach Jantsch (1970, S. 410 f.) als eine Form kooperativer Beziehungen zwischen verschiedenen Disziplinen, in der Regel auf derselben hierarchischen

Ebene, aufgefasst werden. Weiter interpretiert Balsiger (2005, S. 143) den Begriff der Crossdisziplinarität als ein Konstrukt mit disziplinübergreifendem Charakter. Jungert (2013) führt hierzu aus, „der Unterschied zu Multi- und Pluridisziplinarität besteht in der Nutzung fremder Ansätze und Erkenntnisse für den eigenen disziplinären Forschungsbereich" (S. 3), was wiederum nach Lerch (2021) „... für ein interdisziplinäres Arbeiten in Wissenschaft und Praxis grundlegend und auch für die Förderung interdisziplinären Denkens und Handelns zentral zu sein" (S. 14) scheint. Hieran lassen sich Anmerkungen von Kaufmann (1987) anknüpfen, der darauf verweist:

> „Interdisziplinarität ist also nie ein gegebener, sondern ein herzustellender Zustand, eine spezifische, besonders voraussetzungsvolle Form wissenschaftlicher Kommunikation ... Sie setzt einschlägiges disziplinäres Wissen voraus, das jedoch typischerweise nicht problemlos mit demjenigen anderer Disziplinen vermittelt werden kann. Interdisziplinäres Arbeiten im strengen Sinne ist ein voraussetzungsvoller Prozeß. Es vollzieht sich wesentlich in der Identifikation vergleichbarer Fragestellungen, Begrifflichkeiten und Forschungsergebnisse im Kontext unterschiedlicher disziplinärer Grundannahmen, Fachsprachen und Methoden ... die grundbegrifflichen Prämissen und die Eigenarten der fachwissenschaftlichen Methodik. Deren Gewicht ... muß vielmehr in einem kommunikativen Prozeß ausgelotet werden ..." (S. 70)

Das bedeutet, eine erfolgreiche crossdisziplinäre Zusammenarbeit kann nur dann gelingen, wenn ein Dialog, eine kommunikative Annäherung, beider Disziplinen zustande kommt, was wiederum Offenheit und einen interdisziplinären Denk- und Handlungsstil erfordert (Lerch, 2017, S. 70–76). Dieser Ansatz wurde im Rahmen dieser Studie zugrunde gelegt, was sich beispielsweise bei der späteren Interpretation sowie der Systematisierung von Kompetenzen und deren Organisation in Kompetenzfeldern noch zeigen wird.

Betrachtet man jedoch bisherige Studien, fällt auf, dass bislang kaum eine erweiterte crossdisziplinäre Perspektive eingenommen wurde, welche die Vorzüge quantitativer Methoden und einer erwachsenenbildnerischen Sicht im Sinne beruflicher Weiterbildung im Berufsfeld IT zusammenführt und ausführlich diskutiert. Diese Lücke soll mit der vorliegenden Arbeit geschlossen werden. Hierzu wurde ein feldtheoretischer Ansatz gewählt, um den Blickwinkel der beruflichen Weiterbildung einzunehmen und gleichzeitig den IT-Arbeitsmarkt als Berufsfeld zu deklarieren, welches sich wiederum aus unterschiedlichen Tätigkeitsfeldern zusammensetzt, innerhalb derer spezifische Kompetenzen, in Form von Kompetenzfeldern, nachgefragt werden. Insbesondere diese Auslegung soll bisherige Ansätze ergänzen und es ermöglichen, einen detaillierten quantitativ-interpretativen Einblick in spezifische IT-Kompetenzfelder und darin aggregierte Einzelkompetenzen sowie deren tätigkeitsspezifische Interpretation aus arbeitspsychologischen und weiterbildnerischen Sichtweisen zu ermöglichen, welche in dieser Weise bislang weitestgehend unberücksichtigt blieben. So soll, anders als in vorangegangenen Arbeiten, bei denen ausschließlich Kompetenznennungen aus Stellenanzeigen extrahiert und diese singulär in Bezug zu spezifischen Jobrollen gestellt und betrachtet wurden, der gewählte Blickwinkel dazu beitragen, zusammengehörige Kompetenzen zu gruppieren, um diese innerhalb von Kompetenzfeldern zu systematisieren und in Bezug auf Tätigkeitsfelder in der IT auszuwerten und zu analysieren. Anstelle einer losen Einzelkompetenzbetrachtung kann auf diese Weise die Möglichkeit geschaffen werden, Verknüpfungen und Abhängigkeiten zusammenwirkender Kompetenzen in einer Systematisierung, bestehend aus autonomen und gleichzeitig zueinander in Beziehung stehenden IT-Kompetenzfeldern, sichtbar zu machen, was durch die Betrachtung voneinander isolierter Kompetenzanforderungen unter Umständen nicht gegeben und in der IT-Praxis auch nur selten anzutreffen ist.

Des Weiteren steht eine transparente und nachvollziehbare Darstellung einer Methodik im Vordergrund, die es ermöglicht, systematisch, mittels quantitativer Verfahren aus der Informatik, genauer aus den Bereichen des *Natural Language Processings, Machine Learnings* und *Deep Learnings,* Stellenanzeigen mit IT-Relevanz zu identifizieren, inhaltlich aufzubereiten und zu analysieren. Solche Ansätze wurden in der Vergangenheit bereits angewandt, müssen jedoch, wie in dieser Studie durchgeführt, umfangreicher betrachtet und behandelt werden, um eine crossdisziplinäre Auseinandersetzung und Anwendung auch für Personen außerhalb der Disziplin der Informatik zu motivieren und zu ermöglichen. Hierbei liegt der Fokus auf einer Reproduzierbarkeit der angewandten Methoden, dem Mehrwert, den Algorithmen[1] im Sinne einer kooperativen Vorgehensweise schaffen können, sowie auf Übergabepunkten zwischen beiden Disziplinen, sodass eine crossdisziplinäre Diskussion motiviert wird. Zudem konnte in den eingangs erwähnten Studien festgestellt werden, dass sich zwar an bestimmten Kompetenzschemata orientiert wurde, Kompetenzanforderungen meist aber nur benannt, jedoch nicht weiterführend inhaltlich und tätigkeitsspezifisch ausgelegt und interpretiert wurden. Standpunkte werden dabei überwiegend aus einem wirtschaftlich-ökonomisch geprägten Blickwinkel eingenommen, nicht jedoch feldtheoretische Konzepte im Zusammenhang mit der Erwachsenenbildung und der beruflichen Weiterbildung in das Zentrum des Interesses gerückt. Auch dieser Zustand soll im Rahmen der vorliegenden Arbeit aufgelöst werden, indem Tätigkeitsfelder aus IT-Stellenanzeigen abgeleitet und diese in Bezug auf Kompetenzfelder diskutiert werden, um Unterschiede in der Erwartung an Kompetenzen sichtbar zu machen. So kann beispielsweise eine Forderung nach einer bestimmten Kompetenz im Vergleich zweier Branchen eine differenzierte Sichtweise erfordern. Dies trifft unter Umständen auch innerhalb einer Branche zu, wenn angesichts durchzuführender Tätigkeiten berufsfeldspezifische Abweichungen bestehen. Etwa könnte eine Forderung nach Kundenorientierung im Rahmen einer Tätigkeit im IT-Support eine andere Nuance besitzen als im Kontext einer IT-Vertriebstätigkeit. Das heißt, für eine crossdisziplinäre Annäherung reicht es nicht aus, lediglich Bündel vermeintlich fachlich oder überfachlich artikulierter Kompetenzbegriffe als Worthülsen aus Stellenanzeigen zu extrahieren, quantitativ zu betrachten und die gewonnenen Resultate bereitzustellen. Erst eine berufsfeldspezifische Systematisierung, einschließlich der Interpretation, Auslegung und Bewertung von Kompetenzanforderungen, unter Beachtung von Tätigkeitsfeldern schafft Einstiegs- und Übergabepunkte, um weiterbildnerische Interessen hinsichtlich

1 Unter einem Algorithmus kann allgemein, in Anlehnung an Heilmann (2019), „... eine Folge von Handlungsanweisungen zur Lösung eines Problems [verstanden werden] ... . Daten bilden das Material, auf das Algorithmen angewendet werden. Vor allem in ihrer maschinellen Realisierung auf Computern dienen Algorithmen der automatisierten Verarbeitung großer Datenmengen ...“ (S. 229 f.).

der Entwicklung notwendiger beruflicher Weiterbildungsmaßnahmen berücksichtigen zu können. Nur auf diese Weise kann ein crossdisziplinärer Dialog und eine Zusammenarbeit gelingen, ohne dabei die Träger und Institutionen der Erwachsenenbildung und Weiterbildung einzig als Konsumenten herabzustufen. Denn auch deren Bedürfnisse und Erwartungen gilt es von Beginn an miteinzubeziehen und es nicht in deren alleinige Verantwortung zu legen, lediglich Maßnahmen abzuleiten. Dieser beobachtete Bruch erfordert es, eine berufsfeldspezifische Systematisierung und Aggregation quantitativ erhobener Kompetenzen unter Berücksichtigung weiterbildnerischer Standpunkte im Sinne von Kompetenzfeldern und Tätigkeitsfeldern zu entwerfen, die es ermöglichen, die von Arbeitgebern:innen geforderten Kompetenzbedürfnisse greifbar zu machen, damit diese beispielsweise für eine Programm- und Angebotsplanung aus der Perspektive der beruflichen Weiterbildung auch verwertbar sind (siehe Kapitel 6).

Zudem verfolgt die vorliegende Arbeit das Ziel, eine Orientierung anhand von Tätigkeitsfeldern und den darin geforderten IT-Kompetenzen zu geben, ohne auf der Ebene einzelner Berufsrollen (zum Beispiel Data Scientist:in, Softwareentwickler:in, IT-Berater:in, IT-Administrator:in etc.) zu unterscheiden oder lediglich das Feld der IT übergreifend zu analysieren. Eine solche Betrachtung kann bei fachlichen Anforderungen (wie eine Fokussierung auf bestimmte Qualifikationen, zum Beispiel notwendige oder im Trend liegende Programmiersprachen) durchaus zutreffend sein, gemäß Kompetenz, so wie diese ab Kapitel 2.6.3 definiert und zugrunde gelegt wird, wäre diese Differenzierung jedoch zu kleinteilig. Dies würde dem Kerngedanken der Kompetenzentwicklung (siehe Kapitel 2.6.3) zur Schaffung einer langfristigen Beschäftigungsbefähigung auf Grundlage IT-spezifischer Kompetenzen widersprechen. Vielmehr ist es daher die Intention, auf Tätigkeitsfelder zu fokussieren als auf einzelne, individuelle Job- bzw. Berufsrollen. Diese Abstraktion soll dazu beitragen, aus erwachsenenbildnerischer Sicht und in Bezug auf berufliche Weiterbildung die Etablierung von Maßnahmen zu erleichtern, da nicht verlangt werden kann, didaktisch entwickelte Konzepte kurzfristig anzulegen und ständig, etwa für bestimmte Jobrollen, zu verändern, anzupassen oder neu zu entwerfen. Darüber hinaus können gerade in der IT Überschneidungen in den Tätigkeiten einzelner Jobrollen beobachtet werden, was eine breite Beschäftigungsbefähigung erforderlich macht und einen auf Tätigkeitsschwerpunkte ausgerichteten Standpunkt, auch aus kompetenztheoretischer Perspektive, unterstreicht, was wiederum eine Zentrierung auf einzelne Jobrollen zusätzlich infrage stellt. Ferner schafft der Blick auf Tätigkeitsfelder auch aus individueller Sicht positive Möglichkeiten, das Kompetenzprofil innerhalb dieses volatilen Berufsfeldes entlang des eigenen Tätigkeitsschwerpunktes und damit in Verbindung stehende Kompetenzen zu entwickeln, um sich zukunftsfähig, auch angesichts einer möglichen beruflichen Veränderung, in der IT zu entwickeln und zu verwirklichen. Ein:e im technischen Vertrieb Tätige:r muss unter Umständen programmieren können, wenngleich in geringerem Umfang als dies von einem/einer Softwareentwickler:in verlangt wird. Dagegen wird im Vertrieb beispielsweise ein intensiverer Kundenfokus erwartet als in der Softwareentwicklung. Jedoch kann auch ein:e Softwareentwickler:in in die Lage versetzt werden, zum Beispiel ein neues Feature seiner Klientel vorstellen zu müssen oder diese in die Benutzung einzuweisen.

Da Kompetenzentwicklung als ein langfristig angelegter Prozess verstanden werden muss, wurde im Rahmen der Analyse der Stellenanzeigen auch ein längerfristiger Beobachtungszeitraum (siehe Kapitel 3.3) erschlossen, um die Entwicklung von Kompetenzerwartungen seitens der Arbeitgeber:innen zu skizzieren. Diese Herangehensweise soll dazu beitragen, etwaige kurzfristige Effekte bzw. Schwankungen in der Nennung von Kompetenzen auffangen zu können (zum Beispiel Gefahr eines kurzzeitigen Trends), was durch zu kurzfristig angelegte Erhebungen (zum Beispiel monatliche Erhebungen und Vergleiche) unter Umständen nicht gegeben ist. Gleichzeitig muss in diesem Kontext auch betrachtet werden, dass Maßnahmen der beruflichen Weiterbildung inhaltlich und didaktisch entwickelt und implementiert werden müssen, was ebenfalls mit zeitlichem Vorlauf und der Fokussierung auf etablierte Kompetenzen innerhalb eines Tätigkeitsfeldes geschehen sollte und nur durch eine längerfristig angelegte Beobachtung ermöglicht werden kann. Diese Gedanken greift auch Gieseke (2018a) in Bezug auf die Erwachsenenbildung und Weiterbildung auf und stellt dabei fest, dass „... sich [diese] nicht auf didaktische Fragen im Mikrobereich allein konzentrieren kann ... Die professionellen Auslegungen des Berufsbildes bestimmen vielmehr makro- und mesodidaktische Fragen nachhaltig“ (S. 1051) (siehe hierzu auch Kapitel 6). Im Hinblick auf die crossdisziplinäre Ausrichtung dieser Arbeit stützt diese Sichtweise den gewählten feldtheoretischen Zugang. Die Erkenntnisse sollen im erwachsenenbildnerischen Sinne zur Entwicklung bzw. Weiterentwicklung beruflicher Weiterbildungsmaßnahmen beitragen, was jedoch nur erfolgen kann, wenn auch Blickwinkel der Erwachsenenbildung berücksichtigt und Erkenntnisse aus quantitativen Erhebungen als nützlich und nutzbar wahrgenommen werden, wie in Kapitel 3.1 [Forschungsmethodik und Studiendesign] noch einmal aufgegriffen und vertieft wird. Andernfalls besteht die Gefahr, dass Empfehlungen bzw. Handlungsanweisungen, die aus fachfremden Disziplinen herangetragen werden, nicht im Interesse der Erwachsenenbildung und Weiterbildung konsumierbar und umsetzbar sind. Diese Lücke lässt sich nur schließen, wenn eine crossdisziplinäre Herangehensweise und Denkweise, in diesem Fall der Disziplinen der Informatik und der Erwachsenenbildung und Weiterbildung, Möglichkeiten, Grenzen und Forderungen gleichermaßen integriert, sodass unabhängiges Handeln aufgelöst werden kann. Dies erfordert, gegenseitiges Verständnis zu schaffen und Vertrauen aufzubauen, um Grenzen und Übergänge zwischen den Disziplinen auszuloten und zu überwinden. Hierbei kommt „Sprache als „Übersetzungsfähigkeit“ und „übergreifendes Merkmal“ ... neben Artikulation und Verständigung innerhalb des eigenen Systems [eine wesentliche Bedeutung zu,] ... Ideen in angrenzenden oder fremden Feldern verstehbar zu machen“ (Lerch, 2021, S. 19). Insbesondere diesem Aspekt gilt es, in crossdisziplinären Setups Aufmerksamkeit zu schenken und in der Kommunikation und Ausdrucksweise zwischen unterschiedlichen Disziplinen zu beachten.

Ab Kapitel 2.1 werden die dieser Arbeit zugrunde gelegten feldtheoretischen Rahmungen und Abgrenzungen im Detail vorgestellt und diskutiert. Vor diesen Betrachtungen sollen zunächst nachfolgend die zentralen Forschungsaspekte und die Forschungsfrage, die mit dieser Studie beantwortet werden soll, herausgestellt werden.

1.2 Zentrale Forschungsaspekte und Forschungsfrage

Zur Veranschaulichung und Verdeutlichung des Schwerpunktes und der Abgrenzung dieser Arbeit dient der in Abbildung 1.1 dargestellte Zyklus. Dieser setzt sich aus insgesamt vier Phasen zusammen. Der Fokus liegt zunächst auf Phase 1, der *Quantitativen Datenerhebung, -aufbereitung & Modellierung des Berufsfeldes*. Diese dient dem Zweck, eine geeignete Datengrundlage auf Basis von Stellenanzeigen für eine quantitative Analyse zu schaffen (siehe Kapitel 3.2 und 3.3). Hierzu ist es notwendig, den IT-Arbeitsmarkt in Deutschland abzugrenzen und modellhaft abzubilden (siehe Kapitel 3.4). Um eine zielgerichtete Ermittlung von Kompetenzanforderungen in der IT (siehe Kapitel 3.7) zu ermöglichen, gilt es, in einem weiteren Schritt Strukturen innerhalb dieser Stellenanzeigen zu identifizieren, da Kompetenzen in der Regel als Teil des Anforderungsprofils formuliert werden (Kapitel 3.5). Zudem werden Tätigkeitsschwerpunkte ermittelt und daraus IT-Tätigkeitsfelder abgeleitet und bewertet (Kapitel 3.6).

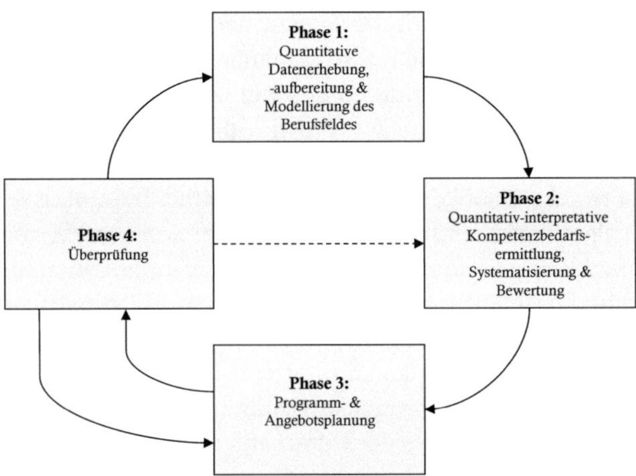

Abbildung 1.1: Zyklus zur iterativen Feststellung und Systematisierung von Kompetenzanforderungen im (IT-)Arbeitsmarkt zur Unterstützung einer Programm- und Angebotsplanung in der (beruflichen) Weiterbildung (eigene Darstellung)

Phase 2 setzt sich aus der *Quantitativ-interpretativen Kompetenzbedarfsermittlung, Systematisierung & Bewertung* zusammen und nutzt die in Phase 1 erhobene und aufbereitete Datengrundlage (siehe Abbildung 1.1). Dabei steht die quantitativ-interpretative Feststellung möglicher Kompetenzanforderungen im Fokus (siehe Kapitel 3.7). Diese wurde durch den Einsatz eines spezifischen Kompetenzmodells als Referenzrahmen unterstützt. Da dieser Studie ein feldtheoretischer Ansatz zugrunde gelegt wird, sollen die auf diese Weise erhobenen Einzelkompetenzen zu IT-Kompetenzfeldern aggregiert werden. Dieser Vorgang geschieht im Zuge einer anschließenden Systematisierung (siehe

Kapitel 4). In einem abschließenden Schritt werden die auf diese Weise bestimmten Kompetenzfelder sowohl übergreifend als auch in Bezug auf die in Phase 1 identifizierten IT-Tätigkeitsfelder einerseits quantitativ ausgelegt (siehe Kapitel 5), andererseits ausgewählte Felder aus einer didaktischen Perspektive heraus reflektiert (siehe Kapitel 6).

Phase 1 und Phase 2 stellen den Schwerpunkt der vorliegenden Arbeit dar. Die Phasen 3 und 4 sind Anschlussmöglichkeiten, die nachfolgend kurz ausgeführt werden.

So bildet Phase 3 den Übergang auf eine mesodidaktische Ebene, um beispielsweise eine Programm- und Angebotsplanung in der Weiterbildung zu erleichtern, wie dies bereits im vorherigen Kapitel 1.1 angedeutet wurde. Das bedeutet, die ermittelten Erkenntnisse aus Phase 2 ließen sich zur Unterstützung entsprechender Planungsaufgaben heranziehen, Programme und Angebote für Erwerbstätige im Berufsfeld IT zu entwerfen.

In Phase 4, *Überprüfung*, gilt es, die Kompetenzbedarfe seitens des IT-Arbeitsmarktes regelmäßig zu validieren. Dies kann zum einen dadurch erfolgen, indem das Angebot beruflicher Weiterbildungsmaßnahmen hinsichtlich ihrer Aktualität hinterfragt wird, was durch die beiden Pfeile zwischen den Phasen 3 und 4 in Abbildung 1.1 zum Ausdruck gebracht werden soll. Auf der anderen Seite kann eine solche Evaluation dazu führen, erneut in Phase 1 zu starten, um iterativ Veränderungen der Kompetenzbedarfe seitens der Arbeitgeber:innen zu ermitteln, diese anschließend in Phase 2 quantitativ-interpretativ zu systematisieren und zu bewerten und wiederum in Phase 3 für planerische Tätigkeiten unterstützend heranzuziehen. Darüber hinaus lassen sich Erkenntnisse aus der Phase *Überprüfung* als Feedback direkt in Phase 2, beispielsweise zur Anpassung einer Systematisierung, nutzen, ohne die Datenbasis bzw. das betrachtete Berufsfeld quantitativ neu erheben und modellieren zu müssen. Dies soll durch die angedeutete Verknüpfung von Phase 4, *Überprüfung*, hin zu Phase 2, *Quantitativ-interpretative Kompetenzbedarfsermittlung, Systematisierung & Bewertung*, ebenso berücksichtigt sein.

Unter Beachtung dieser Verknüpfungen und Abgrenzungen soll im Rahmen dieser Studie die folgende Forschungsfrage schrittweise erörtert und diskutiert werden:

> Wie lassen sich durch den Einsatz quantitativ-interpretativer Methoden, in den Phasen 1 und 2, Erkenntnisse über geforderte Kompetenzen aus Onlinestellenangeboten für das Berufsfeld IT ableiten, diese in IT-Kompetenzfeldern systematisieren und im Kontext spezifischer IT-Tätigkeitsfelder auslegen, sodass eine anschließende Nutzbarkeit für die berufliche Weiterbildung gegeben ist?

Im Zuge der Beantwortung dieser Forschungsfrage werden nachfolgend aufgeführte Hypothesen zusätzlich überprüft:

a. *IT-Stellenangebote lassen sich mittels quantitativ-interpretativer Methoden in unterschiedliche IT-Tätigkeitsfelder klassifizieren.*

b. *Es können Kompetenzen aus IT-Stellenangeboten mittels quantitativer Methoden abgeleitet werden.*

c. *Die mittels quantitativer Methoden abgeleiteten IT-Kompetenzen lassen sich in spezifischen IT-Kompetenzfeldern interpretativ verorten und systematisieren.*

Als theoretisches Fundament dieser Arbeit und in Abgrenzung zu bisherigen Forschungsansätzen wurde der Fokus auf die Schaffung einer feldorientierten Perspektive gelegt. Aus diesem Blickwinkel heraus werden nachfolgend die in dieser Studie im Zentrum stehenden Elemente *Arbeitsmarkt, Weiterbildung* und *Gesellschaft* näher betrachtet, zueinander in Beziehung gesetzt und diskutiert.

2 Arbeitsmarkt, Weiterbildung und Gesellschaft: Eine feldtheoretische Darlegung

2.1 Feldtheoretische Betrachtungen und Abgrenzungen

In seiner heutigen Verwendung wird der Begriff des sozialen Feldes insbesondere mit dem französischen Soziologen Pierre Bourdieu in Verbindung gebracht (Latka, 2010, S. 57 f.) und soll nach dessen Verständnis, in Anlehnung an eine allgemeine Feldtheorie, als Grundlage für die vorliegende Studie angewandt werden. Von einer Metaebene aus betrachtet, können unter einem sozialen Feld „... ausdifferenzierte gesellschaftliche Teilbereiche wie Politik, Wirtschaft, Kunst und Recht“ (ebd., S. 58) verstanden werden. Ausgehend von dieser Sichtweise sollen nachfolgend zwei Felder festgelegt werden, die den Ausgangspunkt für die vorliegende Arbeit bilden. Dabei handelt es sich zum einen um das Feld *Arbeitsmarkt*, zum anderen um das Feld *Weiterbildung*, welches auch Wittpoth (2005, S. 28) in seiner Publikation „Anmerkungen zum Zustand der Erwachsenenbildung in der Perspektive Bourdieus“ erwähnt. Laut dem Institut für Arbeitsmarkt- und Berufsforschung (IAB) der Bundesagentur für Arbeit (BA) lässt sich der Arbeitsmarkt nach Mertens (1973) als ein „... System von Angebot und Nachfrage“ (S. 229) definieren. Das zweite Feld, die Weiterbildung, soll „... als Fortsetzung oder Wiederaufnahme organisierten Lernens nach Abschluss einer unterschiedlich ausgedehnten ersten Bildungsphase ...“ (Deutscher Bildungsrat, 1970, S. 197) als Bestandteil der Erwachsenenbildung verstanden werden. Nach Nuissl (2018)

> „... werden die Begriffe ‚Erwachsenenbildung‘ und ‚Weiterbildung‘ meist synonym gebraucht und umfassen ganz unterschiedliche Bereiche, wie berufliche und betriebliche Weiterbildung, Fortbildung und Umschulung, politische Bildung, gewerkschaftliche Bildung, Allgemeinbildung und kulturelle Bildung. Sie umfassen Angebote, die von einer einzelnen Abendveranstaltung bis zu mehrjährigen Ausbildungsgängen gehen.“ (S. 500)

Der Fokus soll im Folgenden auf Weiterbildung im Sinne berufsbezogener Bildung gerichtet werden. Dies liegt mitunter darin begründet, da durch die Untersuchung von Kompetenzanforderungen in Stellenanzeigen unmittelbar eine Abhängigkeit zum Feld Arbeitsmarkt und damit zur Erwerbstätigkeit besteht, wie in den nachfolgenden Kapiteln noch vertiefend diskutiert wird.

Zur weiteren Erläuterung und Diskussion des Feldbegriffes sowie zur Schärfung der Rahmenbedingungen dieser Studie wird die von Bourdieu und Wacquant (1996, S. 127) vorgestellte Analogie eines *Spiels* genutzt. Demnach existieren innerhalb eines Feldes *Einsätze*, die als „... Interessenobjekte ... im wesentlichen das Produkt der Konkurrenz der Spieler untereinander sind“ (ebd., S 127 f.). Mit Bezug auf das Feld Arbeitsmarkt kann unter einem *Interessenobjekt* beispielsweise eine zu besetzende Stelle in einem Unternehmen verstanden werden, um welche unterschiedliche Bewerber:innen konkurrieren. Gleichzeitig treten auch die Unternehmen bzw. Personaldienstleister als Anbieter:innen solcher Stellen wiederum als Kontrahentinnen und Kontrahenten auf (ebd., S 132 f.). Diese Konkurrenzkämpfe und damit möglicherweise in Zusammenhang stehende Konflikte kommen unmittelbar durch „… eine Investition in das Spiel …" (ebd., S. 128) zustande, sprich das Hineinbegeben in ein spezifisches Feld wie den Arbeitsmarkt und das dadurch bedingte Streben nach dessen Interessenobjekten. Zugleich besitzen die beteiligten Spieler:innen sogenannte „… Trümpfe, mit denen sie andere ausstechen können …" (ebd.). Laut Bourdieu und Wacquant (ebd.) ist es dabei jedoch wesentlich, dass ein solcher Trumpf als Kapital auch einen verhältnismäßigen Wert für ein bestimmtes Feld besitzt. Dieses Kapital kann zudem im Rahmen dieser Studie als Humankapital aus einem arbeitsmarktsoziologischen Blickwinkel interpretiert und aufgefasst werden. Exemplarisch könnte im Hinblick auf das Feld *Arbeitsmarkt* die Ausprägung einer bestimmten Kompetenz letztendlich ausschlaggebend für die Besetzung einer Stelle sein. Aus Sicht eines Bewerbers oder einer Bewerberin kann somit das eigene (Kompetenz-)Profil den Ausschlag geben, selbst als „… umkämpftes Objekt …" (ebd.) innerhalb dieses Feldes zu wirken und damit in gewisser Weise auch „… . Macht oder Einfluss auszuüben …" (ebd.), um erfolgreich zu sein (Kossack & Ludwig, 2015, S. 207). Dabei gilt es jedoch zu beachten, dass dies in Bezug auf das Feld Arbeitsmarkt in der Regel nur dann gültig ist, wenn es sich um einen Angebotsmarkt handelt, soll heißen, mehr zu besetzende Stellen existieren als nachgefragt werden. Ein solches Ungleichgewicht kann beispielsweise bei Fachkräftemangel in einer Branche entstehen (siehe Kapitel 2.3.1 und 2.5.1), wodurch sich bestimmte Machtverhältnisse temporär etablieren können. Auf Grundlage dieser Überlegungen lassen sich bereits übergreifende Relationen zwischen den zwei im Fokus stehenden Feldern Arbeitsmarkt und Weiterbildung ableiten. Um nämlich im Feld Arbeitsmarkt dauerhaft bestehen zu können, spielt etwa die Beschäftigungsfähigkeit, das heißt der individuelle Marktwert, eine zentrale Rolle (siehe Kapitel 2.5.1, 2.6, 2.6.3). Dieser kann durch Maßnahmen aus dem Feld der Weiterbildung erhalten und ausgebaut werden, um das eigene Kapital zu erhöhen und sich an veränderte Marktbedingungen anzupassen (Bourdieu & Wacquant, 1996, S. 128 f.), welche wiederum auch Veränderungen in diesem Feld bedingen können. Da „… das Humankapital eines Arbeitnehmers keine feste Größe darstellt, sondern durch Investitionen erhöht werden kann" (Hinz & Abraham, 2018, S. 31), stellt die berufliche Weiterbildung (siehe Kapitel 2.6, 2.6.1, 2.6.2, 2.6.3, 6) aus Sicht der Humankapitaltheorie eine solche Möglichkeit dar, in welcher gleichzeitig „… Bildung als Investition betrachtet wird …" (Stecker & Schnettler, 2018, S. 450). Diese Feststellungen sollen die feldtheoretische Sichtweise dieser Studie weiter untermauern, da Felder allgemein durch die in ihnen herrschenden Spannungsverhältnisse einem steten Wandel ausgesetzt sind (Bourdieu & Wacquant, 1996, S. 134 f., S. 142). Weiter können beide Felder autonom agieren, sind jedoch stets Teil einer gesellschaftlichen bzw. sozialen Gesamtheit bzw. Raumes, über welchen Interaktionen zwischen den einzelnen Feldern ermöglicht werden (Wittpoth, 2005, S. 26). Somit existiert ein Kräfteverhältnis, welches Abhängigkeiten und gegenseitige Einflussnahme zwischen den Feldern *Arbeitsmarkt* und *Weiterbildung* beschreibt (ebd., S. 29 f.). Abbildung 2.1 illustriert das Zusammenwirken dieser beiden Felder innerhalb eines geschlossenen gesellschaftlichen Raumes. Die Überschneidung verdeutlicht deren wechselseitige Beeinflussung, worauf in den nachfolgenden Kapiteln noch näher eingegangen wird.

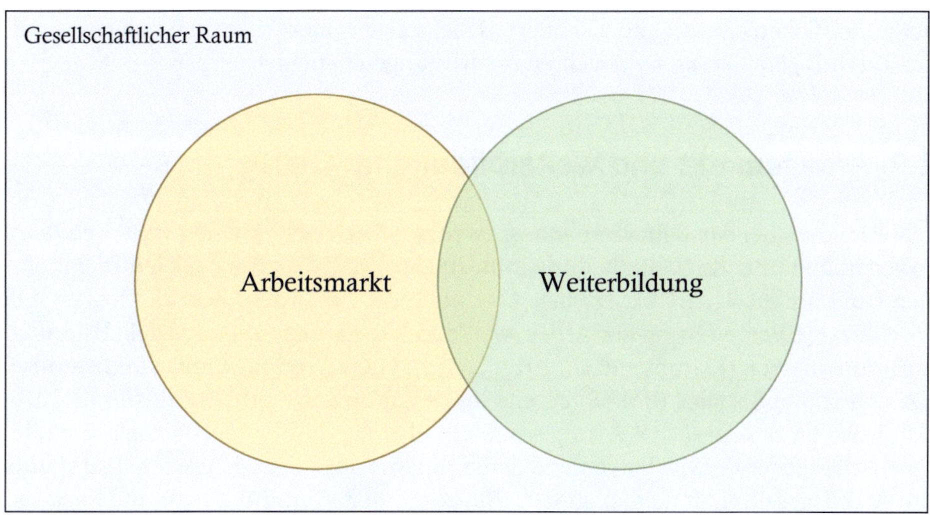

Abbildung 2.1: Arbeitsmarkt und Weiterbildung als eigenständig agierende und sich gegenseitig beeinflussende Felder innerhalb eines geschlossenen gesellschaftlichen Raumes (eigene Darstellung)

Zudem sei noch einmal betont, dass im Rahmen dieser Studie bewusst auf der Ebene von *Feldern* agiert wird und damit gleichzeitig eine Abgrenzung hin zur subjektwissenschaftlichen Theorie und Denkweise nach Holzkamp (1995) besteht. So liegt der Fokus dieser Arbeit nicht in der Untersuchung einzelner Individuen bzw. Subjekte, wenngleich diese im Sinne von Akteuren und Akteurinnen Teile dieser Felder darstellen (Wittpoth, 2005, S. 27). Bourdieu und Wacquant (1996) verweisen auch darauf, dass „... man ein Feld nur von Individuen aus konstruieren kann ..." (S. 138), jedoch ausgehend von den hier betrachteten Feldern eine abstraktere Perspektive eingenommen wird, indem Arbeitsmarkt und Weiterbildung spezifische Gruppen und Untergruppen, die wechselseitig aufeinander wirken, definieren und im Verlauf der Studie keine Individuen explizit herausgestellt werden (ebd., S 139). In Bezug auf das Feld Arbeitsmarkt handelt es sich beispielsweise um eine bestimmte Industrie, Branche oder Berufsgruppe. Im Feld der Weiterbildung können hierunter berufliche Weiterbildungsmaßnahmen, Kompetenzmodelle oder Träger und Institutionen der Erwachsenenbildung fallen. Genauer untersucht werden im Verlauf dieser Studie spezifische Tätigkeitsfelder (siehe Kapitel 3.6) aus dem übergeordneten Feld Arbeitsmarkt in Relation zu berufsgruppenabhängigen Kompetenzfeldern (siehe Kapitel 4.2), die sich wiederum dem Feld der Weiterbildung zuordnen lassen. Es soll an dieser Stelle nicht bestritten werden, dass sich die auf diese Weise gewonnenen Erkenntnisse anschließend auch auf individueller, sprich auf subjektbezogener, Ebene nutzen lassen. Nichtsdestotrotz stellt der gewählte feldtheoretische Zugang eine Grundvoraussetzung dar, um sich dem Forschungsgegenstand, wie in Kapitel 1.2 ausgeführt, anzunähern. Nachfolgend werden weiterführende Aspekte im Kontext dieser beiden Felder und deren Relationen erörtert und diskutiert. Dabei soll der Blickwinkel unter anderem auf die durch *Digitalisierung* verursachten Auswirkungen gerichtet werden.

2.2 Arbeitsmarkt und Weiterbildung im Dialog

Insbesondere bei der Betrachtung ausgewählter Wechselwirkungen zwischen dem Arbeitsmarkt und der Weiterbildung in Bezug auf Digitalisierung spielen Diskussionen rund um die Thematik *Arbeiten 4.0* eine Rolle. Unter dem Begriff Arbeiten 4.0 lässt sich die Veränderung der Arbeitswelt durch die aufkommende Digitalisierung zusammenfassen (Klammer et al., 2017, S. 459). Hierzu hat das Bundesministerium für Arbeit und Soziales (BMAS) bereits im Zeitraum von April 2015 bis Ende 2016 den *Dialogprozess Arbeiten 4.0*[2] aufgesetzt, um über den Einfluss technologischer und gesellschaftlicher Entwicklungen und deren Auswirkungen auf den Arbeitsmarkt und die Arbeitsgesellschaft zu diskutieren (Bundesministerium für Arbeit und Soziales, 2015, 2017; Bundesministerium für Arbeit und Soziales & nextpractice GmbH, 2016). So wurde sich im Rahmen dieses Dialogprozesses auch mit der Digitalisierung der Arbeitswelt und den damit einhergehenden Folgen für die berufliche Weiterbildung beschäftigt[3]. Es sei jedoch angemerkt, dass dieser Prozess noch nicht abgeschlossen sein kann, sondern aufgrund der Tatsache, dass sich die Gesellschaft mitten im digitalen Wandel befindet, eine aktuelle Diskussion darstellt. Dies zeigen auch die vielfältigen Diskussionsrichtungen, die sich hieran anschließen und sich beispielsweise mit Fragen der Arbeitsteilung gemäß einer Mensch-Maschine-Interaktion, den Auswirkungen auf die Beschäftigung am Arbeitsmarkt und den Erhalt einer Beschäftigungsfähigkeit sowie prozess- und organisationsbezogenen Thematiken, wie die Ermöglichung flexibler Arbeitszeiten, der Transformation von Organisationsstrukturen und Führung, auseinandersetzen, um nur einige Dimensionen zu benennen (Hofmann & Günther, 2019, S. 689 f.). Weiter kann bezüglich der Autonomie des Feldes Weiterbildung diese „... als Instrument zur Bewältigung spezieller Probleme am Arbeitsmarkt ... verstanden ...“ (Wittpoth, 2005, S. 28) werden.

Im Hinblick auf Arbeiten 4.0 und den damit verbundenen Wandel der Arbeitswelt stellt Weiterbildung für die Aufrechterhaltung der Beschäftigungsfähigkeit der am Markt agierenden Teilnehmer:innen einen zentralen Baustein zur Kompetenzentwicklung dar, um als Arbeitskraft wettbewerbsfähig zu bleiben und sich gleichzeitig für höhere Aufgaben und Verantwortungen zu qualifizieren. Dies wiederum setzt die Entwicklung spezifischer Kompetenzen in Abhängigkeit zu einem Tätigkeitsfeld voraus. Dabei wird deutlich, dass ein einmaliges Erlernen fachlicher Kenntnisse und Fähigkeiten, die in der Regel nach einer ersten primären Ausbildungsphase erworben wurden, nicht ausreicht, sondern diese auf dem neuesten Stand gehalten werden müssen, was

2 Siehe https://www.bmas.de/DE/Arbeit/Digitalisierung-der-Arbeitswelt/Arbeiten-vier-null/arbeiten-4-0.html, abgerufen am 20.11.2021.

3 4. Workshop-Dokumentation: Bildung, Qualifizierung und Weiterbildung, siehe https://www.bmas.de/SharedDocs/Downloads/DE/Arbeitsmarkt/Arbeiten-4-0/4-workshop-dokumentation.pdf, abgerufen am 18.11.2021.

im Rückschluss Kompetenzen zum selbstorganisierten Handeln in Bezug auf eine selbstständige Weiterentwicklung und Weiterbildung erfordert. Hierunter lässt sich das Konzept des *Lebenslangen Lernens* verorten, welches einen ständigen Prozess (lebensbegleitende Veränderung) freiwilliger, individueller Entwicklung, in Abhängigkeit der Lebens- und Erwerbstätigkeitssituation wie auch gesellschaftlichen und beruflichen Weiterentwicklungen, beschreibt und in der Regel nicht durch einmalige Maßnahmen abgeschlossen sein kann (Arnold et al., 2018, S. 921–945; Kirchhöfer, 2004, S. 56).

All die genannten Aspekte unterstreichen die Relevanz transparenter Weiterbildung zur Erhaltung und Erhöhung der Beschäftigungsfähigkeit im Zeitalter der Digitalisierung. Hinsichtlich Kompetenzentwicklung lässt sich daher auf drei von Spöttl und Schlömer (2019, S. 128) erarbeitete Thesen hinweisen: (1) Die Höherqualifizierungsthese beschreibt die „Zunahme komplexer und schwieriger Aufgaben, die fundierte theoretische Kenntnisse und kognitive Durchdringung erfordern ...". (2) Die Polarisierungsthese thematisiert unter anderem den „Wegfall einfacher Aufgaben durch Automatisierung ...". (3) Die Universalthese behandelt „erhöhte Anforderungen an alle Fachkräfte, Intensivierung vernetzter Arbeitsbereiche und Zunahme der Arbeitsanforderungen, Zunahme prozessübergreifenden Erfahrungswissens". Alle drei Thesen zeigen einen „... Trend zur Höherqualifizierung ..." und damit die Erfordernis, insbesondere Kompetenzentwicklung in der beruflichen Weiterbildung auch zukünftig weiter zu forcieren. Überdies stellen Spöttl und Schlömer fest, dass „ ... Zunahmen kognitiver Aufgaben und kognitiver Routineaufgaben ..." erfolgen und sich entsprechend „... anspruchsvolle Qualifikationsniveaus ..." entwickeln werden, was wiederum Lebenslanges Lernen impliziert, „... um ggf. durch intensive Weiterbildung auf steigende Anforderungen reagieren zu können" (ebd.).

Deshalb wird es künftig umso notwendiger sein, zu wissen, welche Kompetenzanforderungen für spezifische Berufsfelder und deren Tätigkeitsfelder nachgefragt werden.

2.3 Arbeitsmarkt und Gesellschaft

Mit Blick auf Abbildung 2.1 soll deshalb im Weiteren der Zugang zum Arbeitsmarkt aus einer gesellschaftlichen Perspektive erörtert werden. Im Fokus steht dabei die Stellenanzeige als Mittel zur Mitarbeiter:innengewinnung, die unter anderem Hinweise auf entsprechende Kompetenzanforderungen enthält und gleichzeitig als Datenbasis für diese Studie diente. Zur Einordnung soll dabei zunächst der Nutzen von Stellenanzeigen aufgezeigt sowie die Abgrenzung zu anderen Mitteln des Recruitments vorgenommen werden.

2.3.1 Stellenanzeigen als Mittel zur Personalakquise

Grundsätzlich kann die Stellenanzeige als ein Instrument der externen Anwerbung neuer Mitarbeiter:innen verstanden werden. Dabei besteht ihr gesellschaftliches Ziel in Bezug auf den Arbeitsmarkt darin, eine Bewerbung potenzieller Interessentinnen und Interessenten zu motivieren. Die Stellenanzeige dient somit der Erfüllung eines gesellschaftlichen Zwecks und ist unter anderem abhängig von der wirtschaftlichen Situation auf dem Arbeitsmarkt, was sich in Form eines Angebots- oder Nachfragemarktes ausdrückt (siehe Kapitel 2.5.1). Dabei können solch außersprachliche Effekte die inhaltliche Ausgestaltung und Formulierung einer Anzeige beeinflussen (Ehrenheim, 2011, S. 43). Hierbei lassen sich zwei Zustände differenzieren: Je nach Situation auf dem Arbeitsmarkt kann die Zahl extern ausgeschriebener Stellen stark variieren, da beispielsweise kein Bedarf einer externen Anwerbung besteht, wenn Stellen ohne Ausschreibung besetzt werden können (Arbeitgeber:innenmarkt). Andersherum können, beispielsweise durch Fachkräftemangel in bestimmten Branchen, Unternehmen gefordert sein, aktiv die besten Talente für sich zu gewinnen (Arbeitnehmer:innenmarkt) (ebd., S. 47 f.).

Zur Ansprache möglicher Kandidaten:innen können hierzu zwei Arten der externen Personalakquise, welche die Stellenanzeige zur Ansprache nutzen, unterschieden werden: zum einen die Veröffentlichung einer Anzeige in einem Printmedium, beispielsweise in einer regionalen bzw. überregionalen Tageszeitung, zum anderen die Veröffentlichung auf einem Onlinekarriereportal (ebd., S. 44 f.). Weitere Möglichkeiten der Personalgewinnung, wie unternehmensinterne Ausschreibungen oder Direkt- ansprachen (zum Beispiel auf Messen oder via Social Media), sollen an dieser Stelle erwähnt sein, spielen jedoch für den weiteren Verlauf dieser Studie keine Rolle. Vielmehr soll eine ausschließliche Fokussierung auf Stellenanzeigen aus einem Onlinekarriereportal erfolgen, was eine zusätzliche Betrachtung von Stellengesuchen in Printmedien ausschließt. Diese Einschränkungen wurden bewusst durchgeführt und werden in Kapitel 3.2.3 in Bezug auf die Eigenschaften des zugrunde gelegten Textkorpus aus Online- stellenanzeigen noch einmal aufgegriffen und ausführlicher diskutiert.

2.3.2 Eigenschaften und Wahrnehmung von Onlinestellenanzeigen

Da diese Studie Onlinestellenanzeigen als Datengrundlage nutzt, hat dies zur Folge, dass im Weiteren der Blick auf den digitalen Zugang zum Arbeitsmarkt gerichtet wird. Dieser kann, wie bereits erwähnt, über die Nutzung von Onlinekarriereportalen erfolgen. Suchende können über diese Portale unmittelbar Kontakt zu möglichen Arbeitgebern:innen aufnehmen. Dabei lässt sich bei der Veröffentlichung einer Stellenanzeige zwischen der Suche durch ein Unternehmen selbst oder die Vermittlung durch einen Personaldienstleister unterscheiden (ebd., S. 50). Letztere werden oftmals dann herangezogen, wenn ein Unternehmen die Akquisetätigkeit (zum Beispiel aufgrund fehlender interner Ressourcen) ausgelagert hat. Nach Ehrenheim lassen sich die inserierenden Unternehmen bzw. Personaldienstleister als sogenannte Textproduzenten:innen verstehen. Potenzielle Kandidaten:innen können als Textrezipienten:innen aufgefasst werden (ebd., S. 54, S. 62). Insbesondere bei der Textproduktion ist es meist essentiell, ein sogenanntes *employer branding* zu transferieren (ebd., S. 54–61). Darunter kann die Chance einer Arbeitgeberin bzw. eines Arbeitgebers verstanden werden, „... das Vorstellungsbild in den Köpfen der Bewerberzielgruppen und Mitarbeiter von einem Unternehmen als Arbeitgeber ...“ aufzuwerten (Hartmann, 2015, S. 18).

Rohrmeier (2021) stellt in diesem Zusammenhang fest:

> Wenn die Unternehmensmarke bekannt ist, stark und positiv belegt ist und sich im Idealfall eine attraktive Produktmarke mit der Unternehmensmarke verbindet, hat dies eine signifikant positive Auswirkung auf den Employer Brand, auf die Attraktivität des Unternehmens als Arbeitgeber -- und damit auf Personalbeschaffung und Personalbindung. (S. 10)

Dabei stellt der Beschreibungstext und die Gestaltung der Anzeige oftmals die einzige Orientierung für Bewerber:innen dar und prägt deren ersten Eindruck maßgeblich. Aus diesem Grund sollten die Inhalte bezüglich der Außendarstellung des Unternehmens, dessen Werte sowie das Tätigkeits- und Anforderungsprofil an die zu besetzende Stelle entsprechend professionell aufbereitet sowie klar, authentisch (Koopmann-Wischhoff, 2020, S. 1 f.) und darüber hinaus vollständig formuliert sein. Idealerweise bilden das Vorhandensein einer Positionsbezeichnung, eine Beschreibung der Tätigkeit, die Anforderungen an die Stelle und etwaige Vorteile die wesentlichen Bestandteile eines Stellenangebots. Gerade der letzte Punkt kann vom ausschreibenden Unternehmen bzw. Personaldienstleister genutzt werden, um sich vom Wettbewerb zu differenzieren und die Stelle aus Sicht der Bewerber:innen attraktiver zu gestalten. Ferner stellt die Beschreibung der Aufgabenbereiche einen elementaren Bestandteil der Anzeige dar, um Interessierten das Tätigkeitsspektrum darzustellen (ebd., S. 5–16). Zugleich besteht die Möglichkeit, bei entsprechend ausformulierten Anforderungen, eine Selbstreflexion bzw. Selbsteinschätzung durchzuführen, inwieweit die Erwartungen erfüllt und in Bezug auf die genannten Tätigkeiten umgesetzt werden können. Fehlen grundlegende Informationen innerhalb des Anzeigentextes, besteht die Gefahr, dass seitens der Bewerber:innen die intrinsische Motivation, ein Bewerbungsschreiben an das ausschreibende Unternehmen bzw. den Personaldienstleister zu richten, reduziert wird und unter Umständen ein:e geeignete:r Kandidat:in entgeht (Ehrenheim, 2011, S. 69).

Begünstigt durch die digitale Transformation und die damit einhergehenden gesellschaftlichen Veränderungen in der Handhabung und Nutzung digitaler Kanäle und Medien darf angenommen werden, dass sich das Aufeinandertreffen von Angebot und Nachfrage im digitalen Raum in Zukunft noch weiter verstärken wird (Jäger & Wickel-Kirsch, 2020, S. 98–101).

Ebenso führt die Veröffentlichung einer Stellenanzeige in einem Onlinekarriereportal zu einer größeren Transparenz und einer überregionalen Reichweite. Außerdem eröffnen diese Portale in der Regel eine relativ unkomplizierte Möglichkeit der direkten Kontaktaufnahme zwischen Interessierten und einem Unternehmen. Dieser Zugang kann unter Umständen dazu führen, dass der Konkurrenzkampf der Unternehmen untereinander sogar verstärkt wird, vor allem in Bereichen, in denen ein hoher Bedarf an Fachkräften und hochqualifizierten Mitarbeiterinnen und Mitarbeitern besteht (Fliegen, 2020, S. 69–73).

Durch die Bereitstellung von Stellengesuchen im digitalen Raum wird überdies der aktuellen Entwicklung der Gesellschaft, bedingt durch die Digitalisierung, Rechnung getragen. So darf an dieser Stelle angenommen werden, dass das Internet als Informationsquelle in Zukunft noch gefragter sein wird, gehört es mittlerweile doch zu einem gewöhnlichen Medium der Informationsgewinnung (siehe Kapitel 2.4). Überträgt man diese Tendenz auf das Angebot vakanter Positionen, werden Onlinestellenanzeigen bzw. die Ansprache über digitale Kanäle zukünftig weiter an Bedeutung gewinnen. Diese Beobachtungen lassen sich anhand ausgewählter Aspekte aus der ARD/ZDF-Onlinestudie aus dem Jahr 2021 (Beisch & Koch, 2021) bestätigen, wenn auch berücksichtigt werden muss, dass bedingt durch die Coronapandemie die Internetnutzung in der Gesellschaft teilweise forciert wurde. Nichtsdestotrotz dienen spezifische Kennzahlen aus dieser Studie im Folgenden als Grundlage, um gesellschaftliche Entwicklungen hinsichtlich der Nutzung von Onlineangeboten zu untermauern. Zum einen hinsichtlich der gewählten Datenbasis bestehend aus Onlinestellenanzeigen, zum anderen in Bezug auf digitale Angebote zur beruflichen Weiterbildung.

2.4 Weiterbildung und Gesellschaft

So sind IT und digitale Technologien heute in fast allen Lebensbereichen verankert. IT-Technologie wird seit langem nicht mehr nur beruflich genutzt, sondern hat mittlerweile auch im privaten Umfeld einen hohen Stellenwert und Normalität erlangt (Hofmann und Günther, 2019, S. 690–692; Frank, 2020, S. 7). Im Jahr 2021 nutzten 67 Millionen deutschsprachige Bürger:innen ab 14 Jahren das Internet, was einem prozentualen Anteil von 94 % entspricht. Ebenso konnte eine Steigerung der durchschnittlichen täglichen (54 Millionen bzw. 76 %) und Unterwegsnutzung (60 %) festgestellt werden. Bei allen Werten handelt es sich im Vergleich zu den Vorjahren um neue Rekordwerte (Beisch & Koch, 2021, S. 487 f.). Dieses Verhalten schlägt sich auch in der medialen Nutzung des Internets nieder. 35 % der insgesamt 2.001 Befragten gaben an, dass das Lesen von Artikeln oder Berichten einen höheren Stellenwert in ihrem Nutzungsverhalten eingenommen hat. Zugleich stellt diese Nutzungsart einen der drei Haupttreiber medialer Internetnutzung, neben Streamingdiensten und Musik, dar. Zudem zeigten die jüngeren Altersgruppen von 14–29 Jahren (27 %) und 30–49 Jahren (26 %) den höchsten Konsum in der Kategorie *Artikel im Internet*. Bei den 50- bis 69-Jährigen lag dieser Wert bei 17 % (ebd., S. 486, S. 489–491). Hierunter kann auch die Nutzung von Karriereportalen eingestuft werden, was die Schlussfolgerung zulässt, dass Onlinestellenangebote eine zeitgemäße Akquisemethode darstellen, um in Bezug auf die untersuchten Altersgruppen, relevante Zielgruppen zur Besetzung offener Stellen zu erreichen. Darüber hinaus kann gefolgert werden, dass sich durch eine entsprechende Nutzung auch über aktuelle Berufsaussichten, Berufsbilder und Unternehmen am Arbeitsmarkt im Internet informiert wird. Obendrein zeigt die durchschnittliche Mediennutzung, dass vor allem in den Altersgruppen von 14–29 Jahren (269 Minuten) und 30–49 Jahren (178 Minuten) eine hohe Internetnutzung auszumachen ist (ebd., S. 491, Tabelle 7). Wenn auch die ARD/ZDF-Onlinestudie nicht explizit darauf verweist, bestätigen Bernhard-Skala et al. (2021), dass digitale Medien auch zum Lernen und für die Weiterbildung genutzt werden, was sich in einer bereits erfolgten „Mediatisierung der Lebenswelten“ Erwachsener (S. 24–27) ausdrückt und gleichzeitig eine gewisse Medienkompetenz bei den Adressatinnen bzw. Adressaten und Teilnehmenden an beruflichen Weiterbildungsangeboten voraussetzt (von Hippel & Freide, 2018, S. 976).

Zusätzlich eröffnet in diesem Bezugsrahmen die Digitalisierung Möglichkeiten, Lernen individueller zu gestalten (zum Beispiel angepasst auf die aktuelle Lebenssituation) und Lernen noch stärker selbst zu steuern (zum Beispiel Wissen in bestimmten Bereichen gezielt zu erweitern), was wiederum die Erfolgschancen für das Erlernen notwendiger beruflicher Qualifikationen bis hin zu Kompetenzen im Erwachsenenalter erhöht (Dehnbostel, 2020; Neidhardt, 2006, S. 14 f. Dohmen, 2001, S. 15). Lernplattformen, wie beispielsweise Coursera[4], Udacity[5] oder Udemy[6], können dabei unterstützen, Weiterbildung für die Gesellschaft auf digitalen Wegen individuell zugänglich zu machen und „... sich online neues Wissen in eigenständiger Weise anzueignen" (Kollar & Fischer, 2018, S. 1553). Wie auch Ebner (2019b) bestätigt, sind „Massive Open Online Courses, kurz MOOCs, ... einer der Trends im Bereich des technologiegestützten Lehrens und Lernens" (S. 38), deren Bedeutung in Zukunft noch weiter zunehmen wird. Schön et al. (2022) weisen auf Herausforderungen hin, wie beispielsweise eine „unverbindliche Teilnahme", „Heterogenität der Zielgruppe" oder eine „geringe soziale Präsenz" (S. 22–5), die es insbesondere in Zusammenhang mit MOOCs zu adressieren gilt. So lässt sich in der Erwachsenen- und Weiterbildung „... auf der einen Seite eine große Bereitschaft ... erkennen, sich mit den Chancen und Herausforderungen der Digitalisierung auseinanderzusetzen – sei es nun aus emanzipatorischen oder wirtschaftlichen Kalkülen oder auch aus gesellschaftlichen und politischen Erwartungshaltungen, die an die Weiterbildung herangetragen werden" (Rohs et al., 2020, S. 364). Gleichzeitig besteht jedoch auch noch Potenzial nach oben, was den Einsatz digitaler Medien und die Erforschung ihrer Wirksamkeit für entsprechende Zielgruppen in der Erwachsenen- und Weiterbildung angeht (ebd., S. 364 f., S. 372).

Weiterhin muss berücksichtigt werden, dass Weiterbildung nicht mehr ausschließlich in Form von Lernen am Arbeitsplatz und Lernen in der Freizeit getrennt werden kann, sondern allgegenwärtig stattfindet. Dieser Umstand ist mitunter dadurch bedingt, da mithilfe digitaler Medien Lernen und damit Weiterbildung in gewissem Maße unabhängig von Ort und Zeit in einer durch die Digitalisierung geprägten Gesellschaft stattfinden kann (Bundesministerium für Arbeit und Soziales, 2017). Wie die ARD/ZDF-Onlinestudie zeigte, ist eine Identifikation mit elektronischen Medien und deren Nutzung in der heutigen Gesellschaft zu erkennen, die stärker denn je von digitaler Information geprägt ist.

Nachdem in diesem und den vorangegangenen Kapiteln eine grundlegende Auseinandersetzung mit den Feldern *Arbeitsmarkt, Weiterbildung* und *Gesellschaft* aus einer durch *Digitalisierung* geprägten Anschauung geschah, soll nachfolgend der Blick weiter konkretisiert und auf den *IT-Arbeitsmarkt* geworfen werden.

---

4 Siehe https://www.coursera.org/, abgerufen am 18.11.2021.
5 Siehe https://www.udacity.com/, abgerufen am 18.11.2021.
6 Siehe https://www.udemy.com/, abgerufen am 18.11.2021.

2.5 Der IT-Arbeitsmarkt als Feld

Wie in den vorangegangenen Kapiteln erörtert, findet sich IT in vielen Bereichen des Arbeitsmarktes, der Gesellschaft und Weiterbildung wieder. Die weitere Betrachtung des Feldes *Arbeitsmarkt* soll in Bezug auf Berufsgruppen in der Informationstechnologie (IT) stattfinden und damit der Fokus auf das Berufsfeld IT gerichtet werden. Dabei wird zunächst eine Bestandsaufnahme des IT-Arbeitsmarktes in Deutschland durchgeführt (Kapitel 2.5.1) und anschließend werden dessen Eigenschaften beleuchtet und diskutiert (Kapitel 2.5.2).

2.5.1 Bestandsaufnahme des IT-Arbeitsmarktes in Deutschland

Um den IT-Arbeitsmarkt zu deklarieren, wurde sich an der „Klassifikation der Berufe 2010 – überarbeitete Fassung 2020" (Bundesagentur für Arbeit, 2021a, 2021b) der Bundesagentur für Arbeit orientiert. Innerhalb dieser Klassifikation sind die IT-nahen Berufe und Berufsgruppen im Berufsbereich 4, *Naturwissenschaft, Geografie und Informatik*, unter der Kennzahl 43, *Informatik-, Informations- und Kommunikationstechnologieberufe*, verortet (Bundesagentur für Arbeit, 2021a, S. 83–85).

Für die folgende Bestandsaufnahme werden vor allem die Angaben zum IT-Arbeitsmarkt aus der Arbeitsmarktberichterstattung der Bundesagentur für Arbeit aus dem Jahr 2020 herangezogen[7]. Hinsichtlich der genannten Berufskategorie wurden 897.260 sozialversicherungspflichtig Beschäftigte registriert. Im Vergleich zum Vorjahr zeigt sich ein Plus von 41.080 Erwerbstätigen. Betrachtet man die Altersgruppen, so sind 78 % aller Berufstätigen zwischen 25 und 54 Jahre alt. Bezugnehmend auf die Kennzahlen aus der ARD/ZDF-Onlinestudie in Kapitel 2.4 zeigt sich in dieser Zielgruppe im Rahmen der Internetnutzung der höchste Konsum textueller Medien, wie sie beispielsweise in Form von Stellenanzeigen auf Onlinekarriereportalen vorliegen. Zudem darf man, in Anbetracht des Nutzungsverhaltens, IT-Fachleuten durchaus eine höhere Affinität in der Inanspruchnahme digitaler Inhalte unterstellen. Dies bedeutet jedoch nicht, auch wenn eine gewisse Neigung zu elektronischen Medien in dieser Zielgruppe impliziert werden kann, dass digitale Kompetenzen, wie beispielsweise Technikfolgenabschätzung (Köchler, 2020, S. 38) oder eine „... Reflexion der Nutzung der Digitaltechniken und die Abschätzung ihrer sozialen Folgen" (ebd., S. 42), automatisch in diesem Adressatenkreis ausgeprägt und sensibilisiert sein müssen.

In der Kategorie *Informatik-, Informations- und Kommunikationstechnologieberufe* lassen sich zudem drei Anforderungsniveaus (Bundesagentur für Arbeit, 2021a, S. 35–37) unterscheiden: *Fachkräfte, Spezialisten* und *Experten*[8]. Diese dienen einer Darstellung der Komplexitätsgrade einzelner Berufe und beziehen sich letztendlich auf die Qualifikation der Beschäftigten. So besitzen zum Beispiel IT-Fachkräfte (Anforderungsniveau 2) eine Berufsausbildung als höchste Qualifikation. Bei IT-Spezialisten (Anforderungsniveau 3) kann unter anderem von einem Bachelorabschluss als höchste Befähigung

7 Statistiken und Tabellen zu IT-nahen Berufen und Berufsgruppen unter der Kennzahl 43, siehe https://statistik.arbeitsagentur.de/DE/Navigation/Statistiken/Interaktive-Statistiken/Berufe-auf-einen-Blick/Berufe-auf-einen-Blick-Anwendung-Nav.html, abgerufen am 20.11.2021.

8 Das niedrigste Anforderungsniveau, *Helfer*, findet sich in dieser Berufskategorie nicht.

ausgegangen werden. IT-Experten (Anforderungsniveau 4) haben in der Regel ein mindestens vierjähriges Studium erfolgreich absolviert, was einem Masterabschluss oder einer ähnlichen Qualifikation gleichkommt. In Tabelle 2.1 finden sich die absoluten (Spalte $H_{\text{Soz. Beschäf. IT}}(Niv)$) und prozentualen (Spalte $h_{\text{Soz. Beschäf. IT}}(Niv)$) Verteilungen der Anforderungsniveaus aller sozialversicherungspflichtig Beschäftigten dieser Berufskategorie, wovon in Summe 82,97 % einen akademischen Abschluss besitzen.

Tabelle 2.1: Absolute und prozentuale Verteilung der Anforderungsniveaus aller sozialversicherungspflichtig Beschäftigten der Berufskategorie Informatik-, Informations- und Kommunikationstechnologieberufe im Jahr 2020

Anforderungsniveau (Niv)	$H_{\text{Soz. Beschäf. IT}}(Niv)$	$h_{\text{Soz. Beschäf. IT}}(Niv)$
Experten	358.330	39,94 %
Spezialisten	386.130	43,03 %
Fachkräfte	152.800	17,03 %
Summe	897.260	100,00 %

In Anlehnung an die „Klassifikation der Berufe 2010 – überarbeitete Fassung 2020" (Bundesagentur für Arbeit, 2021a, 2021b) lassen sich zusätzlich vier Hauptgruppen unterscheiden: *Informatik allgemein* (Kennziffer 431), *IT-Systemanalyse, IT-Anwendungsberatung und IT-Vertrieb* (Kennziffer 432), *IT-Netzwerktechnik, IT-Koordination, IT-Administration und IT-Organisation* (Kennziffer 433) sowie *Softwareentwicklung und Programmierung* (Kennziffer 434) (Bundesagentur für Arbeit, 2021b, S. 670–713). Die Verteilungen laut Arbeitsmarktstatistik für das Jahr 2020 finden sich in nachfolgender Tabelle 2.2 aufgeführt. Hieraus lässt sich entnehmen, dass die meisten sozialversicherungspflichtig Beschäftigten in den Hauptgruppen Informatik allgemein und Softwareentwicklung und Programmierung tätig sind (59,40 %). Außerdem sind beide Gruppen nahezu gleichverteilt. Am wenigsten Erwerbstätige finden sich im Bereich IT-Netzwerktechnik, IT-Koordination, IT-Administration und IT-Organisation (19,42 %). Blickt man auf den Fachkräftebedarf, so lässt sich in diesen Berufen und Berufsgruppen ein Fachkräftemangel feststellen.

Wie bereits in Kapitel 2.4 erwähnt, schafft die zunehmende Digitalisierung der Gesellschaft eine Gegenwärtigkeit von IT und Informatik als Querschnittsfunktion in nahezu allen Arbeits- und Lebensbereichen, was in Bezug auf IT-Fachleute in einem vergleichsweise überdurchschnittlichen Bedarf resultiert. Dabei handelt es sich jedoch keineswegs um ein neuartiges Phänomen. IT-Know-how wird in allen Wirtschaftszweigen nachgefragt und ist nicht auf bestimmte Branchen oder Industrien beschränkt, wie schon aus einer Analyse der Bundesagentur für Arbeit aus dem Jahr 2019 für den Arbeitsmarkt 2018 hervorgeht (Bundesagentur für Arbeit, 2019, S. 8). So lag vor 3 Jahren die Nachfrage nach IT-Fachleuten bereits auf einem Höchstniveau. Von 54.000 Stellenmeldungen im Jahr 2018 richtete sich nahezu die Hälfte (48 %) an Experten:innen mit mindestens vierjährigem Studium. Fast jede dritte Stelle verlangte eine Weiterbildung oder ein dreijähriges Studium (ebd., S. 11).

Tabelle 2.2: Absolute und prozentuale Verteilung der Hauptgruppen aller sozialversicherungspflichtig Beschäftigten der Berufskategorie Informatik-, Informations- und Kommunikationstechnologieberufe im Jahr 2020

Hauptgruppe (HG)	$H_{Soz.\ Beschäf.\ IT}(HG)$	$h_{Soz.\ Beschäf.\ IT}(HG)$
Informatik allgemein	267.030	29,76 %
Softwareentwicklung und Programmierung	265.980	29,64 %
IT-Systemanalyse, IT-Anwendungsberatung und IT-Vertrieb	189.960	21,17 %
IT-Netzwerktechnik, IT-Koordination, IT-Administration und IT-Organisation	174.290	19,42 %
Summe	897.260	100.00 %

Rundungsdifferenzen können zu einem Gesamtwert ungleich 100,00 % führen.

Mit Verweis auf die Fachkräfteengpassanalyse für das Jahr 2020 können auf allen Anforderungsniveaus (Fachkräfte, Spezialisten und Experten) Engpässe festgestellt werden[9]. Ein deutlicher Mangel liegt insbesondere auf dem Niveau von Spezialisten und Experten vor. So bestehen beispielsweise Engpässe, wenn es darum geht, Stellen für Experten:innen innerhalb der Hauptgruppe Informatik allgemein in den Berufsgruppen Geoinformatik, Bio- und Medizininformatik, technische Informatik, Informatik (ohne Spezialisierung), Wirtschaftsinformatik und Medieninformatik zu besetzen. In der Gruppe IT-Systemanalyse, IT-Anwendungsberatung und IT-Vertrieb wird dabei auf Positionen in der IT-Anwendungsberatung verwiesen. Zudem kann ein Mangel im Bereich IT-Netzwerktechnik, IT-Koordination, IT-Administration und IT-Organisation sowohl für fachliche wie leitende Positionen ausgemacht werden. Zuletzt lässt sich für Berufe in der Softwareentwicklung ebenfalls ein Fehlen entsprechender Expertinnen bzw. Experten wahrnehmen.

Es darf darüber hinaus die Vermutung angestellt werden, dass dieser Mangel, der bereits seit einigen Jahren (ebd., S. 12) existiert, durch anhaltende Trends und Neuerungen sowie die Geschwindigkeit des technischen Wandels weiter befeuert wird (Busch, 2020, S. 61). Jager und Thiemann (2021, S. 77 f.) verweisen in diesem Zusammenhang auf den Begriff des „Technostresses" und damit verbundenen Faktoren: Beispielsweise führt der Einsatz von Informations- und Kommunikationstechnologie dazu, dass auf Fakten basierendes Wissen schneller veraltet und damit einhergehend ein Zwang zu permanenter Weiterbildung erzeugt wird. Tiemeyer (2020c) merkt hierzu an:

> „Vielfältige technologische Innovationen der letzten Jahre haben maßgeblich dazu beigetragen, dass wir mittlerweile teils disruptive Veränderungen in vielen Bereichen von Wirtschaft und Gesellschaft feststellen. Neue digitale Produkte und Services sowie veränderte Arbeits- und Geschäftsprozesse, die eine immer stärkere Automatisierung erfahren, sind bereits erfolgreich implementiert. Weitere Veränderungen mit hoher Dynamik stehen uns für die nächsten Jahre bevor." (S. 122)

9 Fachkräfteengpässe zu IT-nahen Berufen und Berufsgruppen, siehe https://statistik.arbeitsagentur.de/DE/Navigation/Footer/Top-Produkte/Fachkraefteengpassanalyse-Nav.html, abgerufen am 20.11.2021.

Gerade Themenbereiche wie Big Data, Internet of Things, Cloud Computing, Künstliche Intelligenz, Machine Learning, Blockchain, Augmented Reality oder Virtual Reality und weitere (ebd., S. 121–129) erfordern deshalb nicht nur eine stete fachliche Qualifikation, sondern machen Kompetenzen und damit einhergehend entsprechende Angebote beruflicher Weiterbildung notwendig (Faulstich, 2018, S. 947–971). Aus diesen Gründen können Erkenntnisse über Kompetenzanforderungen dazu beitragen, berufliche Weiterbildungsmaßnahmen mitunter an den Bedarfen des IT-Arbeitsmarktes zu orientieren bzw. bei Erwerbstätigen in traditionellen IT-Themenfeldern eine Neuausrichtung zu motivieren, um eine erhöhte Beschäftigungsfähigkeit zu erlangen.

2.5.2 Eigenschaften des IT-Arbeitsmarktes

Nach den bisherigen Ausführungen ist feststellbar, dass der IT-Arbeitsmarkt als ein sich stetig wandelnder, volatiler Markt aufgefasst werden kann. Diese Dynamik, unter anderem bedingt durch neue Trends und die Digitalisierung, macht es für Erwerbstätige in diesem Markt unvermeidlich, sich innerhalb dieses Feldes an verändernde Anforderungen und damit auch Kompetenzanforderungen anzupassen, um wettbewerbs- und beschäftigungsfähig zu bleiben. So darf vermutet werden, dass beispielsweise eine fachliche Neuausrichtung leichterfällt, wenn bestimmte Kompetenzen, wie zum Beispiel *Anpassungsfähigkeit* oder *Offenheit für Neues*, ausgeprägt sind. Für die Weiterbildung besteht dabei die Herausforderung, auf diese Veränderungen mit adäquaten beruflichen Weiterbildungsmaßnahmen zu reagieren und diese in einem Konzept für Lebenslanges Lernen zu integrieren. Da die vorliegende Studie unter anderem im Feld der Weiterbildung angelegt wurde, soll bei der späteren Betrachtung der Stellenanzeigen keine ausschließliche Fokussierung entweder auf den akademischen oder den nicht-akademischen Bereich vorgenommen werden, da beide Gruppen für berufliche Weiterbildung qualifiziert sind und von entsprechenden Angeboten profitieren können. Zudem hat die Betrachtung des IT-Arbeitsmarktes im vorherigen Kapitel 2.5.1 gezeigt, dass innerhalb IT-naher Berufsgruppen und Berufen in der Praxis alle Qualifizierungsstufen (Fachkräfte, Spezialisten und Experten) anzutreffen sind (siehe Tabelle 2.1). Eine Einschränkung auf spezifische Anforderungsniveaus wäre an dieser Stelle deshalb zu kurz gefasst. Überdies sollen Stellenangebote für Berufseinsteigende (zum Beispiel Junior-Stellen) genauso betrachtet werden wie Professionals (zum Beispiel Senior-Positionen), da im Endeffekt alle Beteiligten um die verfügbaren Stellen und Positionen im IT-Arbeitsmarkt konkurrieren.

Wie aus den Ausführungen sichtbar wurde, besteht für Erwerbstätige im Berufsfeld IT die besondere Herausforderung, sich an verändernde (Markt-)Bedingungen anzupassen. Hierunter ordnen sich auch Forderungen nach Kompetenzen ein. Zu deren Entwicklung bildet vor allem *Lernen* eine notwendige Voraussetzung. Dieser Aspekt soll im folgenden Kapitel näher ausgeführt und diskutiert werden.

2.6 Lernen als berufliche Notwendigkeit und Chance

Wie im Bericht „Trends der Weiterbildung – DIE[10]-Trendanalyse 2021“ angemerkt, darf die Aktualität der Definition von Weiterbildung des Deutschen Bildungsrates (1970, S. 197) aus Kapitel 2.1 durchaus hinterfragt werden (Widany et al., 2021, S. 11). So lässt sich der Terminus der *Weiterbildung* durch eine weiterführende Betrachtung mit Bezug auf Lebenslanges Lernen als „... jede zielgerichtete Lerntätigkeit, die einer kontinuierlichen Verbesserung von Kenntnissen, Fähigkeiten und Kompetenzen dient“ (Kommission der Europäischen Gemeinschaften, 2000, S. 3), ergänzen. Diese Definition kann nach Dohmen (2001) noch breiter gefasst werden, indem

> „Lernen ... schon immer den Menschen helfen [sollte], sich die Kenntnisse und Kompetenzen zu erarbeiten, die es ihnen ermöglichen, sich in ihrer Lebens-, Arbeits- und Medienumwelt verständiger zu orientieren, selbständiger zu behaupten und verantwortungsbewusster zu positionieren. Die Menschen sollen durch lebenslanges Lernen in ihrer Umwelt besser leben lernen.“ (S. 13)

In diesem Sinne kann unter Lebenslangem Lernen „alles Lernen während des gesamten Lebens, das der Verbesserung von Wissen, Qualifikationen und Kompetenzen dient und im Rahmen einer persönlichen, bürgergesellschaftlichen, sozialen bzw. beschäftigungsbezogenen Perspektive erfolgt“ (Europäische Kommission, 2002, S. 58), erfasst werden. Bezugnehmend auf die genannten Definitionen und Auslegungen soll bewusst gemacht werden, dass Lernen einen lebensumspannenden Prozess umfasst und somit auch eine wesentliche Voraussetzung für Weiterbildung darstellt.

In Anlehnung an das Bundesministerium für Bildung und Forschung (BMBF) können drei Arten differenziert werden: die *allgemeine und politische Weiterbildung*, die *Weiterbildung an Hochschulen* und die *berufliche Weiterbildung* (Bundesministerium für Bildung und Forschung, 2022). Diese Unterscheidung berücksichtigt somit alle Bereiche, die sich an den Abschluss einer primären Ausbildungsphase, die entweder akademisch oder nichtakademisch geprägt war, anschließen (siehe Abbildung 2.2) und sich somit auf den vorliegenden Untersuchungskontext übertragen lassen.

Mit Blick auf Abbildung 2.2 umfasst die allgemeine und politische Weiterbildung nicht unmittelbar auf die Erwerbstätigkeit bezogene Weiterbildungsangebote zur Entwicklung von Schlüsselkompetenzen. Die an zweiter Stelle genannte Weiterbildung an Hochschulen richtet sich an Akademiker:innen und Nichtakademiker:innen, um auf wissenschaftlicher Basis Kenntnisse, Wissen und Kompetenzen zu vermitteln (ebd.). Im Gegensatz zu den zuvor genannten Weiterbildungsangeboten steht die berufliche Weiterbildung. In der aktuellen Fassung des Berufsbildungsgesetzes[11] findet sich die Terminologie der beruflichen Weiterbildung allerdings nicht, sondern lediglich die berufliche Fortbildung (Bundesministerium der Justiz, 2005, Kapitel 2) und die berufliche Umschulung (ebd., Kapitel 3) werden hier thematisiert.

---

10 Deutsches Institut für Erwachsenenbildung - Leibniz-Zentrum für Lebenslanges Lernen (DIE).

11 Berufsbildungsgesetz in der Fassung der Bekanntmachung vom 4. Mai 2020 (BGBl. I S. 920), geändert durch Artikel 16 des Gesetzes vom 28. März 2021 (BGBl. I S. 591).

Erhalt der Beschäftigungsfähigkeit während der Erwerbstätigkeit durch:

- Allgemeine und politische Weiterbildung
- Weiterbildung an Hochschulen
- Berufliche Weiterbildung

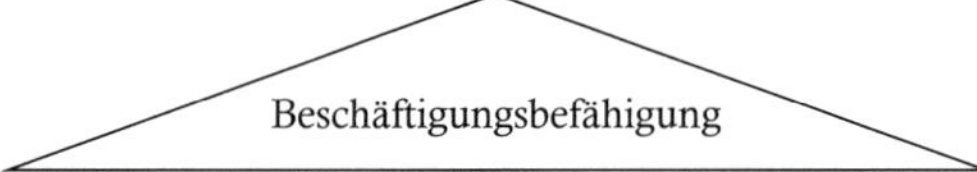

Primäre Ausbildungsphase:

- Akademisch (Hochschule/universitärer Bereich)
- Nicht-akademisch (anerkannte Berufsausbildung)

Abbildung 2.2: Erhalt der Beschäftigungsfähigkeit während der Erwerbstätigkeitsphase nach Abschluss einer primären Ausbildungsphase (eigene Darstellung)

In Bezug auf die berufliche Fortbildung wird diese nach dem Berufsbildungsgesetz wie folgt definiert: „Die berufliche Fortbildung soll es ermöglichen, 1. die berufliche Handlungsfähigkeit durch eine Anpassungsfortbildung zu erhalten und anzupassen oder 2. die berufliche Handlungsfähigkeit durch eine Fortbildung der höherqualifizierenden Berufsbildung zu erweitern und beruflich aufzusteigen“ (ebd., § 1, Abs. 4). Anhand dieser Auslegung kann berufliche Weiterbildung und berufliche Fortbildung durchaus synonym verstanden werden. Diese Einschätzung schlägt sich auch im Bericht des Bundesministeriums für Bildung und Forschung zum Weiterbildungsverhalten in Deutschland nieder (Bundesministerium für Bildung und Forschung, 2021). Darüber hinaus wird im Sozialgesetzbuch (SGB) II[12] das „Gesetz zur Förderung der beruflichen Weiterbildung im Strukturwandel und zur Weiterentwicklung der Ausbildungsförderung“ (Sozialgesetzbuch (SGB II), 2005, § 82) genannt. Geregelt und konkretisiert wird die berufliche Weiterbildung im Sozialgesetzbuch (SGB) III[13] im Paragraphen „Förderung beschäftigter Arbeitnehmerinnen und Arbeitnehmer“ (Sozialgesetzbuch (SGB III), 1998, § 82).

Bei der Betrachtung der obigen Definition aus dem Berufsbildungsgesetz lassen sich die Begrifflichkeiten der *Anpassung*, sprich das Erlernen und Verlernen, wie auch die *Erweiterung* beruflicher Handlungsfähigkeit hervorheben, um eine dauerhafte Beschäftigungsfähigkeit zu erreichen. Dabei können Maßnahmen aus der betrieblichen Weiterbildung Erwerbstätige unterstützen, sind aber nicht zwingend Voraussetzung. Bezüglich des IT-Arbeitsmarktes spielt somit Weiterbildung für Erwerbstätige eine zentrale Rolle, um die berufliche Handlungsfähigkeit an sich ändernde Marktanforderungen und Rahmenbedingungen zielgerichtet anzupassen und zu erweitern.

12 Stand: Zuletzt geändert durch Art. 3 G v. 22.11.2021 I 4906.
13 Stand: Zuletzt geändert durch Art. 1 G v. 23.3.2022 I 482.

Nach R. Becker (2018) stellt berufliche Weiterbildung

> „... eine kontinuierliche Investition in das Humankapital einer Person dar -- sei es, dass sie den regulären Abschreibungen des Humankapitals entgegenwirken soll, der Anpassung an den technologischen Wandel dient, eine Revision einer bereits getroffenen Berufsentscheidung ist oder ungewollte Zustände im Berufsverlauf korrigieren soll." (S. 318)

Dies erfordert von Berufstätigen wie auch von Arbeitgebendenseite eine gewisse Flexibilität bei der Selbstorganisation und Selbststeuerung von Lernprozessen im Rahmen der beruflichen Weiterbildung, um insbesondere den in Kapitel 2.5.1 konstatierten Engpässen innerhalb bestimmter IT-Berufsgruppen entgegenzuwirken, was beispielsweise durch den Einsatz digitaler Medien unterstützt werden kann (Dyrna, 2021, S. 247).

Arbeitgeber:innen wie auch Arbeitnehmer:innen in der IT sollten deshalb die Möglichkeit haben, einen Blick auf notwendige Qualifikationen und Kompetenzanforderungen innerhalb dieses Marktes werfen zu können. Anschließend können entsprechend berufsbezogener Weiterbildung gezielt Maßnahmen ergriffen werden, welche noch nicht durch eine primäre Ausbildungsphase, die in der Regel das Ziel verfolgt, eine erste Beschäftigungsbefähigung bzw. einen Einstieg in den Arbeitsmarkt zu ermöglichen, abgedeckt wurden (Bretschneider, 2006, S. 4). Schlussendlich bieten alle in Abbildung 2.2 dargestellten Bereiche Möglichkeiten, Kompetenzen im Rahmen beruflicher Weiterbildung während der Erwerbstätigkeit zu fördern. In Kapitel 6 werden selektierte Beispiele noch einmal aufgegriffen und didaktische Überlegungen ergänzend diskutiert. Im Folgenden sollen Besonderheiten von Weiterbildung im Berufsfeld IT anhand ausgewählter Erkenntnisse aus einem Modellversuch von Brüggemann, Dehnbostel und Rohs kurz beleuchtet und eingeordnet werden.

2.6.1 Besonderheiten von Weiterbildung im Berufsfeld IT

In ihrer Studie untersuchten Brüggemann et al. Lernformen und Weiterbildungsansätze in kleinen und mittleren Unternehmen der IT-Branche im Raum Berlin und Brandenburg. Aus den wissenschaftlichen Ergebnissen lassen sich allgemeine Besonderheiten für das Berufsfeld IT und den Aspekt der beruflichen Weiterbildung ableiten und in den vorliegenden Untersuchungskontext einbetten. Berufliche Kompetenz wird dabei als eine Zusammensetzung aus sozialen, fachlichen und personalen Einzelkompetenzen betrachtet und definiert (Brüggemann et al., 2010, S. 24–26, S. 45). Ein Ergebnis der Untersuchung zeigte, dass Lernen maßgeblich informell, während der Tätigkeitsausübung, stattfindet (ebd., S. 114). Die Aufgabenerfüllung steht dabei im Vordergrund. Lern- und Arbeitszeit, und damit Zeit für berufliche Weiterbildung, befinden sich gegebenenfalls in einem konkurrierenden Verhältnis zueinander (ebd., S. 28). Erwerbstätige im Berufsfeld IT agieren in einer „... hoch technisierten Branche mit hoher Innovationsdynamik ..." (ebd., S. 6, 1. Vorwort). Dies stellt eine komplexe Aufgabe dar, wenn es darum geht, berufliche Weiterbildung zu organisieren, welche ein zentrales Element bildet, um die „... schnellen Veränderungen der IT-Anwendungen und Technologien in die betriebliche Praxis zu übernehmen" (Hall et al., 2016, S. 6).

So wurde mit dem IT-Weiterbildungssystem (IT-WBS) aus dem Jahr 2002 versucht, eine Struktur für dieses Berufsfeld zu entwickeln. Dazu stellt Winkler (2020) fest, dass „... sich die Möglichkeiten, die das IT-WBS den IT-Fachkräften bieten kann, allerdings noch nicht wie erhofft entfaltet [haben], hierfür werden unter anderem der mangelnde Bekanntheitsgrad sowie die Konkurrenzsituation zum Hochschulbereich und zu Herstellerzertifikaten verantwortlich gemacht“ (S. 102). Positiv hervorzuheben ist die Orientierung an den Niveaustufen des Deutschen Qualifikationsrahmens (DQR) (ebd., S. 103) und die Beschreibung von Tätigkeitsschwerpunkten, die bei Schwarz und Flekl (2020) in Bezug auf die Neuordnung des IT-WBS im Jahr 2020 beispielhaft reflektiert werden. Die genannten Tätigkeitsschwerpunkte beschreiben dabei primär auszuführende Aufgaben, wie sie in Tätigkeitsbeschreibungen von IT-Stellenanzeigen aufgefunden werden können, enthalten jedoch keine Verknüpfungen zu notwendigen IT-Kompetenzen, wie sie in Kapitel 4 in Form von Kompetenzfeldern systematisiert, in Kapitel 5 zur Untersuchung spezifischer IT-Tätigkeitsfelder aufgeschlüsselt und in Kapitel 6 aus didaktischer Sicht reflektiert werden. Dies kann mitunter an der Verknüpfung des IT-WBS mit den Niveaustufen des Deutschen Qualifikationsrahmens liegen, was unter Umständen dazu führt, dass die Kopplung solcher Systeme bei Berufstätigen zu einer gesteigerten Unübersichtlichkeit sowie dem Verlust von Strukturen und Orientierung gemäß einer kompetenzorientierten Weiterbildung führen kann. Nichtsdestotrotz ist nach Dehnbostel (2021) positiv herauszustellen, dass eine Anlehnung nationaler Rahmungen an den Europäischen Qualifikationsrahmen (EQR) die Möglichkeit schafft, „... national erworbene Qualifikationen und Abschlüsse europaweit transparent, vergleichbar und übertragbar [zu machen] ... und damit die Mobilität in und zwischen den europäischen Bildungssystemen sowie auf dem europäischen Arbeitsmarkt erleichtern und befördern soll“ (S. 223). All die genannten Aspekte sind für das Berufsfeld IT nicht zu vernachlässigen. So ist es kein neuartiges Phänomen, dass insbesondere IT-Projekte in internationaler und interkultureller Zusammenarbeit durchgeführt werden (Feldmüller, 2018). Aufgrund der Digitalisierung darf vermutet werden, dass dieser Zustand zukünftig noch weiter an Bedeutung gewinnen wird. Daraus entsteht eine gewisse Notwendigkeit, eine internationale Vergleichbarkeit von Qualifikationen und Abschlüssen in der IT zu gewährleisten.

Neben alldem kann festgestellt werden, dass professionelle IT-Tätigkeiten nicht mehr ausschließlich auf IT-Kernberufe (siehe Kapitel 2.5.1, Tabelle 2.2) beschränkt sind. In sogenannten IT-Mischberufen und auf Anwenderebene werden neben IT-Wissen, IT-Qualifikationen und IT-Fähigkeiten auch IT-nahe Kompetenzen benötigt. Dies zeigt, dass IT nicht mehr nur eine technische Querschnittsfunktion bildet. Die im Zusammenhang mit der Ausübung einer IT-Tätigkeit notwendigen beruflichen Kompetenzen sind in so gut wie jeder Branche und Industrie anzutreffen (Hall et al., 2016, S. 5). Zudem findet sich „digitale Technik“ auf nahezu allen Organisationsebenen wieder (Christ et al., 2020, S. 32–36) und macht deshalb eine Auseinandersetzung mit Themen der Digitalisierung für alle Mitarbeiter:innen erforderlich.

2.6.2 Berufliche Kompetenzentwicklung

Um Kompetenzen im Rahmen der beruflichen Weiterbildung entwickeln zu können, spielt unter anderem der *Lernort* eine wesentliche Rolle. Darunter lassen sich räumlich-soziale Gegebenheiten definieren, die entsprechende Voraussetzungen schaffen, Lernen zu ermöglichen. Gleichzeitig muss der Lernort dem Lernen förderlich sein und darf nicht hemmend wirken (Kirchhöfer, 2004, S. 75). Neben dem eigentlichen Lernort rückt in aktuellen Diskussionen insbesondere der *Lernraum* als eine „... zentrale Dimension von Lehr-/Lernprozessen auch in der Erwachsenenbildung zunehmend in den Fokus“ (Stang et al., 2018, S. 643) und sollte daher auch in der beruflichen Weiterbildung und zur Kompetenzentwicklung berücksichtigt werden (ebd., S. 654). Da Lernen und somit auch Kompetenzentwicklung „... in räumlichen Umgebungen – seien es physische, soziale oder digitale – stattfindet“ (ebd., S. 643), kommt diesem Aspekt eine zentrale Bedeutung zu (Kraus et al., 2015, S. 15–17). Lernen kann zudem unabhängig von Lehre stattfinden, womit sich gewisse individuelle Freiheiten, sowohl in der Wahl des Lernortes wie auch der Gestaltung des Lernraumes, um Lernprozesse zu vollziehen, ergeben (Stang et al., 2018, S. 648 f.), worin sich wiederum die von Kirchhöfer unterschiedenen vier Formen unterschiedlicher Lernorte einbetten lassen: das auf die Tätigkeit bezogene, arbeitsbegleitende Lernen im Prozess der Arbeit (LiPA), Lernen im sozialen Umfeld (LisU), Lernen in Weiterbildungseinrichtungen (LiWE) und Lernen im Netz (LiNe). Letzteres zeichnet sich vor allem durch Selbstorganisation in einem offenen medialen Raum aus (Kirchhöfer, 2004, S. 76–81). Alle genannten Möglichkeiten können in der IT als Lernorte zur Entwicklung von Kompetenzen im Rahmen der Erhaltung und Anpassung einer Beschäftigungsfähigkeit in der Erwerbstätigkeit in Erwägung gezogen werden (ebd., S. 53).

Hinsichtlich der durch Digitalisierung verursachten Auswirkungen spielen in einer digitalen Arbeitswelt vermehrt auch Veränderungen bestehender Strukturen eine elementare Rolle, wie beispielsweise die Erweiterung und Schaffung virtueller Lernorte und Lernräume sowie die Verbindung digitalen Lernens als integrativer Bestandteil von Arbeitsprozessen (Dehnbostel, 2019). Somit kommt laut Dehnbostel „... der Anlage und Gestaltung der wesentlich auf selbstgesteuertes Lernen ausgerichteten Lernräume und Selbstlernarchitekturen eine entscheidende Bedeutung für die sich herausbildende Stellung des Menschen in der digitalen Arbeitswelt zu“ (ebd., S. 04–4). Dies bestätigten auch schon Untersuchungen von Erpenbeck et al. (2013), die feststellten, dass die Kompetenzentwicklung und -vermittlung der Mitarbeiter:innen nicht mehr dem Zufall überlassen werden kann, sondern die Schaffung entsprechender Voraussetzungen, beispielsweise interaktiver Lernplattformen (S. 83, S. 88) oder einer kombinierten Nutzung materieller und virtueller Räume in Form hybrider Lernräume, dem sogenannten *Thirdspace* (Edinger & Reimer, 2015, S. 208), notwendig ist. Unternehmen gehen zudem auch dazu über, ihren Mitarbeiter:innen vermehrt Weiterbildungsangebote auch außerhalb des eigenen Unternehmens anzubieten oder die Weiterbildungsmaßnahmen durch Externe durchführen zu lassen (Dobischat & Düsseldorff, 2018, S. 738 f.), beispielsweise durch Nutzung von Onlinelernplattformen, wie in Kapitel 2.4 erwähnt.

Auch im gesamtgesellschaftlichen Kontext wird mit Verweis auf die Nationale Weiterbildungsstrategie (NWS) berufliche Weiterbildung als zentrales Element verstanden, „... um einerseits die Innovations- und Leistungsfähigkeit der Betriebe und andererseits Beschäftigungssicherheit sowie selbstbestimmte berufliche Entwicklungsperspektiven zu erhalten und zu erhöhen und das Einkommen für jede und jeden zu sichern“ (Bundesministerium für Arbeit und Soziales & Bundesministerium für Bildung und

Forschung, 2021b, S. 11), woran sich unmittelbar die berufliche Kompetenzentwicklung anschließen lässt. Diese Sichtweise wird auch auf politischer Ebene im aktuellen Koalitionsvertrag artikuliert, indem darauf verwiesen wird, dass „in Zeiten des digitalen und demografischen Wandels ... eine gezielte Nationale Weiterbildungsstrategie [eine] wesentliche Voraussetzung [darstellt], um unsere wirtschaftlichen und gesellschaftlichen Ziele zu erreichen" (SPD et al., 2021, S. 67).

An dieser Stelle ist anzumerken, dass neben einem Orts- und Raumbezug stets auch die *zeitliche* Komponente eine Rolle spielt und zu berücksichtigen ist. So bemerkt Faulstich (2014): „Lernen braucht Zeit, es findet statt in und beansprucht Lernzeiten ... Die Prozesse menschlicher Aktivitäten sind im Raum und gleichzeitig in der Zeit situiert. Lernen erfolgt in räumlicher und zeitlicher Ordnung" (S. 152). Das bedeutet wiederum, dass auch zeitliche (Frei-)Räume seitens der Arbeitgeber:innen zur Verfügung gestellt werden müssen. Lernen sollte daher, selbst wenn der Kompetenzbegriff durch seinen Selbstbezug (siehe Kapitel 2.6.3) Eigenverantwortlichkeiten und Selbststeuerung auf das Individuum überträgt, in den Prozess der Arbeit integriert werden und dürfe nicht ausschließlich „on-top" kommen und als Zusatzbelastung wahrgenommen werden. Mit diesen notwendigen Freiheiten in der Wahl und Ausgestaltung von Lernort, Lernraum und zeitlicher Einbettung lassen sich wiederum Lernerfahrungen verknüpfen, die je nach Situation „... zu subjektiven Haltungen von Lernbegeisterung oder Lernmüdigkeit führen" (Holm, 2018, S. 117 f.). Ebner (2019a) merkt hierzu an „... , dass Lernen nur dort stattfinden kann, wo man sich entsprechend wohl fühlt und durchführen kann, was für das Lernergebnis notwendig ist" (S. 13).

Darüber hinaus lassen sich Weiterbildungsangebote in unterschiedlichen Formen konsumieren. Im Bericht „Weiterbildungsverhalten in Deutschland 2020: Ergebnisse des Adult Education Survey – AES-Trendbericht" wird weiterhin auf europäischer Ebene zwischen *formaler Bildung, nichtformaler Weiterbildung* und *informellem Lernen* unterschieden (Bundesministerium für Bildung und Forschung, 2021, S. 6 f.), die bereits in der Studie aus dem Jahr 2016 vorgestellt und diskutiert wurden. Dabei merken Bilger und Strauß (2017, S. 25) in Bezug auf non-formale Weiterbildung an, dass der deutsche Adult Education Survey (AES) nicht exakt dem Verständnis von Weiterbildung nach der Definition des Deutschen Bildungsrates (siehe Kapitel 2.1) folgt. Somit werden beispielsweise „... Meisterlehrgänge nach Aufnahme einer Erwerbstätigkeit ..." (ebd.) laut dem Deutschen Bildungsrat zur Weiterbildung gezählt, „im AES dagegen werden Bildungsaktivitäten, die auf einen im Nationalen Qualifikationsrahmen (NQR) verorteten Abschluss vorbereiten[,]... den „formalen" Bildungsaktivitäten, zugeordnet" (ebd.).

So engt nach Kuper et al. (2017) jedoch „... eine Gleichsetzung von „Weiterbildung" mit „non-formaler Bildung" das Verständnis – auch im Sinne des Bildungsrates – in problematischer Weise ein" (S. 153), da bezugnehmend auf die formale Bildung Erwachsener

> „... eine beträchtliche Vielfalt formaler Bildungsaktivitäten, die nach Einstieg in das Erwerbsleben bzw. „nach Abschluss einer unterschiedlich ausgedehnten ersten Bildungsphase" begonnen werden und damit zur Weiterbildung zählen[, existieren]. Tatsächlich ist eine eindeutige Identifikation von Fällen der Weiterbildung in der formalen Bildung mit der Problematik fehlender Trennschärfe behaftet. Teils resultiert

> dies aus dem Umstand, dass eine „erste Bildungsphase" und die „Wiederaufnahme organisierten Lernens" organisatorisch verschmelzen können ... Auch das Alter scheidet als distinktes Abgrenzungskriterium aus, da die zunehmende Flexibilisierung von Übergangsmöglichkeiten im Bildungssystem und insbesondere auch die gestufte Struktur akademischer Bildungsgänge die Optionen für die Beteiligung an formaler Bildung in das Erwachsenenalter hinein verlängern." (ebd.)

Dies kann beispielsweise durch die Aufnahme berufsbegleitender Weiterbildungsmaßnahmen erfolgen, wie in Kapitel 6 noch eingehender diskutiert wird. Es sei an dieser Stelle deshalb angemerkt, dass all die benannten Bildungs- und Lernformen letztendlich für berufliche Weiterbildung und der Förderung des Erhalts einer Beschäftigungsfähigkeit geeignet erscheinen, wie in Anlehnung an Bretschneider (2006) und Kirchhöfer (2004) nachfolgend noch einmal ausgeführt wird. So existieren formale Weiterbildungsangebote, die weitestgehend fremdorganisiert und auf definierte Lernziele hin ausgerichtet sind. Dies umfasst exemplarisch Angebote, die sich der allgemeinen und politischen Weiterbildung wie auch der Weiterbildung an Hochschulen zuordnen lassen (siehe Abbildung 2.2) und maßgeblich das Lernen in Weiterbildungseinrichtungen (LiWE) als Lernort adressieren. Darüber hinaus enthalten diese meist den motivationalen Aspekt einer anerkannten Zertifizierung nach erfolgreichem Abschluss der Maßnahme. Non-formales Lernen zeichnet sich vor allem durch Selbstorganisation und die Konstruktion eigener Lernziele aus. Diese Lernform ist daher meist selbstbestimmt und eigenverantwortliches Handeln wie auch eine intrinsische Motivation sind entsprechende Voraussetzungen dafür. Zudem lässt sich diese meist auf bestimmte Herausforderungen und Anwendungsfälle aus dem Arbeitsumfeld beziehen, um problemorientiert zu lernen. Vor allem durch diese Ausrichtung lässt sich nichtformales Lernen in Kombination mit verschiedenen Lernorten, wie arbeitsbegleitendes Lernen (LiPA), Lernen im sozialen Umfeld (LisU) und Lernen im Netz (LiNe), im Kontext beruflicher Weiterbildung im Berufsfeld IT anwenden. Es sei jedoch angemerkt, dass durch die Festlegung eigener Lernziele die Herausforderung einer allgemeinen, betriebsunabhängigen Zertifizierung besteht, da eine Institutionalisierung unter Umständen nicht gegeben oder mit weiteren Aufwänden verbunden ist (Bretschneider, 2006, S. 9; Kirchhöfer, 2004, S. 83–86).

Zusätzlich zu den benannten Formen äußern Kaufmann-Kuchta und Kuper (2017), dass „neben formalen und non-formalen Bildungsaktivitäten ... informelle Lernaktivitäten eine weitere Form [darstellen], um Wissen, Kenntnisse und Fähigkeiten zu vertiefen und zu erweitern" (S. 185) und die individuelle Kompetenzentwicklung beeinflussen. Dabei „... findet informelles Lernen nicht in einem institutionalisierten Kontext statt, das heißt, informelle Lernaktivitäten erfolgen nicht im Rahmen curricularer, didaktischer und organisatorisch aufbereiteter Lehr-Lernsettings" (ebd.), sondern etwa im Rahmen der Berufstätigkeit durch die Ausübung und Bewältigung von Tätigkeiten und Aufgaben „on the job". Gerade bei letzterer muss jedoch beachtet werden, dass eine Integration in den Arbeitsprozess unerlässlich ist, um „... einer Just-in-Time-Weiterbildungspraxis, die in Form von selbstgesteuertem Lernen kaum etwas kostet und kaum ... reguliert wird" (Langemeyer, 2019, S. 32), entgegenzuwirken.

Somit lässt sich abschließend noch einmal hervorheben, dass alle drei Bildungs- und Lernformen, formal, nichtformal und informell, im Rahmen beruflicher Weiterbildung in der IT zu betrachten und zu berücksichtigen sind. Diese Feststellung kann bezogen auf das in Kapitel 2.6 zugrunde gelegte Verständnis beruflicher Weiterbildung und deren Verzahnung mit Lebenslangem Lernen sogar bestätigt werden, indem dieses „... das gesamte Spektrum vom formalen über das nichtformale bis zum informellen Lernen umfassen“ (Europäische Kommission, 2002, S. 10) sollte. Überdies merken Hof und Rosenberg (2018) an, „... dass eine Lebenslaufperspektive die Unterscheidung zwischen formalem, non-formalem und informellem Lernen als wenig wichtig erscheinen lässt. Denn Lernen im Lebenslauf findet eben nicht nur in formalen Bildungskontexten statt, sondern zeitlich möglicherweise viel ausgeprägter außerhalb pädagogisch gestalteter und zertifizierter Lernumgebungen“ (S. 9). Diese Aspekte lebensgeschichtlicher Kompetenzentwicklung und Zertifizierung werden in Kapitel 6 noch einmal aufgegriffen und vertieft. Vor dem Hintergrund einer zielgerichteten Kompetenzentwicklung lässt sich die Erkenntnis von Bretschneider et al. (2007), dass die berufliche „... Beratung in einer komplexen und unübersichtlichen Welt ...“ (S. 121) eine Herausforderung darstellt, zusätzlich bekräftigen. Die gegenwärtige Digitalisierung und damit teilweise einhergehende Informationsüberflutung verschärft diesen Umstand weiter, was eine bewusste berufliche Orientierung im Hinblick auf eine zielorientierte Kompetenzentwicklung innerhalb eines Berufsfeldes, wie der IT und deren Tätigkeitsfeldern, erforderlich macht. Dieses Zielbild soll im Rahmen dieser Studie durch die Feststellung von Kompetenzanforderungen für das Feld des IT-Arbeitsmarktes schrittweise erarbeitet und diskutiert werden.

2.6.3 Abgrenzung und Definition des Kompetenzbegriffes

Die Begriffe *Kompetenz, Kompetenzentwicklung* und *Kompetenzanforderung* wurden im Vorfeld bereits mehrfach erwähnt. Im Folgenden wird das Konstrukt der Kompetenz noch weiter abgegrenzt und festgelegt, um ein einheitliches Verständnis im Rahmen dieser Arbeit zu schaffen. Im Vordergrund steht dabei die Verwendung des Kompetenzbegriffes im Feld der beruflichen Weiterbildung für den IT-Arbeitsmarkt. Parallel soll an dieser Stelle eine Differenzierung und Diskussion in Bezug auf den Begriff der *Qualifikation* nicht unberücksichtigt bleiben, jedoch keine historische Herleitung durchgeführt werden. Beide Terminologien, sowohl Kompetenz als auch Qualifikation, thematisieren allgemein betrachtet Fähigkeiten, Fertigkeiten, Kenntnisse und Einstellungen eines Individuums, allerdings aus unterschiedlichen Perspektiven.

Mit Verweis auf die eingangs vorgestellten internationalen Studien (siehe Kapitel 1.1) wird eine Betrachtung dieser Terminologien umso komplexer, berücksichtigt man unterschiedliche sprachliche Auslegungen. Im Englischen finden sich in diesem Zusammenhang beispielsweise Begrifflichkeiten wie „Competence“, „Competency“, „Skills“ und „Ability“, die in vielfältiger Weise ausgelegt werden (Kossack & Ludwig, 2015, S. 212 f.) und von einem Verständnis im deutschsprachigen Raum abweichen können. Wie in Kapitel 2.6.1 [Besonderheiten von Weiterbildung im Berufsfeld IT] bereits erwähnt, ist die Verfügbarkeit einer einheitlichen europäischen Struktur wie dem EQR durchaus begrüßenswert, zeigt jedoch bezüglich der Definition grundlegender Begrifflichkeiten auch Herausforderungen auf, nationale Rahmungen darin einzubetten.

Für die nachfolgenden Ausführungen soll deshalb „... mit Kompetenz ... die individuelle Handlungsweise im sozialen Kontext in den Blick geraten, mit Qualifikation die gesellschaftlich geforderte Funktionalität für Arbeitsprozesse ...“ (ebd., S. 208) zum Ausdruck gebracht werden. Der Qualifikationsbegriff wird somit „... von der gesellschaftlichen Arbeitsfunktion ...“ (ebd., S. 209) aus deklariert. Qualifikation zielt dabei vielmehr auf eine gesellschaftlich-ökonomische Anforderung zur erfolgreichen Arbeitserbringung ab, wobei es sich „... um ein – in der Regel zertifiziertes, perspektivisch: statisches – Bündel von Kenntnissen und Fertigkeiten handelt ...“ (Bolder, 2009, S. 813).

Im Gegensatz dazu steht der Kompetenzbegriff. Dieser „... betrachtet Handlungen aus der Position des handelnden Menschen heraus. Er beschreibt das Zusammenspiel von Fähigkeiten, Fertigkeiten, Wissen und Bereitschaften, die ein Mensch für erfolgreiches Handeln mitbringt bzw. mitbringen soll“ (Kossack & Ludwig, 2015, S. 209 f.). Rebmann (2020) spricht dabei von einer „Akzentverlagerung von der Qualifikations- zur Handlungskompetenzorientierung“ (S. 399), womit eine Ausrichtung auf Kompetenzorientierung forciert wird. Es sei an dieser Stelle ebenfalls betont, dass damit keine ausschließliche Sichtweise verbunden werden darf, da fachliche Qualifikationen für eine professionelle Arbeitsdurchführung auch weiterhin einen hohen Stellenwert einnehmen. Individuelle Kompetenzen tragen jedoch dazu bei, beispielsweise durch entsprechend ausgeprägte Lernkompetenz, fachliches Wissen zielgerichtet anzueignen. Aus diesem Verständnis heraus lässt sich die weiterentwickelte Definition des Kompetenzbegriffes nach Weinert (2014) anschließen, der Kompetenz auffasst als

> „... die bei Individuen verfügbaren oder durch sie erlernbaren kognitiven Fähigkeiten und Fertigkeiten, um bestimmte Probleme zu lösen, sowie die damit verbundenen motivationalen, volitionalen und sozialen Bereitschaften und Fähigkeiten, um die Problemlösungen in variablen Situationen erfolgreich und verantwortungsvoll nutzen zu können.“ (S. 27 f.)

Daraus ist ableitbar, dass Kompetenz unter anderem mehr Verantwortung und Selbststeuerung abverlangt als dies der Qualifikationsbegriff definiert, und damit der Fokus auf dem handelnden Subjekt liegt (Kossack & Ludwig, 2015, S. 209 f.). Das heißt, es geht nicht nur darum, eine Situation angemessen zu bewältigen, sondern auch zu verändern und zu gestalten (ebd., S. 210, S. 213). In Bezug auf das Feld des IT-Arbeitsmarktes lässt sich weiter eine Integration selbstgesteuerten Lernens in den Arbeitsprozess beobachten, um die individuelle Kompetenzentwicklung eigenverantwortlich voranzutreiben (ebd., S. 209 f., S. 213). Diese Aufgliederung des Kompetenzbegriffes verdeutlicht ferner, dass spezifische Kompetenzen bereits in der Begriffsdefinition verankert sind, wie beispielsweise *Innovationsfähigkeit, Veränderungsfähigkeit, Selbststeuerung* sowie *Gestaltungsfähigkeit*, die in Kapitel 4 im Rahmen ihrer Systematisierung zu Kompetenzfeldern noch weiter aufgeschlüsselt und diskutiert werden. Zugleich soll die zuvor durchgeführte Betrachtung zeigen, dass keine weitere Differenzierung hin zu Begrifflichkeiten wie Fähigkeiten, Fertigkeiten und Wissen durchgeführt werden muss, vielmehr sind diese Teil des Kompetenzbegriffes, um entsprechendes individuelles, situatives Handeln überhaupt ermöglichen zu können. Da keine einheitliche Definition für den Begriff

Kompetenz existiert und sich diese zudem nie absolut beschreiben lässt, ist es notwendig, die jeweilige Perspektive der Untersuchung in eine Arbeitsdefinition einfließen zu lassen. Daher soll der Kompetenzbegriff und der damit in Zusammenhang stehende Kompetenzerwerb durch entsprechende Weiterbildung, im Sinne einer kontinuierlichen Erlangung einer breiten, dauerhaften Beschäftigungsfähigkeit, betrachtet werden. Berufliche Weiterbildung erfüllt dabei jedoch nicht ausschließlich einen Selbstzweck, sondern dient dazu, „... Arbeitsmarkt-, Beschäftigungs- und Einkommenschancen substanziell zu verbessern“ (R. Becker, 2018, S. 314), indem in das eigene (Human-)Kapital investiert wird. Hierzu soll das in Kapitel 2.6 [Lernen als berufliche Notwendigkeit und Chance] festgelegte Verständnis beruflicher Weiterbildung aufgegriffen und mit beruflicher Handlungsfähigkeit in Beziehung gesetzt werden. Wie in Kapitel 2.6.2 [Berufliche Kompetenzentwicklung] bereits diskutiert, hängt Kompetenzentwicklung unmittelbar mit der Fähigkeit zu lernen zusammen und lässt sich als Lernresultat klassifizieren (Kirchhöfer, 2004, S. 53). Lernen kann dabei entweder *intrinsisch* oder *extrinsisch* motiviert erfolgen. Durch den gewählten feldtheoretischen Zugang und die Betrachtung der Felder *Arbeitsmarkt* und *Weiterbildung* kann es durch veränderte Arbeitsmarktanforderungen in der IT-Branche für Berufstätige in bestimmten Berufsgruppen und Tätigkeitsfeldern erforderlich sein, Kompetenzanforderungen anzupassen, was zunächst einer extrinsisch motivierten Situation entspricht. Eine daraus möglicherweise resultierende Selbstorganisation und Selbststeuerung zur Anpassung oder Erweiterung des eigenen Kompetenzprofils entsprechend geforderter Kompetenzerwartungen durch die Auswahl spezieller beruflicher Weiterbildungsmaßnahmen kann anschließend wiederum durchaus eigenmotiviert geschehen (ebd., S. 66).

Hieran lässt sich das Verständnis, Kompetenzen als „... Dispositionen (persönliche Voraussetzungen) zur Selbstorganisation bei der Bewältigung von insbesondere neuen, nicht routinemäßigen Aufgaben“ (Erpenbeck & Heyse, 2007, S. 14) aufzufassen, anschließen. In Bezug auf die berufliche Weiterbildung soll demnach durch Kompetenzentwicklung die berufliche Handlungsfähigkeit bzw. Beschäftigungsfähigkeit herausgebildet werden (Dehnbostel, 2005, S. 211). Überdies lässt sich berufliche Handlungsfähigkeit als Fähigkeit verstehen, „... selbständig zu handeln und Entscheidungen zu treffen“ (Bund-Länder-Koordinierungsstelle für den Deutschen Qualifikationsrahmen für lebenslanges Lernen, 2013, S. 22), auch wenn diese Definition aus dem Deutschen Qualifikationsrahmen, als bildungsbereichsübergreifender Rahmen, durchaus weiter gefasst ist. Gleichzeitig darf neben der Selbstbestimmung auch eine gewisse Begleitung nicht fehlen, „... Lernprozesse zu gestalten, um Ängste zu überwinden und Lernerfolge zu verzeichnen“ (Spöttl & Schlömer, 2019, S. 129). Hinsichtlich Begleitung setzt dies wiederum voraus, auch zu wissen, welche Kompetenzen in welchen Berufsrollen und Tätigkeitsfeldern als erforderlich angesehen werden und überhaupt begleitet werden sollen. Für die berufliche Weiterbildung und Kompetenzentwicklung lässt sich hieraus folgern, dass eine Orientierung im beruflichen Handlungsfeld des IT-Arbeitsmarktes und ein Verständnis über die dort geforderten Kompetenzen unerlässlich sind, um gezielt Weiterbildungsmaßnahmen und -angebote auf individueller oder institutioneller Ebene abzuleiten.

Der Kompetenzbegriff soll daher im Kontext dieser Untersuchung aus beruflicher Sicht festgelegt und verstanden werden. Dies umfasst dabei zum einen das von Bernien (1997) formulierte Verständnis *beruflicher Kompetenz* als „... Summe aller Fähigkeiten, Fertigkeiten, Wissensbestände und Erfahrungen des Menschen, die ihn zur Bewältigung seiner beruflichen Aufgaben und gleichzeitig zur eigenständigen Regulation seines Handelns einschließlich der damit verbundenen Folgeabschätzungen befähigen" (S. 25), sowie die von Münch (1995) auf eine Erwerbstätigkeit bezogene Definition, „... aufgabengemäß, zielgerichtet, situationsbedingt und verantwortungsbewusst betriebliche Aufgaben zu erfüllen und Probleme zu lösen und zwar – je nach arbeitsorganisatorischen Gegebenheiten – entweder allein oder in Kooperation mit anderen" (S. 11). Berufliche Kompetenz lässt sich damit allgemein als übergreifendes und umfassendes Verständnis eines tätigkeitsbezogenen Bereiches interpretieren, um in diesem adäquat selbstbestimmt und verantwortungsbewusst handeln und entscheiden zu können. Die Entwicklung beruflicher Kompetenzen entspricht hierbei einem Prozess, der nach einer primären Ausbildungsphase (siehe Abbildung 2.2) startet und gemäß des Kompetenzbegriffes selbstbestimmtes bzw. autodidaktisches Lernen voraussetzt (Meueler, 2018, S. 1391 f.), womit eine unmittelbare Verknüpfung zum Konzept des Lebenslangen Lernens gegeben ist (siehe Kapitel 2.6.2). Im Deutschen Qualifikationsrahmen finden sich in diesem Zusammenhang unterschiedlich definierte Niveaus (Bund-Länder-Koordinierungsstelle für den Deutschen Qualifikationsrahmen für lebenslanges Lernen, 2013, S. 16–22). Diese zeigen, dass die Ausprägungen individueller Kompetenzen sehr unterschiedlich ausfallen und deren Entwicklung durch entsprechende berufliche Weiterbildungsmaßnahmen und -angebote im Laufe der Erwerbstätigkeit zum Teil angeregt werden können (siehe Kapitel 6), um entsprechende berufliche Kompetenzen und Handlungsfähigkeiten zu entwickeln. In diesem Kontext kann der Deutsche Qualifikationsrahmen als Orientierungshilfe genutzt werden. Die dort angebotene Qualifikationssuche[14] darf aus der Sicht Berufstätiger jedoch durchaus kritisch bewertet werden. Bei Durchführung einer beispielhaften Suche nach „IT Spezialist" wird der Qualifikationstyp „IT-Spezialist/in (Zertifizierte/r)" auf DQR-/EQR-Niveau 5 angezeigt. Ein solches Suchergebnis kann unter Umständen missverständlich interpretiert werden, da Bezeichnungen derartiger Qualifikationstypen in der beruflichen IT-Praxis auch genutzt werden, um den eigenen Professionalisierungsgrad zu zertifizieren und vergleichbar zu machen. So bietet „The Open Group" beispielsweise einen Industriestandard an, um zwischen „Certified Technical Specialist", „Master Certified Technical Specialist" und „Distinguished Technical Specialist" zu unterscheiden[15]. An diesem Beispiel wird wiederum auch das Spannungsverhältnis zwischen bildungspolitischen Rahmungen und berufsgruppenspezifischen Auslegungen deutlich. Zuletzt sei angemerkt, dass die genutzte Qualifikationssuche bezogen auf Kompetenzanforderungen im IT-Arbeitsmarkt und dessen Berufsgruppen zu unspezifisch ausfällt, was

14 Siehe https://www.dqr.de/SiteGlobals/Forms/dqr/de/qualifikationssuche/suche_formular.html, abgerufen am 16.03.2022.

15 Siehe https://www.opengroup.org/certifications/certified-technical-specialist-open-cts, abgerufen am 24.03.2022.

dem übergreifenden Charakter des Deutschen Qualifikationsrahmens und dessen Ausrichtung geschuldet ist.

Zusammenfassend sollen, in Anbetracht der Ausrichtung dieser Studie und der festgelegten Definition des Kompetenzbegriffes, Kompetenzanforderungen als vom IT-Arbeitsmarkt erwartete berufliche Kompetenzen verstanden werden. Als Teil eines Anforderungsprofils einer Stellenanzeige werden diese als Anforderungen Dritter, beispielsweise Arbeitgeber:innen im Sinne von Unternehmen oder Personaldienstleistern als Vermittler:innen, artikuliert, um erwerbsfähige Personen für bestimmte berufliche Rollen und Tätigkeiten anzusprechen und für eine Bewerbung zu motivieren.

2.6.4 Einsatz von Kompetenzmodellen

Um Kompetenzanforderungen sichtbar zu machen, wird in der Regel auf spezifische Kompetenzmodelle zurückgegriffen. In einem Kompetenzmodell wird versucht, die Realität an Kompetenzanforderungen für einen bestimmten Anwendungsbereich möglichst genau abzubilden. Ein Modell bildet jedoch nie vollständig die Wirklichkeit in all ihrer Komplexität und all ihren Parametern ab (Stachowiak, 1973, S. 129). Diese Feststellung lässt sich auch auf Kompetenzmodelle übertragen. Dabei steht meist die Messung von Kompetenzen auf Basis eines ausgewählten, für einen bestimmten Anwendungsbereich festgelegten Kompetenzmodells im Vordergrund. In diesem Zusammenhang werden Kompetenzmodelle genutzt, um Kompetenzen von Individuen zu erfassen und Aktionen abzuleiten, beispielsweise im Rahmen der Personalentwicklung.

Wie in Kapitel 1.2 bereits herausgestellt, liegt der Fokus dieser Arbeit nicht auf individueller Kompetenzerfassung und -messung bzw. der Feststellung von Kompetenzzuwachs bzw. -änderung von Individuen. Aufgrund der eingenommenen feldtheoretischen Perspektive steht vielmehr eine Abbildung des Berufsfeldes IT sowie die anschließende Bedarfsermittlung und Systematisierung von Kompetenzen zu IT-Kompetenzfeldern und deren Betrachtung im Hinblick auf IT-Tätigkeitsfelder im Vordergrund (siehe Phase 1 und Phase 2 in Kapitel 1.2). Auch wenn diese Studie zwar nicht auf die Messung individueller Kompetenzen abzielt, können die Inhalte von Kompetenzmodellen als Referenzrahmen genutzt werden, Kompetenzanforderungen im IT-Arbeitsmarkt festzustellen. Um dies möglichst unvoreingenommen tun zu können, bietet es sich an, auf einem generischen, unabhängig von einem bestimmten Anwendungsbereich interpretierbaren und idealerweise umfangreichen Modell aufzusetzen, auf dessen Grundlage spezifische Kompetenzanforderungen für bestimmte Berufsgruppen und Aufgabenfelder in der IT abgeleitet werden können. Dabei besteht das Ziel darin, die Struktur eines ausgewählten Kompetenzmodells in eine Repräsentationsform zu überführen, auf Basis derer eine quantitative Ermittlung von spezifischen Kompetenzanforderungen im Berufsfeld IT durchführbar wird. Das gewählte Kompetenzmodell soll deshalb im Zuge dieser Arbeit als Informationsgrundlage bzw. Referenzrahmen dienen. Es sei daher noch einmal betont, dass sich diese Studie von der Messung individueller Kompetenzen wie auch der Erstellung eines neuen Kompetenzmodells für die IT-Branche abgrenzt.

Nachfolgend wird die Entscheidung zur Auswahl des zur späteren Analyse genutzten Kompetenzmodells begründet und kurz vorgestellt. Zuvor findet jedoch eine Auseinandersetzung mit weiteren Modellen aus dem deutschsprachigen Raum statt. Diese Reflexion soll dazu beitragen, den Vorzug eines bestimmten Kompetenzmodells im Rahmen dieser Studie zu bestärken und nachvollziehbarer zu gestalten. Die Recherche fokussierte sich dabei auf drei Gruppen ausgewählter Modelle im beruflichen Kontext, sodass sich ein Bezug zur beruflichen Weiterbildung herstellen lässt. Das soll besagen, aus der Betrachtung wurden Modelle ausgeschlossen, die maßgeblich im hochschuldidaktischen Umfeld, zum Beispiel zur Erfassung und Bewertung studentischer Kompetenzen, eingesetzt werden, um etwa Lehr- und Lerninhalte zu entwerfen und auszuarbeiten.

Die erste Gruppe umfasst Kompetenzmodelle, die sich in der Regel dadurch auszeichnen, eine transparente und systematische Sicht auf Mitarbeiterkompetenzen zu schaffen, um diese zielorientiert entwickeln zu können, wie das Kompetenzrad (North et al., 2013, S. 162–164) oder das Verfahren Kompetenz-Diagnostik und -Entwicklung (KODE®) (Heyse, 2007). Zur zweiten Gruppe zählt beispielsweise das Modell GRETA[16] (Strauch et al., 2019), welches auf die Entwicklung professioneller Kompetenzen Lehrender (zum Beispiel Weiterbildner:innen), die für qualitativ hochwertiges Lehrhandeln in der Erwachsenenbildung und Weiterbildung verantwortlich sind, ausgerichtet ist. Eine dritte Gruppe bilden Testverfahren für die berufliche Kompetenzdiagnostik. Ein populärer und verbreiteter Vertreter ist das Competence Measuring and Training (COMET)-Testverfahren und -Kompetenzmodell (Rauner, 2017, S. 9; Rauner, 2018), welches den Fokus auf die Berufsbildung und dortige Qualitätssicherung richtet, wie dies beispielsweise für das Berufsfeld Elektronik erfolgte (Rauner, 2010).

Aus den Ausführungen wird deutlich, dass sich bereits intensiv mit der Entwicklung und Anwendung von Kompetenzmodellen im Rahmen der beruflichen Bildung beschäftigt wurde. Es kann festgehalten werden, dass eine Vielzahl an Modellen existiert, jedoch keine Standards, auch wenn in den genannten Modellen bereits Anstrengungen unternommen wurden, Kompetenzen nach bestimmten Schemata zu klassifizieren. Außerdem wurden diese bislang nur vereinzelt dazu verwendet, um Kompetenzanforderungen im Arbeitsmarkt mittels quantitativer Methoden für spezifische Berufsgruppen sowie deren Tätigkeitsfelder zu erheben. Diese Zielstellung verfolgend zeigte sich, dass für die weitere Vorgehensweise der Kompetenzatlas des Kompetenzmessverfahrens KODE® einen geeigneten Referenzrahmen darstellen würde. Dieses Modell entstand aus Untersuchungen von Erpenbeck und Heyse ab dem Jahr 2000. Das Verfahrenssystem KODE® basiert auf vier Grundkompetenzen: Aktivitäts- und Handlungskompetenz, personale Kompetenz, sozial-kommunikative Kompetenz und Fach- und Methodenkompetenz. Den Ausgangspunkt bildet der Kompetenzatlas und dessen Erweiterung, der Synonymatlas. Der Kompetenz- und Synonymatlas kann dabei als Kompetenzmodell, bestehend aus einer umfangreichen Sammlung von Kompetenzbegriffen, aufgefasst werden, welche in der Regel für den entsprechenden Anwendungs- und Einsatzbereich individuell angepasst und inhaltlich ausgelegt werden müssen (Erpenbeck, 2005; Erpenbeck & Heyse, 2007; Heyse, 2007).

16 Grundlagen für die Entwicklung eines trägerübergreifenden Anerkennungsverfahrens von Kompetenzen Lehrender in der Erwachsenen- und Weiterbildung (GRETA).

In Kapitel 3.7.2 wird auf die Systematik und weitere Nutzung des KODE® Kompetenzmodells als Referenzrahmen noch näher eingegangen. Dennoch soll die Wahl dieses Modells für den weiteren Verlauf der Studie kurz begründet werden. So gibt das Modell nicht nur einen Rahmen vor, sondern beinhaltet konkrete Begrifflichkeiten, mit denen sich Kompetenzen terminologisch erfassen lassen (siehe hierzu Abbildung 3.30 und Abbildungen A1, A2, A3, A4 im Anhang). Dies unterstützt einen deduktiven Ansatz, da initial festgelegte Begriffe als Referenz genutzt werden können, um spezifische Kompetenzanforderungen im Berufsfeld IT aus Stellenanzeigen abzuleiten. Durch die Generalität des KODE® Kompetenzmodells soll darüber hinaus vermieden werden, von Beginn an zu stark auf einen bestimmten Bereich zu fokussieren und damit eine Verzerrung bzw. einen systematischen Fehler möglichst zu minimieren. Zusätzlich kann auf Basis der im Modell bereits hinterlegten Kompetenzbegriffe eine Nachvollziehbarkeit gewährleistet werden, ohne zunächst eigenständig Begrifflichkeiten definieren zu müssen. Diese Zugänglichkeit erlaubt somit eine strukturierte Nutzung des KODE® Modells zur Extraktion von Kompetenzanforderungen aus den IT-Stellenanzeigen.

Des Weiteren können Hinweise auf Kompetenzbedarfe im IT-Arbeitsmarkt auch dafür genutzt werden, existierende Kompetenzmodelle im Kontext der beruflichen Weiterbildung auf aktuelle Anforderungen hin zu überprüfen, anzupassen oder zu erweitern. Gerade im Hinblick auf die Verwendung in der Kompetenzmessung und Kompetenzentwicklung besteht das Risiko, zu sehr an statischen Kompetenzmodellen festzuhalten. Daher darf kritisch hinterfragt werden, ob man dem in Kapitel 2.6.1 [Besonderheiten von Weiterbildung im Berufsfeld IT] beschriebenen technologischen Wandel und damit einhergehenden Anforderungsänderungen innerhalb der IT-Branche zukünftig auch zur Genüge gerecht werden kann. Auf der einen Seite würde die Veränderung eines bestehenden Kompetenzmodells die Vergleichbarkeit von gemessenen Ergebnissen erschweren. Auf der anderen Seite muss jedoch auch bedacht werden, sollte zu sehr auf die Aspekte der Messung und des Vergleichs fokussiert werden, kann es dazu führen, die Aktualität der in einem Modell hinterlegten Kompetenzen in Bezug auf aktuelle Arbeitsmarktanforderungen nur noch unzureichend abzudecken und zu reflektieren. Auch in diesem Zusammenhang können quantitative Methoden unterstützen, auf Grundlage von Stellenanzeigen eine Bestandsaufnahme der Arbeitsmarktanforderungen durchzuführen. Denn gerade diese sind für Erwerbstätige ein Indikator, inwieweit eigene berufliche Kompetenzen (noch) aktuellen Marktbedürfnissen entsprechen und eine Neuausrichtung durch geeignete Weiterbildungsmaßnahmen erforderlich ist.

2.7 Fazit zu den feldtheoretischen Betrachtungen

Arbeitsmarkt und Weiterbildung lassen sich als autonome und miteinander in Beziehung stehende Felder innerhalb eines gesellschaftlichen Raumes betrachten. Mit Blick auf den Erhalt einer Beschäftigungsfähigkeit steht im Kontext dieser Studie vor allem die berufliche Perspektive im Vordergrund. Dabei lassen sich das Berufsfeld IT und Lebenslanges Lernen als Subfelder der zuvor genannten übergeordneten Felder erfassen. Hierzu wurde, in Anlehnung an Abbildung 2.1, Abbildung 2.3 um diese zusätzlichen Elemente ergänzt.

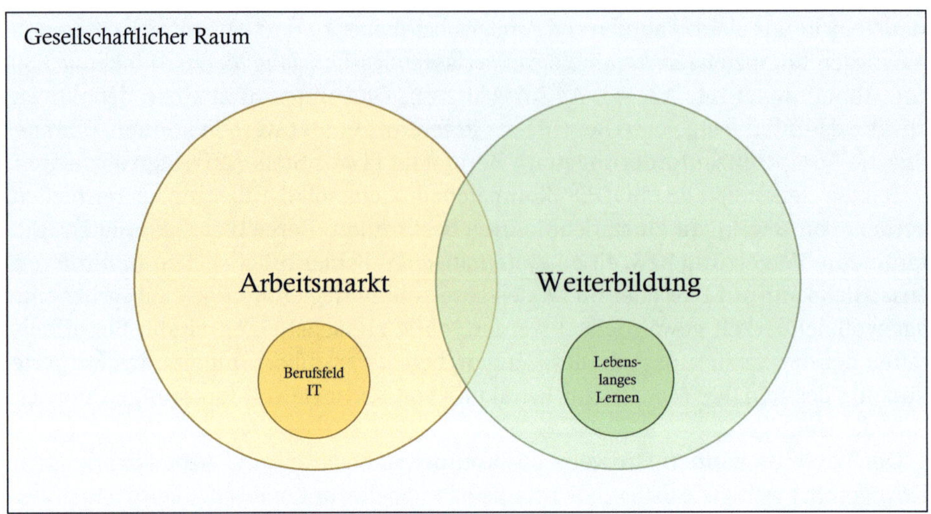

Abbildung 2.3: Berufsfeld *IT* und Lebenslanges Lernen als Subfelder der übergeordneten Felder Arbeitsmarkt und Weiterbildung innerhalb eines geschlossenen gesellschaftlichen Raumes (eigene Darstellung)

Überdies können das Berufsfeld IT und die darin enthaltenen IT-Tätigkeitsfelder (siehe Kapitel 3.6.6) aus weiterbildnerischer Sicht als Zielgruppe aufgefasst werden. Von Hippel et al. (2018) bezeichnen diese als „... ein Konstrukt, eine Klassifikation nach einem herausragenden Merkmal ...“ (S. 1133). Aus didaktischer Sicht nach Siebert (2019) kann eine Zielgruppe als „... eine bestimmte Adressatengruppe ...“ (S. 300) aufgefasst werden. Entsprechend der feldtheoretischen Rahmung dieser Studie definieren Adressateninnen und Adressaten bzw. Teilnehmer:innen somit keine Zielgruppe aus einer subjektorientierten Auffassung. Vielmehr werden das Berufsfeld IT und dessen spezifische Subzielgruppen als Tätigkeitsfelder betrachtet, innerhalb derer zusammengehörige Einzelkompetenzen in Form von Kompetenzfeldern bedürfnisorientiert ermittelt, systematisiert und bewertet werden sollen. Die gewonnenen Erkenntnisse können anschließend dazu beitragen, eine berufliche Weiterbildungsplanung für spezifische Zielgruppen in diesem Berufsfeld zu unterstützen (siehe hierzu weitere Ausführungen in Kapitel 6). Um dieses Zielbild zu erreichen, werden im folgenden Kapitel zunächst die Forschungsmethodik und das Studiendesign dieser Arbeit vorgestellt und diskutiert, um die Grundlage zu schaffen, die in Kapitel 1.2 formulierte Forschungsfrage und die daraus abgeleiteten Hypothesen zu beantworten.

3 Ermittlung und Interpretation von Tätigkeitsfeldern und Kompetenzanforderungen für das Berufsfeld IT: Eine quantitativ-interpretative Annäherung

3.1 Forschungsmethodik und Studiendesign

In diesem Kapitel werden die gewählte Forschungsmethodik und das Studiendesign vorgestellt und begründet. Die vorliegende Arbeit verfolgt dabei zunächst einen quantitativen Ansatz, um Kompetenzen im Berufsfeld IT aus Onlinestellenanzeigen automatisiert zu erkennen und zu extrahieren. Parallel erfolgt eine Überprüfung, Bewertung und Interpretation der auf diese Weise gewonnenen Erkenntnisse mit dem Ziel, die Forschungsfrage und die daraus abgeleiteten Hypothesen aus Kapitel 1.2 zu beantworten.

Zunächst werden Methoden aus dem Bereich der Datenanalyse und des Natural Language Processings zur Verarbeitung natürlicher Sprache eingesetzt. Über diesen Zugang soll die quantitative Datenerhebung, -aufbereitung & Modellierung des Berufsfeldes IT (Phase 1, Abbildung 1.1) wie auch die quantitativ-interpretative Kompetenzbedarfsermittlung (als Bestandteil von Phase 2, Abbildung 1.1) ermöglicht werden, um die Erhebung einer Vielzahl natürlichsprachlicher Stellenanzeigen und die anschließende Extraktion möglicher Kompetenzen zu vereinfachen. Anders als bei einer rein manuellen Erhebung, wie beispielsweise das Lesen von Anzeigentexten und das händische Aufbereiten von Textinhalten, unterstützt der quantitative Zugang sowohl bei der Datenaufbereitung zur Erstellung eines spezifischen IT-Textkorpus als auch bei der Erkennung und Extraktion von Kompetenzanforderungen aus IT-Stellenanzeigen. Interpretative Überprüfungsschritte dienen dabei der Qualitätssicherung dieser automatisiert gewonnenen Erkenntnisse.

Der folgende Prozess setzt sich in Summe aus sechs Abschnitten (siehe Kapitel 3.2 Onlinestellenanzeigen als Datengrundlage, 3.3 Modellhafte Abbildung des deutschen Arbeitsmarktes, 3.4 Modellhafte Abbildung des Berufsfeldes IT, 3.5 Strukturelle Aufbereitung der IT-Stellenanzeigen, 3.6 Ableitung von Tätigkeitsfeldern im Berufsfeld IT und 3.7 Ermittlung von Kompetenzanforderungen in der IT) zusammen, die sequenziell durchlaufen werden und aufeinander aufbauen. Es erfolgt jeweils eine Erläuterung, Begründung und Diskussion der einzelnen Prozessschritte und Designentscheidungen.

Im ersten Schritt werden zunächst Eigenschaften der zugrunde liegenden Daten beschrieben sowie auf die Abbildung des IT-Arbeitsmarktes auf Basis dieser Datengrundlage eingegangen (siehe Kapitel 3.2). Zur Verbesserung und Aufwertung der Datenqualität kommen im Anschluss unterschiedliche Vorverarbeitungsschritte zur

Anwendung (siehe Kapitel 3.3). Auf dieser Grundlage geschieht die Auswahl und Identifikation derjenigen Stellenanzeigen, die im Fokus dieser Studie stehen. Dabei handelt es sich um Anzeigen, die sich auf offene Vakanzen im IT-Bereich beziehen (siehe Kapitel 3.4). Im vierten Abschnitt, der strukturellen Aufbereitung, gilt es, auf Basis des Textdesigns der Stellenanzeigen semantische Bedeutungseinheiten (siehe Kapitel 3.5) und darauf aufbauend spezifische IT-Tätigkeitsfelder abzuleiten und zuzuordnen (siehe Kapitel 3.6). Diesem letzten Schritt der Datenauswahl und -aufbereitung schließt sich die inhaltliche Analyse mit der Zielstellung an, Kompetenzen automatisiert aus dem IT-Textkorpus zu extrahieren (siehe Kapitel 3.7)[17].

Die ausführliche Beschreibung und Diskussion sowie die unterstützenden bildlichen Darstellungen in diesem Kapitel begründen sich unter anderem im bereits dargelegten Anspruch einer disziplinübergreifenden, crossdisziplinären Ausrichtung dieser Studie (siehe Kapitel 1.1) und der damit in Zusammenhang stehenden Absicht, einen Zugang zu den verwendeten Methoden und Algorithmen für Disziplinen außerhalb der Informatik zu schaffen[18]. Eine gewisse Datenkompetenz ist vor diesem Hintergrund sicher von Vorteil, da Daten durch die digitale Durchdringung nahezu aller Lebensbereiche einen immer höheren Stellenwert erhalten (Kropp & Braun, 2021, S. 7). Die Erwartungen an eine solche sind hochgesteckt, handelt es sich laut der „Data Literacy Charta" des Stifterverbandes dabei um Kompetenzen, „... die für alle Menschen in einer durch die Digitalisierung geprägten Welt wichtig sind. Sie ist unverzichtbarer Bestandteil der Allgemeinbildung ... [und] umfasst die Fähigkeiten, Daten auf kritische Art und Weise zu sammeln, zu managen, zu bewerten und anzuwenden" (Schüller et al., 2021, S. 1). Um dem gerecht zu werden, finden sich auch Angebote beruflicher Weiterbildung, welche die Vermittlung einer „Data Literacy" in den Mittelpunkt stellen[19]. Dies ist ein wichtiger Schritt, aber es muss auch bedacht werden, dass einzelne Maßnahmen in der Regel noch nicht ausreichen, Kompetenzen dieser Art zu entwickeln. Vielmehr handelt es sich um einen langfristig angelegten Prozess. Neben den häufig betonten fachlichen Fähigkeiten (wie zum Beispiel technische Grundlagen der Datenverarbeitung und Data Science) sind genauso praktische Erfahrungen in der jeweiligen beruflichen Praxis und Disziplin erforderlich und – wie die Charta ebenso herausstellt – holistische Perspektiven, beispielsweise ethisch korrekt mit Daten im gesellschaftlichen Kontext umzugehen, eine Voraussetzung (Schüller et al., 2021). Zudem soll an dieser Stelle nicht suggeriert werden, dass ab sofort jede:r nun zur Datenspezialistin oder zum Datenspezialisten ausgebildet werden muss. Jede:r Beteiligte soll immer noch Expertin

17 Zur Umsetzung aller Schritte kam die Programmiersprache Python zum Einsatz. Die entsprechend verwendeten Programmbibliotheken und Algorithmen werden in den jeweiligen Kapiteln näher erläutert und deren Nutzung wird begründet.

18 In diesem Fall steht die Erwachsenenbildung und Weiterbildung (als Disziplin der Erziehungswissenschaft) im Fokus, wenn auch andere Fachdisziplinen profitieren können.

19 Als Beispiel sei das folgende Bildungsangebot aufgeführt, welches als Testballon 2019 durchgeführt wurde: https://www.oth-regensburg.de/en/further-education/weiterbildungsforschung/oth-mind/bildungsangebote.html#panel-45605-0, abgerufen am 26.08.2022. Bemerkenswert – und damit auch in Übereinstimmung mit dem Verständnis der „Data Literacy Charta" – ist die Ausrichtung des Moduls, welche als Zielgruppe Interessierte aus allen Disziplinen anspricht. Wünschenswert ist eine Fortsetzung solcher Modulstudien, um „Data Literacy" weiter zu sensibilisieren.

bzw. Experte in ihrem/seinem Forschungsfeld sein und bleiben, wofür auch Gerstdorfer (2020, S. 107 f.) plädiert, wenngleich eine disziplinäre Sensibilisierung dieser Thematik wünschenswert wäre.

Gelingt es darüber hinaus, Einstiegshürden auf beiden Seiten zu reduzieren, wird auch die Schaffung eines gemeinsamen Sprachraumes erleichtert, wodurch ein Dialog zwischen den eigentlich fachfremden Disziplinen der Informatik und der Erwachsenenbildung und Weiterbildung in Gang gebracht werden kann. Bezugnehmend auf die quantitative Ausrichtung der Forschungsmethodik und des Studiendesigns gilt es daher, die analytischen Bestandteile und deren Beitrag zur Kompetenzermittlung für die Erwachsenenbildung und Weiterbildung zugänglich zu machen, um die Akzeptanz der auf diese Weise erhobenen Erkenntnisse zu erhöhen. Dabei spielt Sprache als Medium zur Erzeugung eines gegenseitigen disziplinären Verständnisses eine zentrale Rolle (siehe Kapitel 1.1).

Für die Erwachsenenbildung und Weiterbildung soll ein Zugewinn dahin gehend geschaffen werden, ermittelte Kompetenzbedarfe für eine weitere Verwendung im Rahmen einer Programm- und Angebotsplanung in der beruflichen Weiterbildung nutzbar zu machen. Dieser wesentliche Aspekt wird in Kapitel 6 noch einmal aufgegriffen und vertieft. Damit eine solche Nutzbarkeit jedoch auch aus erziehungswissenschaftlicher Perspektive Akzeptanz findet, ist es nötig, eine hohe Transparenz wie auch ein grundlegendes Verständnis über angewandte Methoden und Algorithmen zu erzeugen. Wie Kropp und Braun (2021) korrekterweise betonen, muss bewusst gemacht werden, „... dass das Technische auch weiterhin menschengemacht ist ..." (S. 9). Genauso zwingend ist es deshalb auch andersherum, erziehungs- und sozialwissenschaftliche Standpunkte im Kontext der Datenanalyse zu reflektieren. Auch aus Sicht der Informatik ist eine offene Haltung gegenüber den theoretischen Grundlagen, wie die feldtheoretische Einbettung dieser Studie und die Abgrenzung und Definition des Kompetenzbegriffes (siehe Kapitel 2), erforderlich, um damit in Zusammenhang stehende Implikationen auf die berufliche Weiterbildung nachvollziehen und in einer datengetriebenen Erhebung und Analyse von Kompetenzanforderungen berücksichtigen zu können. Nur auf diese Weise kann ein crossdisziplinärer Dialog zwischen der Erwachsenenbildung und Weiterbildung und der Informatik im Kontext quantitativ unterstützter Kompetenzbedarfsermittlung gelingen bzw. angeregt werden. Dabei ist es zentral, ohne zu trivialisieren, Ankerpunkte (d. h. disziplinübergreifende Diskussionspunkte) aus einer informatischen und erziehungswissenschaftlichen Sichtweise im Kontext der Kompetenzforschung zu identifizieren und auf diese aufmerksam zu machen, sodass sich auf diese Weise eine crossdisziplinäre Schnittmenge als Kommunikationsgrundlage deklarieren lässt. Ansonsten besteht die Gefahr, dass algorithmisch aufwendig produzierte Ergebnisse aus Sicht der Erwachsenenbildung und Weiterbildung nicht nachvollziehbar erscheinen, somit auch nicht akzeptabel sind, und im Rahmen einer inhaltlichen Systematisierung (siehe Kapitel 4.2) nicht weiter verwendet und aufbereitet werden können. Denn, wie Kropp und Braun kritisch konstatieren: „Weit über den ökonomischen Bereich hinaus setzt sich ein quantifizierendes, datafiziertes Denken durch, innerhalb dessen digitale Daten, zuletzt mit einer erstaunlichen Selbstverständlichkeit, als Begründung und Legitimierung von Entscheidungen herangezogen und als autoritative Aussagen über die Welt genutzt werden“ (ebd., S. 17). Das bedeutet, nur wenn Vertrauen in und ein Verständnis für die unterschiedlichen Methoden und die sprachliche Welt der Gegenseite bestehen, können Zielstellungen innerhalb eines gemeinsamen Sprachraumes zwischen den Forschenden zum Ausdruck gebracht und ein crossdisziplinäres Miteinander sensibilisiert, motiviert und realisiert werden. Noch komplexer gestaltet sich diese Konstellation, sollten nicht wie in diesem Fall nur zwei, sondern noch mehr unterschiedliche Wissenschaftsdisziplinen in einem gemeinsamen Forschungskontext aufeinandertreffen. Letztendlich ist ein Rahmen zu erzeugen, in welchem Akteure aus der Informatik und der Erwachsenenbildung und Weiterbildung innerhalb des Feldes der Weiterbildung (siehe Abbildung 2.1) in einem crossdisziplinären Setup miteinander kooperieren, um die Zielstellung, Kompetenzen im Berufsfeld IT festzustellen und zu systematisieren, im Sinne beider Disziplinen zu realisieren.

Es sei an dieser Stelle noch darauf verwiesen, dass die Forschungsmethodik speziell für den vorliegenden Anwendungsfall, Kompetenzanforderungen im IT-Arbeitsmarkt festzustellen und zu systematisieren, konzipiert und entwickelt wurde. Dabei kamen unter anderem existierende Algorithmen aus den Bereichen des Machine Learnings, Deep Learnings und Natural Language Processings sowie statistische Verfahren zum Einsatz. Die Abfolge der einzelnen Schritte, die in den folgenden Kapiteln näher vorgestellt werden, stellen somit ein mögliches Instrument dar, eine quantitative Datenerhebung, -aufbereitung & Modellierung des Berufsfeldes IT (Phase 1) sowie die quantitative Kompetenzermittlung aus den IT-Stellenanzeigen (Phase 2) (siehe Abbildung 1.1) zu unterstützen. Die Entwicklung eines spezifischen Vorgehens ist mitunter deshalb von Bedeutung, da bislang kein Standard bzw. allgemein akzeptiertes Vorgehen existiert, mittels quantitativer Verfahren Kompetenzanforderungen aus Stellenanzeigen für das Berufsfeld IT zu ermitteln. Vielmehr müssen einzelne Algorithmen und Verfahren aus den oben genannten Bereichen für den vorliegenden Forschungskontext zunächst geprüft, anschließend kombiniert und durch spezifisches Training und Parametrisierung der Komponenten nutzbar gemacht werden. Das heißt, aus einer Vielzahl unabhängig voneinander existierender Algorithmen ist eine entsprechende Auswahl zu tätigen, die zusammengenommen ein Instrumentarium für die Untersuchung des vorliegenden Anwendungsfalles bilden (Roberge & Seyfert, 2017, S. 16). Diese Individualität zeigt sich mitunter darin, dass Entscheidungen, beispielsweise über die Parametrisierung und die Abfolge einzelner Algorithmen, zu treffen und festzulegen sind, die je nach Anwendungskontext variieren können. Dies darf durchaus kritisch bewertet werden, prägen und beeinflussen diese subjektiven, von einem Menschen getroffenen Designentscheidungen auch unmittelbar die Ergebnisse der quantitativen Analysen, was eine noch immer geglaubte „... objektive(re) Rationalität der Maschine“ (Weber, 2021, S. 215) grundsätzlich infrage stellt. Unter anderem deshalb ist es notwendig, die eingesetzten Technologien möglichst transparent zu machen, um getroffene Entscheidungen und Abwägungen nachvollziehbar zu gestalten. Aus dieser kritischen Reflexion heraus wird deutlich, dass eine gewisse Beliebigkeit bei der Wahl der Methoden nicht auszuschließen und daher auch auf technischer Ebene ein Austausch über bewährte Verfahren anzuregen ist, allein deshalb, da Algorithmen aus den Bereichen Machine Learning, Deep Learning und Natural Language Processing einer stetigen technischen Weiterentwicklung unterliegen. Die im Rahmen dieser Studie gewählte technologische Basis wurde deshalb auf zwei zentrale Aspekte hin ausgerichtet: Zum einen wurde eine möglichst hohe Nachvollziehbarkeit ausgewählter Algorithmen und deren Parameter angestrebt, zum anderen sollte ein technisches System unter Einsatz konventioneller technischer Ressourcen und Rechenkapazitäten realisiert werden, womit die technische Grundlage dieser Arbeit für weitere Studien reproduzierbar bleibt. Zudem muss bedacht werden, dass sich technische Systeme und deren Bestandteile (zum Beispiel Algorithmen aus den hier betrachteten Wissenschaftsbereichen) verändern können. Hingegen bleibt ein konzeptionell-methodisches Vorgehen relativ stabil. Dies gilt sowohl für die Forschungsmethodik und das Studiendesign als auch den eingangs vorgestellten Zyklus zur iterativen Feststellung und Systematisierung von Kompetenzanforderungen (siehe Kapitel 1.1), die als übergreifende Konzepte aufgefasst und bei Bedarf adaptiert werden können.

All diese Facetten begründen die umfassende Schilderung der quantitativ-interpretativen Vorgehensweise in den nachfolgenden Kapiteln. Den Ausgangspunkt bilden die zugrunde gelegten Daten, mit denen zunächst modellhaft der deutsche IT-Arbeitsmarkt abgebildet wird.

3.2 Onlinestellenanzeigen als Datengrundlage

Kapitel 2.3 thematisierte bereits das Konstrukt der Stellenanzeige im Rahmen der Wechselwirkungen zwischen Arbeitsmarkt und Gesellschaft. Hierbei wurden der Zweck der Stellenanzeige als Mittel zur Personalakquise (Kapitel 2.3.1), die Wahrnehmung auf Onlinekarriereportalen sowie Vorteile von Onlinestellenanzeigen (Kapitel 2.3.2) diskutiert. Die nachfolgenden Ausführungen befassen sich noch genauer mit dem Instrument der Onlinestellenanzeige, welche die Grundlage zur Abbildung des Berufsfeldes IT bildet. Dabei werden sowohl fachliche als auch technische Aspekte beleuchtet. Neben den in Kapitel 2.3.1 bereits angesprochenen außersprachlichen Merkmalen soll sich im Folgenden mit den strukturellen und sprachlichen Eigenschaften der Stellenanzeige und deren inhaltlichem Aufbau näher auseinandergesetzt werden. In diesem Zusammenhang nimmt die von Ehrenheim genannte „... sprachliche Realisierung ...“ (Ehrenheim, 2011, S. 68) einer Anzeige eine grundlegende Rolle ein[20].

3.2.1 Festlegung semantischer Informationseinheiten

Bei der Betrachtung einer Stellenanzeige lassen sich laut Ehrenheim sechs semantische Informationseinheiten unterscheiden. Diese sechs Einheiten, welche verschiedene Arten von Informationen beinhalten, tragen in ihrer Summe letztendlich zur vollständigen Struktur einer Stellenanzeige bei (ebd., S. 77, S. 168). Der Begriff *Struktur* bezieht

20 Es sei angemerkt, dass das grafische Layout und Design einer Anzeige im Rahmen dieser Studie keine Rolle spielen und daher nicht näher betrachtet werden. Dieses kann jedoch bei der Ansprache potenzieller Bewerber:innen durchaus bedeutsam sein, beispielsweise indem grafische Elemente durch Fettdruck oder Unterstreichung einem sprachlichen Konstrukt optisch eine höhere Gewichtigkeit verleihen.

sich dabei ausschließlich auf den Aufbau einer Anzeige. Ehrenheim definiert dafür die in Tabelle 3.1 aufgeführten Einheiten (ebd., S. 79), die sich sowohl in Printanzeigen als auch in Onlinestellengesuchen, zum Beispiel auf einem Karriereportal, auffinden lassen.

Tabelle 3.1: Semantische Informationseinheiten in (Online-)Stellenanzeigen nach Ehrenheim

Semantische Informationseinheit	Beschreibung
Präsentation	Darstellung des Unternehmens bzw. Personaldienstleisters
Position	Die zu besetzende Position
Tätigkeiten	Eine Beschreibung der auszuführenden Tätigkeiten (Aufgabengebiet)
Anforderungen	Anforderungen an den Bewerber bzw. die Bewerberin
Vorteile	Das Leistungsangebot
Kontakt	Informationen zur Kontaktaufnahme und dem Bewerbungsprozess

All diese Einheiten zusammengenommen bilden den natürlichsprachlichen Anzeigentext, den sogenannten Fließtext, der bei Bedarf durch weitere Informationen, wie den Titel einer Anzeige, das Veröffentlichungsdatum und weitere, angereichert werden kann. Dabei darf die Reihenfolge der in Tabelle 3.1 aufgeführten Einheiten innerhalb eines Beschreibungstextes eines Stellenangebots durchaus variieren. Meist werden jedoch in der Einleitung das Unternehmen oder der Personaldienstleister und dessen allgemeine Tätigkeitsbereiche kurz vorgestellt. Im Schlussteil finden sich in der Regel Kontaktinformationen bzw. Hinweise für interessierte Bewerber:innen. Der Hauptteil setzt sich aus der Beschreibung der Tätigkeiten, Anforderungen und Vorteile zusammen. Diese stellen den wesentlichen Anteil einer Anzeige dar.

Hierbei lässt sich die Aufteilung der in Tabelle 3.1 aufgeführten semantischen Informationseinheiten direkt auf das dieser Studie zugrunde liegende Textkorpus, bestehend aus Onlinestellenanzeigen, übertragen. Ziel ist es, diese Informationseinheiten als Datenbasis zu nutzen, um Kompetenzanforderungen in den Stellenanzeigen festzustellen. Bei der Betrachtung der Einheiten spielen vor allem die Anforderungen an potenzielle Bewerber:innen eine wesentliche Rolle. Diese enthalten für gewöhnlich natürlichsprachliche Formulierungen, die auf berufliche Kompetenzen hinweisen und sich unmittelbar in Zusammenhang mit der Ausübung von tätigkeitsbezogenen Aufgaben bringen lassen, welche in der entsprechenden Informationseinheit Tätigkeiten formuliert sind. Gerade unter diesen Gesichtspunkten ist eine Festlegung semantischer Informationseinheiten relevant, um die Anzeigentexte in diese Elemente gliedern und unabhängig voneinander analysieren zu können.

Bei einer manuellen Überprüfung einer zufällig gewählten Stichprobe von 500 Stellenanzeigen konnte festgestellt werden, dass die semantischen Einheiten durchaus sprachlich disjunkt und damit auch voneinander separierbar sind. So lässt sich allein durch Betrachtung der Struktur (Auflistungen, Absätze etc.) und des Inhalts (typische Terminologien oder Phrasen etc.) eine Anzeige erfassen und in die genannten semantischen Informationseinheiten überführen, selbst wenn das Design (Schriftgröße, Fettdruck, grafische Elemente etc.) unberücksichtigt bleibt. Dieser Schritt soll durch maschinelle Verfahren unterstützt werden, um den manuellen Aufwand bei einer Vielzahl zu untersuchender Stellenanzeigen zu reduzieren. Die Erläuterung des methodischen Vorgehens und der Umsetzung finden sich ab Kapitel 3.5 [Strukturelle Aufbereitung der IT-Stellenanzeigen]. Ferner sei angemerkt, dass sich Umfang (zum Beispiel Anzahl der Zeichen oder Wörter) und syntaktische Struktur (zum Beispiel Nutzung von Satzstrukturen) der Anzeigen und somit der Informationseinheiten unterscheiden können und keiner standardisierten Vorgabe unterliegen. Das heißt, es existieren Stellenanzeigen, welche vollständig in Sätzen formuliert sein können, bis hin zu Anzeigen, die keinerlei Satzstrukturen aufweisen und zum Beispiel ausschließlich Aufzählungen nutzen. Diese Aspekte treffen sowohl auf die Länge als auch die Reihenfolge des Auftretens einer Einheit sowie deren Existenz in einer Stellenanzeige zu. Anforderungen können mitunter an mehreren Stellen in einer Anzeige formuliert sein und müssen nicht zwingend in einem Block auftreten. Bestimmte Struktureinheiten, etwa die Nennung von Vorteilen, finden sich wiederum nicht in jeder Stellenbeschreibung, was unter Umständen auch für die Nennung von Anforderungen zutreffen kann. Das bedeutet, wenn sich der Beschreibungstext nicht in semantische Einheiten unterteilen lässt, kann es zu Fehlinterpretationen bei der späteren inhaltlichen Analyse kommen. Aus diesem Grund ist eine Fokussierung auf semantische Elemente und ein Verständnis der strukturellen und syntaktischen Struktur einer Stellenanzeige notwendig, wie dies auch in Studien von Stops et al. (2020) und Hermes und Schandock (2016), jedoch mit anderen algorithmischen Verfahren als in dieser Studie angewandt, durchgeführt wurde. Auf diese Weise kann zielgerichtet auf bestimmte Informationseinheiten für bestimmte Arten von Analysen zurückgegriffen werden (siehe Kapitel 3.4 Modellhafte Abbildung des Berufsfeldes IT, 3.5 Strukturelle Aufbereitung der IT-Stellenanzeigen und 3.6 Ableitung von Tätigkeitsfeldern im Berufsfeld IT). Da kein Formalismus existiert, welcher ein standardisiertes Design bzw. einen Aufbau von Stellenanzeigen vorgibt, bedarf es einer noch zu entwickelnden Methodik, diese in den Anzeigentexten zu erkennen, was ein grundlegendes Verständnis über den Aufbau und die Struktur von Stellenanzeigen voraussetzt.

3.2.2 Aufbau und Struktur von (Online-)Stellenanzeigen

In Abbildung 3.1 findet sich eine abstrakte Darstellung des Aufbaus und der Struktur einer Onlinestellenanzeige. Diese repräsentiert zum einen die semantischen Informationseinheiten aus Kapitel 3.2.1, zum anderen zusätzliche Datenfelder, die aus dem Jobportal in die zugrunde liegende Datenbasis übernommen wurden. Dabei handelt es sich ebenfalls um inhaltliche Elemente einer Stellenanzeige. Die Informationseinheiten lassen sich dabei in *strukturierte, semistrukturierte* und *unstrukturierte* Daten unterteilen. Zu den strukturierten Informationen zählen das *Datum der Veröffentlichung,* die *Occupational Information Network Standard Occupational Classification (O*NET-SOC)*-

Codierung (Peterson et al., 2001, S. 451–492)[21] und das *Beschäftigungsverhältnis*. All diese Informationen sind in einem bestimmten Format abgelegt, so das Datum in der Form MM/DD/YY (Monat/Tag/Jahr). Als semistrukturierte Daten können der *Ort der Anstellung* und das *Unternehmen* bzw. der *Personaldienstleister* aufgefasst werden. Unstrukturiert hingegen sind alle Anteile der Anzeige, die in Form eines Fließtextes formuliert sind. Dazu gehören der Titel der Anzeige sowie der vollständige, natürlichsprachliche Beschreibungstext des Stellenangebots. Dieser umfasst im Idealfall alle semantischen Informationseinheiten, *Präsentation, Position, Tätigkeiten, Anforderungen, Vorteile* und *Kontakt* (siehe Tabelle 3.1), wenn auch nicht immer alle der genannten Elemente in einer Anzeige präsent sein müssen. Wie bereits in Kapitel 3.2.1 festgestellt, existiert für den Aufbau einer Anzeige aus dem gewählten Karriereportal keine einheitliche Definition. Darüber hinaus ließen sich einige strukturelle und syntaktische Eigenschaften ausmachen, die sich für eine weitere Aufbereitung der Datenbasis eignen.

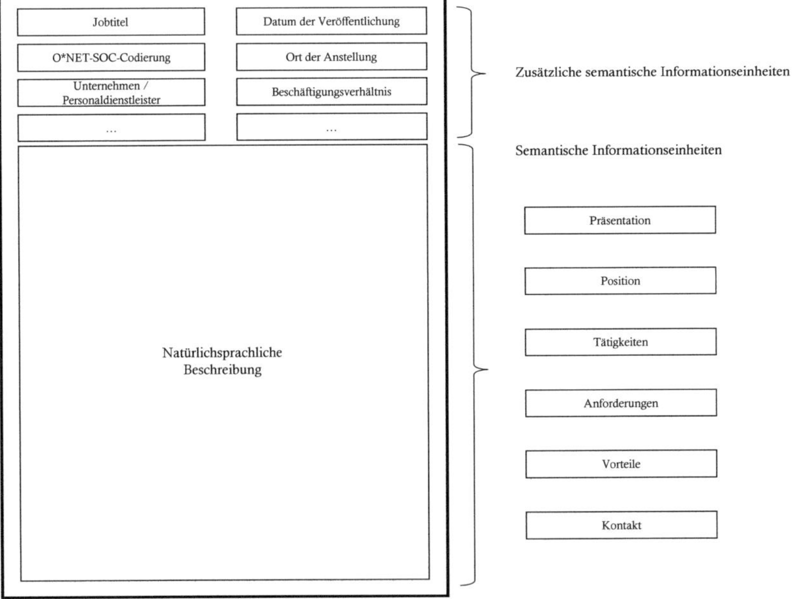

Abbildung 3.1: Abstrakte Darstellung einer Onlinestellenanzeige aus dem Jobportal bestehend aus semantischen Informationseinheiten (eigene Darstellung)

Ziel ist es, die genannten semantischen Einheiten mittels maschineller Verfahren aus der Sprachverarbeitung aus dem Fließtext der IT-Stellenanzeigen abzuleiten und zu isolieren. Auf diese Weise wird das zugrunde liegende Textkorpus für das Berufsfeld

21 Jede Stellenanzeige ist mit einer sogenannten O*NET-SOC-Codierung versehen. Über diesen standardisierten Code lässt sich die Berufsgruppe und die Position identifizieren. O*NET-SOC wird unter der Schirmherrschaft des U.S. Department of Labor/Employment and Training Administration (USDOL/ETA) entwickelt (siehe https://www.onetcenter.org/overview.html, abgerufen am 06.04.2022).

IT strukturiert. In den darauf aufbauenden Analysen können singuläre Elemente, wie Anforderungen, Tätigkeiten oder der Titel einer Anzeige, somit unabhängig voneinander untersucht werden.

3.2.3 Eigenschaften des Textkorpus aus Onlinestellenanzeigen

Die Datenbasis, nachfolgend als *Textkorpus* bezeichnet, besteht aus Onlinestellenanzeigen, die in einem digitalen Format vorliegen, welches sich aus strukturierten, semistrukturierten und unstrukturierten Daten zusammensetzt (siehe Kapitel 3.2.2). Die Struktur und Semantik dieser Daten ist für eine maschinelle Verarbeitung zugänglich und mittels quantitativer Methoden auswertbar. Es besteht keine Notwendigkeit zu weiteren Schritten, wie dies beispielsweise bei einer Digitalisierung von Stellenanzeigen aus klassischen Printmedien, wie Zeitungen oder Zeitschriften, erforderlich wäre. Des Weiteren beeinflusst die Erhebungsform der Daten über eine standardisierte Schnittstelle, ein sogenanntes Application Programming Interface (API), in keiner Weise, weder direkt noch indirekt, den Untersuchungsgegenstand. Außerdem wurde nur ein Anbieter eines Onlinekarriereportals ausgewählt. Dies begründet sich in einer möglichen Wahrscheinlichkeit, die gleichen Stellenanzeigen von verschiedenen Portalen fälschlicherweise mehrfach zu beziehen und zu bewerten. Das gewählte Vorgehen soll auf diese Weise zur Vermeidung von Duplikaten im Textkorpus beitragen. So darf unterstellt werden, dass Unternehmen und Personaldienstleister dazu neigen, ihre Anzeigen auf mehreren Plattformen parallel einzustellen, um eine höhere Reichweite zu erzielen und unterschiedliche Benutzerpräferenzen bei der Wahl eines Karriere- bzw. Jobportals abzudecken. Weiterhin wurde darauf verzichtet, beispielsweise ausschließlich Ausschreibungen bestimmter Unternehmen oder Personaldienstleister zu nutzen, um eine Verzerrung in der Datenbasis zu vermeiden. Nichtsdestotrotz lässt sich in diesem Kontext eine bevorzugte Nutzung für das Schalten von Stellenanzeigen auf bestimmten Onlineportalen nicht vollständig ausschließen, was jedoch durch die angewandte Methodik zumindest nicht unmittelbar forciert wurde. Es muss dennoch darauf hingewiesen werden, dass auch trotz sorgfältiger Vorgehensweise die Gefahr einer Verzerrung nie vollständig ausgeschlossen werden kann. Gerade bei der Datenauswahl wirken sich solche Effekte auf alle nachfolgenden Prozessschritte aus und müssen letztendlich bei der Interpretation der Ergebnisse berücksichtigt und reflektiert werden.

In Bezug auf das Textkorpus und dessen zeitliche Entwicklung werden ausgewählte Aspekte zu Datenvolumen, Effektivität und Effizienz sowie Objektivität, Nachvollziehbarkeit und ethische Gesichtspunkte nachfolgend kurz betrachtet und diskutiert. Die Details der dieser Studie zugrunde liegenden Objektmenge, über die auch die Grundgesamtheit dieser Studie definiert wird (Stein, 2019, S. 136), finden sich im nachfolgenden Kapitel 3.3 [Modellhafte Abbildung des deutschen Arbeitsmarktes]. Es sei vorweggenommen, dass insbesondere das Volumen des untersuchten Datensatzes den Einsatz quantitativer Methoden veranlasste.

Durch die Möglichkeit, repetitive Analysen schneller durchzuführen als durch manuelle Sichtung, entsteht aufgrund einer erhöhten Reaktionsgeschwindigkeit eine gesteigerte Transparenz, welche Anforderungen auf dem IT-Arbeitsmarkt gegenwärtig gefordert werden. Aus Sicht der Kompetenzforschung und der beruflichen Weiterbildung kann zudem eine langfristige Sicht auf den IT-Arbeitsmarkt geschaffen werden, um entsprechende Entwicklungen von Kompetenzanforderungen ebenso zu berücksichtigen.

Quantitative Analysen erlauben darüber hinaus mit geringerem Ressourcen- und Kostenaufwand in kürzeren Zyklen Kompetenzanforderungen im IT-Arbeitsmarkt zu erheben, was in einer höheren Effektivität und Effizienz, insbesondere bei der Auswertung großer Datenmengen resultiert. Denn gerade bezüglich natürlichsprachlich formulierter Stellenanzeigen kann ein hoher manueller Rechercheaufwand entstehen, welcher sich durch den Einsatz von Technologie reduzieren lässt. Eine Studie von Harper, welche die Methodik verschiedener Forschungsarbeiten zur Analyse von Stellenanzeigen untersuchte, zeigte bereits, dass in diesem Zusammenhang Handlungsbedarf besteht. So arbeiten Softwareprogramme im Vergleich zu manuellen Auswertungsmethoden um ein Vielfaches effizienter, wenn es darum geht, umfangreiche digitalisierte Datenbasen aufzubereiten und zu analysieren (Harper, 2012). Auf der anderen Seite muss berücksichtigt werden, dass zu viel Technologieautonomie eine steigende Komplexität technischer Systeme und eine mögliche Nichtbeherrschbarkeit durch autonom agierende Algorithmen verursachen kann. Solch technische Konstrukte sind unter Umständen nicht einmal mehr von Experteninnen und Experten, die diese Systeme geschaffen haben, im Detail durchschaubar (Kropp & Braun, 2021, S. 14).

> „Die Ergebnisse werden zwar als prognostischer Blick eingeordnet, bleiben aber in spezifischer Weise undurchschaubar und unerklärbar, eben opak, weil für die zugrunde liegende Datenanalyse und -weiterverarbeitung Algorithmen genutzt werden -- viele tausend Zeilen Code --, die aus Programmbibliotheken stammen. In der Konsequenz sind die einzelnen Rechenschritte im Detail nicht immer bekannt …“ (ebd.)

Um dem möglichst entgegenzuwirken, ist ein Höchstmaß an Transparenz und die Offenlegung verwendeter Algorithmen sowie deren Konfiguration und Steuerungsmöglichkeiten essenziell. Darüber hinaus muss reflektiert werden, welche Leistungen tatsächlich von einer Maschine übernommen werden können. Zwar arbeiten diese effizienter, um textuelle Daten wie Stellenanzeigen zu lesen und Erkenntnisse aus diesen abzuleiten, die inhaltliche Durchdringung und Interpretation der ermittelten IT-Kompetenzfelder, deren Begründung, Diskussion und Systematisierung (siehe Kapitel 4) können jedoch nicht ohne Weiteres maschinell erzeugt werden, sondern erfordern Entscheidungen und Abwägungen unter kompetenztheoretischen, organisations- und führungspsychologischen sowie pädagogischen Gesichtspunkten.

Objektivität kann bei der Auswertung und vor allem Interpretation von Daten nicht garantiert werden (Krebs & Menold, 2019, S. 490). Der Einsatz quantitativer Methoden bietet jedoch Chancen, subjektive Einflüsse, die durch den/die Forscher:in entstehen, zu minimieren. Dies betrifft vornehmlich den Aspekt der Extraktion von Kompetenzanforderungen aus den Anforderungsprofilen, welche unabhängig von Ort und Zeit stets in gleicher Qualität erfolgt, solange die zugrunde liegende Informationsbasis (siehe Kapitel 3.7.4) nicht geändert wird. In Bezug auf eine „Auswertungsobjektivität“ verweisen Krebs und Menold (2019, S. 491) auf die Bedeutung einer möglichst hohen Nachvollziehbarkeit und Sorgfalt bei der Dokumentation angewandter Methoden und Verfahren.

Hieran schließt sich eine Interpretation und Bewertung gewonnener Erkenntnisse an, um Entscheidungen und subjektive Einflüsse möglichst zurückverfolgen zu können.

Ethische Gesichtspunkte scheinen, zumindest bei der quantitativen Analyse von Stellenanzeigen, auf den ersten Blick relativ unbedeutend. Definiert man die Teilnehmenden jedoch genauer, nämlich als diejenigen Unternehmen oder Personaldienstleister, welche die Anzeigen verfassen und über das Karriereportal publizieren, sind kritische Gedanken zur Ethik durchaus gerechtfertigt. Immerhin liefern diese Organisationen die Daten, welche die Grundlage dieser Forschungsarbeit bilden. Studiert man Stellenanzeigen im Detail, lassen sich unter anderem Kontaktdaten, wie beispielsweise der Name einer Ansprechpartnerin bzw. eines Ansprechpartners, E-Mail-Adressen oder Telefonnummern, auffinden. Diese Informationen sollten bei der Auswertung der Stellenanzeigen mindestens ignoriert, wenn nicht sogar im Vorfeld pseudonymisiert oder gar anonymisiert werden. Falls sie für die Analyse und Beantwortung der Forschungsfrage keine Rolle spielen, wäre es angebracht, gänzlich auf personen- und unternehmensbezogene Daten während der Analyse zu verzichten. Da sich Kontaktinformationen weitestgehend in der semantischen Informationseinheit *Kontakt* befinden, lässt sich diese für die spätere Analyse separieren, sodass keine personalisierten Daten in die Auswertung einfließen. Ferner lassen sich aus dieser Einheit auch keine Erkenntnisse in Bezug auf Kompetenzanforderungen oder Tätigkeiten extrahieren, was eine Exklusion rechtfertigt. Die ethischen Aspekte im Rahmen einer quantitativen Forschungsmethodik für Stellenanzeigen zu definieren, wird auch in Zukunft noch Herausforderungen mit sich bringen, wie beispielsweise die Etablierung eines Vertrauensverhältnisses zwischen Forscher:in und Untersuchungsteilnehmerinnen und -teilnehmern, als die am (IT-)Arbeitsmarkt agierenden Unternehmen und Personaldienstleister. Denn, anders als es bei Fragebögen oder Interviews der Fall ist, werden rein auf Stellenanzeigen basierende Analysen häufig vollständig anonym durchgeführt (Harper, 2012, S. 41). Auch in der „Data Literacy Charta“ erhalten ethische Aspekte Berücksichtigung; dort heißt es:

> „Datenethik ist dabei zentraler Bestandteil einer Schlüsselkompetenz und spiegelt sich übergreifend in allen Teilbereichen von Data Literacy wider. Das heißt, wenn Daten auf kritische Art und Weise gesammelt, gemanagt, bewertet und angewendet werden, spielen ethische Aspekte durchgehend eine wichtige Rolle. Datenethik und Werthaltungen tragen wesentlich dazu bei, dass zur Problemlösung mit Hilfe von Daten nicht nur die richtigen Mittel eingesetzt werden, sondern vor allem, dass die richtigen Ziele verfolgt werden: Daten sollen einen nachhaltig positiven Beitrag für die Gesellschaft leisten und deshalb verantwortungsvoll, kontextsensibel und mit Blick auf zukünftig mögliche Folgen genutzt werden.“ (Schüller et al., 2021, S. 4)

Weitere Herausforderungen bei der quantitativen Analyse von Stellenanzeigen liegen in der Varianz (wie Format, Struktur, Sprache etc.) natürlichsprachlicher Texte und möglicher semantischer und lexikalischer Ambiguität (das heißt Nichteindeutigkeit, Mehrdeutigkeit etc.) bei der Extraktion von Kompetenzen. Aus diesem Grund ist es ein wesentlicher Schritt, den Untersuchungsgegenstand soweit wie möglich zu spezifizieren und durch interpretative Überprüfungsschritte Fehldeutungen möglichst zu minimieren. Dies gilt insbesondere in Bezug auf die in dieser Studie genutzte Datenbasis und die modellhafte Abbildung des IT-Arbeitsmarktes als eng begrenzte Untersuchungsdomäne.

3.3 Modellhafte Abbildung des deutschen Arbeitsmarktes

Im Rahmen dieser Studie wurde ein Textkorpus bestehend aus Onlinestellenanzeigen eines Onlinekarriereportals als Grundgesamtheit definiert, wie in Kapitel 3.2.3 [Eigenschaften des Textkorpus aus Onlinestellenanzeigen] bereits erwähnt und diskutiert. Bei der Sammlung dieser Stellenanzeigen über das Jobportal wurde zunächst jedes Stellenangebot, unabhängig ob ein Bezug zum IT-Arbeitsmarkt besteht oder nicht, über einen längerfristig angelegten Zeitraum von Januar 2014 bis August 2021 berücksichtigt. Dies begründet sich dadurch, da eine Eingrenzung, speziell auf IT-nahe Stellenanzeigen, bei der Übernahme der Annoncen aus dem Onlineportal nicht unmittelbar durchgeführt werden kann. Eine entsprechende Argumentation und Vorgehensweise zur Auswahl relevanter Stellenanzeigen zur modellhaften Abbildung des Berufsfeldes IT folgt in Kapitel 3.4. Des Weiteren besteht die Möglichkeit, die dieser Studie zugrunde liegende Datenbasis und methodische Vorgehensweise auch auf andere Berufszweige zu übertragen (siehe Kapitel 7.2 Weiterführende Forschungsmöglichkeiten), um beispielsweise weitere Berufs- und Tätigkeitsfelder in Bezug auf Kompetenzanforderungen zu untersuchen und bei Bedarf miteinander zu vergleichen.

Im Folgenden wird der Blick zunächst auf die Vorverarbeitung gerichtet. Deren Gegenstand ist es, das ungefilterte Textkorpus zu bereinigen und für die nachfolgenden Schritte vorzubereiten. Das Ziel der Bereinigung ist ein gefiltertes Textkorpus, aus welchem wiederum ein IT-spezifisches Korpus (Kapitel 3.4) und dessen Tätigkeitsfelder (Kapitel 3.6) abgeleitet werden.

Der bereits mehrfach erwähnte Begriff *Korpus* bzw. *Textkorpus* wird im weiteren Verlauf verwendet, um die über das Jobportal erschlossenen Onlinestellenanzeigen als eine Sammlung von Textdokumenten zu definieren und zu beschreiben. Der Prozess der Aufbereitung, die sogenannte *Vorverarbeitung* (englisch: preprocessing), ist in Abbildung 3.2 skizziert.

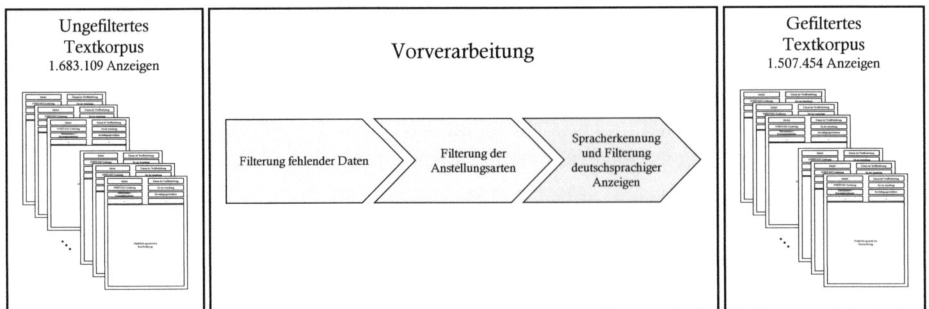

Abbildung 3.2: Prozess der sequenziellen Vorverarbeitung zur Erstellung eines gefilterten Textkorpus, welches den deutschen Arbeitsmarkt modellhaft repräsentiert (eigene Darstellung)

Die sequenziellen Vorverarbeitungsschritte entsprechen dabei einer Reduktion des ursprünglichen Textkorpus. Diese Schritte müssen mit Bedacht ausgeführt werden, um den Informationsraum von Beginn an nicht zu stark zu verdichten bzw. zu abstrahieren oder zu verzerren. Gleichzeitig muss die Reduktion systematisch und nachvollziehbar erfolgen. Jede Anzeige aus dem ungefilterten Korpus, die alle Vorverarbeitungsschritte erfolgreich, sprich ohne ausgefiltert worden zu sein, durchläuft, wird letztendlich in das gefilterte Textkorpus übernommen. Dieses soll modellhaft den deutschen Arbeitsmarkt repräsentieren und als Grundgesamtheit dienen. Nachfolgend werden zunächst die einzelnen Filter zur Generierung dieses Korpus erläutert und deren jeweilige Anwendung begründet und durchgeführt.

3.3.1 Filterung fehlender Daten

In diesem Vorverarbeitungsschritt werden alle Stellenanzeigen gefiltert, die mindestens eine der folgenden Voraussetzungen erfüllen:

a. Die Anzeige enthält keinen Beschreibungstext, aus welchem sich, mit Bezug auf Kapitel 3.5 [Strukturelle Aufbereitung der IT-Stellenanzeigen], semantische Informationseinheiten ableiten ließen.
b. Die Anzeige enthält keine Bezeichnung, das heißt, der Titel der Anzeige ist leer.
c. Es wird kein Unternehmen bzw. Personaldienstleister als Urheber benannt.
d. Es existiert kein Veröffentlichungsdatum.

Die Gründe für die Auswahl, Prüfung und Filterung solcher Anzeigen können wie folgt zusammengefasst werden: Eine Stellenanzeige, die kein Veröffentlichungsdatum auf der Onlineplattform enthält, wird als falscher Datensatz gedeutet, da diese Information automatisch mit der Stellenanzeige verknüpft wird und als Zusatzinformation zur Verfügung stehen muss. Zudem wird bei fehlenden Informationen zum Unternehmen, ob Arbeitgeber:in oder Personaldienstleister, wie auch fehlender Bezeichnung oder fehlendem Beschreibungstext, welcher den Kern einer Anzeige bildet, davon ausgegangen, dass essenzielle Informationen bei der Datenverarbeitung, Datenübertragung oder Datenübernahme in das Onlinejobportal aus nicht nachvollziehbaren Gründen verloren gegangen sind. Solche Anzeigen bleiben daher für die Erzeugung des Textkorpus für den deutschen Arbeitsmarkt unberücksichtigt und fließen deshalb auch nicht in dieses ein. Die genannten Maßnahmen reduzierten das ungefilterte Textkorpus, bestehend aus 1.683.109 Anzeigen, um 0.67 % (n = 11.244) auf 1.671.865 Stellengesuche.

3.3.2 Filterung der Anstellungsarten

Das zuvor gefilterte Textkorpus wurde in einem zweiten Schritt wiederum als Ausgangsbasis benutzt, um nur diejenigen Stellen, deren Beschäftigungsverhältnis auf eine der folgenden Beschäftigungsarten hinweisen, beizubehalten:

a. Vollzeitbeschäftigung
b. Voll-/Teilzeitbeschäftigung
c. Teilzeitbeschäftigung
d. Projektarbeit mit Projektvertrag
e. Anstellung mit Personalverantwortung
f. Führungsposition

Die Information zur Beschäftigungsart konnte je Stellenanzeige direkt aus dem Beschäftigungsverhältnis (siehe Abbildung 3.1) abgeleitet werden. Eine Fokussierung auf die genannten Beschäftigungsarten wird damit begründet, da mittels dieser Studie neue Erkenntnisse für die berufliche Weiterbildung bzw. die Weiterbildungsphase in der Erwerbstätigkeit zur Aufrechterhaltung einer Beschäftigungsfähigkeit gewonnen werden sollen (siehe Kapitel 2.6). Aus diesem Grund wurden Praktika, Stellen für Werksstudierende sowie Abschlussarbeiten und Ausbildungsplätze, die ebenfalls in den Anzeigen zu finden und der primären Ausbildungsphase (siehe Abbildung 2.2) zugeordnet sind, für den weiteren Verlauf dieser Studie aus dem Korpus entfernt. Außerdem kann festgehalten werden, dass diese unberücksichtigten Beschäftigungsarten nur einen geringen Teil an der Gesamtzahl aller Anzeigen ausmachen. In Tabelle 3.2 ist die jeweilige Beschäftigungsart und die Anzahl der gefilterten Stellen aufgeführt. Die Filterung reduzierte das Textkorpus ausgehend von 1.671.865 Anzeigen um weitere 1.34 % ($n = 22.330$) auf 1.649.535 Stellengesuche.

Tabelle 3.2: Absolute und relative Häufigkeiten der Beschäftigungsarten

Beschäftigungsart (*Art*)	$H_{Gef.\ Textkorpus}(Art)$	$h_{Gef.\ Textkorpus}(Art)$
Vollzeitbeschäftigung	1.558.273	94,47 %
Voll-/Teilzeitbeschäftigung	51.375	3,11 %
Projektarbeit mit Projektvertrag	19.711	1,19 %
Teilzeitbeschäftigung	18.755	1,14 %
Führungsposition	811	0,049 %
Anstellung mit Personalverantwortung	610	0,037 %
Summe	1.649.535	100,00 %

Rundungsdifferenzen können zu einem Gesamtwert ungleich 100,00 % führen.

3.3.3 Spracherkennung und Filterung deutschsprachiger Anzeigen

Es zeigte sich, dass das Textkorpus neben deutschsprachigen Stellenanzeigen auch Anzeigen für offene Stellen im (europäischen und internationalen) Ausland enthielt. Die Analyse soll später jedoch ausschließlich auf deutschsprachige Stellenanzeigen und den deutschen Arbeitsmarkt, genauer den deutschen IT-Arbeitsmarkt, fokussieren. Aus diesem Grund wurde in diesem letzten Vorverarbeitungsschritt der Beschreibungstext jeder Stellenanzeige hinsichtlich seiner Sprache analysiert und bewertet.

Diese sprachliche Einschränkung ist auch deshalb notwendig, da durch das eingesetzte Referenzmodell (siehe Kapitel 2.6.4 und 3.7.2) nur deutschsprachige Terminologien und Phrasen für die Annotation von Kompetenzanforderungen (siehe Kapitel 3.7.3) berücksichtigt werden, die anschließend in einer Wissensbasis (siehe Kapitel 3.7.4) hinterlegt und für die Extraktion von Kompetenzen aus den IT-Anforderungsprofilen genutzt werden sollen. Somit können Kompetenzanforderungen in fremdsprachigen Anzeigen, selbst wenn diese für den deutschen Arbeitsmarkt konzipiert wären, nicht erkannt werden. Die Analyse ist somit sprachabhängig. Zudem wurde das ausgewählte Kompetenzmodell von Erpenbeck und Heyse ursprünglich unter Rücksichtnahme deutschsprachiger Anforderungen entworfen. Durch das Entfernen anderssprachiger Anzeigen soll der Effekt einer negativen Beeinflussung auf die Resultate der quantitativen Analysen reduziert werden. Ferner spricht für eine Reduktion auf deutschsprachige Anzeigen, dass im Rahmen dieser Arbeit Kompetenzanforderungen in Stellenanzeigen mit Bezug auf den IT-Arbeitsmarkt in Deutschland, und nicht darüber hinaus, erfasst und näher untersucht werden sollen, weshalb auch in Kapitel 2.5.1 eine Bestandsaufnahme des IT-Arbeitsmarktes in Deutschland durchgeführt wurde.

Die Spracherkennung basierte auf der Python-Bibliothek *langdetect*[22], welcher die Google-Bibliothek *language-detection*[23] zugrunde liegt[24]. Das nunmehr nur noch deutschsprachige Anzeigen umfassende Textkorpus setzt sich letztendlich aus 1.507.454 Stellenanzeigen zusammen. Auf Grundlage der Spracherkennung wurde durch die Filterung eine weitere Reduktion um 8,61 % (n = 142.081) erzielt.

3.3.4 Textkorpus zur Abbildung des Arbeitsmarktes in Deutschland

Jeder der zuvor ausgeführten Vorverarbeitungsschritte führte zu einer schrittweisen Reduktion des ursprünglichen, ungefilterten Textkorpus. Es sei angemerkt, dass sich die vorverarbeitenden Schritte in der Reihenfolge ihrer Anwendung variieren lassen. Das heißt, es könnte beispielsweise zuerst eine Filterung der Anstellungsarten durchgeführt werden, daran anschließend eine Eingrenzung auf deutschsprachige Anzeigen und im letzten Schritt eine Reduktion aller Anzeigen ohne Daten in bestimmten Informationseinheiten. Je nachdem würden sich die absoluten und relativen Häufigkeiten ändern, das Gesamtergebnis bliebe jedoch gleich. In diesem Fall wurde entschieden, die Reihenfolge so auszuwählen, dass diejenigen Schritte mit längerer algorithmischer Laufzeit bzw. höherer Komplexität zuletzt ausgeführt werden.

Durch Anwendung der Vorverarbeitungsschritte konnte aus dem ursprünglichen Textkorpus ein reduziertes Korpus zur modellhaften Abbildung des deutschen Arbeitsmarktes erzeugt werden. Dieses umfasst 1.507.454 Stellenanzeigen über alle Berufsgruppen hinweg und dient als Grundgesamtheit. Dazu wurden in Summe 175.655 Anzeigen aus dem ungefilterten Textkorpus entfernt, was einer Reduktion um 10,44 % entspricht. Das Textkorpus bildet zugleich einen historischen Verlauf über den Zeitraum vom 2. Januar 2014 bis 17. August 2021 ab, was 2.785 Tagen entspricht. Im Durchschnitt wurden 541 Stellenanzeigen pro Tag erfasst. Wie bereits in Kapitel 3.2.3

22 Siehe https://pypi.org/project/langdetect, abgerufen am 21.11.2021.

23 Siehe https://github.com/shuyo/language-detection, abgerufen am 21.11.2021.

24 Der Algorithmus bewertet den Beschreibungstext einer Anzeige hinsichtlich seiner Sprache. Dabei werden die Wahrscheinlichkeiten der sprachlichen Merkmale innerhalb eines Textes kumuliert. Die durch den Algorithmus vermutete Sprache des bewerteten Anzeigentextes entspricht derjenigen mit der höchsten berechneten Wahrscheinlichkeit (siehe https://www.slideshare.net/shuyo/language-detection-library-for-java, abgerufen am 21.11.2021). Das Ergebnis dieser Analyse wird je Stellenanzeige als zusätzliche Information in Form der standardisierten ISO-639-1-Nomenklatur inklusive des berechneten Wahrscheinlichkeitswertes angefügt. Anhand dieses Wertes lässt sich abschätzen, mit welcher Sicherheit der Algorithmus den Beschreibungstext einer bestimmten Sprache zuordnen konnte. Auf Grundlage eines festgelegten Schwellwertes von $\geq 99\,\%$ Erkennungswahrscheinlichkeit in Kombination mit dem erkannten Sprachlabel wurden alle fremdsprachigen Stellenanzeigen aus dem Textkorpus gefiltert.

hingewiesen, motivierte unter anderem die Größe des Textkorpus wie auch der tägliche Zuwachs den Einsatz quantitativer Verfahren zusätzlich.

3.4 Modellhafte Abbildung des Berufsfeldes IT

In diesem Kapitel wird der Fragestellung nachgegangen, wie auf Grundlage des gefilterten Textkorpus (Kapitel 3.3) im Kontext der feldtheoretischen Überlegungen (Kapitel 2) der IT-Arbeitsmarkt in Deutschland identifiziert und abgebildet werden kann. Daher gilt es, eine Einschränkung auf diejenigen Stellenanzeigen mit Bezug zum Berufsfeld IT zu schaffen, welche die Basis für die weiteren inhaltlichen Untersuchungen und Auswertungen bilden.

3.4.1 Auswahlkriterien zur Bestimmung des IT-Arbeitsmarktes

Hierzu ist zunächst die Terminologie *IT* im Kontext von Stellenanzeigen und in Bezugnahme auf den IT-Arbeitsmarkt einzugrenzen. Es soll deshalb folgendes Verständnis zugrundegelegt werden:

> Stellenanzeigen mit IT-Bezug beschreiben Tätigkeitsschwerpunkte, deren Aufgabenspektrum primär im Bereich der Informatik und deren artverwandten Disziplinen angesiedelt sind und gegebenenfalls ein Studium oder eine Ausbildung im IT-Bereich voraussetzen.

Dieser Auffassung folgend, werden alle aus dem gefilterten Textkorpus zutreffenden Stellenanzeigen identifiziert und ausgewählt, um den deutschen IT-Arbeitsmarkt modellhaft abzubilden. Gleichzeitig dürfen Grundannahmen über den *Bedarf* und die *Heterogenität* dieses spezifischen IT-Textkorpus getroffen werden: (a) Alle Anzeigen bezogen sich auf Vakanzen im deutschen IT-Arbeitsmarkt und erlauben eine retrospektive Sicht, welcher Bedarf (= Nachfrage seitens der Arbeitgeber:innen) an Kompetenzen im betrachteten Analysezeitraum formuliert wurde. (b) Die Anzeigen des gewählten Onlinekarriereportals sprechen Berufseinsteigende bis hin zu Professionals mit (mehrjähriger) Berufserfahrung (auch mit Leitungsfunktion) an. Die Stellenangebote richten sich an IT-Fachkräfte, IT-Experten und IT-Spezialisten, entsprechend den Anforderungsniveaus der Bundesagentur für Arbeit (Kapitel 2.5.1), welche die formalen und in der Anzeige genannten Anforderungen erfüllen. Die Stellenangebote des gewählten Jobportals richten sich also an eine heterogene Zielgruppe. Damit schränkt das gefilterte Textkorpus in dieser Hinsicht nicht von vornherein auf bestimmte Gruppen ein, wie es beispielsweise bei Anbietenden der Fall sein kann, die sich auf die Vermittlung spezifischer Berufsgruppen mit bestimmten fachlichen Ausprägungen und Rollen (zum Beispiel Vermittlung von Führungspositionen) oder Adressateninnen und Adressaten (zum Beispiel Berufseinsteiger:innen, mit oder ohne Berufs- bzw. Hochschulabschluss) spezialisiert haben. Somit werden, wie eingangs in Kapitel 2.5.2 [Eigenschaften des IT-Arbeitsmarktes] diskutiert, durch das Textkorpus alle entsprechenden Zielgruppen im Sinne der Erwachsenenbildung und beruflichen Weiterbildung berücksichtigt.

Stellenanzeigen, die diese Eigenschaften aufweisen und das Berufsfeld IT repräsentieren, bilden demnach einen Teil des gefilterten, aus 1.507.454 Annoncen bestehenden

Textkorpus (*FT*) (siehe Kapitel 3.3). Diese IT-spezifischen Anzeigen sind nun zu identifizieren und auszuwählen. Hierbei muss jede Stellenanzeige im gefilterten Textkorpus inhaltlich auf ihre Relevanz hinsichtlich des Berufsfeldes IT überprüft werden.

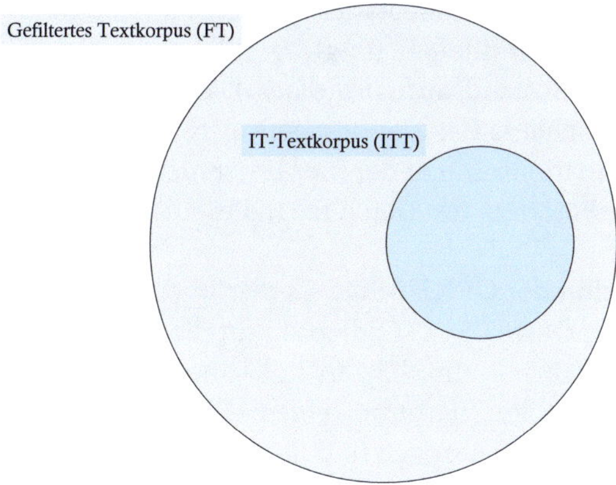

Abbildung 3.3: Veranschaulichung der Mengenverhältnisse zwischen dem gefilterten Textkorpus (*FT*) und dem IT-Textkorpus (*ITT*) (eigene Darstellung)

Abbildung 3.3 zeigt den Zusammenhang zwischen dem gefilterten Textkorpus (*FT*) und dem IT-Textkorpus (*ITT*). Dabei gilt, $ITT \subset FT$, das heißt, *ITT* ist eine Teilmenge von *FT*. Um das IT-Textkorpus als Teilmenge im gefilterten Textkorpus zu identifizieren, müssen Eigenschaften des IT-Textkorpus ausfindig gemacht werden, die eine Separierung vom gefilterten Korpus ermöglichen. Dabei lässt sich keine definierte Systematik anwenden, welche den Daten zugrunde liegt. Vielmehr benötigt es einen Auswahlprozess, der es ermöglicht, den für diese Studie relevanten IT-Textkorpus aus dem gefilterten Textkorpus abzuleiten. Aufgrund der Vielzahl an Stellenanzeigen im gefilterten Korpus wurde daher ein teilautomatisierter, überwachter Prozess angestrebt und implementiert. Dieser sieht es vor, eine manuelle Betrachtung und Selektion aller Anzeigen im gefilterten Textkorpus zu vermeiden und die Auswahl mittels Machine Learning-Algorithmen zu vollziehen, um die umfangreiche Datenmenge, wie sie in dieser Studie verarbeitet wurde, zu klassifizieren und für die weitere Verarbeitung in einem IT-Textkorpus zu konsolidieren. Das methodische Vorgehen und die technische Implementierung der Identifikation von Stellenanzeigen für das Berufsfeld IT werden nachfolgend näher erläutert und die einzelnen Schritte begründet und durchgeführt.

Zunächst wurde geprüft, ob durch eine Filterung der Anzeigen auf Basis einer bereits existierenden Informationseinheit ein IT-Textkorpus erzeugt werden kann. Betrachtet wurde hierzu die O*NET-SOC-Codierung, die bereits im Rahmen des Aufbaus und der Struktur von (Online-)Stellenanzeigen (siehe Kapitel 3.2.2) erwähnt wurde. Auf den ersten Blick würde sich die Codierung für die Auswahl von Stellenanzeigen mit IT-Bezug anbieten, da diese eine systematische Zuordnung von Berufen zu Berufsgruppen ermöglicht. So werden beispielsweise unter der Kategorie *Computer & Mathematical*

Stellenanzeigen aggregiert, die einen Bezug zum Berufsfeld IT aufweisen. Hierbei sei noch einmal angemerkt, dass der O*NET-SOC-Code des U.S. Departments of Labor/Employment and Training Administration entwickelt wurde. Das soll besagen, die dort gelisteten Berufe und Berufsgruppen orientieren sich am US-amerikanischen Arbeitsmarkt, was nicht zwingend bedeutet, dass sich die Klassifikation auch auf den deutschen Arbeitsmarkt unmittelbar übertragen lässt. In diesem Zusammenhang wurde in Kapitel 2.5.1 [Bestandsaufnahme des IT-Arbeitsmarktes in Deutschland] auf das Klassifikationsschema der Bundesagentur für Arbeit hingewiesen, welches allerdings keine Informationseinheit der hier untersuchten Stellenanzeigen darstellt und somit auch keine Filterung der Daten nach diesem Schema ermöglicht.

3.4.2 Kritische Reflexion der O*NET-SOC-Codierung

Um die Nutzbarkeit der O*NET-SOC-Codierung für die Ableitung eines IT-Textkorpus aus dem gefilterten Textkorpus einschätzen zu können, wurde zur Überprüfung und Sicherstellung der Qualität der Zuordnung eine zufällige Stichprobe (siehe Tabelle 3.4) aus dem gefilterten Textkorpus gezogen und überprüft. Es sei noch einmal angemerkt, dass die Codes als zusätzliche semantische Informationseinheit direkt aus dem Onlinejobportal mitgeliefert wurden und jede Anzeige mit genau einer Codierung versehen ist. Um eine hohe inhaltliche Qualität des IT-Textkorpus zu gewährleisten, ist zum einen eine korrekte Zuweisung dieser Codierung zu einer Anzeige unerlässlich, zum anderen muss auch eine Relevanz der definierten Berufe und Berufsgruppen zum deutschen Arbeitsmarkt gegeben sein.

Tabelle 3.3: Absolute und relative Häufigkeiten der Verteilung der O*NET-SOC-Codes im gefilterten Textkorpus

Hauptberufsgruppe (HBG)	$H_{FT}(HBG)$	$h_{FT}(HBG)$
Management	157.185	10,43 %
Business and Financial Operations	227.458	15,09 %
Computer and Mathematical	159.335	10,57 %
Architecture and Engineering	60.803	4,03 %
Life, Physical and Social Science	16.713	1,11 %
Community and Social Service	3.986	0,26 %
Legal	4.291	0,28 %
Education, Training and Library	33.708	2,24 %
Arts, Design, Entertainment, Sports and Media	22.824	1,51 %
Healthcare Practitioners and Technical	35.858	2,38 %
Healthcare Support	11.496	0,76 %
Protective Service	2.901	0,19 %
Food Preparation and Serving Related	6.074	0,40 %
Building and Grounds Cleaning and Maintenance	2.819	0,19 %

(Fortsetzung Tabelle 3.3)

Hauptberufsgruppe (*HBG*)	$H_{FT}(HBG)$	$h_{FT}(HBG)$
Personal Care and Service	3.165	0,21 %
Sales and Related	162.505	10,78 %
Office and Administrative Support	169.361	11,23 %
Farming, Fishing and Forestry	673	0,04 %
Construction and Extraction	18.215	1,21 %
Installation, Maintenance and Repair	36.742	2,44 %
Production	56.989	3,78 %
Transportation and Material Moving	28.469	1,89 %
Military Specific	1.841	0,12 %
Ohne Zuordnung	284.043	18,84 %
Summe	1.507.454	100,00 %

Rundungsdifferenzen können zu einem Gesamtwert ungleich 100,00 % führen.

Alle durch die O*NET-SOC-Codierung zugewiesenen Hauptberufsgruppen (*HBG*) und deren Verteilungen im gefilterten Textkorpus zeigt Tabelle 3.3. In Summe existieren 23 Hauptberufsgruppen und eine Kategorie mit der Bezeichnung *Ohne Zuordnung*, in welcher Stellenanzeigen subsumiert wurden, die keine Berufsgruppe nach der O*NET-SOC-Codierung enthalten. Aufgrund der Bezeichnung der Hauptberufsgruppen liegt es nahe, alle Stellenanzeigen mit der Kennzeichnung Computer & Mathematical dem Berufsfeld IT zuzuordnen. Dabei handelt es sich um 159.335 (10,57 %) Annoncen im gefilterten Textkorpus. Ein besonderes Augenmerk sei dabei auf die Zahl derjenigen Anzeigen gerichtet, die mit *Ohne Zuordnung* gekennzeichnet sind. Dies kann beispielsweise dann der Fall sein, wenn eine Festlegung einer Anzeige zu einer spezifischen Codierung nicht gewährleistet werden konnte oder eine Klassifizierung aus anderweitigen Gründen nicht erfolgte. Wie aus Tabelle 3.3 entnommen werden kann, entspricht der Anteil solch nicht kategorisierter Anzeigen 18,84 %. Das heißt, knapp jede fünfte Anzeige fällt in diese Gruppe. Es muss deshalb an dieser Stelle kritisch hinterfragt werden, inwieweit die ausschließliche Nutzung des O*NET-SOC-Codes für die Ableitung eines IT-Textkorpus aus dem gefilterten Textkorpus geeignet ist, da angenommen werden darf, dass sich mit gewisser Wahrscheinlichkeit in der Menge nicht zugeordneter Stellenanzeigen auch ein relevanter Anteil für das Berufsfeld IT auffinden lässt. Dieser Umstand wäre selbst dann problematisch, wenn man zusätzlich annimmt, dass die Codierung der Anzeigen in der Kategorie *Computer & Mathematical* fehlerlos erfolgte, da dann noch immer ein gewisser Anteil an Stellenanzeigen existieren würde, der nicht in das IT-Textkorpus übernommen werden würde. Neben diesem Aspekt stellt sich zudem die Frage, inwieweit die in der Hauptkategorie *Computer & Mathematical* festgelegten spezifischen Berufsgruppen auch auf den deutschen IT-Arbeitsmarkt übertragbar sind. Betrachtet man diese genauer, so finden sich unter den 159.335 Stellenanzeigen dieser Hauptberufsgruppe unter anderem Netzwerkadministratorinnen und -administratoren, Computeradministratorinnen und -administratoren, Supportspezialistinnen und -spezialisten, Programmierer:innen, Webentwickler:innen, IT-Architektinnen und -Architekten, IT-Systemanalystinnen und -analysten, E-Commerce-Spezialisteninnen und -Spezialisten, Software-Qualitätssicherungsingenieurinnen und -ingenieure, IT-Projektmanager:innen, Analystinnen und Analysten für Operations Research, Datenbankadministratorinnen und -administratoren, Business-Intelligence-Analystinnen und -Analysten, Statistiker:innen, Informatiker:innen und Informationswissenschaftler:innen im Bereich der Forschung, IT-Sicherheitsspezialistinnen und -spezialisten, Analystinnen und Analysten für Netzwerksysteme und Datenkommunikation, Versicherungsmathematiker:innen, Telekommunikationspezialistinnen und -spezialisten, Webadministratorinnen und -administratoren, Manager:innen für klinische Daten, Biostatistiker:innen, Data Warehousing-Spezialistinnen und -Spezialisten, Spezialistinnen und Spezialisten für Dokumentenmanagement, Computerspezialistinnen und -spezialisten allgemein und Mathematiker:innen und weitere[25]. Die genannten Berufsgruppen können dabei durchaus mit der Klassifizierung durch die Bundesagentur für Arbeit in Einklang gebracht werden (siehe Kapitel 2.5.1). Nichtsdestotrotz wäre eine systematische und begründete Zuordnung dieser Berufsgruppen zu den definierten Tätigkeitsfeldern der Bundesagentur für Arbeit notwendig. Ebenso müsste in diesem Zusammenhang überprüft werden, inwieweit die Stellenanzeigen auch inhaltlich den genannten IT-Berufsgruppen zugewiesen wurden. Dabei kann nicht ausgeschlossen werden, dass Fehlklassifizierungen auftreten, sowohl auf der Ebene der Hauptberufsgruppen als auch innerhalb der unterschiedlichen IT-Berufsgruppen.

Somit lässt sich festhalten, dass die O*NET-SOC-Codierung zwar als Anhaltspunkt genutzt werden kann, von einer Generierung eines spezifischen Textkorpus zur modellhaften Abbildung des IT-Arbeitsmarktes in Deutschland jedoch Abstand genommen wurde. Diese Entscheidung bestätigte sich durch eine stichprobenartige Überprüfung von 2.660 zufällig ausgewählten Stellenanzeigen (FT_{CM}), die der Berufsgruppe Computer & Mathematical und damit einer Teilmenge der 159.335 Anzeigen (siehe Tabelle 3.3) aus dem gefilterten Textkorpus entnommen wurden. Die Überprüfung zielte darauf ab, die Richtigkeit der Zuordnung dieser Annoncen zu überprüfen.

Tabelle 3.4: Ergebnisse der Überprüfung einer zufällig gewählten Stichprobe mit $n = 2.660$ Anzeigen, entnommen aus der Hauptberufsgruppe Computer & Mathematical

Hauptberufsgruppe (HBG_{CM})	$H_{FT_{CM}}(HBG_{CM})$	$h_{FT_{CM}}(HBG_{CM}$
IT-Bezug	1.803	67,78 %
Ohne IT-Bezug	857	32,22 %
Summe	2.660	100,00 %

Die Ergebnisse dieser Kontrolle finden sich in Tabelle 3.4. Ob eine Anzeige der Berufsgruppe Computer & Mathematical (HBG_{CM}) angehörig ist, wurde ausschließlich über deren Titel entschieden. Dieser enthält in der Regel genügend Information, um eine

25 Auflistung aller Berufe in der Kategorie *Computer & Mathematical*, siehe https://www.onetonline.org/find/family?f=15, abgerufen am 31.08.2021.

Entscheidung zu treffen, ob ein Stellenangebot einen IT-Bezug aufweist oder nicht. Die Beurteilung erfolgte in diesem Fall durch den Forschenden selbst. Im Idealfall sind alle Anzeigen der Hauptberufsgruppe Computer & Mathematical zugewiesen. Wie aus Tabelle 3.4 zu entnehmen ist, wurden jedoch lediglich 67,78 % ($n = 1.803$) der Anzeigen auf Grundlage ihres O*NET-SOC-Codes dieser Berufsgruppe korrekt zugeordnet. Bei 32,22 % ($n = 857$) der Stellengesuche war die Einordnung falsch. In diesen Fällen hätte die Anzeige einer anderen Hauptberufsgruppe aus Tabelle 3.3 bzw. der Kategorie *Ohne Zuordnung* zugewiesen werden müssen.

Da IT eine Querschnittsdisziplin darstellt, wurde eine weitere Hypothese formuliert, um die Korrektheit der zugeordneten Hauptberufsgruppen außerhalb der Berufsgruppe Computer & Mathematical stichprobenartig zu überprüfen: *Für die Repräsentation des IT-Arbeitsmarktes relevante Stellenanzeigen lassen sich auch in anderen Hauptberufsgruppen wiederfinden, womit Fehlzuordnungen übergreifend vorliegen.* Um diese Behauptung zu überprüfen, wurden ausgehend von der prozentualen Verteilung der Hauptberufsgruppen (siehe Tabelle 3.3) 2.626 Anzeigen ohne Berücksichtigung der Hauptberufsgruppe Computer & Mathematical (HBG_{CM}) sowie der Kategorie *Ohne Zuordnung* (K_{OZ}) zufällig ausgewählt. Das Ergebnis dieser Überprüfung findet sich in Tabelle 3.5.

Tabelle 3.5: Ergebnisse der Überprüfung einer zufällig gewählten Stichprobe mit $n = 2.626$ Anzeigen ohne Berücksichtigung der Hauptberufsgruppe Computer & Mathematical sowie der Kategorie *Ohne Zuordnung*

Hauptberufsgruppe $(\neg(HBG_{CM} \cup K_{OZ}))$	$H_{FT_{\neg(CM \cup OZ)}}(\neg(HBG_{CM} \cup K_{OZ}))$	$h_{FT_{\neg(CM \cup OZ)}}(\neg(HBG_{CM} \cup K_{OZ}))$
IT-Bezug	308	11,73 %
Ohne IT-Bezug	2.318	88,27 %
Summe	2.626	100,00 %

Die Resultate der Stichprobe zeigen, dass innerhalb der 2.626 ausgewählten Anzeigen 308 Stellengesuche (11,73 %) mit IT-Bezug identifiziert werden konnten. Diese hätten korrekterweise der Hauptberufsgruppe Computer & Mathematical zugewiesen werden müssen, waren jedoch mit einer anderen Codierung klassifiziert. So war beispielsweise eine Anzeige für eine Vakanz einer Netzwerkadministratorin bzw. eines Netzwerkadministrators fälschlicherweise der Hauptberufsgruppe Architecture and Engineering zugeordnet. Die Untersuchung zeigt, dass die Hypothese, relevante Stellenanzeigen für die Repräsentation des IT-Arbeitsmarktes seien auch in anderen Hauptberufsgruppen auffindbar, nicht verworfen werden kann.

Zusammenfassend ist feststellbar, dass die Auswahl eines IT-Textkorpus auf der ausschließlichen Grundlage der O*NET-SOC-Codierung nicht in Betracht gezogen werden konnte. Die Gründe für die in Tabelle 3.4 und Tabelle 3.5 aufgeführten Fehlzuordnungen können vielschichtig sein und im Rahmen dieser Arbeit nur vermutet werden. Eine weiterführende Erörterung soll an dieser Stelle nicht durchgeführt werden. Es bleibt jedoch festzuhalten, dass eine Abbildung des IT-Arbeitsmarktes anhand der O*NET-SOC-Codierung zu einer unzureichenden Datenbasis führen und den aus dieser Studie erhofften Erkenntnisgewinn verfälschen würde. Da der O*NET-SOC-Code letztendlich nicht als Basis für eine Abgrenzung des IT-Textkorpus genutzt werden konnte, musste keine inhaltliche Überprüfung der Korrektheit der Zuordnungen einzelner Berufsgruppen innerhalb der Hauptberufsgruppe Computer & Mathematical durchgeführt werden. Ferner wurde die Kategorie *Ohne Zuordnung* ebenfalls nicht näher untersucht, da diese Kategorie, unabhängig von einer Nutzung der O*NET-SOC-Codierung, zur Erzeugung eines IT-Textkorpus berücksichtigt werden muss. Weitere Nachteile, die in einer Nutzung der Codierungsinformation ausgemacht werden konnten, sind die Abhängigkeit zu einer festgelegten Taxonomie und der Vielzahl an Berufsgruppen, die aufgrund der Abweichung der Schemata mit der Klassifizierung und den Tätigkeitsfeldern der Bundesagentur für Arbeit in Einklang gebracht werden müssten, um eine adäquate Repräsentation für den deutschen IT-Arbeitsmarkt zu gewährleisten. Des Weiteren konnten im zeitlichen Verlauf der Studie bereits Änderungen am Schema der O*NET-SOC-Codierung festgestellt werden, was eine Verortung weiter erschweren und die Fehleranfälligkeit zusätzlich erhöhen würde. Aus den genannten Gründen war es notwendig, eine alternative Vorgehensweise für die Identifikation des IT-Textkorpus aus der zugrunde liegenden Datenbasis zu wählen, um eine modellhafte Abbildung des IT-Arbeitsmarktes zu erzeugen. Da jede Stellenanzeige im gefilterten Textkorpus hinsichtlich ihrer Zugehörigkeit zum Berufsfeld IT bewertet werden muss, wurde eine rein manuelle Betrachtung, Bewertung und Selektion der insgesamt 1.507.454 Annoncen grundsätzlich ausgeschlossen und als nicht praktikabel eingestuft. Gleichzeitig würde ein solches Vorgehen der Forschungsmethodik dieser Studie widersprechen, da der Einsatz maschineller Verfahren zur Identifizierung von IT-Stellenanzeigen motiviert werden soll.

3.4.3 Generierung von Trainingsdaten mit und ohne IT-Bezug

Das methodische Vorgehen und der Aufbau eines IT-Textkorpus als Teilmenge des gefilterten Textkorpus wird in den nachfolgenden Kapiteln weiter spezifiziert und begründet. Ausgangspunkt hierfür bildet das in Kapitel 3.4.1 [Auswahlkriterien zur Bestimmung des IT-Arbeitsmarktes] festgelegte Verständnis der Terminologie IT. Das Ziel ist die maschinelle Generierung eines Textkorpus bestehend aus Stellenanzeigen mit Bezug zum Berufsfeld IT, um modellhaft den deutschen IT-Arbeitsmarkt abzubilden. Hierzu kommen Verfahren aus der quantitativen Datenanalyse zum Einsatz.

Die gewählte Methodik orientiert sich dabei am Prozess eines überwachten Lernvorgangs (englisch: supervised learning). Dies bedeutet, dass im ersten Schritt sogenannte Trainingsdaten generiert werden müssen. Unter Trainingsdaten lassen sich qualifizierte Stellenanzeigen[26] verstehen, die eine Grundwahrheit (englisch: ground truth)[27] aus IT- und Nicht-IT-Stellenanzeigen repräsentieren (Ghavami, 2020, S. 40 f.). Diese Grund-

26 Qualifizierte Stellenanzeigen sind solche, die durch manuelle Selektion eindeutig dem Berufsfeld IT zugeordnet oder als Nicht-IT-Stellenanzeigen identifiziert wurden.

27 Aus dem Prozess der manuellen Selektion und Qualifizierung in IT- und Nicht-IT-Anzeigen ergibt sich eine Teilmenge aus allen Stellenanzeigen, die als sogenannte Grundwahrheit bezeichnet wird. Diese ist idealerweise so beschaffen, dass sich das Berufsfeld IT möglichst von anderen Berufsfeldern abgrenzen lässt.

wahrheit ist ein Schlüsselfaktor, um später eine hohe Qualität bei der automatisierten Unterscheidung von IT- und Nicht-IT-Stellenanzeigen zur Abbildung des IT-Textkorpus zu erreichen. Dies setzt eine fachlich korrekte Repräsentation der Trainingsdaten voraus, was im Sinne des überwachten Lernens durch eine entsprechende Bewertung gewährleistet wird (Bird et al., 2009, S. 221 f.).

Diesem Vorgehen folgend, wurden zunächst Stellenanzeigen, welche eindeutig dem Berufsfeld IT zugeordnet werden können bzw. sich von diesem differenzieren, aus dem gefilterten Textkorpus (siehe Abbildung 3.3) ausgewählt. Die Entscheidung über den Umfang und die Art der ausgewählten Anzeigen unterlag dabei einem heuristischen[28] Vorgehen. Wie in Kapitel 3.4.2 [Kritische Reflexion der O*NET-SOC-Codierung] diskutiert, ließ sich aufgrund der ermittelten Fehlzuordnungen und daraus resultierenden Unzuverlässigkeit der O*NET-SOC-Codierung kein exaktes Bild der Verteilung der Stellenanzeigen nach den Hauptberufsgruppen ermitteln. Neben dem O*NET-SOC-Code eignete sich zudem auch keine andere bereits strukturierte bzw. semistrukturierte semantische Informationseinheit (siehe Abbildung 3.1), um eine solche Verteilung abzubilden. Demzufolge wurde für die Entscheidung, ob eine Stellenanzeige dem Berufsfeld IT angehörig ist oder nicht, der Titel einer Anzeige herangezogen, wie dies bereits im Rahmen der Überprüfungen in Kapitel 3.4.2 geschah. Auf dieser Informationsgrundlage wurde letztendlich versucht, möglichst solche Anzeigen in den Trainingsdaten zu repräsentieren, die eine Trennung zwischen dem Berufsfeld IT und allen anderen, in dieser Studie nicht näher spezifizierten Hauptberufsgruppen und damit assoziierten Berufsfeldern (siehe Tabelle 3.3), ermöglichen.

Unter Rücksichtnahme auf Tabelle 3.4 und Tabelle 3.5 wurden alle bereits qualifizierten Anzeigen mit IT-Bezug ($n = 2.111$) sowie eine Teilmenge der Stellenangebote ohne IT-Relevanz ($n = 2.702$) als Trainingsdaten ausgewählt. Zusätzlich wurden 1.017 weitere Positivbeispiele, sprich Anzeigen mit einer Relation zum IT-Arbeitsmarkt, qualifiziert. In nachfolgender Tabelle 3.6 findet sich die finale Aufteilung der Trainingsdaten in Anzeigen mit IT-Bezug (Positivbeispiele) und Anzeigen ohne IT-Bezug (Negativbeispiele) sowie deren absolute und prozentuale Verteilungen.

Tabelle 3.6: Aufteilung der Trainingsdaten in absolute und relative Häufigkeiten, unterteilt nach Stellengesuchen mit IT-Bezug und ohne Relevanz für das Berufsfeld *IT*

Kategorie (K)	$H_{FT_{CM} \vee FT_{\neg(CM \cup OZ)}}(K)$	$h_{FT_{CM} \vee FT_{\neg(CM \cup OZ)}}(K)$
IT-Bezug (Positivbeispiele)	3.128	53,65 %
Ohne IT-Bezug (Negativbeispiele)	2.702	46,35 %
Summe	5.830	100,00 %

Da eine Einteilung in lediglich zwei Kategorien erfolgen soll, nämlich in Stellenangebote mit IT-Bezug und ohne IT-Bezug, wurde bei der Auswahl der Trainingsdaten darauf

28 Heuristisch bedeutet, auf Grundlage der gegebenen Informationen eine möglichst repräsentative Auswahl zu treffen und gleichzeitig den Aufwand zur Bestimmung der Trainingsdaten in einem annehmbaren zeitlichen Rahmen zu halten.

geachtet, beide Klassen möglichst gleichmäßig zu repräsentieren, um Seiteneffekte, wie beispielsweise die Über- oder Unterrepräsentation einer Klasse, zu vermeiden (Kubat, 2017, S. 194–198). Mit Blick auf Tabelle 3.6 lässt sich ein leichtes Übergewicht zugunsten des Anteils der Trainingsdaten mit IT-Bezug ausmachen, womit man sich allerdings noch immer im Bereich einer ausbalancierten Verteilung gemäß der formalen Definition nach Fernández et al. (2018) befindet:

> „Any dataset with an unequal class distribution is technically imbalanced. However, a dataset is said to be imbalanced when there is a significant, or in some cases extreme, disproportion among the number of examples of each class of the problem. In other words, the class imbalance occurs when the number of examples representing one class is much lower than the ones of the other classes." (S. 19)

In Abbildung 3.4 sind die beiden Kategorien als disjunkte Mengen, soll heißen, ohne sich zu überschneiden, als Erweiterung des Mengendiagramms aus Abbildung 3.3 veranschaulicht. Darüber hinaus enthalten beide Teilmengen auch keine Duplikate, das heißt, keine Anzeige tritt in den Trainingsdaten doppelt auf.

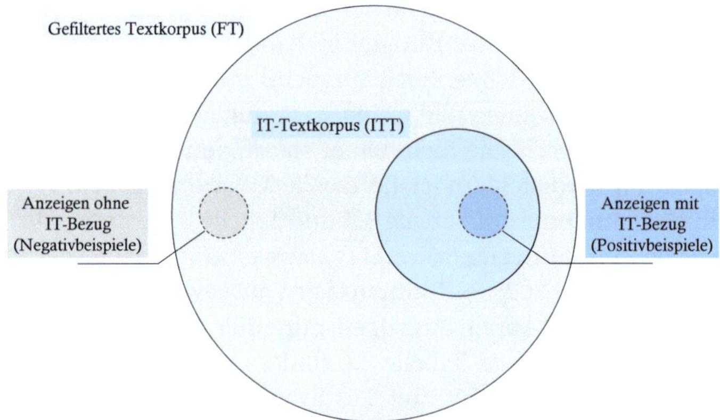

Abbildung 3.4: Erweiterte Abbildung zur Veranschaulichung der Auswahl der Trainingsdaten mit und ohne IT-Bezug (eigene Darstellung)

Das Diagramm zeigt schematisch alle Trainingsdaten ohne IT-Bezug (n = 2.702), die eine Teilmenge des gefilterten Textkorpus darstellen. Diese beziehen sich auf Anzeigen außerhalb des Berufsfeldes IT. Den Gegensatz dazu bilden die in der Abbildung dargestellten Anzeigen mit IT-Bezug (n = 3.128). Diese stellen eine Teilmenge des IT-Textkorpus dar, der wiederum eine Teilmenge des gefilterten Textkorpus bildet. Beide Teilmengen, sprich Anzeigen ohne IT-Bezug wie auch Anzeigen mit IT-Bezug, müssen für eine weitere maschinelle Verarbeitung mit einer eindeutigen Kennzeichnung versehen werden. Diese Kennzeichnung wurde bereits im Rahmen der Selektion der Anzeigen durchgeführt, indem diese als Positiv- bzw. Negativbeispiel deklariert wurden. Diese Markierung erfolgte über eine softwaregestützte Vorgehensweise, um alle Trainingsdaten inhaltlich zu überprüfen und zu persistieren. Hierzu musste jede der 5.830 Anzeigen aus Tabelle 3.6 zunächst manuell gekennzeichnet werden. Im vorliegenden

Fall werden zwei Kategorien unterschieden. Ist eine Stellenanzeige für das Berufsfeld IT relevant, so handelt es sich um ein Positivbeispiel und die Anzeige wird mit der Kennzeichnung *1* versehen. Im umgekehrten Fall, wenn die Annonce keinen Bezug zum IT-Arbeitsmarkt aufweist, es sich also um ein Negativbeispiel handelt, wird das Label *0* vergeben. Auf diese Weise erhält jede Anzeige in den Trainingsdaten eine eindeutige Auszeichnung. Bei dieser Einteilung handelt es sich um einen manuellen Prozess, weshalb in diesem Zusammenhang von einer überwachten Vorgehensweise bzw. einem überwachten Lernvorgang gesprochen wird. So musste pro Anzeige eine bewusste Entscheidung getroffen werden, ob diese dem Berufsfeld IT zugehörig ist oder nicht. Diese setzt voraus, dass ein Vorwissen über den Untersuchungsgegenstand existiert bzw. ausreichende Kenntnisse vorliegen, um eine Stellenanzeige hinsichtlich ihrer Zugehörigkeit bzw. ihrer Nichtzugehörigkeit zum Berufsfeld IT bewerten zu können. Die getroffenen Entscheidungen und das daraus resultierende Trainingskorpus bilden schließlich die Basis, auf der alle nachfolgenden quantitativen Methoden zur Erzeugung eines IT-Textkorpus aufsetzen, was wiederum die hohe Relevanz dieses Prozesses zur Kennzeichnung und Generierung der Trainingsdaten nochmals unterstreicht.

Da zuvor von einer softwaregestützten Vorgehensweise gesprochen wurde, soll nachfolgend auf diesen Aspekt noch etwas näher eingegangen werden. Um die Überprüfung und die Durchführung der Separierung der Trainingsdaten möglichst effizient und effektiv zu gestalten, wurde eine Softwareapplikation entwickelt, die den Entscheidungsprozess unterstützt. In Abbildung 3.5 findet sich eine exemplarische Darstellung der Benutzeroberfläche. Diese ermöglicht es, die Anzeigen zu bewerten und mit einer der beiden möglichen Kennzeichnungen (1 = Anzeige mit IT-Bezug, 0 = Anzeige ohne IT-Bezug) in der Spalte *Kategorie* zu versehen. Die Entscheidungsfindung geschieht dabei auf Grundlage des Titels einer Stellenanzeige, welcher in der ersten Spalte *Titel* in Darstellung 3.5 zu finden ist. Dieser enthält in der Regel bereits genügend Information, um einzuschätzen, inwiefern eine Anzeige dem Berufsfeld IT zugeordnet werden kann oder nicht. In der Spalte *Review* lässt sich zudem hinterlegen, ob eine Anzeige bereits überprüft wurde.

Durch die softwaregestützte Erfassung und Bewertung der Trainingsdaten lassen sich diese anschließend unmittelbar mittels quantitativer Methoden zur Generierung eines IT-Textkorpus nutzen. Es sei an dieser Stelle noch einmal darauf verwiesen, dass jeder Entschluss, sprich die Zuweisung einer Anzeige aus den Trainingsdaten zu einer bestimmten Kategorie, subjektiven Einflüssen unterliegt. Dies meint, die Zuordnung beeinflusst unmittelbar die Qualität des Trainingskorpus und damit aller nachgelagerten Schritte. Aus diesem Grund ist es empfehlenswert, die Einteilung der Trainingsdaten von einer Person (oder gegebenenfalls auch mehreren Personen) durchführen oder mindestens begleiten zu lassen, die inhaltlich die Domäne des IT-Berufsfeldes und deren zugehörige Berufsgruppen einzuschätzen und zu bewerten weiß. Dabei stellt das in Kapitel 3.4.1 festgelegte Verständnis von IT als Richtlinie bei der Zuweisung von Stellenanzeigen eine wesentliche Voraussetzung dar. Sollte die Zuordnung der Stellenanzeigen durch mehrere Personen parallel erfolgen, ließen sich die Resultate durch gegenseitige Validierung nochmals überprüfen und Widersprüche

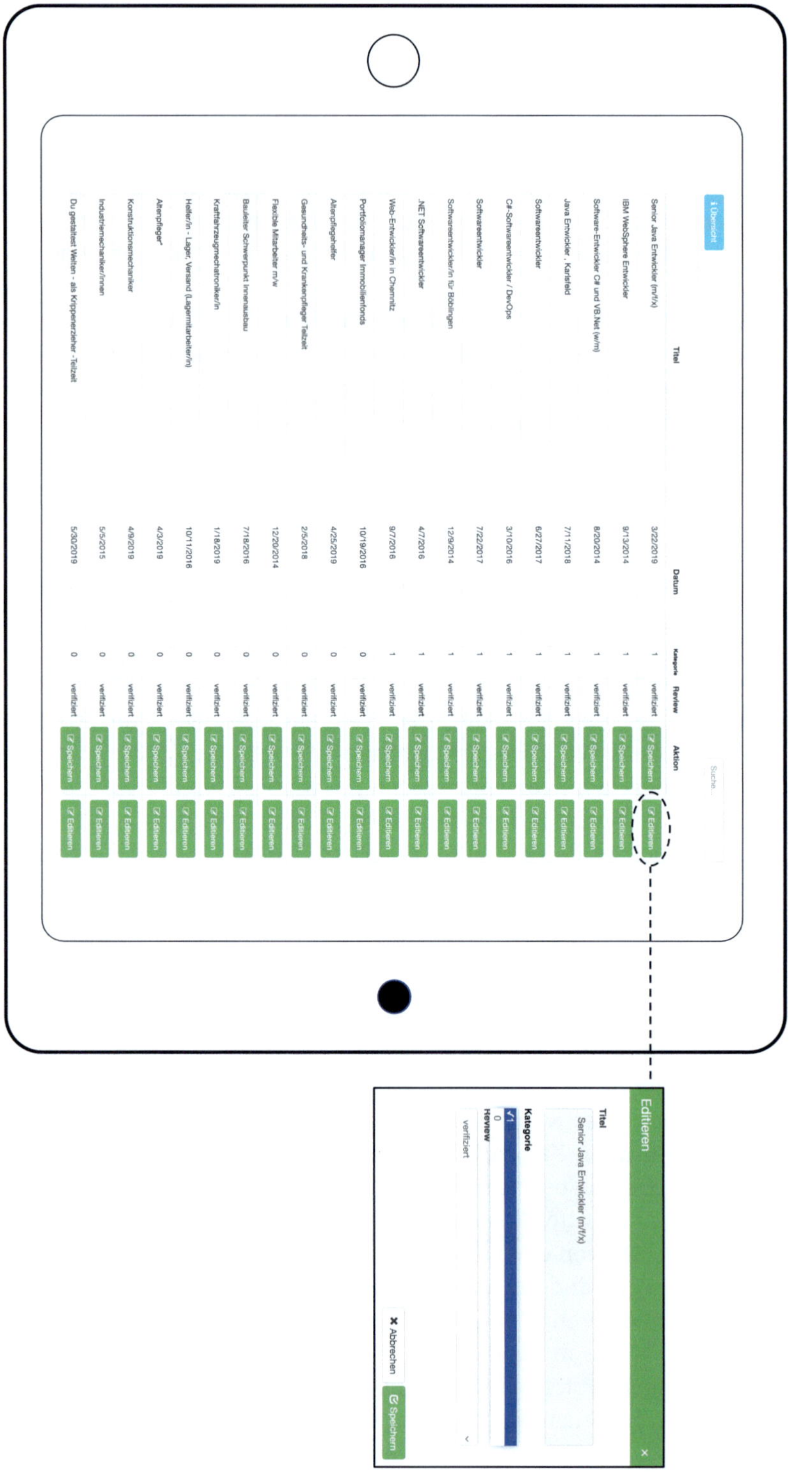

Abbildung 3.5: Softwareapplikation zur Überprüfung und Bewertung der Trainingsdaten in *Anzeigen mit IT-Bezug* und *Anzeigen ohne IT-Bezug*. Die dargestellten Anzeigentitel entsprechen dem Originaltext aus dem Karriereportal (eigene Darstellung).

bei der Kategorisierung in den Trainingsdaten aufdecken. Diese könnten beispielsweise durch ein unterschiedliches Verständnis, verschiedene Erwartungshaltungen oder eine differierende Interpretation des Berufsfeldes IT entstanden sein. Im Rahmen dieser Studie wurde auf diese Vorgehensweise jedoch verzichtet, da die zusätzlichen organisatorischen und technischen Aufwände den daraus erzielten Nutzen überstiegen hätten und darüber hinaus der Forschende selbst einen fachlichen Hintergrund im IT-Umfeld besitzt. Gleichwohl ließe sich durch diese Maßnahme eine weitere Qualifizierungs- und Qualitätssicherungsstufe ergänzen. In diesem Zusammenhang verweist zudem Fort auf unterschiedliche Rollen im Rahmen eines kollaborativen Annotationsansatzes, erwähnt aber auch, dass wenige Fachexperten mit umfangreichem Domänenwissen letztendlich ein qualitativ höherwertiges Textkorpus für das Training erzeugen können als eine große Anzahl an Nichtexperten (Fort, 2016, S. 7 f.).

Nach der Durchführung der Kategorisierung der beiden Teilmengen (in Anzeigen mit und ohne IT-Bezug) können diese als Trainingsdaten zusammengefasst werden. Die Trainingsdaten umfassen alle verifizierten Stellengesuche, in Summe 5.830 Anzeigen (siehe Tabelle 3.6). Auf deren Grundlage wird im Weiteren ein Algorithmus trainiert und ein Modell erstellt, das es ermöglicht, automatisiert zu entscheiden, ob eine Stellenanzeige dem Berufsfeld IT zugehörig ist, um daraus ein spezifisches IT-Textkorpus für die modellhafte Abbildung des deutschen IT-Arbeitsmarktes zu generieren.

3.4.4 Merkmale zur Identifikation von IT-Stellenanzeigen

Bei der Erstellung der Trainingsdaten im vorherigen Kapitel 3.4.3 wurden zwei Kategorien unterschieden: zum einen Positivbeispiele mit Bezug zum Berufsfeld IT, zum anderen Negativbeispiele ohne IT-Bezug. Zur automatisierten Identifikation von IT-Stellenanzeigen aus dem gefilterten Textkorpus soll im Folgenden ein Modell auf Grundlage dieser erzeugten und verifizierten Trainingsdaten erstellt werden. Genauer wird zu diesem Zweck ein Klassifikationsalgorithmus implementiert. Da lediglich zwei Kategorien unterschieden werden, spricht man von einer binären Klassifikation (Zhou, 2021, S. 4, S. 10). Ziel ist es, dass der zugrunde liegende Algorithmus lernt, diese beiden Klassen möglichst genau voneinander zu unterscheiden, um die Zugehörigkeit einer Annonce für oder gegen eine Verortung innerhalb des Berufsfeldes IT maschinell zu bewerten. Um diese Unterscheidung zu erlernen, muss der Algorithmus auf den validierten Daten trainiert werden. Durch diesen Vorgang wird letztendlich die zuvor manuell durchgeführte Identifikation von Stellenanzeigen auf eine quantitative Methode, nämlich die Beurteilung durch ein explizit für diesen Anwendungsfall trainiertes Modell, übertragen. Da es sich bei den gewählten Stichproben in Relation zum Umfang des gefilterten Textkorpus um relativ kleine Teilmengen handelt, wird an dieser Stelle noch einmal die Notwendigkeit unterstrichen, die Trainingsdaten möglichst repräsentativ auszuwählen, was durch eine entsprechende fachliche Qualifizierung der Stellenanzeigen geschah (siehe Kapitel 3.4.3).

So dienen die validierten Trainingsdaten dem Algorithmus als Eingaben, um Muster aus diesen abzuleiten und zu erlernen, damit später beide Kategorien möglichst genau voneinander unterschieden werden können. Nach Abschluss des Trainingsprozesses werden alle aus den Trainingsdaten abgeleiteten Entscheidungskriterien zur Differenzierung der beiden Klassen in einem Modell persistiert. Mithilfe dieses Modells ist es anschließend möglich, jede Stellenanzeige im gefilterten Textkorpus (siehe Abbildung 3.3) automatisiert zu bewerten und diese voneinander zu separieren. Auf diese Weise lassen sich alle Anzeigen identifizieren, die durch das Modell mit hoher Wahrscheinlichkeit dem Berufsfeld IT zugeordnet wurden, um daraus ein IT-Korpus quantitativ abzuleiten, welches modellhaft den deutschen IT-Arbeitsmarkt repräsentiert. Dabei ist zu erwarten, dass sich dieses Korpus aus weniger Annoncen zusammensetzen wird wie das Korpus bestehend aus Nicht-IT-Anzeigen. Das bedeutet, beide Kategorien treten im gefilterten Textkorpus nicht gleichverteilt auf. Dies liegt daran, dass alle Stellenanzeigen, die keine Relevanz für den IT-Arbeitsmarkt haben, automatisch der Klasse *Ohne IT-Bezug* zugewiesen werden. In dieser Klasse wiederum befinden sich alle Stellenanzeigen, die sich den verbliebenen Hauptberufsfeldern (siehe Tabelle 3.3) und deren Berufsgruppen zuordnen lassen, die jedoch im Rahmen dieser Arbeit keine weitere Relevanz haben und deshalb nicht weiter betrachtet werden.

Damit der Klassifikationsalgorithmus aus den Trainingsdaten Muster ableiten kann, gilt es abzuwägen, auf welcher Grundlage der Algorithmus entsprechende Unterscheidungskriterien der beiden Kategorien erlernen kann. Es muss daher eingeschätzt werden, welche semantischen Informationen (siehe Abbildung 3.1) aus einer Stellenanzeige ausreichend für eine Differenzierung dieser beiden Kategorien sind. So soll, wie bereits bei der Bewertung der O*NET-SOC-Codierung (siehe Kapitel 3.4.2) und der Generierung der Trainingsdaten (siehe Kapitel 3.4.3) angewandt, der Titel einer Anzeige als Entscheidungsgrundlage genutzt werden. Dies liegt mitunter darin begründet, da diese Information bereits zuvor zur Entscheidungsfindung genügte, um festzustellen, ob ein Bezug zum Berufsfeld IT besteht. Diese Ausgangsbasis soll deshalb auch der Algorithmus nutzen, um die Zugehörigkeit bzw. Nichtzugehörigkeit einer Annonce zu einer der beiden Kategorien automatisiert zu ermitteln. Aufgrund der Vielzahl zu bewertender Stellenanzeigen im gefilterten Textkorpus (n = 1.507.454) stellt der Einsatz maschineller Verfahren, im Vergleich zu einer ausschließlichen manuellen Betrachtung und Bewertung, eine adäquate Vorgehensweise dar, um das Textkorpus möglichst effizient und effektiv zu separieren.

Zur Veranschaulichung der Vorgehensweise wurde in Abbildung 3.6 exemplarisch ein Anzeigentitel mit IT-Bezug aus den Trainingsdaten herausgegriffen, der für den Algorithmus als Grundlage dient, zu beurteilen, ob eine Stellenanzeige einen Bezug zum Berufsfeld IT aufweist oder einer anderen Berufsgruppe zuzuordnen wäre.
Anhand des Beispiels in Abbildung 3.6 ist erkennbar, dass im Titel einer Stellenanzeige Informationen enthalten sein können, die keine spezifischen Hinweise oder Muster für die Unterscheidung in eine der beiden Kategorien beinhalten. So bilden beispielsweise Angaben zu Geschlechtern, Ort der Anstellung bzw. Einsatzort, Angaben zu Gehältern oder häufigste Wortformen der deutschen Sprache (Sprachstatistik)[29] in der Regel keine kritischen Entscheidungskriterien, die bei alleiniger Betrachtung eine Zuordnung zu einem bestimmten Berufsfeld ermöglichen würden. Vielmehr

29 Häufigste Wörter der deutschen Sprache laut Duden, siehe https://www.duden.de/sprachwissen/sprachratgeber/Die-haufigsten-Worter-deutschsprachigen-Texten, abgerufen am 06.09.2021.

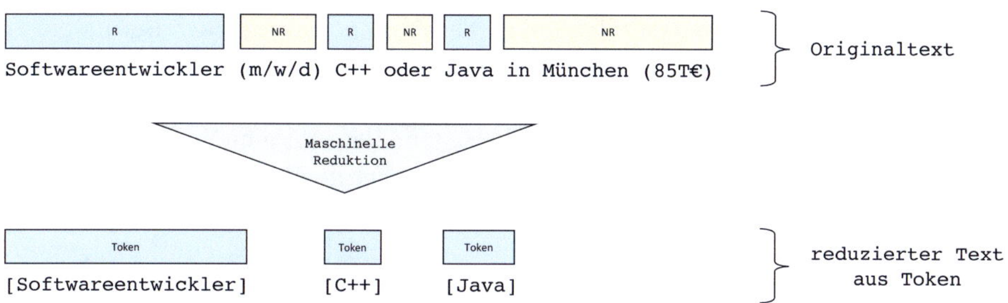

Abbildung 3.6: Beispiel für relevante (R) und nicht relevante (NR) Artefakte im Titel einer Stellenanzeige (eigene Darstellung)

handelt es sich dabei um Informationen, die berufsfeldübergreifend aufzufinden sind. In Abbildung 3.6 wurden diese Informationen daher als nicht relevante (NR) Artefakte gekennzeichnet. Darüber hinaus können Anzeigentitel weitere Informationen, wie Unternehmensnamen, Kennziffern etc., enthalten, die sich, bezugnehmend auf die Zuteilung einer Anzeige zu einem bestimmten Berufsfeld, ebenfalls den nicht relevanten Bestandteilen zuweisen lassen. So könnten Unternehmensnamen zwar ein Entscheidungskriterium darstellen, mit Blick auf IT als Querschnittsdisziplin sind diese jedoch nicht immer ausreichend und zielführend. Ferner treten die genannten Informationen in keiner bestimmten Reihenfolge oder auch teilweise unvollständig auf. Dies zeigt, dass keine formale Definition existiert, wie der Titel einer Anzeige von Seiten der Arbeitgeber:innen bzw. Personaldienstleister zu artikulieren wäre. Vielmehr handelt es sich bei dieser semantischen Informationseinheit um sogenannte unstrukturierte Daten, die in natürlicher Sprache formuliert sind, wie im Rahmen des Aufbaus und der Struktur von (Online-)Stellenanzeigen in Kapitel 3.2.2 bereits angesprochen wurde.

In Anlehnung an Abbildung 3.6 wurden alle Titel der zu bewertenden Anzeigen auf wesentliche Unterscheidungsmerkmale reduziert. Für die weitere Verarbeitung wurden durch maschinelle Reduktion Angaben zu Geschlechtern, Orts- und Gehaltsangaben sowie die häufigsten Wortformen der deutschen Sprache aus dem Titel jeder Anzeige in den Trainingsdaten entfernt. Dabei kam eine Kombination aus regelbasierten Verfahren sowie Techniken aus dem Natural Language Processing zum Einsatz, um relevante (R) Bestandteile im Titel einer Anzeige beizubehalten und nicht relevante (NR) Anteile zu eliminieren. Die Reduktion verfolgte dabei das Ziel, mögliche Entscheidungskriterien, die keine spezifischen Erkennungsmuster für das Berufsfeld IT darstellen, aus den Anzeigentiteln zu entfernen. Dabei gilt es, die natürlichsprachliche Textinformation weitestgehend auf diejenigen Bestandteile mit hoher Aussagekraft einzugrenzen, auf Grundlage derer eine Differenzierung in die beiden Zielkategorien automatisiert erfolgen kann. Diese Vorgehensweise entspricht dabei nahezu dem menschlichen Vorgehen bei der Entscheidungsfindung, indem auf aussagefähige Bedeutungseinheiten fokussiert wird. Dabei werden die erhalten gebliebenen Textbestandteile nachfolgend als *Token* bezeichnet, wie in Abbildung 3.6 dargestellt. Betrachtet man das Resultat der maschinellen Reduktion, so ist zu erkennen, dass der reduzierte Titel im Idealfall nur noch solche Token umfasst, die eine eindeutige Zuordnung zum Berufsfeld IT erlauben. In diesem Beispiel handelt es sich um die Begrifflichkeiten *Softwareentwickler* sowie die Terminologien C++ und *Java*, die beide auf Programmiersprachen hinweisen, welche in Summe eine eindeutige Entscheidungsgrundlage für eine Zuordnung bilden.

Zur weiteren Veranschaulichung wird das Beispiel in Abbildung 3.6 um einen zusätzlichen Anzeigentitel ohne Bezug zum Berufsfeld IT erweitert, um den Einfluss der Reduktionsmaßnahmen auf den natürlichsprachlichen Text der Anzeigentitel sichtbar zu machen. Die Darstellung findet sich in nachfolgender Abbildung 3.7.

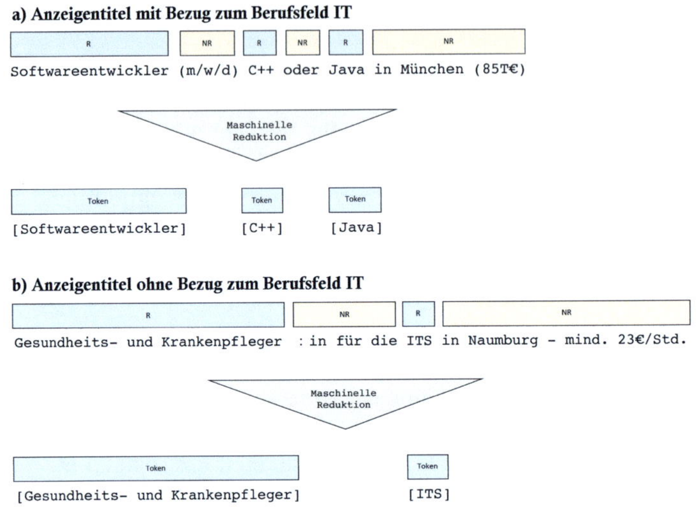

Abbildung 3.7: Gegenüberstellung eines Anzeigentitels mit IT-Bezug (a) und eines Anzeigentitels ohne IT-Bezug (b) (eigene Darstellung)

Hierzu wurde der Anzeigentitel mit IT-Bezug aus Abbildung 3.6 einem zweiten Titel, welcher aus dem Bereich *Gesundheit und Pflege* stammt, gegenübergestellt. Betrachtet man die Ergebnisse in Abbildung 3.7, so ist auszumachen, dass die erhalten gebliebenen Token für das jeweilige Berufsfeld charakteristisch sind und damit einen eindeutigen Rückschluss auf ihr jeweiliges Berufsfeld ermöglichen. Es sei erwähnt, dass eine weiterführende Zuordnung von Nicht-IT-Stellenanzeigen zu spezifischen Berufsgruppen im Rahmen dieser Studie nicht erfolgte. So wird lediglich zwischen einer Zugehörigkeit bzw. einer Nichtzugehörigkeit zum Berufsfeld IT unterschieden, weshalb auch eine binäre Klassifikation zugrunde gelegt wurde.

3.4.5 Auswahl eines Klassifikationsalgorithmus

Die maschinelle Kategorisierung der Anzeigen wurde mit einem Verfahren aus dem Bereich des Deep Learnings, genauer einem neuronalen Netz, realisiert. Dazu wurde zunächst ein entsprechendes Netz ausgewählt, die Architektur des Netzes bestimmt und anschließend das Training und die Validierung des resultierenden Modells durchgeführt. Dies wird nachfolgend betrachtet und wesentliche Entscheidungen werden begründet.

Die Implementierung des neuronalen Netzes erfolgte auf Grundlage einer Deep Learning-Bibliothek[30] und wurde in der Programmiersprache Python umgesetzt. Für die Klassifizierung der Anzeigentitel wurde ein neuronales Netz mit einer Long Short-term Memory (LSTM)-Architektur ausgewählt[31]. Diese Art eines neuronalen Netzes eignet sich insbesondere bei der Anwendung auf textuellen Daten. Dies liegt darin begründet, da die Architektur solcher Netze *Sequenzen* verarbeiten können (Hochreiter & Schmidhuber, 1997), die sich im Rahmen dieser Studie vor allem aus relativ kurzen, natürlichsprachlich formulierten Sätzen oder Wortfolgen zusammensetzten. In den nachfolgenden Ausführungen soll im Kontext des Untersuchungsgegenstandes auf ausgewählte Bestandteile und die Funktionsweise eines neuronalen Netzes mit LSTM-Architektur eingegangen werden, insbesondere um spezifische Designentscheidungen zu diskutieren und zu begründen.

3.4.6 Repräsentation der Anzeigentitel

Bei LSTM-Netzwerken handelt es sich um den Typ eines sogenannten Recurrent Neural Networks (RNN) (ebd., S. 1). Der durch die maschinelle Reduktion verbliebene Textinhalt des Titels einer Anzeige (siehe Kapitel 3.4.4, Abbildung 3.6 und Abbildung 3.7) muss zur weiteren Verarbeitung zunächst in numerische Werte überführt werden. Dieser Schritt ist notwendig, da maschinelle Verfahren nicht unmittelbar mit Textinformationen umgehen können, sondern diese in einer numerischen Repräsentation benötigen. Auf Grundlage dieser Repräsentationsform ist ein Algorithmus dann in der Lage, Unterscheidungsmerkmale zu erlernen und Wahrscheinlichkeiten zu berechnen, ob eine Stellenanzeige für das Berufsfeld IT relevant ist oder nicht, um daraufhin eine Abgrenzung der Anzeigen in beide Kategorien durchführen zu können.

Für das Design des LSTM-Netzwerkes mussten zunächst wesentliche Parameter eingeschätzt werden. Zuerst wurde der Parameter zur Festlegung der maximalen Anzahl an Wörtern bzw. Token bestimmt, sprich, wie viele der häufigsten Wörter, entnommen aus den Titeln der Anzeigen aus dem Trainingskorpus, berücksichtigt werden sollen. Es wurde die Entscheidung getroffen, alle Wörter, die mindestens einmal im Titel vertreten sind, in das Training des neuronalen Netzes einfließen zu lassen. Dabei handelt es sich in Summe um 4.270 singulär in den Trainingsdaten erfasste Token T. Diese Token beschreiben nachfolgend ein Vokabular V, welches sich wie folgt formulieren lässt: $V = T_1, \ldots, T_n$. Dabei stellen die einzelnen Token Elemente des Vokabulars dar, deren Indizes ausschließlich natürliche Zahlen (ohne Null) im Wertebereich $\mathbb{N}^* = \{1, \ldots, 4.270\}$ annehmen dürfen. Wie bereits weiter oben erwähnt, sei

30 Zur Implementierung eines neuronalen Netzes wurde die Deep Learning-Bibliothek Keras (siehe https://keras.io/, abgerufen am 06.09.2021) verwendet. Dabei handelt es sich um ein API, um neuronale Netze in der Programmiersprache Python zu konzipieren. Zusätzlich wurde in diesem Zusammenhang TensorFlow (siehe https://www.tensorflow.org/, abgerufen am 06.09.2021), eine Open-Source-Plattform für Machine Learning, eingesetzt.

31 Alternativ ließe sich die Klassifizierung auch mit einer entsprechenden Transformerarchitektur realisieren (Vaswani et al., 2017).

noch einmal darauf hingewiesen, dass das Vokabular durch die maschinelle Reduktion im vorangegangenen Schritt bereinigt wurde, das heißt, Angaben zu Geschlechtern, Anstellungs- und Einsatzorte, Gehaltsangaben oder häufigste Wortformen der deutschen Sprache bilden keine Bestandteile davon.

Die Auswahl aller 4.270 Token begründet sich darin, dass insbesondere Wörter, die selten in den Anzeigentiteln der Trainingsdaten auftreten, Hinweise auf solche Anzeigen geben können, die nicht dem Berufsfeld IT zuzuordnen sind. Würde man diese ausklammern, so würde dies das Risiko einer Fehlklassifizierung in Richtung einer Nichtzugehörigkeit zum IT-Arbeitsmarkt erhöhen, da der Algorithmus nur noch mit wenigen, hauptsächlich aus IT-Anzeigentiteln stammenden Token trainiert werden würde. So existieren in den Trainingsdaten 2.605 Token, die nur ein einziges Mal in den Anzeigentiteln vorkommen. 611 Token werden zweimal und 230 Token in Summe dreimal im Titel erwähnt. Allein die Top 3 umfassen damit 3.446 Token (80,70 %). Die restlichen 19,30 % verteilen sich auf die übrigen 824 Token. Somit sind in den Trainingsdaten viele Token enthalten, die nur selten genannt sind, weshalb der Parameter für die maximale Anzahl an Wörtern voll ausgeschöpft wurde.

Anschließend werden die Anzeigentitel auf Grundlage des Vokabulars in eine Sequenz *SQ* transformiert. Unter einer Sequenz versteht man eine numerische Repräsentation eines Anzeigentitels auf Grundlage des zuvor festgelegten Vokabulars aus den Trainingsdaten. In Abbildung 3.8 ist die Umwandlung einzelner Token in eine solche numerische Form im Anschluss an die maschinelle Reduktion dargestellt. Hierzu wurde das Beispiel aus Abbildung 3.6 wieder aufgegriffen und um den Schritt der Transformation ergänzt. Dazu wird jeder Token des reduzierten Anzeigentitels in eine entsprechende numerische Darstellung x umgewandelt. In Abbildung 3.8 wird beispielsweise der erste Token, *Softwareentwickler*, in die numerische Repräsentation x_1, der zweite Token, *C++*, in x_2 und der letzte Token, *Java*, in x_3 transformiert. Zu jeder Umwandlung wird der jeweilige Token *T* im Vokabular *V* nachgeschlagen und der entsprechende Indexwert als numerische Ausprägung x des Tokens *T* übernommen. Dies lässt sich wie folgt formulieren: $SQ = x_1, \ldots, x_n$.

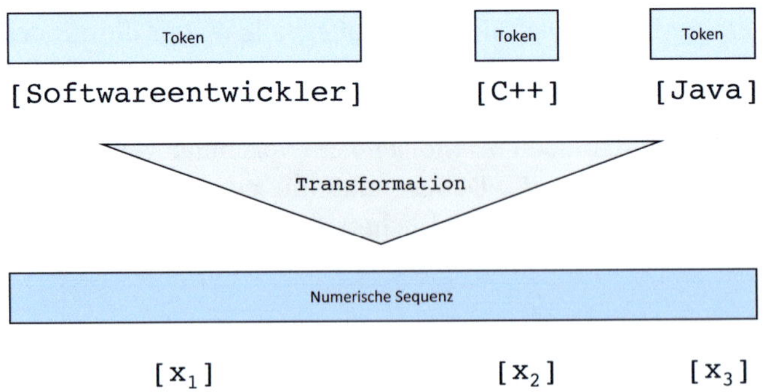

Abbildung 3.8: Beispielhafte Transformation einzelner Token eines Anzeigentitels in eine numerische Sequenz im Anschluss an die maschinelle Reduktion (eigene Darstellung)

Jede Sequenz *SQ* eines Anzeigentitels setzt sich somit aus *n* numerischen Repräsentationen *x* zusammen, wobei diese jeweils für die Indizes der Token *T* im Vokabular *V* stehen. Bei mehr als einmaliger Nennung eines Tokens *T* im Titel einer Anzeige tritt die entsprechende numerische Repräsentation *x* mehrfach in der Sequenz auf. Ferner bildet die Sequenz auch weiterhin die ursprüngliche Reihenfolge und damit Semantik der einzelnen Token ab. Zudem kann diese durch die mathematische Operation des Transponierens ^{T} in eine eindimensionale Matrix M_{SQ}, einen sogenannten Vektor, überführt werden:

$$SQ^T = M_{SQ} = \begin{bmatrix} x_1 \\ x_2 \\ \vdots \\ x_n \end{bmatrix}$$

Zuletzt muss auf der Sequenz *SQ* ein *Padding* durchgeführt werden. Darunter versteht man eine Normierung der eindimensionalen Matrizen (bzw. Vektoren), sodass alle erzeugten Sequenzen aus den Anzeigentiteln der Trainingsdaten eine gleiche Länge besitzen. Dafür muss ein weiterer Parameter gesetzt werden, welcher die maximale Länge einer Sequenz angibt. Das bedeutet, durch diesen Parameter wird die maximale Anzahl an Token, die pro Anzeigentitel berücksichtigt werden sollen, definiert.

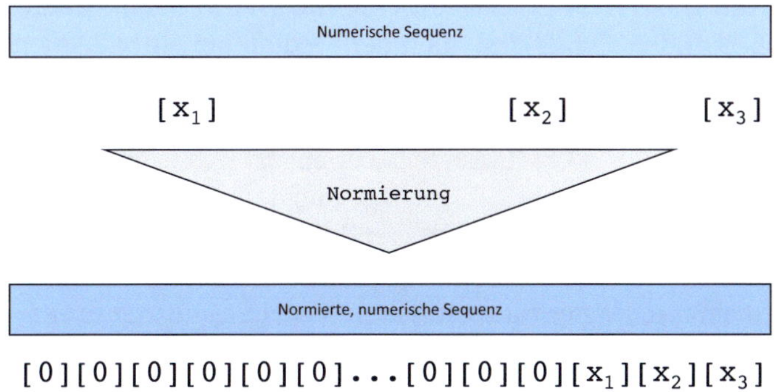

Abbildung 3.9: Beispielhafte Normierung einer numerischen Sequenz einzelner Token eines Anzeigentitels (eigene Darstellung)

In Abbildung 3.9 ist die Normierung einer numerischen Sequenz einzelner Token eines Anzeigentitels als Fortführung des Beispiels aus Abbildung 3.8 exemplarisch dargestellt. Aus dieser Abbildung wird ersichtlich, dass alle Positionen, die nicht durch einen Token bzw. eine entsprechende numerische Sequenz belegt sind, anhand des Zahlenwertes 0 von links nach rechts aufgefüllt werden.

Für die Erstellung des LSTM-Netzwerkes zur Klassifizierung der Anzeigentitel wurde festgelegt, maximal 11 Token pro Anzeigentitel für die Erzeugung einer Sequenz zu berücksichtigen. Die Entscheidung für den Wert 11 ergab sich aus einer statistischen Betrachtung aller Sequenzlängen in den Trainingsdaten. Die Verteilung der Sequenzlängen findet sich in Abbildung 3.10.

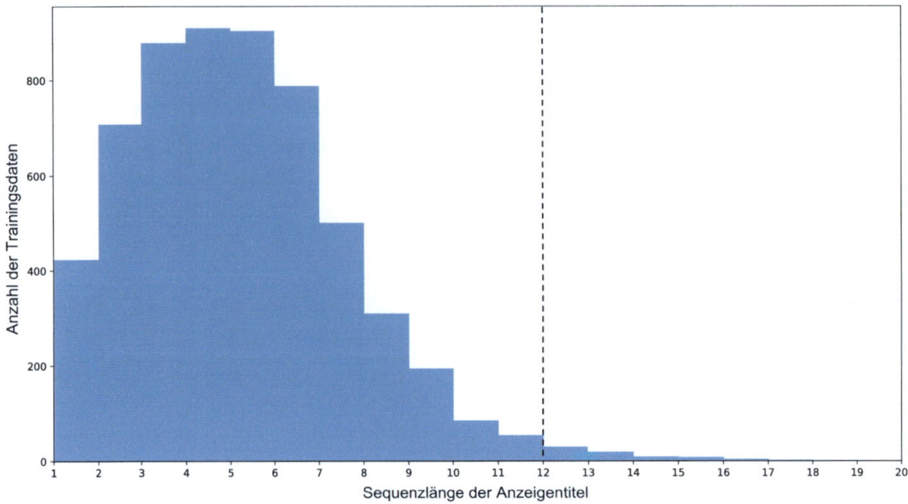

Abbildung 3.10: Verteilung der Sequenzlängen der Anzeigentitel in den Trainingsdaten (eigene Darstellung)

Das Histogramm zeigt, dass es sich um eine linkssteile, rechtsschiefe Verteilung handelt. Dabei liegt der Modus und auch der Median bei einer Sequenzlänge von 4 Token und das arithmetische Mittel bei 4.72, sprich aufgerundet bei 5 Token pro Anzeigentitel. Zur Bestimmung der maximalen Sequenzlänge wurde die Tukey-Regel angewandt (Tukey, 1977, S. 43 f.). Diese Regel orientiert sich dabei an den Werten des unteren Quartils (Q1), welches bei 3 Token liegt, und des oberen Quartils (Q3), welches 6 Token umfasst, sowie dem daraus resultierenden Interquartilsabstand (IQR), der die Spannweite zwischen dem unteren und dem oberen Quartil zum Ausdruck bringt. Zusätzlich wird ein festgelegter Faktor mit dem Wert 1.5 genutzt, um eine Unter- und Obergrenze zu bestimmen. Diese Grenzen können anschließend als Orientierung genutzt werden, um alle darunter bzw. darüber liegenden Werte als Ausreißer- oder Extremwerte zu definieren.

Nachfolgend findet sich die Berechnung der Unter- und Obergrenze auf Grundlage der Tukey-Regel zur Bestimmung der maximalen Sequenzlänge des Titels einer Anzeige in den Trainingsdaten.

$$Untergrenze = Q1 - 1.5 * IQR = 3 - 1.5 * (6 - 3) = -1.5$$

$$Obergrenze = Q3 + 1.5 * IQR = 6 + 1.5 * (6 - 3) = 10.5$$

Auf Grundlage dieser Berechnung wird deutlich, dass der Wert der Untergrenze nicht angenommen werden kann. Die natürliche Mindestlänge liegt bei 1 Token. Die berechnete Obergrenze jedoch bietet einen Anhaltspunkt, die maximale Sequenzlänge zu bestimmen. Der Wert wurde aufgerundet und mit 11 Token festgelegt, da in diesem Fall nur ganzzahlige Werte zu berücksichtigen sind. Demnach werden alle Anzeigentitel in den Trainingsdaten mit einer Sequenzlänge bis einschließlich 11 Token vollständig erfasst. Die Grenze findet sich im Histogramm in Abbildung 3.10 als gestrichelte Linie eingezeichnet. Das besagt, aus den 5.830 Trainingsdaten müssen 75 Anzeigentitel (1,29 %) gekürzt werden. Bei der gewählten Methodik für das Schätzen der maximalen Sequenzlänge der Anzeigentitel handelt es sich um eine bewusste Entscheidung, die auf Grundlage statistischer Kennzahlen aus den Trainingsdaten getroffen und nicht durch den Algorithmus vorgegeben werden kann. Deshalb sei an dieser Stelle noch einmal die Relevanz repräsentativer und geprüfter Trainingsdaten betont.

Fasst man nun die eindimensionale Matrix M_{SQ} weiter, so lassen sich alle normierten, numerischen Sequenzen SQ_{norm} in einer gemeinsamen Matrix $M_{SQ_{norm}}$ abbilden, dem sogenannten Tensor:

$$M_{SQ_{norm}} = \begin{bmatrix} x_{1,1} & x_{1,2} & \cdots & x_{1,11} \\ x_{2,1} & x_{2,2} & \cdots & x_{2,11} \\ \vdots & \vdots & \vdots & \\ x_{5.829,1} & x_{5.829,2} & \cdots & x_{5.829,11} \\ x_{5.830,1} & x_{5.830,2} & \cdots & x_{5.830,11} \end{bmatrix}$$

Jede Zeile steht für eine normierte, numerische Sequenz, die einen Anzeigentitel in den Trainingsdaten repräsentiert. In Summe besitzt die Matrix 5.830 Zeilen, was der Gesamtzahl aller Trainingsdaten (siehe Tabelle 3.6) gleichkommt, und 11 Spalten, was dem maximal festgelegten Wert der Sequenzlänge eines Anzeigentitels entspricht. Somit sind nun alle Voraussetzungen geschaffen, um im Folgenden ein LSTM-Netzwerk zur Klassifizierung von Anzeigentiteln zu trainieren.

3.4.7 Klassifizierung der Anzeigentitel

Wie bei der Aufbereitung der Trainingsdaten müssen auch hinsichtlich der Spezifizierung der Struktur des neuronalen Netzes mit LSTM-Architektur bestimmte Entscheidungen zur Festlegung charakteristischer Parameter getroffen werden, um die Netzwerkarchitektur zu definieren. In Abbildung 3.11 findet sich die gewählte Architektur des neuronalen Netzes für die Klassifizierung von Anzeigentiteln, um die beiden Kategorien, *Anzeigentitel mit* oder *ohne IT-Bezug*, voneinander zu unterscheiden.
Die Architektur in Abbildung 3.11 zeigt ein sequenzielles Modell. Sequenziell bedeutet, dass sich das Modell aus mehreren Schichten zusammensetzt, die nacheinander ausgeführt werden. Eine Schicht wird dabei als *Layer* bezeichnet[32].

Bei der ersten Schicht des neuronalen Netzes handelt es sich um den *Embedding Layer*. Diese kann immer nur als erste Schicht in einem Modell verwendet werden[33]. Als Eingabe für den Embedding Layer und damit für das neuronale Netz dient die Matrix $M_{SQ_{norm}}$, bestehend aus normierten, numerischen Sequenzen, welche im vorherigen Kapitel 3.4.6 aus den Trainingsdaten abgeleitet wurde. Gleichzeitig erwartet das Netz, dass sich alle Werte x der Matrix $M_{SQ_{norm}}$ im legitimen Zahlenbereich der maximal festgelegten Anzahl an Wörtern im Vokabular ($\mathbb{N}^* = \{1, \ldots, 4.270\}$) befinden.

32 Siehe https://keras.io/getting-started/sequential-model-guide/, abgerufen am 08.09.2021.
33 Siehe https://keras.io/layers/embeddings/, abgerufen am 08.09.2021.

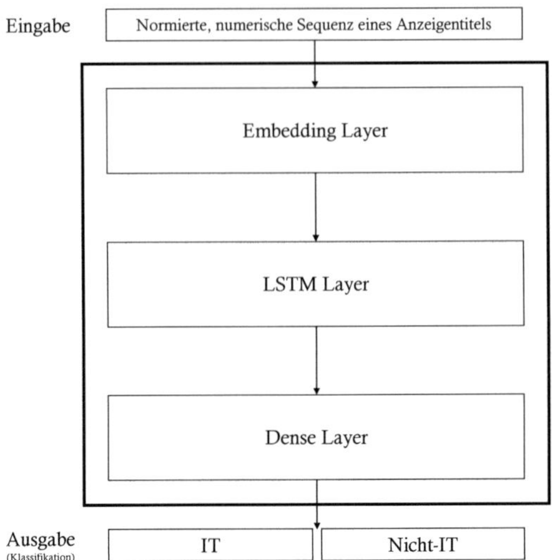

Abbildung 3.11: LSTM-Architektur des neuronalen Netzes zur Klassifizierung von Anzeigentiteln in die Kategorien *IT* und *Nicht-IT* (eigene Darstellung)

Neben diesen beiden bereits bekannten Parametern benötigt der Embedding Layer eine zusätzliche Information über die Größe der *Embedding Vectors*. Die Embedding Vectors beinhalten nach erfolgreich abgeschlossenem Training des Netzwerks die eigentlichen Gewichte des Embedding Layers. So wird jeder numerische Wert x der Matrix $M_{SQ_{norm}}$ als n-dimensionaler Vektor abgebildet. Für die Architektur des neuronalen Netzes wurde eine Repräsentation mit 100 Dimensionen je hinterlegtem Token aus dem Vokabular gewählt.

Die Ergebnisse aus dem Embedding Layer werden anschließend an die zweite Schicht, den *LSTM-Layer*, übergeben (siehe Abbildung 3.11). Der LSTM-Layer versucht dabei in den Sequenzen solche Entscheidungsmerkmale zu identifizieren und zu memorieren, die möglichst eindeutig für oder gegen eine Zuordnung zum Berufsfeld IT sprechen.

Auf dieser Grundlage kann letztlich in der dritten Schicht, dem *Dense Layer*, die finale Entscheidung getroffen werden, zu welcher Kategorie (*IT* oder *Nicht-IT*, siehe Abbildung 3.11) eine Sequenz und damit ein Anzeigentitel zugeteilt wird. Das Klassifikationsergebnis wird zusätzlich mit einem Wahrscheinlichkeitswert verknüpft, anhand dessen abgelesen werden kann, mit welcher Sicherheit die Zuweisung durch das neuronale Netz erfolgte. Es sei darauf hingewiesen, dass die vorgestellte Architektur speziell für den Anwendungsfall der Klassifizierung von Anzeigentiteln aus dem gefilterten Textkorpus implementiert wurde. Das bedeutet, die Architektur ließe sich bei Bedarf um zusätzliche Schichten erweitern. Im Sinne dieser Studie wurde eine möglichst einfache Architektur angestrebt, mit der bereits zufriedenstellende Ergebnisse (siehe hierzu Kapitel 3.4.8) erzielt werden konnten, wenngleich darauf aufmerksam gemacht werden soll, dass vielfältige Möglichkeiten für die Architektur eines solchen neuronalen Netzes existieren. Aufgrund des angestrebten Zieles der vorliegenden Arbeit ist eine Gegenüberstellung verschiedener Netzwerkarchitekturen jedoch kein Bestandteil dieser Studie.

Wie aufgezeigt, spielt neben der gewählten Architektur die Festlegung spezifischer Parameter eine zentrale Rolle. Um diese möglichst optimal zu ermitteln, besteht die Möglichkeit, das neuronale Netz mit unterschiedlichen Konfigurationen zu initialisieren, zu trainieren und zu testen. Dieser Vorgang wird als *Hyperparameteroptimierung* bezeichnet. Auf diese Weise lassen sich unterschiedliche Klassifizierungsmodelle erstellen, die anschließend gegenübergestellt werden können, um den Entscheidungsprozess zur Übernahme bestimmter Parameter zu unterstützen. Ausgewählte Einstellungen werden nachfolgend im Kontext des Trainings des neuronalen Netzes kurz erläutert.

Für das Trainieren und Testen ist es zunächst notwendig, die normierten, numerischen Sequenzen in einen Anteil für das Training und einen Anteil für die Evaluation des Modells zu unterteilen[34]. Dies geschah durch Aufteilung aller 5.830 Sequenzen in zwei voneinander getrennte Gruppen. Hierzu wurde eine Aufsplittung in 70 % Trainingsanteil und 30 % Testdaten durchgeführt (Gholamy et al., 2018). Der Trainingsanteil umfasst 4.081 Sequenzen, welche sich in 2.177 Sequenzen mit IT-Bezug und 1.904 Sequenzen ohne IT-Bezug aufteilen. Die Testdaten beinhalten klassenunabhängig 1.749 Sequenzen. Beide Anteile stellen für sich genommen disjunkte Teilmengen dar und bilden in Summe alle 5.830 Sequenzen ab.

Dabei ist zu berücksichtigen, dass es sich um 5.830 unterschiedliche Stellenanzeigen handelt, es jedoch nicht ausgeschlossen werden kann, dass Anzeigentitel unter Umständen gleichartig formuliert sind. So könnten zwei unterschiedliche Stellenanzeigen beispielsweise den gleichen Titel „Softwareentwickler:in" besitzen. Dies würde dazu führen, dass die daraus abgeleiteten Sequenzen identisch sind. Zudem besteht weiter die Möglichkeit, dass durch die maschinelle Reduktion zuvor divergente Bezeichnungen, beispielsweise „Softwareentwickler:in (m/w/d)" und „Softwareentwickler:in, Berlin" zu „Softwareentwickler:in", in gleicher Weise reduziert werden und daraus ebenfalls homogene numerische Sequenzen abgeleitet würden.

Diese Überlegungen führten zu der Schlussfolgerung, dass sich insbesondere in den Testdaten möglicherweise Sequenzen auffinden lassen, die sich auch im Trainingsanteil befinden. Hinsichtlich der späteren Evaluation des Modells kann dieser Umstand dazu führen, dass im Testanteil Sequenzen beinhaltet sind, die bereits in den Trainingsdaten auftraten und somit dem Modell bereits bekannt waren. Aus den genannten Gründen wurde deshalb der Testdatensatz nochmals um alle Sequenzen bereinigt, die sich mit dem Trainingsanteil überschnitten. Zusätzlich wurden auch alle Sequenzen entfernt, bei denen es sich um Duplikate im Testanteil handelte. Diese Maßnahmen führten dazu, dass sich der Anteil der Testdaten von ursprünglich 1.749 Sequenzen auf 1.297 Sequenzen reduzierte, welche sich in 756 Sequenzen mit IT-Bezug (58,29 %) und 541 Sequenzen ohne IT-Bezug (41,71 %) aufteilen. Umgekehrt wurde dieser Effekt nicht betrachtet. Soll heißen, in den Trainingsdaten können unter Umständen übereinstimmende Sequenzen mehrfach auftreten.

---

34 Bei der Erstellung des Modells wurde durch den Algorithmus zusätzlich auch ein Validierungsanteil aus den Trainingsdaten abgeleitet.

Die Entscheidung wird dadurch begründet, da die Trainingsdaten möglichst einen Produktivzustand abbilden sollen und damit Dopplungen im nachfolgend zu klassifizierenden gefilterten Textkorpus ebenfalls zu erwarten sind.

Abschließend sei erwähnt, dass für den Parameter der *Loss Function* „binary crossentropy"[35] ausgewählt wurde, da es sich im vorliegenden Fall um eine binäre Klassifikation handelt. Der Loss Function wird dabei die Aufgabe zuteil, die Diskrepanz zwischen dem erwarteten Ergebnis und dem durch das Modell vorhergesagten Resultat zu quantifizieren. Die Grundlage bilden die zuvor erzeugten Trainingsdaten bestehend aus Anzeigentiteln, die eindeutig entweder der Klasse *IT* oder *Nicht-IT* zugeordnet sind. Anhand der festgestellten Unterschiede in der Vorhersage werden während der Modellerstellung die Gewichte der einzelnen Neuronen innerhalb des neuronalen Netzes aktualisiert, um letztendlich den Verlust möglichst zu minimieren und damit die Trainingsdaten mit hoher Wahrscheinlichkeit korrekt zu klassifizieren (Jung, 2022, S. 3 f., S. 37 f.).

Darüber hinaus wurde, um einem *Overfitting* des Modells entgegenzuwirken, eine entsprechende *Dropout-Rate*[36] definiert. Overfitting bedeutet, dass das trainierte neuronale Netz und das daraus resultierende Modell in hohem Maße lediglich Muster aus den Trainingsdaten ableiten kann, sich dadurch jedoch nur in einem eingeschränkten Umfang auf das Ausgangskorpus anwenden ließe. Ein Modell sollte deshalb aus den Trainingsdaten lernen, um diese möglichst zu generalisieren, damit auch neue unbekannte Anzeigentitel klassifiziert werden können. Dieses Verhalten steht dabei im unmittelbaren Zusammenhang mit einer repräsentativen Auswahl der Trainingsdaten. Der Vollständigkeit halber sei darauf hingewiesen, dass das gegensätzliche Problem, das sogenannte *Underfitting*, das gegenteilige Verhalten eines Modells ausdrückt, was es ebenfalls zu vermeiden gilt (ebd., S. 32).

3.4.8 Evaluierung des Modells

Das erstellte Klassifikationsmodell wird im folgenden Abschnitt bewertet. Die Ergebnisse der Evaluierung sind in Form einer *Confusion Matrix* in Tabelle 3.7 abgebildet. Die Werte lassen sich dabei wie folgt interpretieren. In Summe wurde das Modell auf 1.297 Sequenzen bzw. Anzeigentiteln getestet und validiert. Die Kategorien in den Testdaten waren dabei je Anzeigentitel bekannt. Es handelte sich um 756 Sequenzen mit IT-Bezug und 541 Sequenzen ohne IT-Bezug. Auf dem Trainingsanteil ließen sich 726 der 756 Sequenzen korrekterweise für das Berufsfeld IT identifizieren (*True Positive*). Außerdem wurden 519 Anzeigen, die nicht diesem Berufsfeld zuzuordnen sind, richtigerweise als Nicht-IT-Anzeigen kategorisiert (*True Negative*). 30 Anzeigentitel hingegen sind fälschlicherweise der Klasse *Nicht-IT* zugeordnet (*False Negative*). Umgekehrt kam es bei 22 Sequenzen irrtümlicherweise zu einer Zuweisung in die Kategorie *IT* (*False Positive*).

35 Siehe https://keras.io/api/losses/probabilistic_losses/#binary_crossentropy-function, abgerufen am 10.09.2021.

36 Siehe https://keras.io/api/layers/regularization_layers/dropout/, abgerufen am 10.09.2021.

Tabelle 3.7: Resultate der Klassifizierung der Anzeigentitel aus dem Testdatensatz in die Kategorien *IT* und *Nicht-IT*

		Klassifizierung		
		IT	Nicht-IT	
Kategorie	IT	726	30	756
	Nicht-IT	22	519	541
		748	549	1.297

Bei Betrachtung von Tabelle 3.7 lassen sich zudem zwei Fehlerarten, *Typ I* und *Typ II*, unterscheiden, die es je nach Anwendungsfall des Modells möglichst zu minimieren gilt. Der Typ I-Fehler bezieht sich dabei auf alle 22 Sequenzen (sprich Anzeigentitel), die das Modell fälschlicherweise der Kategorie *IT* zuordnete. Der Typ II-Fehler hingegen verweist auf diejenigen 30 Titel, bei denen es sich um die Klasse *IT* gehandelt hätte, die jedoch der Kategorie *Nicht-IT* zugewiesen wurden. Eine vollständige Eliminierung dieser beiden Fehlerarten ist in der Regel nicht möglich (Larner, 2021, S. 2–11). So besteht im Kontext dieser Studie das Ziel, dass sich das spätere IT-Textkorpus soweit wie möglich aus Anzeigen mit einer Relevanz für das Berufsfeld IT zusammensetzt. Bezüglich der beiden genannten Fehlerarten bedeutet dies, den Typ I-Fehler, das heißt die fehlerhafte Berücksichtigung von Anzeigen ohne IT-Bezug, weitestgehend zu minimieren. Aufgrund der Vielzahl untersuchter Stellenanzeigen hat der Fehler vom Typ II dagegen eine geringere Auswirkung. Dies liegt darin begründet, dass lediglich einige wenige IT-Anzeigen, gemessen am Testdatensatz, fälschlicherweise nicht als solche erkannt und daher nicht im IT-Textkorpus berücksichtigt werden.

Bezugnehmend auf Kapitel 3.4.2, in welchem die Zuverlässigkeit der Zuordnung auf Basis der O*NET-SOC-Codierung als Auswahlkriterium zur Abbildung des IT-Arbeitsmarktes diskutiert wurde, lässt sich feststellen, dass auf Grundlage des neuronalen Netzes mit LSTM-Architektur eine weitaus höhere Verlässlichkeit durch eine automatische Klassifizierung erreicht werden konnte.

Um die Modellgüte weiter zu evaluieren, bietet es sich an, ausgehend von der Confusion Matrix in Tabelle 3.7, weitere Kennzahlen abzuleiten. Mit Blick auf die dort aufgeführten Werte besteht ein IT-Textkorpus aus insgesamt 748 Anzeigen. Demnach setzt sich ein aus den Testdaten abgeleitetes IT-Korpus aus 726 korrekt (True Positive) und 22 falsch (False Positive) klassifizierten Anzeigen zusammen.
Aus diesen Werten lässt sich die *Precision* (ebd., S. 23) des Modells bestimmen, welche die Prozentzahl der korrekterweise für dieses IT-Textkorpus ausgewählten Anzeigentitel beschreibt.

$$Precision = \frac{True\ Positive}{True\ Positive + False\ Positive} = \frac{726}{726 + 22} \cdot 100 = 97{,}06\,\%$$

Zusätzlich kann über die Kennzahl *Recall* (ebd., S. 16) bestimmt werden, wie hoch der prozentuale Anteil derjenigen zum Berufsfeld IT zugehörigen Anzeigentitel liegt, die durch das Modell tatsächlich auch korrekt klassifiziert wurden.

$$Recall = \frac{True\ Positive}{True\ Positive + False\ Negative} = \frac{726}{726 + 30} \cdot 100 = 96,03\,\%$$

Darüber hinaus lassen sich die beiden Maßzahlen, Precision und Recall, in Form des *F_1-Scores* (auch F-Measure genannt) (ebd., S. 89–91) kombinieren. Der F_1-Score drückt dabei das harmonisches Mittel von Precision und Recall aus und bietet sich insbesondere als übergreifende Kennzahl zur Bewertung eines binären Klassifikationsmodells an (Zhou, 2021, S. 35).

$$F_1 = 2 * \frac{Precision * Recall}{Precision + Recall} = \frac{97,06\,\% * 96,03\,\%}{97,06\,\% + 96,03\,\%} = 96,54\,\%$$

Da es sich um ein relativ ausgewogenes Trainingsset handelt, 756 (58,29 %) Sequenzen mit und 541 (41,71 %) ohne IT-Bezug, lässt sich zusätzlich noch die Maßzahl *Accuracy* (Larner, 2021, S. 53) bestimmen. Die Accuracy beschreibt den Anteil der korrekt zugeordneten Anzeigentitel (IT oder Nicht-IT) in Relation zur Gesamtzahl aller Sequenzen im Testdatensatz.

$$\begin{aligned} Accuracy &= \frac{True\ Positive + True\ Negative}{True\ Positive + True\ Negative + False\ Positive + False\ Negative} \\ &= \frac{726 + 519}{726 + 519 + 22 + 30} \cdot 100 = 95,99\,\% \end{aligned}$$

Die Entscheidung des neuronalen Netzes, einem Anzeigentitel eine bestimmte Klasse, sprich Zugehörigkeit oder Nichtzugehörigkeit zum Berufsfeld IT, zugewiesen zu haben, kann über entsprechende *Konfidenzwerte* (Wahrscheinlichkeitswerte) eingesehen werden. Dabei handelt es sich um Werte, die die Zugehörigkeit zu einer Klasse prozentual zum Ausdruck bringen. Es sei angemerkt, dass eine mathematische Nachvollziehbarkeit, also wie das Ergebnis durch das neuronale Netz exakt zustande kam, noch immer Herausforderungen mit sich bringt, das heißt, welcher Knoten des Netzwerks genau zu welcher Entscheidung führte. Dass hiermit auch ein gewisser „Kontrollverlust" (Kropp & Braun, 2021, S. 19) einhergeht, ist nicht abzustreiten.

In Tabelle 3.8 finden sich ausgewählte Anzeigentitel aus dem gefilterten Textkorpus, die weder Teil der Trainings- noch der Testdaten waren. Neben dem Anzeigentitel sind die berechneten prozentualen Konfidenzwerte (Spalte $KW_{Anzeigentitel}$) und die daraus mit der höchsten Wahrscheinlichkeit abgeleitete Kategorie dargestellt. Alle aufgeführten Titel durchliefen die in Kapitel 3.4.4 erläuterte maschinelle Reduktion und wurden anschließend, wie in Kapitel 3.4.6 beschrieben, in eine numerische Repräsentation überführt, ehe sie durch das in Kapitel 3.4.7 trainierte neuronale Netz und daraus erstellte Modell klassifiziert wurden[37]. Es sei noch einmal darauf hingewiesen, dass es sich um eine automatisch erfolgte Zuordnung auf Grundlage von Wahrscheinlichkeitswerten handelt. Demnach besteht immer auch ein gewisses Restrisiko, Anzeigentitel fehlerhaft zugewiesen zu haben (siehe Tabelle 3.7).

37 Auch die ab Kapitel 3.4.4 exemplarisch verwendeten Anzeigentitel finden sich in Tabelle 3.8.

Tabelle 3.8: Ausgewählte Originalbeispiele von Anzeigentiteln aus unterschiedlichen Berufsfeldern und deren durch das neuronale Netz mit LSTM-Architektur berechnete Konfidenzwerte als Grundlage einer binären Klassifizierung in die Kategorien *IT* und *Nicht-IT*

	$KW_{Anzeigentitel}$	
Anzeigentitel	Nicht-IT	IT
Softwareentwickler (m/w/d) C++ oder Java in München (85T€)	0,46 %	99,54 %
Data Scientist mit Schwerpunkt Machine Learning (m/w/x)	1,70 %	98,30 %
Erfahrener Big Data Engineer (m/w/d) – Inhouse – Braunschweig	0,98 %	99,02 %
SAP Consultant (m/w/d)	0,42 %	99,58 %
IHK Meister Gleisbau/Fahrbahnmechaniker als Ultraschallprüfer (m/w/d)	98,80 %	1,20 %
Gesundheits- und Krankenpfleger:in für die ITS – mind. 23€/Std.	99,96 %	0,04 %
Oberarzt/Oberärztin mit leitender Funktion	94,45 %	5,55 %
Fachlagerist (m/w/d)	97,98 %	2,02 %
Controller (m/w/d)	97,31 %	2,69 %

Im Folgenden gilt es, aus den Anzeigentiteln, die der Kategorie *IT* zugewiesen wurden, ein Textkorpus zu erstellen, welches modellhaft das Berufsfeld *IT* für die weiteren Untersuchungen abbildet.

3.4.9 Erstellung eines Textkorpus für das Berufsfeld IT

Zunächst werden hierzu alle im gefilterten Textkorpus (FT) befindlichen 1.507.454 Stellenanzeigen (siehe Abbildung 3.3) durch das in Kapitel 3.4.7 erstellte Modell bewertet und kategorisiert. Die Ergebnisse dieser Klassifizierung finden sich anschließend je Anzeige in Form der entsprechenden Konfidenzwerte und der zugewiesenen Kategorie (siehe Tabelle 3.8). In einem nächsten Schritt müssen zur Ableitung eines IT-Textkorpus (ITT) (siehe Abbildung 3.4) auf Grundlage dieser Klassifizierung all diejenigen Anzeigen ausgewählt werden, bei denen das neuronale Netz eine Zugehörigkeit zum Berufsfeld IT bestimmte. Dabei handelt es sich um 143.114 Stellengesuche (9,49 %). Dieses Textkorpus, das eine Teilmenge des gefilterten Ausgangskorpus darstellt, soll als Basis zur modellhaften Abbildung des IT-Arbeitsmarktes in Deutschland dienen. Wie bereits bei der Evaluierung des Klassifikationsmodells in Kapitel 3.4.8 erwähnt, besteht bei dieser methodischen Vorgehensweise eine gewisse Wahrscheinlichkeit, Stellenanzeigen ohne IT-Bezug im finalen IT-Textkorpus aufzufinden. Um dem entgegenzuwirken, erfolgte eine weitere Einschränkung dieses Korpus, indem nur diejenigen Anzeigen Berücksichtigung fanden, die einen bestimmten Konfidenzwert ($KW_{Anzeigentitel}$) bei der Zuordnung zum Berufsfeld IT überschritten. Hierzu wurde die Verteilung der Konfidenzwerte näher betrachtet und unterschiedliche statistische Kennzahlen für eine

Entscheidungsgrundlage zur Wahl eines Grenzwertes errechnet, welche in Tabelle 3.9 dargestellt sind.

Tabelle 3.9: Statistische Kennzahlen als Entscheidungsgrundlage zur Festlegung eines Grenzwertes auf Grundlage der Konfidenzwerte der Anzeigentitel und deren Einfluss auf die absolute und prozentuale Reduktion des IT-Textkorpus

Statistische Kennzahl (*SK*)	$KW_{Anzeigentitel}$	$H_{ITT}(SK)$	$h_{ITT}(SK)$
75 %-Quartil	99,99 %	35.800	25,00 %
50 %-Quartil (Median)	99,95 %	71.570	50,00 %
25 %-Quartil	97,16 %	107.324	75,00 %
Arithmetisches Mittel	94,81 %	113.027	78,98 %
Tukey-Regel (Untergrenze)	92,90 %	116.327	81,28 %

Je höher der prozentuale Grenzwert (Spalte $h_{ITT}(SK)$) liegt, umso mehr Anzeigen werden aus dem IT-Textkorpus, bestehend aus 143.114 Annoncen, berücksichtigt (Spalte $H_{ITT}(SK)$). Betrachtet man die Zahlenwerte der Quartile, lässt sich erkennen, dass 25 % der Anzeigen des IT-Textkorpus mit einem Konfidenzwert kleiner 97,16 % belegt und 50 % der Anzeigen mit einer Wahrscheinlichkeit von mindestens 99,95 % dem Berufsfeld IT zugeordnet sind. Die oberen 25 % der Stellengesuche werden durch das 75 %-Quartil zum Ausdruck gebracht und weisen einen Wert von mindestens 99,99 % auf. Das arithmetische Mittel liegt bei einem Wert von 94,81 %. Wie bereits in Kapitel 3.4.6 eingeführt, wurde zudem die Tukey-Regel angewandt, um auf Grundlage des 25 %-Quartils und des 75 %-Quartils sowie dem daraus resultierenden Interquartilsabstand eine Unter- und Obergrenze zu berechnen, die als Orientierung dienen, Ausreißer- oder Extremwerte auszuschließen. In diesem Fall ist lediglich die Untergrenze im Sinne eines Grenzwertes von Interesse, welche bei einem Konfidenzwert von 92,90 % liegt.

In Abbildung 3.12 ist die Verteilung der Konfidenzwerte der IT-Anzeigentitel in Form eines Histogramms grafisch veranschaulicht[38]. Die im Diagramm eingezeichnete gestrichelte Linie zeigt die auf Basis der Tukey-Regel errechnete Untergrenze (siehe Tabelle 3.9). Diese wurde als Grenzwert festgelegt, um alle Anzeigen, die einen niedrigeren Konfidenzwert als 92,90 % besitzen, aus dem IT-Textkorpus auszuschließen. Die Entscheidung liegt darin begründet, da es sich bei allen unterhalb dieses Grenzwertes liegenden Wahrscheinlichkeitswerten um Ausreißer- bzw. Extremwerte handeln könnte. Durch diese Maßnahme sollte insbesondere die *False Positive-Rate* der fälschlicherweise als IT-Anzeigen kategorisierten Anzeigen verringert werden, wenngleich durch diesen Schritt auch Anzeigen, die korrekterweise dem Berufsfeld IT zugeordnet wurden, jedoch aufgrund des Modells einen niedrigeren Konfidenzwert als den festgelegten Grenzwert aufweisen, aus dem Korpus entfernt werden. In Tabelle 3.9 sind alle berechneten Grenzwerte je betrachteter statistischer Kennzahl aufgeführt.

38 Zur Veranschaulichung wurde eine Einteilung in 15 gleich große Klassen gewählt.

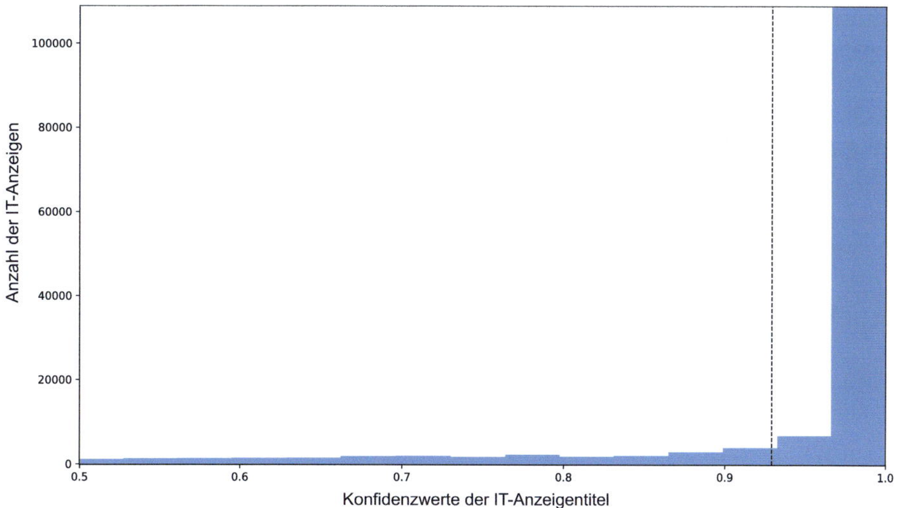

Abbildung 3.12: Verteilung der Konfidenzwerte aller Anzeigentitel mit Bezug zum Berufsfeld *IT* in Form eines Histogramms (eigene Darstellung)

In den beiden letzten Spalten finden sich die jeweiligen Einflüsse auf die Quantität des resultierenden IT-Textkorpus, gemessen am Ausgangskorpus bestehend aus 143.114 Annoncen.

Die Anwendung der Tukey-Regel führte zu einer Reduktion um 18,72 % auf 116.327 Stellengesuche. Auf diese Weise fand eine weitere Konsolidierung des ursprünglichen IT-Textkorpus statt. So wird dieses zwar weiter reduziert (Quantität), dabei inhaltlich aber auf diejenigen Anzeigen fokussiert, die eine hohe Wahrscheinlichkeit besitzen, durch das Modell eine korrekte Zuordnung erhalten zu haben (Qualität). Das reduzierte IT-Textkorpus (*RITT*), bestehend aus 116.327 zugewiesenen Anzeigen, soll im Weiteren als Ausgangsbasis für die strukturelle Aufbereitung im nachfolgenden Kapitel genutzt werden[39].

3.5 Strukturelle Aufbereitung der IT-Stellenanzeigen

Nachdem im vorherigen Kapitel ein Textkorpus zur modellhaften Abbildung des IT-Arbeitsmarktes identifiziert und aufgebaut wurde, geht es im Folgenden um die strukturelle Aufbereitung der entsprechenden IT-Stellenangebote. Hierzu ist es notwendig, semantische Informationseinheiten innerhalb dieser Stellenanzeigen zu erkennen und zu extrahieren. Dabei spielt die Extraktion des Anforderungsprofils eine wesentliche Rolle, um im Rahmen dieser Studie zielgerichtet eine Analyse von Kompetenzen im Berufsfeld IT durchführen zu können. Um zusätzlich Tätigkeitsfelder innerhalb dieses Berufsfeldes abzuleiten, gilt es, auf Grundlage der in einer Stellenbeschreibung

39 Darin nicht enthaltene Stellenanzeigen werden im Rahmen dieser Studie nicht weiter betrachtet.

formulierten Aufgaben, entsprechende Tätigkeitsschwerpunkte zu ermitteln und das IT-Textkorpus in diese zu unterteilen (siehe Kapitel 3.6). Zunächst soll allerdings ein Blick auf die grundsätzliche Struktur der IT-Anzeigen geworfen werden.

3.5.1 Generierung von Satzstrukturen aus dem IT-Textkorpus

Bei einer näheren Betrachtung des Formats der Stellenanzeigen konnten zwei Feststellungen getroffen werden: Zum einen fiel auf, dass die in den Anzeigentexten enthaltenen semantischen Informationseinheiten (siehe Kapitel 3.2.1 und 3.2.2) nicht zwangsläufig in grammatikalisch vollständigen Sätzen artikuliert sein müssen, sondern auch in Form von Aufzählungen vorliegen. Die Nutzung dieses Stilmittels kann jedoch dazu führen, dass sich eine Informationseinheit lediglich aus einzelnen oder wenigen Begrifflichkeiten zusammensetzt. Daran schließt sich eine zweite Beobachtung an: Durch die Verwendung von Aufzählungen wird in der Regel auf den Einsatz von Satzzeichen zur Kennzeichnung von Satzstrukturen verzichtet. Dies hat zur Folge, dass eine Einteilung der Anzeigentexte in ihre jeweiligen semantischen Informationseinheiten weitere Aufbereitungsschritte voraussetzt.

Betrachtet man die Annoncen genauer, so lassen sich gewisse Strukturen in den natürlichsprachlichen Textanteilen erkennen. Dabei ist es für einen Menschen möglich, soweit dieser mit dem Konstrukt der Stellenanzeige vertraut ist, die in Kapitel 3.2.2, Abbildung 3.1 definierten Einheiten aus einem Anzeigentext abzuleiten. Möchte man diese Einheiten hingegen automatisiert, das heißt ohne menschliches Zutun, bestimmen, so muss, wie bereits im vorherigen Kapitel 3.4, ein Algorithmus trainiert werden, welcher in der Lage ist, entsprechende Merkmale zu erlernen, die eine Separierung der unterschiedlichen semantischen Informationseinheiten voneinander erlauben. Um diese Unterscheidungsmerkmale möglichst exakt festzustellen, war es notwendig, die Anzeigentexte in Satzstrukturen zu gliedern. Dazu wurde jeder Anzeigentext aus dem IT-Textkorpus einer automatisierten Satzstrukturanalyse unterzogen, welche auf den syntaktischen Aufbau fokussierte. Die Orientierung erfolgte anhand der Aufzählungszeichen (Querstriche, Punkte, Sternchen etc.) wie auch Textumbrüchen, um den Beginn und das Ende einer logisch zusammengehörigen Einheit zu identifizieren. Die Kennzeichnung geschah durch das Einfügen des Satzzeichens Punkt am Ende jeder erkannten Einheit. Das Resultat der Satzstrukturanalyse ist in der nachfolgenden Tabelle 3.10 aufgeführt.

Tabelle 3.10: Absolute und prozentuale Verteilung der Anzeigen im IT-Textkorpus nach Durchführung der Satzstrukturanalyse

IT-Anzeigen	$H_{RITT}(IT\text{-}Anzeigen)$	$h_{RITT}(IT\text{-}Anzeigen)$
Mit Punkt	113.604	97,66 %
Ohne Punkt	2.723	2,34 %
Summe	116.327	100,00 %

Aus der Übersicht ist zu entnehmen, dass in 2.723 Anzeigen (2,34 %) des reduzierten IT-Textkorpus durch die automatisierte Satzstrukturanalyse keine Aufzählungszeichen oder Textumbrüche auffindbar waren. Das bedeutet, in diesen Anzeigen konnten keine Einheiten mit dem Satzzeichen Punkt gekennzeichnet und voneinander abgegrenzt werden. Im Vergleich zu Anzeigen, bei denen Punkte als Satzzeichen gesetzt werden konnten, besteht bei Anzeigen ohne Kennzeichnung die Herausforderung, dass eine später notwendige automatisierte Unterteilung in semantische Informationseinheiten nicht durchführbar ist. Es soll daher in einem Folgeschritt überprüft und diskutiert werden, wie mit diesen Anzeigen verfahren werden soll, um diese gegebenenfalls aus dem IT-Textkorpus auszuschließen.

Hierzu wurde die Hypothese *Anzeigen ohne Punkt sind in der Länge ihrer Beschreibungstexte signifikant kürzer als Anzeigen mit Punkt* formuliert. Sollte sie angenommen werden, so wäre dies ein Indikator, dass Anzeigen, bei denen kein Punkt gesetzt werden konnte, aufgrund des geringeren Umfangs ihrer Beschreibungstexte mit gewisser Wahrscheinlichkeit auch einen geringeren Informationsgehalt aufweisen. Dies soll als Entscheidungsgrundlage dienen, alle Anzeigen ohne Punkt aus dem bestehenden IT-Textkorpus zu entfernen, ohne die Qualität des Korpus durch deren Exklusion merklich zu beeinflussen.

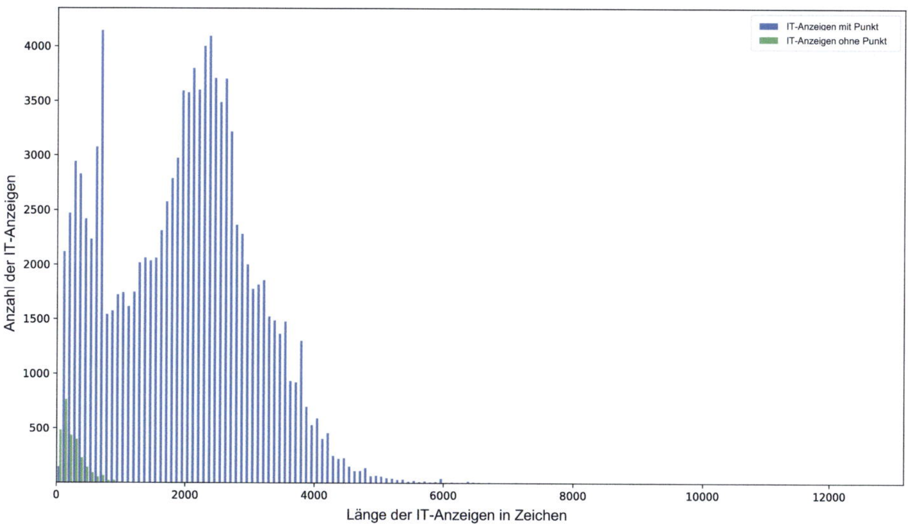

Abbildung 3.13: Histogramm zum Vergleich der Zeichenlängen von IT-Anzeigen mit Punkt (blau) und Anzeigen ohne Punkt (grün) (eigene Darstellung)

In Abbildung 3.13 ist die Verteilung der beiden Korpora aus Tabelle 3.10, bezogen auf die Länge der IT-Anzeigen in Zeichen, als Histogramm visualisiert. Ein Zeichen kann sowohl ein numerisches, alphabetisches oder sonstiges Zeichen repräsentieren. So ist bei den Anzeigen ohne Punkt eine linkssteile, rechtsschiefe Verteilung zu erkennen. Die Anzeigen mit Punkt hingegen weisen eine bimodale Verteilung mit zwei Spitzen auf. Hierbei darf vermutet werden, dass alle Anzeigen ohne Punkt eine eigene Verteilung im niedrigzahligen Zeichenbereich bilden, was der formulierten Hypothese entsprechen würde. In Tabelle 3.11 finden sich weitere statistische Kennzahlen zu den beiden untersuchten Korpora. Neben der grafischen Visualisierung der Verteilung der Zeichenlängen lassen sich zusätzlich anhand der Kennzahlen Unterschiede zwischen den beiden Korpora ausmachen. So liegen beispielsweise mindestens 50 % der Daten aus dem Korpus bestehend aus Anzeigen ohne Punkt weit unterhalb des ersten Quartils des Korpus bestehend aus Anzeigen mit Punkt.

Tabelle 3.11: Kennzahlen zur Zeichenlänge in den beiden Korpora bestehend aus IT-Anzeigen mit und ohne Punkt

Korpus	Statistische Kennzahl	Zeichenlänge
IT-Anzeigen mit Punkt	Arithmetisches Mittel	1.975
	Standardabweichung	1094
	Minimum	33
	Maximum	12.535
	25 %-Quartil	1.060
	50 %-Quartil (Median)	2.057
	75 %-Quartil	2.684
IT-Anzeigen ohne Punkt	Arithmetisches Mittel	244
	Standardabweichung	193
	Minimum	2
	Maximum	1.472
	25 %-Quartil	101
	50 %-Quartil (Median)	189
	75 %-Quartil	324

Zur besseren Lesbarkeit wurden alle Werte ganzzahlig auf- bzw. abgerundet.

Anhand statistischer Testverfahren wurde geprüft, ob sich die beiden Verteilungen auch signifikant unterscheiden, um letztendlich alle IT-Anzeigen, bei denen die Satzstrukturanalyse kein Satzzeichen einfügen konnte, begründet auszuschließen. Die Details dieser Analyse sind in der Beschreibung zu Abbildung A5 im Anhang nachzulesen. Die Überprüfung zeigte schließlich, dass die beiden Korpora tatsächlich einer unterschiedlichen Verteilung folgen und sich die eingangs aufgestellte Behauptung, dass *Anzeigen ohne Punkt in der Länge ihrer Beschreibungstexte signifikant kürzer sind als Anzeigen mit Punkt*, bestätigen ließ. Auf Grundlage dieser Erkenntnis wurde schließlich die Entscheidung getroffen, alle Anzeigen ohne Punkt aus dem IT-Korpus zu entfernen. Demnach reduziert sich das IT-Textkorpus für die weitere Aufbereitung und Analyse um 2.723 (2,34 %) auf 113.604 Anzeigen, die dem Berufsfeld IT zugeordnet sind.

3.5.2 Identifikation semantischer Informationseinheiten

Auf dem zuvor weiter reduzierten IT-Textkorpus gilt es nachfolgend, semantische Informationseinheiten aus den IT-Stellenanzeigen zu identifizieren. Wie in Kapitel 3.2.1 [Festlegung semantischer Informationseinheiten] eingeführt, werden sechs Einheiten unterschieden: *Präsentation, Position, Tätigkeiten, Anforderungen, Vorteile* und *Kontakt.* Ziel ist es, diese Einheiten automatisiert aus den IT-Anzeigentexten zu ermitteln, um diese im weiteren Verlauf zielgerichtet auswerten zu können. Dazu wird, wie bereits in Kapitel 3.4, ein neuronales Netz auf einer Teilmenge des reduzierten IT-Textkorpus trainiert und anschließend auf dem gesamten reduzierten IT-Korpus angewandt. Hierbei stehen jedoch nicht alle sechs semantischen Informationseinheiten im Fokus. Vielmehr sollen vier Einheiten, nämlich Tätigkeiten, Anforderungen, Vorteile und restliche Angaben[40], aus den Anzeigentexten extrahiert werden. Wie in Abbildung 3.1 erläutert, umfassen *Tätigkeiten* eine Beschreibung der Aufgaben bzw. des Aufgabengebiets, die es im Rahmen der zu besetzenden Stelle auszuüben gilt. *Anforderungen* enthalten Hinweise auf formale Voraussetzungen möglicher Bewerber:innen. Unter *Vorteilen* finden sich Angebote und Zusatzleistungen seitens der Unternehmen bzw. Personaldienstleister, die eine Stelle anbieten und besetzen möchten. Die übrigen Einheiten wurden unter der Kategorie *Rest* zusammengefasst. Dies begründet sich darin, da die Präsentation bzw. Vorstellung des Unternehmens bzw. des Personaldienstleisters wie auch Informationen zur Kontaktaufnahme, dem Bewerbungsprozess und die Position für die weiteren inhaltlichen Analysen in Bezug auf Kompetenzanforderungen im Berufsfeld IT keine zentrale Rolle einnehmen.

Nach Festlegung dieser Kategorien kommt es zunächst zur Auswahl einer Teilmenge aus dem reduzierten IT-Textkorpus. Anders als in Kapitel 3.4.3 [Generierung von Trainingsdaten mit und ohne IT-Bezug] sind in diesem Fall vier Klassen zu unterscheiden. Dabei ist bei der Generierung der Trainingsdaten zu berücksichtigen, dass die IT-Anzeigen im reduzierten Textkorpus nicht unmittelbar Hinweise zu den semantischen Informationseinheiten beinhalten. Aus diesem Grund wurde eine Methodik gewählt, die es erlaubt, zum einen auf semantischen Regeln, zum anderen die syntaktische Struktur einer Anzeige berücksichtigend, eine sogenannte *Vorannotation* (englisch: preannotation) im reduzierten IT-Textkorpus durchzuführen. Unter einer *Vorannotation* wird in diesem Zusammenhang ein maschinell erzeugter Vorschlag verstanden. Dazu müssen die einzelnen IT-Anzeigentexte zunächst in die vier genannten semantischen Einheiten eingeteilt werden, um eine Zuordnung einzelner Satzstrukturen in eine der Kategorien (*Tätigkeiten, Anforderungen, Vorteile, Rest*) automatisiert ableiten zu können. Auf Basis einer Stichprobe von 1.000 Stellenanzeigen aus dem reduzierten IT-Textkorpus gelang es, typische Begrifflichkeiten, Phrasen und Strukturelemente zu explorieren und identifizieren. Dabei wurde die Diskussion zur Struktur und zur Lexik in Anlehnung an Ehrenheim (2011) berücksichtigt, in welcher auf bestimmte Merkmale zur Erkennung von Informationseinheiten in Stellenanzeigen hingewiesen wird (S. 79, S. 98).

40 Unter den restlichen Angaben werden alle übrigen Einheiten, *Präsentation, Position* und *Kontakt*, subsumiert.

Eine auszugsweise Zusammenstellung einiger Beispiele zur Identifikation der vier semantischen Kategorien zeigt Tabelle 3.12.

Tabelle 3.12: Ausgewählte Beispiele zur Vorannotation semantischer Informationseinheiten in den IT-Stellenanzeigen, unterteilt in die jeweiligen Kategorien *Tätigkeiten, Anforderungen, Vorteile* und *Rest*

Semantische Einheit (Kategorie)	Ausgewählte Beispiele
Tätigkeiten	Ihre Tätigkeiten, Ihre Verantwortungen, Die Position, Was du machst, Schwerpunkte sind, Leistungsbeschreibung, Kerngebiete der Stelle sind, Dein Aufgabenbereich, Spannende Aufgaben warten auf Sie etc.
Anforderungen	Anforderungen an Sie, Dein Skillset, Welche Qualifikationen Sie mitbringen müssen, Ihre beruflichen Qualifikationen, Wir erwarten von Ihnen, Wir wünschen uns von dir, Deine Voraussetzungen, Ihre Fähigkeiten und Erfahrungen, Du bringst idealerweise mit, Sie verfügen über, Was wir suchen, Was wir uns vorstellen, Ihr Gesamtpaket rundet ab, Dein Profil etc.
Vorteile	Ihre Vorzüge, Ihre Vorteile, Unsere Vorteile für dich, Wir garantieren dir, Was du dir vorstellst, Das dürfen Sie erwarten, Unsere Leistungen, Wir bieten Ihnen, Unsere Rahmenbedingungen, Deine Perspektive, Benefits, Was ist drin für dich, Davon profitieren Sie, Dafür erhalten Sie von uns, Unser Angebot etc.
Rest (Präsentation, Position, Kontakt)	Interesse geweckt? Fühlen Sie sich angesprochen? Starte mit uns neu durch, Bitte schicken Sie Ihre vollständigen Bewerbungsunterlagen an, Kontaktieren Sie uns, Wer wir sind und was wir tun? Weitere Details erfahren Sie im persönlichen Gespräch etc.

Die aufgeführten Beispiele zeigen, dass eine große Vielfalt bzw. Varianz an natürlichsprachlichen Konstrukten (Begrifflichkeiten, Phrasen etc.) existiert, um den Beginn einer der vier semantischen Informationseinheiten zu markieren. Ferner werden Formulierungen durch die Verwendung des Duzens und Siezens weiter abgewandelt. Diese Beobachtung stärkte zudem den Entschluss, die Vorannotation lediglich für die Generierung von Vorschlägen zu nutzen, um in einem nachgelagerten Qualifizierungsschritt validierte Trainingsdaten für die einzelnen semantischen Einheiten zu erzeugen. Wie bei der Klassifizierung von Anzeigentiteln in Kapitel 3.4.7 soll für die automatisierte Identifikation der vier Kategorien ebenfalls ein neuronales Netz mit LSTM-Architektur implementiert werden.

Als weiteres Ergebnis der Exploration stellte sich heraus, dass insbesondere zur Beschreibung der Anforderungen Begrifflichkeiten wie *Qualifikation* und *Fähigkeit* formuliert werden, um darunter geforderte Kompetenzen zu beschreiben. Eine wissenschaftliche Trennung von Qualifikation, Fähigkeit, Fertigkeit und Kompetenz bleibt aus

Sicht der Stellenanbieter:innen in der Regel unbeachtet, was zu einer umgangssprachlichen Verwendung dieser Terminologien führt, und in Anbetracht der Diskussion in Kapitel 2.6.3 [Abgrenzung und Definition des Kompetenzbegriffes] und ab Kapitel 3.7 [Ermittlung von Kompetenzanforderungen in der IT] zu berücksichtigen ist.

Die Vorannotation erlaubte es schließlich, automatisiert Trainingsdaten aus dem reduzierten IT-Textkorpus abzuleiten. Für alle IT-Stellenanzeigen im Korpus galt, der Beschreibungstext einer Anzeige (*A*) setzt sich aus mindestens einer, maximal vier der semantischen Informationseinheiten, Tätigkeiten (*Taet*), Anforderungen (*Anf*), Vorteile (*Vor*) oder Rest (*Rest*), zusammen. In Tabelle 3.13 ist schematisch die Einteilung der insgesamt 113.604 IT-Stellenanzeigen aus dem reduzierten IT-Textkorpus dargestellt.

Tabelle 3.13: Schematische Darstellung der Einteilung der Stellenanzeigen im IT-Textkorpus in die vier semantischen Informationseinheiten *Tätigkeiten, Anforderungen, Vorteile* und *Rest*

Anzeige	Tätigkeiten	Anforderungen	Vorteile	Rest
$A_{(1)}$	$Taet_{(1)}$	$Anf_{(1)}$	$Vor_{(1)}$	$Rest_{(1)}$
$A_{(2)}$	$Taet_{(2)}$	$Anf_{(2)}$	$Vor_{(2)}$	$Rest_{(2)}$
$A_{(3)}$	$Taet_{(3)}$	$Anf_{(3)}$	$Vor_{(3)}$	$Rest_{(3)}$
...	...	...	...	...
$A_{(113.604)}$	$Taet_{(113.604)}$	$Anf_{(113.604)}$	$Vor_{(113.604)}$	$Rest_{(113.604)}$

Die jeweiligen Indizes in Tabelle 3.13 stehen dabei für natürliche Zahlen (ohne Null) im Wertebereich $\mathbb{N}^*= \{1, ..., 113.604\}$, welcher durch den Umfang des reduzierten IT-Textkorpus bestimmt ist. Hierbei ist zu berücksichtigen, wie in Kapitel 3.2.1 [Festlegung semantischer Informationseinheiten] hingewiesen, dass keine formale Reihenfolge des Auftretens der vier semantischen Informationseinheiten in den Anzeigentexten vorgegeben ist. Vielmehr können sich diese an unterschiedlichen Positionen im Beschreibungstext befinden. Dieses Verhalten kann beispielsweise bei Stellenanzeigen beobachtet werden, die vollständig als Fließtext formuliert sind und keine Aufzählungen verwenden. Gleichzeitig muss nicht jede der vier Kategorien zwingend enthalten sein, was dazu führt, dass entsprechende Zellen in Tabelle 3.13 frei bleiben.

Ziel einer automatisierten Klassifizierung und Bewertung durch ein neuronales Netz soll es später sein, auf einer möglichst granularen Ebene die zuvor identifizierten semantischen Informationseinheiten zu unterscheiden. Dazu bedarf es einer weiteren Unterteilung der erkannten Einheiten. Die Segmentierung soll möglichst auf Satzebene erfolgen, wobei sich eine semantische Informationseinheit aus 1 bis *n* Satzstrukturen zusammensetzen kann. Wie zuvor erläutert, muss eine Satzstruktur nicht zwingend einen grammatikalisch korrekten Satz umfassen, sondern kann auch aus einzelnen Begrifflichkeiten bis hin zu mehreren Sätzen bestehen. Eine solche Struktur wird dabei mit einer Kategorie, sprich einer der vier semantischen Einheiten, gekennzeichnet. Die Grundlage hierfür bilden die in Kapitel 3.5.1 generierten Satzstrukturen. Somit formen alle Satzstrukturen mit der gleichen Kennzeichnung die jeweilige semantische Informationseinheit innerhalb einer Anzeige. Dies bedeutet, anders als bei Ehrenheim

(2011) wird in dieser Studie die Terminologie der semantischen Informationseinheit genutzt, um zusammengehörige Satzstrukturen unter einer gemeinsamen Kategorie zu vereinen, sodass diese für weiterführende quantitative Analysen nutzbar gemacht werden können.

In einem weiteren Aufbereitungsschritt müssen nun alle durch die Vorannotation erkannten Satzstrukturen im IT-Textkorpus in einzelne Sätze zerlegt werden[41]. Für alle Anzeigen im reduzierten IT-Textkorpus gilt hierbei: Eine Stellenanzeige A besteht aus mindestens einem Satz S und eine Stellenanzeige kann bis zu n Sätze enthalten, wobei n für einen ganzzahligen Wert steht. Allgemein lässt sich dies als $A = S_1, \ldots, S_n$ formulieren. Eine Stellenanzeige A setzt sich demnach aus der Summe der in ihr enthaltenen Sätze S in der entsprechenden Reihenfolge 1 bis n zusammen. Dabei findet eine Konkatenation der einzelnen Sätze S auf Basis eines Trennzeichens (Punkt, Ausrufezeichen, Fragezeichen etc.) statt. Ferner kann jeder Satz S innerhalb einer Anzeige A auf Basis seiner Satznummer eindeutig verortet werden. In Tabelle 3.14 ist die Aufspaltung der Anzeigen im reduzierten IT-Textkorpus in einzelne Sätze und deren zugehörige semantische Informationseinheit in der Spalte *Kategorie* schematisch dargestellt. So steht beispielsweise die Notation $S_{(1,1)}$ für den ersten Satz S_1 in Anzeige A_1. Der zweite Satz in Anzeige A_1 ist entsprechend mit $S_{(1,2)}$ gekennzeichnet. Gleichzeitig wurde jedem Satz die entsprechende Kategorie K aus derjenigen Informationseinheit zugeordnet, aus der dieser extrahiert wurde. Dabei setzt sich jede Anzeige A aus den Trainingsdaten maximal aus den vier semantischen Kategorien $K = \{Taet, Anf, Vor, Rest\}$ zusammen.

Tabelle 3.14: Aufspaltung von Anzeigen in einzelne Sätze und deren Kategorien

Anzeige	Satzstruktur	Kategorie
$A_{(1)}$	$S_{(1,1)}$	$K_{(1,1)}$
$A_{(1)}$	$S_{(1,2)}$	$K_{(1,2)}$
$A_{(2)}$	$S_{(2,1)}$	$K_{(2,1)}$
$A_{(3)}$	$S_{(3,1)}$	$K_{(3,1)}$
$A_{(3)}$	$S_{(3,2)}$	$K_{(3,2)}$
$A_{(3)}$	$S_{(3,3)}$	$K_{(3,3)}$
...	...	...
$A_{(113.604)}$	$S_{(113.604,n)}$	$K_{(113.604,n)}$

3.5.3 Generierung von Trainingsdaten

Die im vorherigen Kapitel 3.5.2 aufbereiteten Satzstrukturen bilden anschließend die Grundlage zur Generierung von Trainingsdaten für die Erstellung des neuronalen

41 Für die Satzzerlegung wurde die Python-Sprachbibliothek spaCy (siehe https://spacy.io/, abgerufen am 21.09.2021) in Kombination mit einem deutschen Sprachmodell eingesetzt, welches auf dem Tiger- (siehe https://www.ims.uni-stuttgart.de/forschung/ressourcen/korpora/tiger/, abgerufen am 21.09.2021) und Wikinerkorpus (siehe https://github.com/dice-group/FOX/tree/master/input/Wikiner, abgerufen am 21.09.2021) basiert.

Netzes. Ausgehend von Tabelle 3.14 werden in einem ersten Schritt einzelne Sätze bzw. Satzstrukturen ($S_{(ID,Satznummer)}$) und deren Kategorien ($K_{(ID,Satznummer)}$) überprüft. Es sei an dieser Stelle noch einmal darauf verwiesen, dass die Zuordnung eines Satzes zu einer Kategorie zunächst auf Basis einer automatisiert durchgeführten Vorannotation und einer Satzerkennung erfolgte. Diese Zuweisung gilt es nun im Rahmen einer Beurteilung zu bestätigen oder zu korrigieren, um eine gesicherte Datenbasis für das Training zu gewährleisten. Die Sichtung soll dabei in gleicher Weise wie bei den Anzeigentiteln in Kapitel 3.4.3 erfolgen. Hierzu wurde die bereits genutzte Softwareapplikation erweitert, um zusätzlich Satzstrukturen hinsichtlich ihrer semantischen Informationseinheiten bewerten zu können.

In Abbildung 3.14 ist ein Auszug dieser Benutzeroberfläche dargestellt. Hier finden sich in der Spalte *Beschreibung* solche Satzstrukturen, die im Idealfall aus einzelnen grammatikalischen Sätzen bestehen. Die *Satznummer* gibt Auskunft über die Position einer Satzstruktur in der zugehörigen Anzeige. Die dritte Spalte *Kategorie* enthält den Vorschlag aus der Vorannotation (siehe Kapitel 3.5.2). Zuletzt zeigt *Review* den Status, *offen* oder *verifiziert*, je nachdem, ob die Satzstruktur und deren zugeordnete Kategorie bereits überprüft und bestätigt wurden. Dabei lässt sich die durch die Vorannotation vorgeschlagene Kategorie direkt durch *Speichern* übernehmen, um den Prüfungsprozess zu beschleunigen. Bei einer fehlerhaften Zuordnung kann die Kategorie über *Editieren* korrigiert werden. In diesem Fall lässt sich eine neue Kategorie aus den vier definierten semantischen Einheiten, *Tätigkeiten*, *Anforderungen*, *Vorteile* oder *Rest*, auswählen. An dieser Stelle sei erwähnt, dass die Anzahl der Kategorien Herausforderungen bei einer Überprüfung und Zuordnung mit sich bringen kann. Jede Kategorie sollte inhaltlich solche Satzstrukturen repräsentieren, die eine möglichst eindeutige Abgrenzung zu allen anderen Einheiten ermöglichen. Auch aus diesem Grund wurde die Anzahl der Kategorien von ursprünglich sieben Informationseinheiten auf vier begrenzt, um die Entscheidung für eine Zuordnung möglichst abgrenzbar zu gestalten. Das soll heißen, je größer die inhaltliche Nähe zweier oder mehrerer Klassen ist, desto genauer müssen deren Differenzierungsmerkmale auf einer semantischen Ebene beschrieben sein. In diesem Fall geschah dies durch eine inhaltliche Auseinandersetzung mit dem Konstrukt der Stellenanzeige. Zudem spielt es für das nachfolgende Training des Algorithmus auf Basis der überprüften Satzstrukturen und deren zugeordneten semantischen Informationseinheiten eine zentrale Rolle, keine Widersprüche in den Trainingsdaten zu erzeugen. Daher müssen inhaltlich ähnliche Satzstrukturen in der gleichen Kategorie verortet werden. Andernfalls ist der Algorithmus später nicht in der Lage, eindeutige Unterscheidungsmerkmale zu erlernen, die es ermöglichen, eine Satzstruktur mit hoher Wahrscheinlichkeit korrekt zu klassifizieren. Deshalb besteht während des Überprüfungsvorgangs die Möglichkeit, eine Markierung für *Ambiguität* (Mehrdeutigkeit) zu setzen. Diese Information kann verwendet werden, sofern im Vorfeld fälschlicherweise Satzstrukturen automatisiert zusammengefasst wurden, die mehr als eine Informationseinheit umfassen. Falls diese Strukturen als Trainingsdaten berücksichtigt blieben, würde eine Mehrdeutigkeit eintreten und dadurch würden Merkmale zur Abgrenzung zwischen den Kategorien aufgelöst werden, was zu vermeiden ist.

Abbildung 3.14: Softwareapplikation zur Überprüfung von Satzstrukturen aus den Originalanzeigen und deren zugeordneten semantischen Informationseinheiten. Die dargestellten Beschreibungen entsprechen dem Originaltext aus dem Karriereportal (eigene Darstellung).

Durch den Mechanismus der Kennzeichnung ambiguer Satzstrukturen lassen sich diese für das Training des neuronalen Netzes aus den Trainingsdaten ausblenden, sodass Seiteneffekte, die sich negativ auf die Modellqualität auswirken können, verringert werden. Ferner bietet es sich an, sogenannte *Annotationsrichtlinien* zu definieren (siehe Kapitel 3.7.3), vor allem, wenn mehrere Personen am Überprüfungsprozess beteiligt sind, wie bereits in Kapitel 3.4.3 erwähnt.

In Summe wurden 11.964 Satzstrukturen, eine Teilmenge ($RITT_{Teil}$) aus dem reduzierten IT-Textkorpus ($RITT$), überprüft und bewertet, die für das nachfolgende Training eines neuronalen Netzes zur Bestimmung semantischer Informationseinheiten genutzt werden. Die absoluten (Spalte $H_{RITT_{Teil}}(K)$) und relativen Anteile (Spalte $h_{RITT_{Teil}}(K)$) je Kategorie finden sich in Tabelle 3.15. Die Trainingsdaten stammen aus einer Stichprobe mit 2.333 Anzeigen aus dem reduzierten IT-Textkorpus. Es sei angemerkt, dass im Trainingskorpus nicht alle Satzstrukturen dieser Anzeigen vertreten sind. Dies erklärt sich unter anderem dadurch, dass beispielsweise Duplikate aus den Trainingsdaten vollständig eliminiert wurden.

Tabelle 3.15: Absolute und relative Anteile verifizierter Satzstrukturen und deren zugehörige Kategorien, entnommen aus dem reduzierten IT-Textkorpus

Kategorie (K)	$H_{RITT_{Teil}}(K)$	$h_{RITT_{Teil}}(K)$
Tätigkeiten	3.082	25,76 %
Anforderungen	3.384	28,28 %
Vorteile	2.701	22,58 %
Rest (Präsentation, Position, Kontakt)	2.797	23,38 %
Summe	11.964	100,00 %

Auf diese Weise resultierten 11.964 Satzstrukturen aus den oben genannten 2.333 IT-Stellenanzeigen, die zum einen für das Labeling und anschließend für das Training des neuronalen Netzes verwendet wurden. Anders als bei der Klassifizierung der Anzeigentitel erfolgte eine Einteilung in insgesamt vier Kategorien. Bei der Verteilung der Trainingsdaten wurde zudem darauf geachtet, diese möglichst ausgewogen zu repräsentieren, was sich mit Blick auf die prozentualen Anteile der vier Einheiten in Tabelle 3.15 bestätigen lässt.

3.5.4 Repräsentation semantischer Einheiten

Der nächste Schritt umfasst die Implementierung eines Modells, basierend auf den verifizierten Trainingsdaten, zur automatisierten Beurteilung und Klassifizierung von Satzstrukturen in die vier semantischen Informationseinheiten. Hierbei kommt, wie in Kapitel 3.4.5 beschrieben, ein neuronales Netz mit LSTM-Architektur zum Einsatz. Die Satzstrukturen müssen dazu, analog zu Kapitel 3.4.6, eingangs in eine numerische Repräsentation überführt werden. Vor diesem Schritt wurde jede Satzstruktur auf

Grundlage einer Stoppwortliste[42] für die deutsche Sprache bereinigt und zusätzlich alle Satzzeichen entfernt (maschinelle Reduktion). Anschließend folgte die Entscheidung, welcher Wert für die maximale Wort- bzw. Tokenanzahl festzulegen ist. Dieser Parameter bestimmt, wie viele der häufigsten Terminologien in den Satzstrukturen für die Generierung der numerischen Sequenzen und das anschließende Training zu berücksichtigen sind. Entsprechend der Parametrisierung des neuronalen Netzes zur Klassifikation der Anzeigentitel in Kapitel 3.4.6 wurden wiederum alle 13.721 Token T in das Vokabular V übernommen, wobei gilt: $V = T_1, \ldots, T_n$, $\mathbb{N}^* = \{1, \ldots, 13.721\}$. Ebenfalls in Anlehnung an Kapitel 3.4.6 wurde die Auswahl der maximalen Sequenzlänge auf Grundlage der Tukey-Regel getroffen.

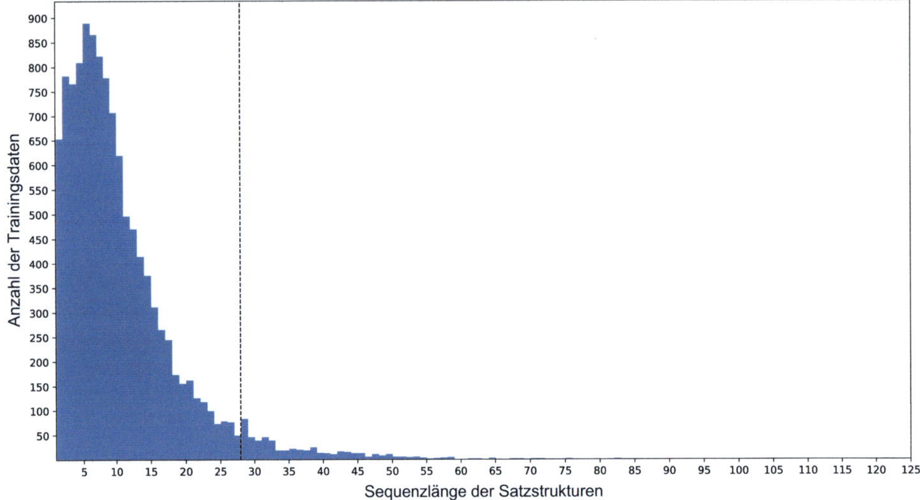

Abbildung 3.15: Verteilung der Sequenzlängen der Satzstrukturen in den Trainingsdaten (eigene Darstellung)

Die untere Grenze ist dabei nicht von Interesse, vielmehr eine Abgrenzung zu Ausreißerwerten in Bezug auf eine maximale Sequenzlänge. Nach der Tukey-Regel liegt die Obergrenze bei einer Länge von 27 Token, womit 95 % aller Satzstrukturen in den Trainingsdaten vollständig erfasst werden. Abbildung 3.15 zeigt das entsprechende Histogramm und die eingezeichnete Obergrenze zur Festlegung des Wertes für die maximale Sequenzlänge einer Satzstruktur.

Die linkssteile, rechtsschiefe Verteilung lässt sich sowohl optisch wie auch anhand der statistischen Kennzahlen zu Modus (5 Token), Median (8 Token) und arithme-

42 Unter einer Stoppwortliste versteht man eine Liste, welche die am häufigsten genutzten Wörter einer Sprache enthält, auf deren Grundlage eine entsprechende Filterung durchgeführt werden kann (Beysolow II, 2018, S. 46). So enthält eine Stoppwortliste für die deutsche Sprache zum Beispiel gängige Artikel wie *der, die, das*. Durch Entfernen dieser Terminologien aus den Satzstrukturen gehen in der Regel keine wesentlichen Informationen verloren, die später durch das neuronale Netz als relevante Kriterien für eine Unterscheidung der vier Kategorien herangezogen werden würden.

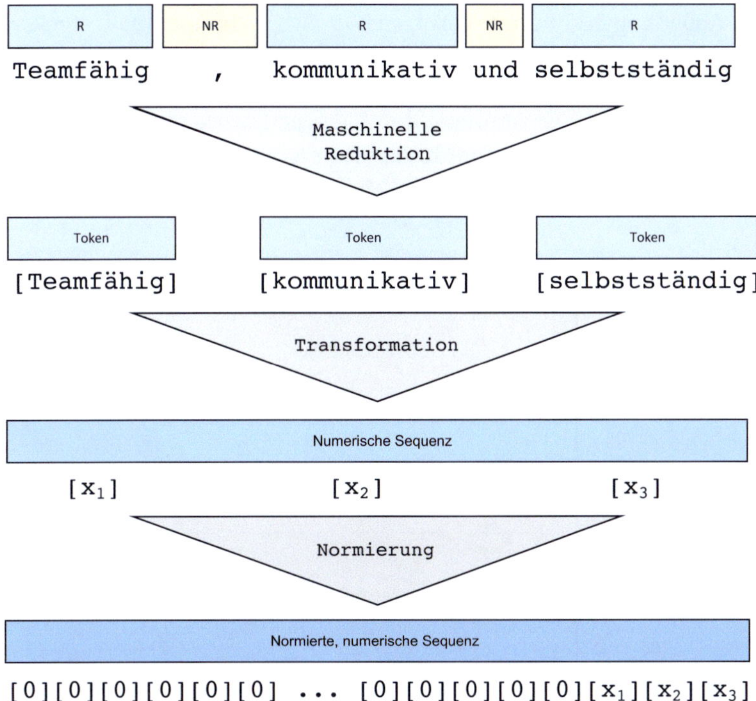

Abbildung 3.16: Maschinelle Reduktion, Transformation und Normierung von Satzstrukturen (eigene Darstellung)

tischem Mittel (abgerundet 10 Token) bestimmen. Die normierten Satzstrukturen wurden anschließend in Form einer Matrix, mit 11.964 Zeilen und 27 Spalten, abgebildet, die als Eingabesequenzen für das neuronale Netz mit LSTM-Architektur dienten, so wie dies bereits in Kapitel 3.4.6 durchgeführt wurde.

In Abbildung 3.16 finden sich die Schritte der Reduktion, Transformation und Normierung einer Satzstruktur anhand eines Beispiels noch einmal zusammengefasst. Aus der exemplarisch gewählten Satzstruktur „Teamfähig, kommunikativ und selbstständig" als Teil einer Anforderungsbeschreibung wird zunächst die Interpunktion (Komma) und das Stoppwort (und) entfernt, ehe diese über die Schritte der Transformation und Normierung in eine numerische Sequenz überführt und in der zuvor genannten Matrix abgelegt wird.

3.5.5 Klassifizierung von Satzstrukturen

In ähnlicher Weise wie in Kapitel 3.4.7 muss auch für die Klassifizierung von Satzstrukturen in semantische Informationseinheiten zunächst die Struktur des neuronalen Netzes festgelegt werden. Da es sich sowohl bei der Kategorisierung der Anzeigentitel als auch der Satzstrukturen um unterschiedliche Zielstellungen und Textkorpora handelt, ist es zwingend, ein neues Netzwerk zu implementieren und zu trainieren. In Abbildung 3.17 ist die gewählte Architektur visualisiert. Der wesentliche Unterschied im

Vergleich zu Abbildung 3.11 besteht darin, dass es sich nicht um eine Unterscheidung zweier Klassen (binäre Klassifikation), sondern mehrerer Kategorien (*Tätigkeiten, Anforderungen, Vorteile* und *Rest*) handelt. Dazu wird eine normierte, numerische Sequenz einer Satzstruktur als Eingabeparameter durch das neuronale Netzwerk in Bezug auf alle vier Kategorien bewertet. Die Zuordnung einer Satzstruktur erfolgt schließlich zu derjenigen Klasse, für welche die höchste Wahrscheinlichkeit berechnet wurde.

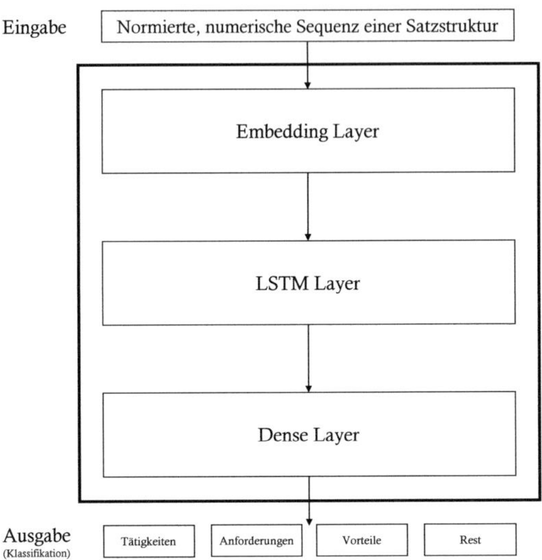

Abbildung 3.17: LSTM-Architektur des neuronalen Netzes zur Klassifizierung von Satzstrukturen aus IT-Anzeigen in die semantischen Informationseinheiten *Tätigkeiten, Anforderungen, Vorteile* und *Rest* (eigene Darstellung)

Mittels *Hyperparameteroptimierung* (siehe Kapitel 3.4.7) konnte das Auffinden der optimalen Parameter für das neuronale Netzwerk unterstützt werden. Hierzu erfolgte eine Aufteilung der 11.964 normierten, numerischen Trainingssequenzen in einen Trainings- (n = 8.374) bzw. 70 %) und einen Testanteil (n = 3.590) bzw. 30 %). Da in diesem Fall das Ziel darin bestand, mehr als zwei Klassen voneinander zu separieren, wurde für den Parameter der *Loss Function* „categorical cross-entropy“[43] gewählt und das Klassifikationsmodell auf dieser Grundlage trainiert und erstellt.

Außerdem kam es zur Bereinigung des Testanteils um all diejenigen Sequenzen, bei denen es sich um Überschneidungen mit dem Trainingsanteil oder um Duplikate handelte (siehe Kapitel 3.4.7). Dies führte zu einer Verringerung um 391 auf 3.199 Sequenzen, was einer prozentualen Reduktion um 10,89 % entspricht. Dabei teilen sich die Testdaten wie folgt auf: 905 Sequenzen (28,29 %) aus der Kategorie *Anforderungen*, 871 Sequenzen (27,23 %) aus der Klasse *Tätigkeiten*, 745 Sequenzen (23,29 %) aus der

43 Siehe https://keras.io/api/losses/probabilistic_losses/#categoricalcrossentropy-function, abgerufen am 26.09.2021.

Kategorie *Rest* und 678 Sequenzen (21,19 %) entfallen auf die Rubrik *Vorteile*. Diese bilden die Basis für die nachfolgende Modellevaluation.

3.5.6 Modellevaluation und Vergleich

Zur Evaluation des Klassifizierungsmodells für die semantischen Informationseinheiten kamen die im vorherigen Kapitel generierten Testdaten zum Einsatz. Diese bestanden aus 3.199 unterschiedlichen normierten, numerischen Sequenzen, ursprünglich abgeleitet aus Satzstrukturen ausgesuchter IT-Stellenanzeigen. Über alle vier Kategorien hinweg konnte eine Accuracy von 88,65 % ermittelt werden.

Tabelle 3.16: Resultate der Klassifizierung von Satzstrukturen aus dem Testdatensatz in semantische Informationseinheiten

		Klassifizierung				
		Anf.	Rest	Tät.	Vorteile	
Kategorie	Anf.	798	45	48	14	905
	Rest	21	672	23	29	745
	Tät.	20	51	788	12	871
	Vorteile	18	71	11	578	678
		857	839	870	633	3.199

In Tabelle 3.16 sind die Ergebnisse in Form einer *Confusion Matrix* abgebildet. Dabei sei angemerkt, dass vor allem die beiden Kategorien *Tätigkeiten* (Spalte *Tät.*) und *Anforderungen* (Spalte *Anf.*) im Fokus stehen. Die Einheit der Tätigkeiten wird im weiteren Verlauf der Studie für die Einteilung des IT-Textkorpus in Tätigkeitsfelder genutzt. Aus den Anforderungen sollen Einzelkompetenzen und darauf aufbauend Kompetenzfelder abgeleitet werden, die anschließend je Tätigkeitsfeld näher betrachtet werden. Eine Untersuchung der Kategorien *Vorteile* und *Rest* hingegen wird im Rahmen dieser Studie nicht erfolgen, da dies unter anderem in Bezug auf die Zielsetzung, Kompetenzanforderungen und Kompetenzfelder in den IT-Stellenanzeigen zu analysieren, nicht zielführend wäre. Nichtsdestotrotz wurden diese Kategorien bewusst gebildet. Zum einen, um eine sprachliche Abgrenzung zu den semantischen Informationseinheiten Tätigkeiten und Anforderungen zu begünstigen, zum anderen, speziell in Bezug auf die Klasse *Vorteile*, um mögliche weiterführende Forschungsfragen anzuschließen (siehe Kapitel 7.2).

Im Folgenden soll ein Blick auf ausgewählte statistische Kennzahlen geworfen werden, um die Modellgüte je Kategorie zu bewerten. Dabei wurden die in Kapitel 3.4.8 eingeführten Maßzahlen herangezogen, die in Tabelle 3.17 dargestellt sind. Bei Betrachtung der Zahlen fällt auf, dass vor allem die Precision der Kategorie *Rest*, im Vergleich zu den anderen Klassen, um einige Prozentpunkte niedriger ausfällt. Aus dem Prozentwert lässt sich ableiten, wie viele Satzstrukturen der Kategorie *Rest* tatsächlich korrekt zugeordnet wurden.

Tabelle 3.17: Statistische Kennzahlen zur Klassifizierung der semantischen Informationseinheiten aus dem Testdatensatz

Kategorie	Precision	Recall	F1-Score
Anforderungen	93,12 %	88,18 %	90,58 %
Rest	81,00 %	90,20 %	84,85 %
Tätigkeiten	90,57 %	90,47 %	90,52 %
Vorteile	91,31 %	85,25 %	88,18 %

Der Wert liegt, wie aus Tabelle 3.16 ersichtlich, bei 672 Sequenzen, jedoch auch 167 falschen Bewertungen, wobei die häufigsten Fehlklassifizierungen der Klasse *Vorteile* zuzuschreiben sind. Andersherum werden auch doppelt so viele Satzstrukturen (29) fälschlicherweise als Vorteile kategorisiert, bei denen es sich um die Klasse *Rest* handelt, als dies für Tätigkeiten (12) und Anforderungen (14) der Fall ist. So wird der Satz „Wenn Dir die Arbeit in einem dynamischen Team Spaß macht und eine kooperative Zusammenarbeit wichtig für Dich ist, sende uns Deine Onlinebewerbung unter Angabe Deiner Gehaltsvorstellungen." durch das Modell als semantische Informationseinheit *Vorteil* bewertet. Bei Betrachtung der Konfidenzwerte zu diesem Beispielsatz entfallen 85,26 % auf die Kategorie *Vorteil* und 13,56 % auf die Klasse *Rest*. Die verbleibenden 1,18 % teilen sich die Kategorien *Tätigkeiten* und *Anforderungen*. Dieses Beispiel zeigt, dass durchaus sprachliche Mischformen entstehen, bei denen sich das erstellte Modell letztendlich für eine Klasse entscheiden muss. Mit Blick auf Tabelle 3.16 lässt sich ein ähnlicher Effekt auch für die Kategorien *Tätigkeiten* und *Anforderungen* erkennen. So sind zwar Fehlklassifizierungen für die letztgenannte Klasse relativ gleichmäßig verteilt (21 zur Klasse *Rest*, 20 zur Klasse *Tätigkeiten* und 18 zur Klasse *Vorteile*), Satzstrukturen, die jedoch irrtümlicherweise als Tätigkeit klassifiziert wurden, tendieren eher dazu, korrekterweise eine Anforderung (48 von 82) auszudrücken. Auch dieses Verhalten lässt sich bei genauerer Betrachtung der Tätigkeiten durchaus nachvollziehen. Beispielsweise wird die Satzstruktur „Kleinere (Teil-)Projekte leiten Sie auch selbst und übernehmen gerne die Verantwortung für die Umsetzung." durch das Modell als Tätigkeit bewertet. Bei einer Überprüfung des Textinhaltes der entsprechenden Stellenanzeige musste jedoch festgestellt werden, dass dieser Satz innerhalb des Anforderungsprofils genannt wurde. Nichtsdestotrotz wären auch an dieser Stelle durchaus beide Kategorien, *Tätigkeiten* und *Anforderungen*, plausibel.

Um die Anzahl korrekt zugeordneter Einheiten zu erhöhen, ließe sich überlegen, Satzstrukturen weiter zu unterteilen, beispielsweise anhand von Trennzeichen (Komma, Strichpunkt etc.) oder die Trennung einzelner Satzglieder anhand von Signalwörtern (und, oder etc.). Allerdings lassen sich auch bei dieser Vorgehensweise negative Seiteneffekte nicht ausschließen. So könnten etwa relativ kleinteilige Satzstrukturen entstehen, die wiederum sprachlich und strukturell mit der Kategorie *Rest* in Verbindung gebracht werden könnten.

In Tabelle 3.18 finden sich weitere ausgewählte Beispiele sowie deren Bewertung und Zuordnung durch das neuronale Netz, die nicht Bestandteil der qualifizierten Trainingsdaten waren. Jede der beispielhaft aufgeführten Satzstrukturen wurde durch das Modell klassifiziert und einer der vier Kategorien zugewiesen.

Tabelle 3.18: Ausgewählte Beispiele von Satzstrukturen und deren Bewertung und Zuordnung durch das neuronale Netz zu den vier semantischen Informationseinheiten

	$KW_{Satzstruktur}$			
Satzstruktur	Anf.	Rest	Tät.	Vorteile
Sie sind zusätzlich für die Lösungsumsetzung sowie die aktive Mitarbeit bei der Verbesserung des Produkts verantwortlich.	0,05 %	0,07 %	99,88 %	0,00 %
Dabei liegt die Konzipierung, Entwicklung und Optimierung von Anwendungen in den Programmiersprachen Java/JavaEE in deinem Verantwortungsbereich.	0,24 %	0,02 %	99,72 %	0,02 %
Sehr gute kommunikative und analytische Fähigkeiten.	99,98 %	0,01 %	0,05 %	0,05 %
Hohes Maß an Einsatzbereitschaft, Eigeninitiative und strukturierte Arbeitsweise.	99,98 %	0,02 %	0,00 %	0,00 %
Work-Life-Balance (Arbeitszeitkonto, mobiles Arbeiten, Sabbatical).	0,05 %	0,14 %	0,01 %	99,80 %
Für Dich ist jetzt der richtige Zeitpunkt für eine neue berufliche Herausforderung?	0,14 %	82,47 %	0,20 %	17,19 %

Zu jeder Klasse wird ein Wahrscheinlichkeitswert berechnet. Die Zuweisung einer Satzstruktur zu einer Klasse geschieht letztlich auf Grundlage des höchsten Konfidenzwertes, welcher in Tabelle 3.18 optisch hervorgehoben wurde. An dieser Stelle sei noch einmal angemerkt, dass das Modell auf Satzstrukturen aus Stellenanzeigen mit einer Relevanz für das Berufsfeld IT trainiert wurde. In Bezug auf die Kategorien *Tätigkeiten* (Spalte *Tät.*) und *Anforderungen* (Spalte *Anf.*) handelt es sich um Formulierungen, welche unter anderem Fachvokabular beinhalten. Insbesondere dieses spezifische Vokabular diente dem Modell zum Erlernen von Entscheidungskriterien. Gleichzeitig besteht zwischen diesen beiden Klassen, hinsichtlich IT-spezifischer Begrifflichkeiten und Phrasen, ein größerer sprachlicher Zusammenhang als zu den Klassen *Rest* und *Vorteile*. Diese sind wiederum unabhängiger im Hinblick auf domänenspezifische Inhalte, können jedoch untereinander ebenfalls eine gewisse sprachliche Nähe aufweisen, was die Ergebnisse der Modellevaluation bestätigten.

3.5.7 Extraktion semantischer Informationseinheiten

Das in Kapitel 3.5.5 erstellte und in Kapitel 3.5.6 evaluierte Modell wird in einem nächsten Schritt auf dem reduzierten IT-Textkorpus (RITT) (siehe Kapitel 3.5.1) angewandt. Im Rahmen der Identifikation semantischer Informationseinheiten wurden alle IT-Anzeigen im reduzierten Textkorpus bereits in Satzstrukturen gegliedert (siehe Tabelle 3.13). Diese dienen nachfolgend als Eingabe für das neuronale Netz. Bevor die Klassifizierung in die vier semantischen Informationseinheiten, Tätigkeiten, Anforderungen, Vorteile und Rest, durchgeführt werden kann, müssen alle Satzstrukturen in eine normierte, numerische Repräsentation überführt werden (siehe Kapitel 3.5.4). Auf Grundlage dieser Repräsentation können die einzelnen Satzstrukturen anschließend durch das Modell bewertet und anhand des höchsten Konfidenzwertes einer der semantischen Informationseinheiten zugewiesen werden (siehe Beispiele in Tabelle 3.18).

Tabelle 3.19: Absolute und relative Anteile zugeordneter Informationseinheiten im reduzierten IT-Textkorpus

Kategorie (*K*)	$H_{RITT}(K)$	$h_{RITT}(K)$
Rest	1.030.187	40,69 %
Tätigkeiten	630.748	24,91 %
Anforderungen	536.271	21,18 %
Vorteile	334.443	13,21 %
Summe	2.531.649	100,00 %

Rundungsdifferenzen können zu einem Gesamtwert ungleich 100,00 % führen.

In Tabelle 3.19 finden sich die absoluten Häufigkeiten und relativen Anteile klassifizierter Informationseinheiten, die aus den 113.604 IT-Stellenanzeigen aus dem reduzierten IT-Textkorpus abgeleitet wurden. Aus dieser Darstellung lässt sich entnehmen, dass der Anteil der Kategorie Rest mit 1.030.187 zugeordneter Satzstrukturen am größten ist. Satzstrukturen, die mit den Klassen *Tätigkeiten* und *Anforderungen* bewertet sind, verteilen sich in etwa gleich. Den geringsten Anteil nimmt die Kategorie *Vorteile* mit 13,21 % ein. In Summe konnten aus allen 113.604 IT-Anzeigen 2.531.649 Satzstrukturen abgeleitet und in die vier semantischen Einheiten klassifiziert werden.

Nach Abschluss des Klassifizierungsvorgangs erhielt jede Satzstruktur (*S*) automatisch eine Kategorie (*K*), sprich semantische Informationseinheit, und einen Konfidenzwert (*KW*) zugewiesen. In Tabelle 3.20 findet sich eine Abstraktion, welche diesen Zusammenhang veranschaulicht. Ausgehend von dieser Darstellung wurden anschließend je Anzeige alle Satzstrukturen mit der gleichen Kategorie zu einer Einheit zusammengefasst, um auf diese Weise eine Datenstruktur zu erzeugen, wie diese bereits in Tabelle 3.13 abgebildet war. Es sei noch einmal darauf hingewiesen, dass nicht jede Anzeige alle vier semantischen Einheiten zwingend beinhalten muss. Maximal können vier, mindestens jedoch muss eine Informationseinheit identifiziert worden sein. Die auf diese Weise erzeugte Struktur dient im weiteren Verlauf dieser Studie als Ausgangsbasis. Auf dieser Grundlage sollen in einem nächsten Schritt IT-Tätigkeitsfelder abgeleitet werden.

Tabelle 3.20: Stellenanzeigen aus dem reduzierten IT-Textkorpus und deren einzelne Satzstrukturen sowie die durch die Klassifizierung angereicherten Kategorien und deren entsprechende Konfidenzwerte

Anzeige	Satzstruktur	Kategorie	Konfidenzwert
$A_{(1)}$	$S_{(1,1)}$	$K_{(1,1)}$	$KW_{(1,1)}$
$A_{(1)}$	$S_{(1,2)}$	$K_{(1,2)}$	$KW_{(1,2)}$
$A_{(2)}$	$S_{(2,1)}$	$K_{(2,1)}$	$KW_{(2,1)}$
$A_{(3)}$	$S_{(3,1)}$	$K_{(3,1)}$	$KW_{(3,1)}$
$A_{(3)}$	$S_{(3,2)}$	$K_{(3,2)}$	$KW_{(3,2)}$
$A_{(3)}$	$S_{(3,3)}$	$K_{(3,3)}$	$KW_{(3,3)}$
...	...	...	...
$A_{(113.604)}$	$S_{(113.604,n)}$	$K_{(113.604,n)}$	$KW_{(113.604,n)}$

3.6 Ableitung von Tätigkeitsfeldern im Berufsfeld IT

Die Notwendigkeit der Betrachtung unterschiedlicher Tätigkeitsfelder wurde aus der Diversität der durch die Bundesagentur für Arbeit genannten Aufgabenbereiche sozialversicherungspflichtig Beschäftigter in der IT-Branche abgeleitet (siehe Tabelle 2.2). Dabei wurden vier Gruppen differenziert: Informatik allgemein, Softwareentwicklung und Programmierung, IT-Systemanalyse, IT-Anwendungsberatung und IT-Vertrieb sowie IT-Netzwerktechnik, IT-Koordination, IT-Administration und IT-Organisation. Im Folgenden soll die Annahme getroffen werden, dass sich die mit diesen Gruppen assoziierten Tätigkeitsbereiche ebenfalls in den IT-Stellenanzeigen des reduzierten IT-Textkorpus widerspiegeln. Diese These gilt es zu überprüfen. Als Ergebnis könnte somit eine unterschiedliche Wahrnehmung von Kompetenzbedarfen in Abhängigkeit zu diesen Tätigkeitsfeldern festgestellt werden. Die aus dem Bericht der Bundesagentur für Arbeit ableitbaren Gruppen dienen als Ausgangsbasis. Idealerweise lassen sich diese Gruppen für das Berufsfeld IT durch die Aggregation von Stellenanzeigen mit ähnlich gelagerten Aufgabenbereichen zusammenfassen, um anschließend innerhalb eines gemeinsamen Tätigkeitsfeldes betrachtet zu werden. Die Unterscheidung in Tätigkeitsfelder soll zudem den gewählten feldtheoretischen Ansatz noch einmal unterstreichen. Gleichwohl muss sich bei diesem Ansatz auch bewusst gemacht werden, dass eine Stellenanzeige auf die Besetzung einer offenen Vakanz mit einem Individuum abzielt. Deshalb sei angemerkt, dass sich aus diesem Verständnis heraus auch eine Abgrenzung hin zur betrieblichen Weiterbildung, beispielsweise durch eine Fokussierung auf ein einzelnes Unternehmen oder eine Organisation, begründet.

Nachfolgend wird die Fragestellung erörtert, wie sich möglichst adäquat Tätigkeitsfelder aus dem reduzierten IT-Textkorpus in Anlehnung an die oben genannten Gruppen der Bundesagentur für Arbeit ableiten lassen. Hierzu soll das Textkorpus zunächst mittels quantitativer Methoden näher untersucht werden. Ziel ist es, möglichst diejenigen IT-Anzeigen innerhalb eines Feldes zusammenzufassen, die auf Basis ihrer Tätigkeitsbeschreibungen eine inhaltliche Nähe zueinander aufweisen. Die angewandte

Methodik wie auch die algorithmische Umsetzung zur Ableitung von Tätigkeitsfeldern aus dem reduzierten IT-Textkorpus sollen im nächsten Abschnitt näher betrachtet und diskutiert werden.

3.6.1 Tätigkeitsbeschreibung als Differenzierungsmerkmal

Zur Bestimmung von IT-Tätigkeitsfeldern werden aus der semantischen Informationseinheit der Tätigkeiten Eigenschaften abgeleitet. Die Ausgangsbasis bildet die in Kapitel 3.5.7 erzeugte Datenstruktur. So finden sich innerhalb der Einheit der Tätigkeiten Satzstrukturen, welche spezifische Aufgaben im Rahmen einer zu besetzenden Stelle beschreiben (siehe Tabelle 3.18), die sich zur Ermittlung von Tätigkeitsschwerpunkten nutzen lassen. In Summe ließen sich im reduzierten IT-Textkorpus 630.748 Satzstrukturen der Kategorie Tätigkeiten identifizieren. Bezugnehmend auf die Tabellen 3.16 und 3.17 müssen bei der Kategorisierung auch Fehlklassifizierungen in Form von False Positives und False Negatives einkalkuliert werden. Um der False Positive-Rate entgegenzuwirken, wurde entschieden, bei der Auswahl der Satzstrukturen einen Schwellwert zu definieren. Dieser bewirkt, dass nur solche in Betracht kommen, die einen entsprechenden Konfidenzwert oder höher aufweisen. Somit können potenzielle Fehlklassifizierungen weiter vermindert werden.

Tabelle 3.21: Statistische Kennzahlen zur Bestimmung eines Grenzwertes auf Grundlage der tätigkeitsbezogenen, prozentualen Konfidenzwerte und deren Einfluss auf die absolute und prozentuale Reduktion aller tätigkeitsbezogenen Satzstrukturen aus dem reduzierten IT-Textkorpus

Statistische Kennzahl (SK)	KW_{Taet}	$H_{RITT_{Taet}}(SK)$	$h_{RITT_{Taet}}(SK)$
75 %-Quartil	99,99 %	157.782	25,00 %
50 %-Quartil (Median)	99,94 %	315.396	50,00 %
25 %-Quartil	95,67 %	472.950	75,00 %
Arithmetisches Mittel	93,85 %	491.004	77,84 %
Tukey-Regel (Untergrenze)	89,17 %	522.094	82,77 %

In Tabelle 3.21 finden sich unterschiedliche statistische Kennzahlen, deren Konfidenzwerte (KW_{Taet}) sich als Entscheidungsgrundlage zur Bestimmung eines Grenzwertes heranziehen lassen. Daraus ist zu entnehmen, dass mindestens 75 % der Satzstrukturen mit einem Konfidenzwert von mindestens 95,67 % und 50 % zu mindestens 99,94 % erkannt wurden. Das arithmetische Mittel beträgt 93,85 %. Um eine Entscheidung für einen bestimmten Grenzwert zu treffen, wurden, analog wie in Kapitel 3.4.9 (siehe Tabelle 3.9 und Abbildung 3.12), die absoluten und prozentualen Einflüsse auf alle Satzstrukturen der Klasse *Tätigkeiten* bestimmt, deren Werte sich in den Spalten $H_{RITT_{Taet}}(SK)$ und $h_{RITT_{Taet}}(SK)$ befinden. Letztendlich wurde entschieden, wieder die Untergrenze der Tukey-Regel als Grenzwert festzulegen. Daraus ergibt sich, alle tätigkeitsbezogenen Satzstrukturen, deren Konfidenzwert mindestens 89,17 % entspricht, werden nachfolgend für die Ableitung von Tätigkeitsfeldern berücksichtigt.

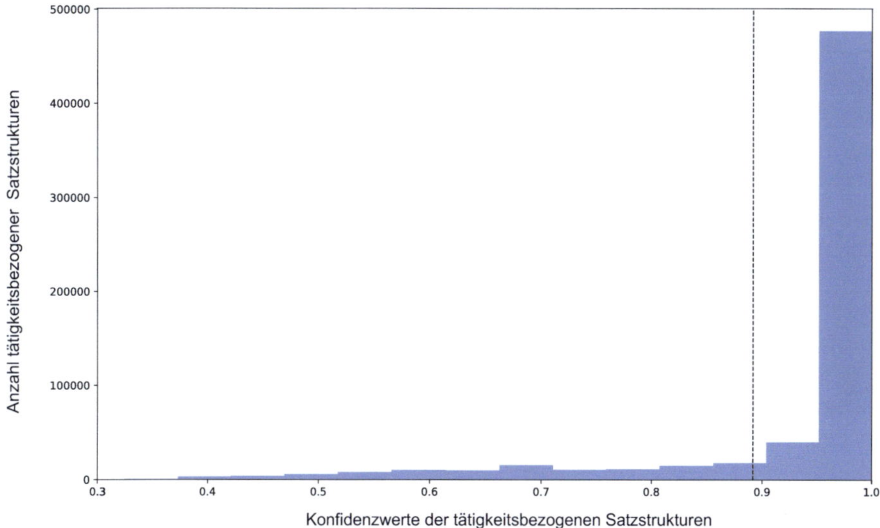

Abbildung 3.18: Histogramm zur Verteilung der Konfidenzwerte tätigkeitsbezogener Satzstrukturen im reduzierten IT-Textkorpus (eigene Darstellung)

In Abbildung 3.18 ist die Verteilung der Konfidenzwerte in Form eines Histogramms visualisiert. Die eingezeichnete gestrichelte Linie entspricht dabei dem Grenzwert von 89,17 %. Somit verbleiben in Summe 522.094 Satzstrukturen. Dies entspricht einer Reduktion um 17,23 % der ursprünglich im reduzierten IT-Textkorpus identifizierten semantischen Informationseinheiten der Kategorie *Tätigkeiten*. Ferner lassen sich daraus 107.618 IT-Stellenanzeigen ableiten, die mindestens eine tätigkeitsbezogene Satzstruktur enthalten und deren Tätigkeitsbeschreibungen im Folgenden weiter aufbereitet werden.

3.6.2 Aufbereitung der Tätigkeitsbeschreibungen

Zur Bestimmung von Tätigkeitsfeldern für das Berufsfeld *IT* sollen aus den zuvor (siehe Kapitel 3.6.1) ausgewählten Satzstrukturen Eigenschaften abgeleitet werden, die eine entsprechende Zuordnung von IT-Stellenanzeigen zu den genannten Aufgabenfeldern in Kapitel 3.6 erlauben. In einem ersten Schritt werden hierzu alle Satzstrukturen (n = 522.094) für eine quantitative Untersuchung aufbereitet. Diese Aufbereitung hat das Ziel, die natürlichsprachlichen Satzstrukturen der Tätigkeitsbeschreibungen möglichst auf solche Inhalte zu verdichten, die einen hohen Informationsgehalt aufweisen, um letztendlich Sprachkonstrukte bzw. Eigenschaften aus den Beschreibungstexten zu identifizieren, welche IT-spezifischen Tätigkeitsfeldern möglichst eindeutig zugeordnet werden können. Die maschinelle Aufbereitung umfasst verschiedene Stufen, die in Abbildung 3.19 schematisch dargestellt sind. Die Stufen werden sequenziell durchlaufen. In jedem Schritt wird die natürlichsprachliche Tätigkeitsbeschreibung mittels Verfahren des Natural Language Processings prozessiert. Das Resultat ist eine komprimierte Form der ursprünglichen Tätigkeitsbeschreibung. Dazu werden vier Verfahren,

Tokenisierung, Stoppwörter, Wortarten und *Lemmatisierung*, angewendet, die nachfolgend näher erläutert werden[44]. Solch textvorbereitende Maßnahmen zur Strukturierung von Textdaten werden unter anderem auch von Anandarajan et al. (2019) vorgeschlagen und empfohlen (S. 46, S. 48).

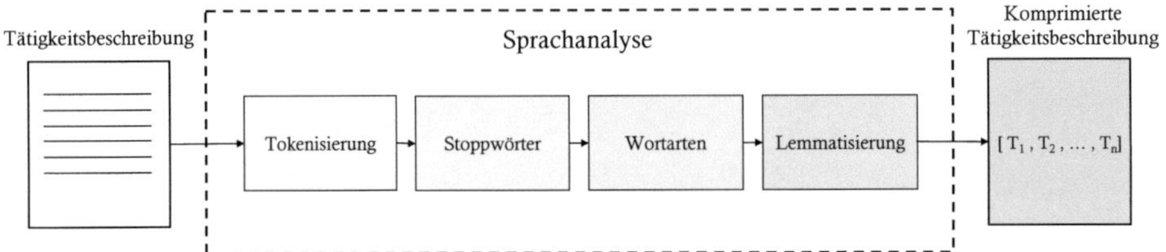

Abbildung 3.19: Stufen der Aufbereitung von Tätigkeitsbeschreibungen mittels Sprachanalyse (eigene Darstellung)

Tokenisierung: Bei der Tokenisierung werden die Tätigkeitsbeschreibungen anhand von Leerzeichen zwischen einzelnen Wörtern bzw. anhand von Interpunktionszeichen in einzelne Segmente zerlegt (englisch: whitespace tokenization). Außerdem kommen sprachspezifische Regeln zur Anwendung, beispielsweise um Abkürzungen, wie *usw.* oder *etc.*, nicht aufgrund ihres Interpunktionszeichens zu trennen, sondern als singuläre Token zu behandeln. Zusätzlich werden Anführungszeichen, die unmittelbar einem Wort angehängt sind, wie es beispielsweise bei der Aufzählung von Tätigkeiten im Anzeigentext der Fall sein kann, als separate Token registriert. Abbildung 3.20 veranschaulicht anhand einer beispielhaften Tätigkeitsbeschreibung den Vorgang der Tokenisierung. Dieses Beispiel soll im weiteren Verlauf dazu dienen, alle vier Stufen (siehe Abbildung 3.19) der Transformation einer Tätigkeitsbeschreibung schrittweise zu veranschaulichen.

```
Sie sind zusätzlich für die Lösungsumsetzung sowie die aktive
Mitarbeit bei der Verbesserung des Produkts verantwortlich.
```

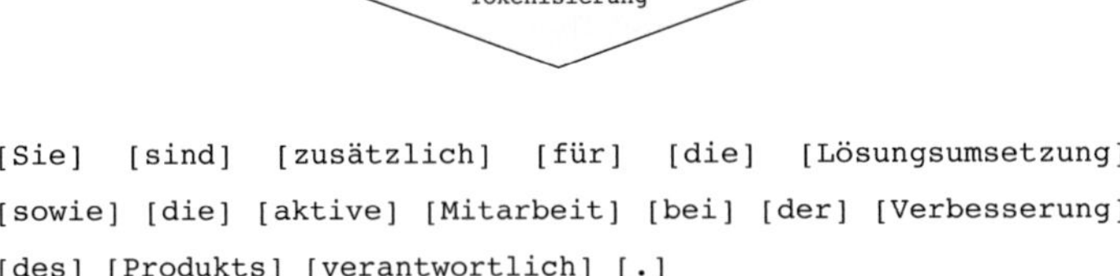


```
[Sie]  [sind]  [zusätzlich]  [für]  [die]  [Lösungsumsetzung]
[sowie] [die] [aktive] [Mitarbeit] [bei] [der] [Verbesserung]
[des] [Produkts] [verantwortlich] [.]
```

Abbildung 3.20: Veranschaulichung der Tokenisierung anhand einer beispielhaft ausgewählten Tätigkeitsbeschreibung mittels Whitespace-Tokenisierung und sprachspezifischen Regeln (eigene Darstellung)

44 Die Umsetzung und Implementierung erfolgte mit der Python-Sprachbibliothek spaCy, die bereits in Kapitel 3.5.2 zum Einsatz kam.

Aus der ursprünglichen Satzstruktur (*SST*) werden durch Tokenisierung einzelne Token (*T*) generiert. Dies lässt sich wie folgt beschreiben: $SST = T_1, ..., T_n$, wobei sich die Indizes aus $\mathbb{N}^* = \{1, ..., n\}$ zusammensetzen. Die auf diese Weise erzeugte Satzstruktur bestehend aus Token bildet die Grundlage für die weitere Verarbeitung. In Summe wurden 7.372.716 Token aus den insgesamt 522.094 tätigkeitsbezogenen Satzstrukturen erzeugt.

Stoppwörter: Im nächsten Schritt wird jeder Token der Satzstruktur mit einer Stoppwortliste abgeglichen[45]. In Abbildung 3.21 ist das Vorgehen schematisch dargestellt.

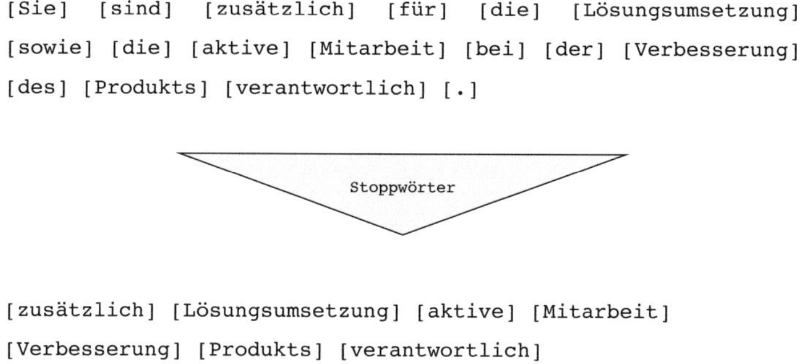

Abbildung 3.21: Weitere Verdichtung der Tätigkeitsbeschreibung auf Grundlage der Tokenisierung durch Anwendung von Stoppwörtern (eigene Darstellung)

Wie in Kapitel 3.5.4 bereits erwähnt, dient eine Stoppwortliste dazu, bestimmte Token, beispielsweise die häufigsten Wörter der deutschen Sprache (zum Beispiel Artikel etc.), aus der Satzstruktur zu entfernen. Dadurch sollen möglichst fachlich relevante Begrifflichkeiten im Korpus erhalten bleiben, da diese unter anderem die Charakteristik der Tätigkeitsfelder sprachlich definieren und sich dadurch insbesondere für eine Abgrenzung der einzelnen Felder eignen. Mit Blick auf das Beispiel in Abbildung 3.21 wurden die Token *Sie, sind, für, die* (2-mal), *sowie, bei, der, des* und die Interpunktion aus der Satzstruktur entfernt. Der Beispielsatz wurde somit von ursprünglich 17 Token auf 7 Token gekürzt. Bei näherer Betrachtung der aus der Aufgabenbeschreibung eliminierten Token wird ersichtlich, dass diese in Bezug auf die Zielstellung, IT-Tätigkeitsfelder zu identifizieren, keine relevanten Zusatzinformationen bilden (ebd., S. 50–53).

Wortarten: Jeder Token der Satzstruktur ist mit einer Information zu seiner Wortart (englisch: part of speech) verknüpft (Ghavami, 2020, S. 67). Im Sinne einer Informationsverdichtung wurde entschieden, nur auf bestimmte Wortarten zu fokussieren. Zur Feststellung wurde auf das Stuttgart-Tübingen TagSet (STTS) zurückgegriffen (Schiller

45 *spaCy*-Stoppwörter für die deutsche Sprache, siehe https://github.com/explosion/spaCy/blob/master/spacy/lang/de/stop_words.py, abgerufen am 29.09.2021.

et al., 1999). So sollen für die weitere Verarbeitung nur Nomen[46] sowie bestimmte Verbformen[47] berücksichtigt werden. Die Auswahl dieser Wortarten begründet sich dadurch, dass Aufgabenbereiche in den IT-Stellenanzeigen vor allem mittels Nomen und Verben sprachlich artikuliert und spezifiziert werden. In Abbildung 3.22 findet sich die weitere Reduzierung der Tokensequenz nach Anwendung der Wortartenfilterung.

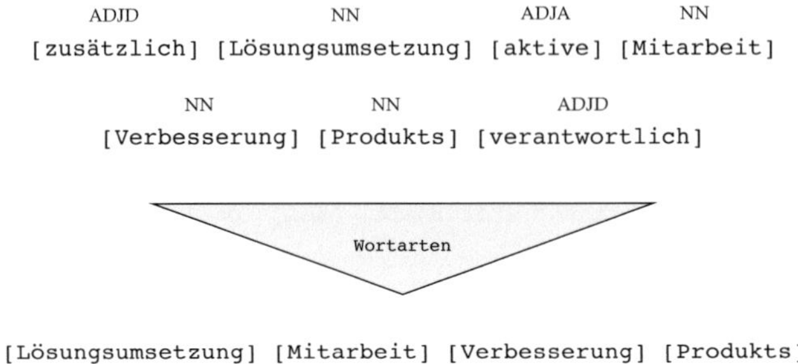

Abbildung 3.22: Schematische Darstellung der Wortartenerkennung und -filterung (eigene Darstellung)

So lassen sich beispielsweise in Tätigkeitsbeschreibungen genannte Programmiersprachen (Python, Java, C++ etc.), Komponenten (Server, Netzwerk etc.) oder Schwerpunkte der Tätigkeitsausübung (Anwenderbetreuung, Support, Beratung etc.) durch die Wortartenerkennung als Nomen identifizieren. Des Weiteren beschreiben Verben, wie zum Beispiel *implementieren, administrieren, installieren, programmieren, betreuen, beraten, konzipieren, gestalten* etc., spezifische Tätigkeiten. Alle übrigen Wortarten wurden ausgeklammert. Bezugnehmend auf Abbildung 3.22 werden alle Nomen (NN), wie *Lösungsumsetzung, Mitarbeit, Verbesserung* und *Produkts,* als Token beibehalten. Alle Adjektive hingegeben bleiben unberücksichtigt. Dies hat den Grund, da diese in den Tätigkeitsbeschreibungen, vielmehr als Nomen und Verben, auf grundsätzliche Eigenschaften hinweisen und deshalb meist nicht per se ein Tätigkeitsfeld explizieren, sondern übergreifenden Charakter besitzen, wie die Begrifflichkeiten *zusätzlich, aktive* und *verantwortlich* aus dem Beispielsatz belegen. Nichtsdestotrotz kann diese Feststellung durchaus auch auf Nomen und Verben zutreffen.

Lemmatisierung: Durch Lemmatisierung werden die verbliebenen Token in deren jeweilige Grundform (Lemma) umgewandelt (Ghavami, 2020, S. 67). Dabei wird das Ziel verfolgt, unterschiedlich flektierte Wörter in den Tätigkeitsbeschreibungen zu normalisieren. Unter Normalisierung versteht man die Rückführung divergent gebeugter Begriffe in deren Grundform, um zu verhindern, dass verschiedene Ausprägungen der

46 Normales Nomen (NN); Eigennamen (NE), siehe https://www.ims.uni-stuttgart.de/forschung/ressourcen/lexika/germantagsets/#id-cfcbf0a7-0, abgerufen am 28.09.2022.

47 Finites Verb, voll (VVFIN); Imperativ, voll (VVIMP); Infinitiv, voll (VVINF); Infinitiv mit „zu“, voll (VVIZU); Partizip Perfekt, voll (VVPP), siehe https://www.ims.uni-stuttgart.de/forschung/ressourcen/lexika/germantagsets/#id-cfcbf0a7-0, abgerufen am 28.09.2022.

gleichen Terminologie als separate Token behandelt werden (Anandarajan et al., 2019, S. 56 f.).

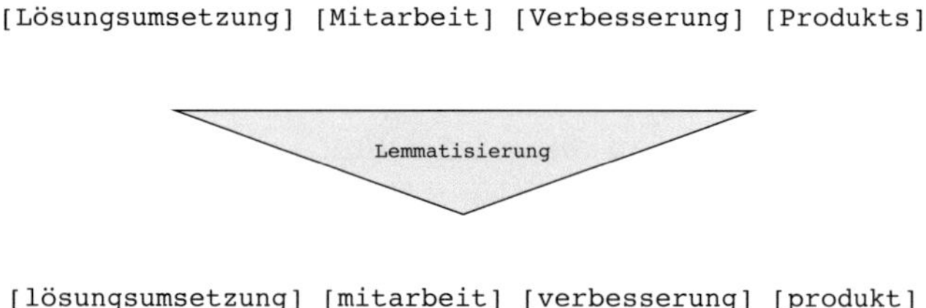

Abbildung 3.23: Normalisierung einzelner Token durch Lemmatisierung (eigene Darstellung)

In Abbildung 3.23 wurde die Lemmatisierung beispielhaft durchgeführt, um dieses Konzept zu verdeutlichen. So wird der Genitiv des Tokens *Produkts* auf seine Grundform, das Nomen *Produkt*, zurückgeführt. Alle übrigen Token liegen bereits lemmatisiert vor, sodass keine weitere Anpassung erfolgen muss[48]. Zudem wurden nach diesem letzten Normalisierungsschritt alle Token in Kleinbuchstaben konvertiert. Diese Maßnahme trägt ebenfalls dazu bei, den Informationsraum weiter zu verdichten (ebd., S. 50). Beispielsweise wird der Begriff *Produkt* unabhängig von seiner Schreibweise, in Großbuchstaben (*PRODUKT*) oder einer Mischung aus Groß- und Kleinbuchstaben (zum Beispiel *PROdukt*), letztlich in einer einheitlichen Terminologie *produkt* erfasst. Dieser Aspekt wurde nicht explizit in Abbildung 3.19 visualisiert, da dieser Vorgang unabhängig von einer Sprachanalyse durchgeführt werden kann.

Nachdem alle 522.094 tätigkeitsbezogenen Satzstrukturen die in Abbildung 3.19 dargestellten Stufen der Aufbereitung und anschließenden Konvertierung in Kleinbuchstaben durchlaufen haben, konnten die eingangs 7.372.716 identifizierten Token auf 2.943.041 Token eingegrenzt werden, was einer prozentualen Reduktion von 60,08 % entspricht. Dieses aufbereitete Textkorpus bildet nachfolgend die Grundlage zur Ableitung spezifischer IT-Tätigkeitsfelder.

3.6.3 Repräsentation der Tätigkeitsbeschreibungen

Das im vorherigen Kapitel 3.6.2 mittels Sprachanalyse aufbereitete Textkorpus muss für die weitere Verarbeitung in eine numerische Repräsentation überführt werden. Hierzu wird auf das Prinzip der *Worteinbettungen* (englisch: word embeddings) zurückgegriffen. Darunter versteht man die numerische Repräsentation einzelner Token aus einem Textkorpus, die in Summe ein *Vokabular* bilden, um dieses inhaltlich zu beschreiben. Jeder Token wird dabei als Vektor in einem multi-dimensionalen Raum dargestellt. Die auf diese Weise erzeugte numerische Repräsentation einzelner Token erlaubt anschließend die Durchführung mathematischer Operationen. So lassen sich beispielsweise Token, welche in einem sprachlich verwandten Kontext auftreten, aufgrund

48 Die technische Implementierung der Grundformreduktion basierte auf GermaLemma (siehe https://github.com/WZBSocialScienceCenter/germalemma, abgerufen am 04.04.2020).

ihrer Vektorrepräsentation gruppieren (Mikolov et al., 2013). In Bezug auf die Zielsetzung, Tätigkeitsfelder für das Berufsfeld IT zu identifizieren, wurde diese Technik gewählt, um sprachliche Zusammenhänge und damit Indikatoren zu ermitteln. Nachfolgend werden die Funktionsweise dieser Methodik und der gewählte Algorithmus noch genauer vorgestellt und erläutert.

Zur Umwandlung der Token der Tätigkeitsbeschreibungen in eine entsprechende numerische Vektorrepräsentation wurde im Rahmen dieser Studie ein Algorithmus namens *Word2Vec* eingesetzt[49]. Word2Vec unterscheidet zwei grundlegende Algorithmen zur Generierung von Worteinbettungen aus einem Textkorpus: *Continuous Bag of Words* (CBOW) und *Continuous Skip-Gram*. Der CBOW-Ansatz versucht, ein gegebenes Wort auf Grundlage des Kontexts vorherzusagen. Gegensätzlich verhält sich Skip-Gram. Dieser Ansatz versucht, den Kontext aufgrund eines gegebenen Tokens zu ermitteln, was sich für den hier vorliegenden Anwendungsfall anbietet (Liu et al., 2020, S. 18 f.). Grundlage für das Training eines Skip-Gram-Modells sind die im vorherigen Kapitel aufbereiteten Tätigkeitsbeschreibungen in Form von Tokensequenzen (*TSQ*), die sich in Summe aus 2.943.041 Token zusammensetzen. Anhand der folgenden Beispielsequenz, bestehend aus 6 Token, soll die Implementierung dieses Modells schrittweise veranschaulicht werden:

$$TSQ = [[\textit{konzipierung}], [\textit{entwicklung}], [\textit{optimierung}], [\textit{anwendung}], [\textit{java}], [\textit{javaee}]]$$

Diese Tokensequenz findet sich zudem in Abbildung 3.24 wieder. In der Darstellung ist für die ersten drei Token dieser Sequenz auszugsweise die Funktion des Skip-Gram-Ansatzes skizziert.

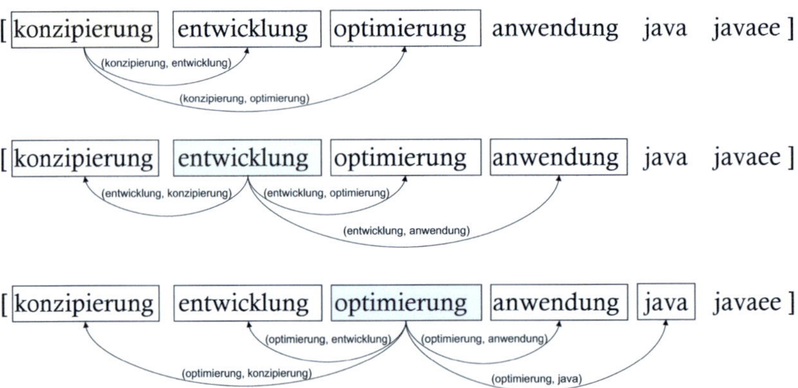

Abbildung 3.24: Schematische Darstellung der Funktionsweise des Skip-Gram-Ansatzes anhand einer tätigkeitsbeschreibenden Tokensequenz (eigene Darstellung)

Dieser fokussiert darauf, auf Grundlage eines vorgegebenen Tokens in einem festgelegten Kontextfenster (englisch: context window) das Wortumfeld zu ermitteln. In diesem Fall wurde ein Kontextfenster der Größe 2 festgelegt. Das bedeutet, ausgehend

49 Dieser Algorithmus wird unter anderem über die Open-Source-Bibliothek Gensim (siehe https://radimrehurek.com/gensim/, abgerufen am 21.11.2021) für die Programmiersprache Python bereitgestellt.

vom ersten Token der Sequenz, *konzipierung*, werden maximal zwei benachbarte Token, die links bzw. rechts dieses Tokens liegen, als dessen Wortumfeld betrachtet. Konkret heißt das, dass der Token *konzipierung* mit den beiden rechts liegenden Token *entwicklung* und *optimierung* einen gemeinsamen Kontext bildet. Diese Informationen werden anschließend in Form von Tupeln (*AT*, *KT*) abgespeichert, welche den Ausgangstoken (*AT*) und den Kontextbegriff (*KT*) beinhalten. Anschließend wird der Kontext ausgehend vom nächsten Token, *entwicklung*, ermittelt, der in diesem Fall drei Tupel abbilden kann. Die Bestimmung der Tupel wird solange durchgeführt, bis das Ende der Sequenz erreicht ist. Eine vollständige Auflistung aller Tupel, die aus der Beispielsequenz extrahiert wurden, findet sich in Tabelle 3.22.

Tabelle 3.22: Auflistung aller Tupel, bestehend aus einem Ausgangstoken und einem Kontexttoken, die aus der Beispielsequenz innerhalb eines Kontextfensters der Größe 2 abgeleitet wurden

Ausgangstoken (*AT*)	Tupel (*AT*, *KT*)
[konzipierung]	(konzipierung, entwicklung), (konzipierung, optimierung)
[entwicklung]	(entwicklung, konzipierung), (entwicklung, optimierung), (entwicklung, anwendung)
[optimierung]	(optimierung, konzipierung), (optimierung, entwicklung), (optimierung, anwendung), (optimierung, java)
[anwendung]	(anwendung, entwicklung), (anwendung, optimierung), (anwendung, java), (anwendung, javaee)
[java]	(java, optimierung), (java, anwendung), (java, javaee)
[javaee]	(javaee, anwendung), (javaee, java)

Daraus lässt sich ableiten, welche Tokenkombinationen in welcher Häufigkeit miteinander auftreten und damit einen gemeinsamen Kontext teilen, das heißt, eine höhere gemeinsame Auftrittswahrscheinlichkeit haben. Auf dieser Grundlage lassen sich Token, die in einem ähnlichen Wortumfeld vorkommen, gruppieren (McCormick, 2016). In Bezug auf die Tätigkeitsbeschreibungen der IT-Anzeigentexte sollten daher insbesondere solche Token gemeinsam hervortreten, die sich semantisch ähnlich und damit in der Lage sind, spezifische Aufgaben eines Tätigkeitsfeldes sprachlich zu beschreiben.

Wie einleitend angesprochen, bilden alle Token ein gemeinsames Vokabular. Dieses umfasst initial jeden Token aus dem Textkorpus der Tätigkeitsbeschreibungen. Die Ausgangsbasis setzt sich somit aus 2.943.041 Token zusammen, die nach dem Durchlaufen der Sprachanalyse verblieben sind (siehe Abbildung 3.19). Ferner werden aus dieser Menge ausschließlich singuläre Token betrachtet. Singulär heißt, dass alle Duplikate aus der Ausgangsbasis entfernt wurden. In Summe handelt es sich um 128.952 Token, auf Grundlage derer ein tätigkeitsspezifisches Vokabular beschrieben wird. Jeder dieser Token wird in eine sogenannte *One-Hot-Kodierung* überführt. Darunter versteht man die Umwandlung eines Tokens in eine einfache numerische Form, welche in Abbildung 3.25 exemplarisch für die ausgewählte Beispielsequenz dargestellt ist.

anwendung	1	0	0	0	0	0
entwicklung	0	1	0	0	0	0
java	0	0	1	0	0	0
javaee	0	0	0	1	0	0
konzipierung	0	0	0	0	1	0
optimierung	0	0	0	0	0	1

Abbildung 3.25: Beispielhafte Darstellung eines Vokabulars bestehend aus singulären Token in Form einer One-Hot-Kodierung (eigene Darstellung)

So wurde aus der Sequenz

$$TSQ = [[konzipierung], [entwicklung], [optimierung], [anwendung], [java], [javaee]]$$

ein Vokabular bestehend aus singulären Token beispielhaft abgeleitet und alphabetisch sortiert. Jeder Token wird dabei durch einen Vektor beschrieben, dessen Länge sich aus dem Umfang des Vokabulars ergibt. In Bezug auf das Beispiel in Abbildung 3.25 würde man von einem Vokabular mit dem Umfang ($n = 6$), welches sich aus 6 unterschiedlichen Token zusammensetzt, sprechen. Je nach alphabetischer Position des Tokens im Vokabular wird der entsprechende Wert auf 1, alle übrigen auf 0 gesetzt. Auf diese Weise lassen sich alle Begriffe eindeutig beschreiben. So besitzt beispielsweise der Token *java* die numerische Form $[0, 0, 1, 0, 0, 0]$. Der Wert 1 entspricht dabei der Position des Tokens im Vokabular. Dies wäre analog für alle anderen Terminologien durchführbar, wie in Abbildung 3.25 dargestellt. Das Resultat wird als sogenannte *sparse matrix* bezeichnet, da ein Großteil der Inhalte dieser Matrix mit dem Wert 0 belegt ist.

Anschließend wird diese numerische Repräsentation als Eingabewert für das Trainieren und Erstellen eines Word2Vec-Modells genutzt. In Abbildung 3.26 findet sich eine beispielhafte, vereinfachte Darstellung einer Architektur eines Word2Vec-Modells. Dieses referenziert auf die Tokensequenz aus Abbildung 3.24 mit den entsprechenden Tupeln aus Tabelle 3.22 und der One-Hot-Kodierung aus Abbildung 3.25.

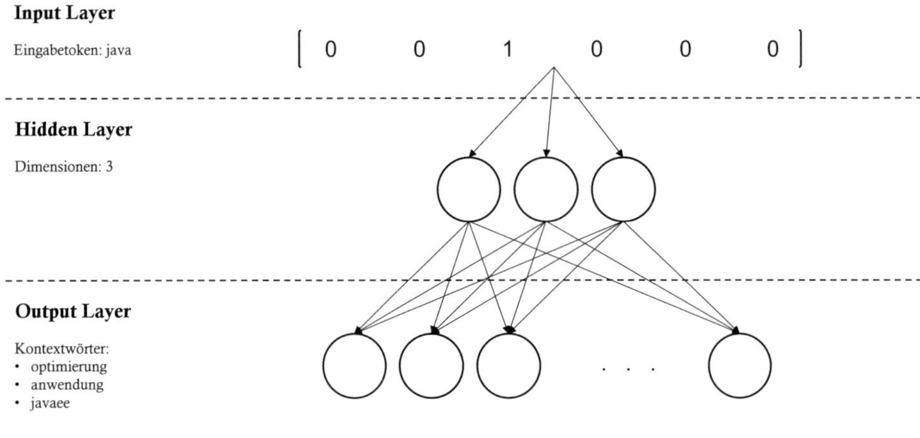

Abbildung 3.26: Schematische Darstellung einer Word2Vec-Architektur (Skip-Gram) am Beispiel des Eingabetokens *java* (eigene Darstellung)

Das Eingabewort *java* wird in Form seiner One-Hot-Kodierung der Länge ($n = 6$) (Umfang des Vokabulars) über den *Input Layer* in seiner numerischen Form als Vektor übergeben. Aufgrund dieser Kodierung des Eingabewortes wird im *Hidden Layer*[50] nur ein entsprechender Knoten, sprich Neuron, aktiviert. Auf diese Weise wird der Hidden Layer während der Modellerstellung wie eine Lookup-Tabelle genutzt und ist zu Beginn mit zufälligen Werten initialisiert. Die Anzahl der Dimensionen des Hidden Layers müssen beim Entwurf der Word2Vec-Architektur festgelegt werden. Dieser Parameter bestimmt die Anzahl der Neuronen bzw. Features, in welche ein Token aus dem Vokabular später als Wortvektor abgebildet wird. Bezugnehmend auf das Beispiel in Abbildung 3.26 wurden für den Hidden Layer drei Dimensionen vorgegeben. Die Ausgabe des Hidden Layers, sprich die Gewichte der einzelnen Knoten bzw. Neuronen, werden zuletzt mit dem *Output Layer*[51] verknüpft, der zu Beginn ebenfalls mit zufälligen Werten initialisiert wurde. Der Output Layer berechnet schließlich Wahrscheinlichkeiten, die Auskunft darüber geben, ob ein bestimmter Token aus dem Vokabular (siehe Abbildung 3.25) eine semantische Nähe zum Eingabetoken aufweist. Semantisch ähnliche Token sind dem Algorithmus dabei durch die eingangs generierten Tupel (siehe Tabelle 3.22) bekannt. Durch den Einsatz eines Klassifikationsalgorithmus im Output Layer wird versucht, die Gewichte des Hidden Layers

50 Als Hidden Layer werden alle Schichten eines neuronalen Netzes zwischen dem Input Layer und dem Output Layer verstanden.

51 Der Output Layer ist die letzte Schicht innerhalb eines neuronalen Netzes, welcher die Ausgabe, zum Beispiel ein Klassifikationsergebnis, erzeugt.

durch entsprechende Fehleroptimierung[52] anzupassen. Auf diese Weise wird für alle Token im Vokabular jeweils ein Wortvektor der Dimensionalität des Hidden Layers erzeugt. Anders als in Kapitel 3.4.7 und 3.5.5, in denen durch das neuronale Netz eine Ausgabe in Form einer Klassifizierung von Anzeigentiteln oder Satzstrukturen produziert wurde, spielt diese im Word2Vec-Modell keine Rolle. Die Wortvektoren werden letztendlich durch den Hidden Layer und dessen Gewichtsmatrix repräsentiert, welche auf Grundlage der Tupel und den darin enthaltenen Kontextwörtern optimiert wurde. Ausgewählte Parameter, die zur Initialisierung, zum Training und zur Erstellung des Word2Vec-Modells (Skip-Gram) im Rahmen dieser Studie festgelegt wurden, finden sich im Anhang in Tabelle T1.

3.6.4 Identifikation von Tätigkeitsfeldern im Berufsfeld IT

Anhand des in Kapitel 3.6.3 erstellten Word2Vec-Modells gilt es, Eigenschaften zu identifizieren, auf deren Basis Tätigkeitsfelder für das Berufsfeld IT abgeleitet werden können. Ziel ist es, jede IT-Stellenanzeige aus dem reduzierten IT-Textkorpus, bestehend aus 113.604 Annoncen, einem Tätigkeitsfeld zuzuordnen. Hierzu wird in diesem Kapitel zunächst erörtert, welche Methoden zur Feststellung tätigkeitsbezogener Merkmale angewandt werden können, um darauf aufbauend eine Definition von IT-Tätigkeitsfeldern festzulegen. Ausgangspunkt ist der Grundgedanke von Word2Vec, nach dem sich Token, die sich einen gemeinsamen semantischen Kontext teilen, anhand ihrer Vektorrepräsentation im multi-dimensionalen Raum gruppieren lassen. So können durch Abfrage des Word2Vec-Modells semantisch ähnliche Begrifflichkeiten ermittelt werden. In Tabelle 3.23 finden sich beispielhaft ausgewählte Eingabewörter und deren *n* ähnlichste Token aus den Tätigkeitsbeschreibungen der untersuchten IT-Stellenanzeigen.

Tabelle 3.23: Explorative Analyse ausgewählter Eingabewörter und deren *n* semantisch ähnlichste Token

Eingabewort	Semantisch ähnliche Token
java	jee, ee, web-technologie, scala, javascript, spring, angular, delphi, jsf
netzwerk	netzwerk-komponente, voip, server-system, telekommunikationssystem, storage-system, switch, firewall-system, linux-server
entwickeln	implementieren, konzipieren, realisieren, entwerfen, umsetzen, gestalten, erweitern
installieren	konfigurieren, ausrollen, einrichten, administrieren, warten, supporten, workstation

52 Fehleroptimierung bedeutet, den Vorhersagefehler für die entsprechenden Kontextwörter eines Eingabetokens möglichst zu reduzieren.

Beispielsweise zeigt das Eingabewort *java*, welches für eine Programmiersprache steht, Ähnlichkeiten zu anderen Programmiersprachen, wie *Scala* oder *Delphi*. Darüber hinaus finden sich auch Ausprägungen der Programmiersprache *Java*, zum Beispiel *Java Enterprise Edition* (JEE) oder *Javascript*. Des Weiteren können semantische Relationen zu *Angular*, *Spring* und *Jakarta Server Faces* (JSF) ermittelt werden, bei denen es sich um Frameworks zur Entwicklung von Webanwendungen und Benutzeroberflächen handelt. Mit Bezug auf die vier Tätigkeitsfelder der Bundesagentur für Arbeit aus Kapitel 2.5.1 ließen sich all die genannten Token mit dem Tätigkeitsfeld *Softwareentwicklung und Programmierung* in Verbindung bringen.

Der zweite Token *netzwerk* verweist auf Begrifflichkeiten, wie zum Beispiel *Netzwerkkomponente, Voice over IP* (VoIP), *Server-, Telekommunikations-, Storage- und Firewallsysteme*, die allesamt als Netzwerksysteme aufgefasst werden können sowie auf typische Netzwerkkomponenten, wie *Switch* und *Linuxserver*. Wegen ihrer inhaltlichen Nähe ließen sich diese Terminologien beispielsweise mit Tätigkeitsfeldern in den Bereichen *IT-Netzwerktechnik, IT-Koordination, IT-Administration und IT-Organisation* der Bundesagentur für Arbeit verknüpfen.

Betrachtet man die in Tabelle 3.23 aufgeführten Verben, *entwickeln* und *installieren*, fällt auf, dass sich diese ebenfalls eignen, um Tätigkeiten zu beschreiben. So zeigt der Token *entwickeln* auf der einen Seite eine größere Nähe zu Terminologien wie *implementieren, konzipieren, realisieren* etc., die unter anderem mit Tätigkeiten in der Softwareentwicklung und Programmierung assoziiert werden könnten. Auf der anderen Seite zeigt der Token *installieren* durch seine semantische Ähnlichkeit zu Begriffen wie *konfigurieren, administrieren, Workstations* etc. eine größere Relation zu Aufgabenbereichen, die sich eher der Netzwerktechnik und Administration zuordnen lassen.

Im Verlauf der Studie soll auf den nicht trivialen Aspekt der Zuordnung zur Identifikation der IT-Tätigkeitsfelder noch genauer eingegangen werden, bestehen doch gewisse Herausforderungen, die zu berücksichtigen sind. In einem nächsten Schritt wird daher zunächst eine mögliche Einteilung mittels quantitativer Methoden durchgeführt. Ziel ist es, semantisch ähnliche Token, wie in Tabelle 3.23 aufgeführt, automatisiert in Gruppen einzuteilen, auf deren Basis entsprechende Tätigkeitsfelder abgeleitet werden können.

Die Einteilung wird dabei mit einem Verfahren namens *Clustering* umgesetzt. Clustering bedeutet, dass ein Algorithmus selbstständig versucht, Gruppen innerhalb einer vorgegebenen Menge zu identifizieren. Hierbei handelt es sich um ein nicht überwachtes (englisch: unsupervised) Lernverfahren (Ghavami, 2020, S. 126). Das heißt, anders als das Training der neuronalen Netze zur Klassifizierung der Anzeigentitel und der Satzstrukturen werden keine Daten inklusive einer zugeordneten Kategorie benötigt. Im vorliegenden Fall soll ein Clustering der Wortvektoren des zuvor erstellten Word2Vec-Modells durchgeführt werden, um automatisiert Gruppen zusammengehöriger Token zu ermitteln. Die Menge setzt sich aus insgesamt 6.744 Token des Vokabulars dieses Modells zusammen, die es in sogenannte Cluster einzuteilen gilt. Dabei soll ein Token genau einer Kategorie zugeteilt werden. Die automatisiert erzeugten Kategorien und deren Token müssen anschließend inhaltlich in Bezug auf IT-Tätigkeitsfelder interpretiert werden.

Bei dem genutzten Clusteralgorithmus handelte es sich um ein Verfahren namens *K-Means*. Eine Erläuterung der Funktionsweise dieses Algorithmus findet sich in Anhang T2. Die Implementierung des Clusterings auf den Wortvektoren des Word2Vec-Modells erfolgte mit der Python Machine Learning-Bibliothek scikit-learn[53]. Diese stellt eine Klasse des K-Means[54]-Algorithmus zur Verfügung. Details zu dessen Implementierung finden sich in Anhang T3. Letztendlich wurde eine Konfiguration gewählt, um alle tätigkeitsbezogenen, singulären Token aus dem Word2Vec-Modell quantitativ in 21 Gruppen einzuteilen.Dabei wurde jeder Token eindeutig einem der 21 Cluster zugeordnet. Die statistischen Methoden können in diesem Fall zwar als Anhaltspunkte genutzt, die erzeugten Cluster jedoch müssen in einem Folgeschritt inhaltlich verifiziert und validiert werden. Dies liegt darin begründet, da durch Anwendung des Algorithmus zu keinem Zeitpunkt eine Deutung der 21 maschinell erzeugten Kategorien und deren Token erfolgte. Diese interpretative Auslegung obliegt dem/der Forschenden, wie im folgenden Kapitel weiter ausgeführt wird.

3.6.5 Interpretative Auslegung der Cluster

Im Rahmen einer Interpretation und Zuordnung muss zunächst entschieden werden, ob auf Grundlage der quantitativ erzeugten Cluster in ausreichender Weise ein Tätigkeitsschwerpunkt, in Anlehnung an die vier Tätigkeitsfelder der Bundesagentur für Arbeit (siehe Kapitel 2.5.1), beschrieben wird. Idealerweise lässt sich zu jedem Tätigkeitsfeld mindestens ein zugehöriges Cluster identifizieren. Jeder einzelne der 6.744 Token aus dem Vokabular des Word2Vec-Modells gehört dabei genau einem der 21 Cluster an. Im Zuge einer manuellen Verifizierung wurden 12 Cluster aufgrund ihrer inhaltlichen Zusammenstellung ausgewählt, welche ausreichend Informationen enthalten, um bestimmten IT-Tätigkeitsbereichen zugeordnet zu werden. Alle anderen Cluster hingegen ließen keinen Rückschluss auf einen Aufgabenbereich zu. Hier handelte es sich um allgemeine Terminologien, wie *Rechtsabteilung, Finanzabteilung, Unternehmensleitung, Vertriebsabteilung, Projektgruppe, Führungsebene, Endanwender, Fachabteilung* etc., die unterschiedliche Zielgruppen adressieren, aus denen eine Zuteilung zu einem spezifischen IT-Tätigkeitsbereich nicht sinnhaft erschien[55]. Die schließlich gewählten 12 Cluster umfassen 384 eindeutig zugewiesene Token[56]. In

53 Siehe https://scikit-learn.org/stable/index.html, abgerufen am 30.09.2021.

54 Siehe https://scikit-learn.org/stable/modules/generated/sklearn.cluster.KMeans.html, abgerufen am 30.09.2021.

55 So könnten die genannten Gruppen beispielsweise als Ansprechpartner:innen im Rahmen eines Projektes fungieren oder auch als Klientel im Sinne einer Support- oder Entwicklungstätigkeit wahrgenommen werden.

56 Die initial ausgewählten 12 Cluster umfassten 3.856 Token des Ausgangsvokabulars, was einem prozentualen Anteil von 57,18 % entspricht. Hierbei muss jedoch berücksichtigt werden, dass Token, die sich beispielsweise an den Rändern eines Clusters befinden, semantische Ähnlichkeiten zu angrenzenden Clustern aufweisen und deren tätigkeitsbezogene Charakteristika widerspiegeln können. Um dem entgegenzuwirken, wurden jeweils nur die Top-50-Token pro Cluster, die die kürzeste Distanz zu ihrem jeweiligen Clusterzentrum besitzen, ausgewählt. Die Berechnung erfolgte unabhängig der durch den K-Means-Algorithmus bestimmten Clustergrenzen, was dazu führen kann, dass ein Token zwei oder

Tabelle 3.24 ist das Ergebnis zusammengefasst. In der Spalte *Cluster* (C_i) ist die durch den Algorithmus automatisch vergebene Clusternummer sowie die absolute Zahl zugeordneter Token aufgeführt. In der zweiten Spalte sind alle Token gelistet, die dieses Cluster inhaltlich beschreiben. In der letzten Spalte findet sich eine Einschätzung zum Tätigkeitsbereich, dem dieses Cluster inhaltlich zugeordnet werden kann. Diese Einschätzung wurde nicht durch den Algorithmus vorgenommen, sondern erfolgte ebenfalls im Rahmen einer inhaltlichen Qualifizierung auf Grundlage der zugeordneten Token. Für alle ausgewählten Cluster gilt, dass diese auf spezifische Tätigkeitsfelder im Berufsfeld IT hindeuten und diese inhaltlich konkretisieren. So lassen sich den Clustern C_3, C_{14}, C_{17} und C_{20} Aufgaben zuordnen, die sich in den Tätigkeitsbereichen Administration, Netzwerk, Betrieb und Systemarchitektur ansiedeln lassen. Die Cluster C_4 und C_{16} können mit Softwareentwicklung und Programmierung sowie Integration, Simulation und Test von Softwarekomponenten in Beziehung gesetzt werden. Für die Cluster C_5, C_8, C_{12}, C_{15} und C_{18} lassen sich Zusammenhänge zu allgemeinen Projekttätigkeiten, Analyse, Angebot, Dokumentation, Anwendung von Software und Methoden aus den Bereichen Daten und Analyse, Projektsteuerung, Kundeninteraktionen, im Sinne beratender und vertrieblicher Tätigkeiten, wie auch Projektarbeit und Consulting für Endkundensysteme und -prozesse herstellen. Zuletzt lässt sich Cluster C_{19} mit Aufgaben aus den Bereichen Anwenderbetreuung und Support assoziieren. Eine weiterführende inhaltliche Auseinandersetzung mit den genannten Tätigkeitsbereichen geschieht in Kapitel 5.4 im Zuge der Feststellung von Kompetenzen und deren Auslegung im Kontext der jeweiligen Tätigkeitsfelder.

Tabelle 3.24: Automatisch ermittelte Cluster, deren Token und fachliche Zuordnung zu einem Tätigkeitsbereich

Cluster (C_i)	Zugeordnete Token	Tätigkeitsbereich
C_3 $(n = 23)$	hyperv, gpo, 2012r2, vsphere, iis, xendesktop, virtualisierung, ldap, adfs, wsus, pki, onpremise, xenapp, domino, terminalserver, esxi, messaging-lösung, ubuntu, macos, virtualisierungslösung, windows-server, serverumgebung, infrastrukturlösung	Administration, Netzwerk und Systemarchitektur

mehr Clustern zugeschrieben wird. Um dies zu verhindern und eine eindeutige Zuordnung eines Tokens zu einem Cluster zu gewährleisten, wurden die 50 Token je Cluster manuell auf ihre tatsächliche Clusterzugehörigkeit hin überprüft. Dabei wurde der Wert 50 nicht willkürlich gesetzt. Dieser stellt die Grenze dar, an der einzelne Token keine Überschneidungen mehr (aufgrund ihrer Distanz) zu anderen Clustern zeigen. In Summe konnten auf diese Weise 487 Token innerhalb der 12 Cluster eindeutig zugewiesen werden. Nach Abschluss dieser Zuordnung können sich innerhalb der gewählten Cluster jedoch noch immer vereinzelt Token befinden, die nur einen niedrigen Informationsgehalt zur Beschreibung eines Tätigkeitsbereiches aufweisen und daher nach einer weiteren Durchsicht manuell entfernt wurden. Dieser Vorgang führte zu einer weiteren Verringerung um 103 Token, sodass sich schließlich alle 12 gewählten Cluster aus insgesamt 384 Token zusammensetzten.

(Fortsetzung Tabelle 3.24)

Cluster (C_i)	Zugeordnete Token	Tätigkeitsbereich
C_4 ($n = 40$)	systemintegrationstest, softwareintegration, applikationssoftware, labview, embedded-system, steuergerätesoftware, testframework, testtool, testsoftware, systemfunktion, performancetest, softwaretest, testanforderung, teilsystem, systemebene, anforderungsspezifikation, automatisierung, vhdl, fpga, hardwarekomponente, sw-test, automatisierungssystem, systemschnittstelle, kundenanwendung, hil, wincc, prototypenbau, sw-komponente, softwareerstellung, versionsverwaltung, testprozeduren, steuerungssoftware, sw-entwicklung, quellcode, testinfrastruktur, funktionsentwicklung, testwerkzeug, testcases, softwarefunktion, softwarespezifikationen	Entwicklung, Integration, Simulation und Test von Software
C_5 ($n = 32$)	bedienungsanleitung, trainingsunterlage, testreport, anwenderdokumentation, berichterstellung, wirtschaftlichkeitsberechnung, funktionsbeschreibung, projektunterlage, datenerhebung, einreichung, angebotskalkulation, schutzbedarfsfeststellung, sicherheitsanalyse, projektreporting, fachthema, inventur, anforderungsdokumentation, arbeitsaufgabe, leistungsverzeichniss, kundenspezifikation, zulieferung, schriftverkehr, projektplan, projektstruktur, lieferantenauswahl, it-dokumentation, kommentierung, prüfanweisung, maßnahmenplan, beantragung, prozessdokumentation, lieferantenbewertung	Projektarbeit, Analyse, Angebot, Training und Dokumentation
C_8 ($n = 25$)	tableau, analysetools, datenhaltung, qlik, etl-strecke, datenbereitstellung, ssis, big-data-lösung, cockpit, datenextraktion, datenvisualisierung, ssrs, data-analytics, bigdata, operationalisierung, datawarehouse, splunk, datenarchitektur, bi-tools, quellsystem, qlikview, tm1, datenstrategie, bi-anwendung, dashboards	Anwendung von Software und Methoden aus den Bereichen Daten und Analyse

(Fortsetzung Tabelle 3.24)

Cluster (C_i)	Zugeordnete Token	Tätigkeitsbereich
C_{12} ($n = 31$)	qualitätsverantwortung, teamführung, projektcontrolling, integrationsprojekt, it-bedarf, vertragsgestaltung, projektbearbeitung, teilaufgabe, gesamtprojekt, technikteam, entwicklungstätigkeit, projektvorhaben, projektentwicklung, projekttätigkeit, lieferantenmanagement, projektkommunikation, softwareentwicklungsprojekt, projektgruppe, mitarbeiterführung, stellvertretung, prozessentwicklung, gesamtprozess, teilverantwortung, it-projektmanagement, entwurfsplanung, terminüberwachung, projektablauf, projektkoordination, know-how-transfer, ergebnisverantwortung, projektmitglied	Projektsteuerung
C_{14} ($n = 41$)	storagesystem, netzwerkmanagement, nutzerverwaltung, linuxserver, it-endgerät, securityinfrastruktur, nas, linux, netzwerkkomponente, firewallsystem, verschlüsselung, patchen, switch, serversystem, mpls, infrastrukturkomponente, command, e-mail, clientsystem, veeam, verzeichnisdienst, antivirus, loadbalancer, windows-system, orchestrator, arbeitsplatzrechner, serverstruktur, tk-system, thinclients, sophos, telekommunikationssystem, serverfarm, netzwerksystem, arbeitsplatzsystem, unify, lan, virenschutz, patchmanagement, it-arbeitsplatz, centos, linux-umfeld	Administration, Netzwerk und Systemarchitektur
C_{15} ($n = 32$)	publikum, abhalten, kundengespräch, webinar, fachmesse, wissensvermittlung, schulung, weiterbildung, ceo, dienstreise, user-schulung, produktschulung, ergebnispräsentation, verkaufsgespräch, schulungsmaßnahme, fortbildung, preisverhandlung, telefonat, vertragsabschluss, projektbesprechung, vortrag, technologieberatung, einweisung, kundenangebot, besuch, business-analyse, arbeitskreis, scrum-meeting, monatsabschluss, mediation, sensibilisierung, workshop	Consulting und Vertrieb mit Kundeninteraktion (zum Beispiel Schulung, Verhandlung, Technologieberatung etc.)
C_{16} ($n = 40$)	perl, scala, angularjs, user-interface, xml, json, webapplikation, typescript, delphi, kotlin, bpmn, jsf, jquery, backend, codesys, java-technologie, ui, typo3, tfs, opentext, webservice, qt, ios-app, jpa, gui, ruby, script, maven, hibernate, net, kafka, vb, schnittstellenanbindung, forms, mysql, js, mariadb, tool-pipeline, svn, web-frontend	Softwareentwicklung und Programmierung

(Fortsetzung Tabelle 3.24)

Cluster (C_i)	Zugeordnete Token	Tätigkeitsbereich
C_{17} ($n = 22$)	netzwerklösung, servicemanagement, applikation, wms, systemadministration, backendbereich, system, requestmanagement, data-warehouse, dokumentenmanagementsystem, systemarchitektur, it-sicherheitsrichtlinie, prozessunterstützung, sop, enterpriseumfeld, sharepointplattform, liferay, it-system, sap-landschaft, ablauforganisation, key-user-netzwerk, navision-system	Administration, Systemarchitektur und Betrieb
C_{18} ($n = 31$)	ecc, abas, customizing, nav-upgrade, crm-umfeld, baan, projektleitung, erp-einführung, sap-prozess, endkunde, sap-modul, r3, anwendungsberater, systemumstellung, fibu, individualentwicklung, implementierung, prozessentscheidung, personalwesen, sage, pdm, logistikbereich, oberflächenprogrammierung, proalpha, d365, gts, ewm, business-system, bankensektor, apo, applikationsbetreuung	Projektarbeit und Consulting für Endkundensysteme und -prozesse
C_{19} ($n = 39$)	störungsbearbeitung, remotesupport, trouble-ticket-system, netzwerkproblem, ticket, erstlösung, weiterleiten, it-anwenderbetreuung, ticketsystem, telefonsupport, servicepartner, first-level, service-anfrage, 2nd ,3rd, anwenderfrage, second-level-support, third-level-support, beantworten, it-anfrage, incidentmanagement, vorfall, supporteinheit, telefonisch, eingrenzen, störungsannahme, systemfehler, programmfehler, fehlerzustand, user-helpdesk, störung, störungsticket, fehlfunktion, beschwerde, problembehebung, support-anfrage, user-support, fehlerdiagnose, problemmeldung	Anwenderbetreuung und Support
C_{20} ($n = 28$)	architekturdesign, prozessänderung, entwicklungsanforderung, nutzeranforderung, soll-prozess, anwendungsarchitektur, lösungsbeschreibung, umsetzungsplanung, lösungskonzeption, use-case, detaillierung, prozessanforderung, ist-prozess, prozessdesign, it-umsetzung, systemspezifikation, ist-aufnahme, architekturentwurf, fachkonzeption, content-strategie, verbesserungspotenzial, nachbetreuung, cloud-architektur, testkoordination, vorstudie, it-konzeption, prozessgestaltung, fachprozess	Systemarchitektur (technisch und fachlich)

Um die einzelnen Cluster und damit die Beschreibung eines Tätigkeitsbereiches zusätzlich anzureichern, wurden weitere für ein Tätigkeitsfeld repräsentative Token ermittelt. Hierzu erfolgte eine mittels quantitativer Methoden durchgeführte Expansion der in Tabelle 3.24 aufgeführten Token, mit dem Ziel, den entsprechenden Tätigkeitsbereich pro Cluster inhaltlich noch genauer zu erfassen. Die angewandte Methodik sah dabei vor, für jeden Token eines Clusters die ihm ähnlichsten im Word2Vec-Modell unter Berücksichtigung der jeweiligen Clustergrenze zu bestimmen[57]. Durch diese Vorgehensweise konnte die Anzahl der Token, die einen bestimmten Aufgabenbereich innerhalb eines Clusters beschreiben, systematisch erweitert werden.

In Tabelle 3.25 findet sich je Cluster C_i in der Spalte $H_{C_i}(T)$ die absolute Anzahl an Token T, die den Tätigkeitsbereich im Endeffekt sprachlich beschreiben sowie das entsprechend zugewiesene Tätigkeitsfeld. In der Spalte $H_{C_i}(T_{neu})$ ist die Zahl neu hinzugefügter Token T_{neu} aufgeführt. Außerdem findet sich deren prozentualer Anteil, gemessen an der Gesamtzahl aller Token, in der vierten Spalte $h_{C_i}(T_{neu})$ wieder. Mit Blick auf das Ausgangsvokabular ($n = 6.744$) des Word2Vec-Modells wurden schließlich 2.466 Token genutzt, um vier unterschiedliche Tätigkeitsfelder zu identifizieren und zu beschreiben. Der größte Zugewinn durch die Expansion wurde in Cluster C_{17} mit 89,86 % neu hinzugefügter Token ($n = 195$) erzielt. Die geringste Zunahme entfällt auf Cluster C_8 mit 75,49 % ($n = 77$). Es sei betont, dass die inhaltliche Qualität der einzelnen Cluster im Vordergrund steht, minder deren absolute Mengen.

Tabelle 3.25: Übersicht der Cluster und deren absolute und prozentuale Anteile je Tätigkeitsfeld

Cluster (C_i)	$H_{C_i}(T)$	$H_{C_i}(T_{neu})$	$h_{C_i}(T_{neu})$	Tätigkeitsfeld
C_3	129	106	82,17 %	Administration, Netzwerk und Systemarchitektur
C_{14}	282	241	85,46 %	Administration, Netzwerk und Systemarchitektur
C_{17}	217	195	89,86 %	Administration, Systemarchitektur und Betrieb
C_{20}	161	133	82,60 %	Systemarchitektur (technisch und fachlich)
Summe	789			
C_4	285	245	85,96 %	Entwicklung, Integration, Simulation und Test von Software
C_{16}	220	180	81,81 %	Softwareentwicklung und Programmierung
Summe	505			

57 Die Berechnung geschah auf Basis der Kosinusähnlichkeit. Umso ähnlicher sich zwei Wortvektoren sind, desto mehr orientiert sich diese gegen den Wert 1,0. Zusätzlich wurde ein Grenzwert (0,78) gesetzt, um die Cluster möglichst mit semantisch ähnlichen Token zu erweitern. Der Wert 0,78 wurde experimentell ermittelt, indem mit verschiedenen Maßzahlen getestet wurde. Dieser spiegelt in etwa das arithmetische Mittel der Kosinusähnlichkeit der Top 10 ähnlichsten Begriffe zu einem Token wider. Würde man beispielsweise einen Extremfall betrachten und den Wert auf 0,1 setzen, so würden alle durch den Word2Vec-Algorithmus ermittelten Token berücksichtigt. Dies muss jedoch verhindert werden, um wie bereits erläutert, Token an den Rändern eines Clusters zu vernachlässigen, die keine bzw. wenig Aussagekraft für ein bestimmtes Tätigkeitsfeld beinhalten.

(Fortsetzung Tabelle 3.25)

Cluster (C_i)	$H_{C_i}(T)$	$H_{C_i}(T_{neu})$	$h_{C_i}(T_{neu})$	Tätigkeitsfeld
C_5	304	272	89,47 %	Projektarbeit, Analyse, Angebot, Training und Dokumentation
C_8	102	77	75,49 %	Anwendung von Software und Methoden aus den Bereichen Daten und Analyse
C_{12}	226	195	86,28 %	Projektsteuerung
C_{15}	143	111	77,62 %	Consulting und Vertrieb mit Kundeninteraktion
C_{18}	160	129	80,63 %	Projektarbeit und Consulting für Endkundensysteme und -prozesse
Summe	935			
C_{19}	237	198	83,54 %	Anwenderbetreuung und Support
Summe	237			
Gesamtsumme	2.466			

Untersucht man beispielsweise Cluster C_{16}, welches dem Tätigkeitsfeld Softwareentwicklung und Programmierung zugehörig ist, so ist aus Tabelle 3.24 bekannt, dass sich darin unter anderem die Token von Programmiersprachen befinden. Durch die Expansion konnte dieses Cluster um weitere Programmiersprachen, wie zum Beispiel *Python, C(++, #), Visual Basic for Applications* (VBA), *node.js*, oder Markup-Sprachen, wie *HyperText Markup Language* (HTML) und *Cascading Style Sheets* (CSS), um einige ausgewählte zu nennen, erweitert werden, welche alle relevante Token zur Beschreibung dieses Tätigkeitsfeldes darstellen.

Bei einer inhaltlichen Betrachtung aller Cluster lässt sich feststellen, dass sich diese durchaus mit den Aufgabenbereichen der Bundesagentur für Arbeit aus Kapitel 2.5.1 vereinbaren lassen. So können in Anlehnung an drei[58] der dort definierten Tätigkeitsbereiche, nämlich Softwareentwicklung und Programmierung, IT-Systemanalyse, IT-Anwendungsberatung und IT-Vertrieb sowie IT-Netzwerktechnik, IT-Koordination, IT-Administration und IT-Organisation, Ähnlichkeiten festgestellt werden, wenngleich die erfassten Tätigkeitsfelder aus Tabelle 3.25 und die thematischen Zuordnungen der Cluster im Rahmen dieser Studie zwar verwandt, jedoch nicht deckungsgleich sind. Somit lässt sich festhalten, dass die IT-nahen Berufsgruppen der Bundesagentur für Arbeit und deren assoziierte Aufgabenbereiche eine hilfreiche Orientierung darstellten. Für den weiteren Verlauf der Studie sollen allerdings die aus den Tätigkeitsbeschreibungen abgeleiteten Tätigkeitsfelder für eine Einteilung der IT-Stellenanzeigen genutzt und weiter betrachtet werden.

Bei einer Analyse der eindeutig zugeordneten Token, so wie in Tabelle 3.24 aufgelistet, ist es durchaus berechtigt, anzumerken, dass zwischen den die unterschiedlichen

58 Die vierte Berufsgruppe, Informatik allgemein, wurde an dieser Stelle aufgrund ihrer generischen Bezeichnung ausgeklammert.

Tätigkeitsbereiche beschreibenden Terminologien Überschneidungen erkennbar sind. Diese lassen sich zum Teil auch in den Formulierungen der Aufgabenbereiche in den Stellenanzeigen auffinden, was darauf hindeutet, dass sich in der Praxis, je nach zu besetzender Stelle und Position, Tätigkeiten nicht immer trennscharf zueinander verhalten, da unter Umständen von einem/einer Bewerber:in gefordert wird, verschiedene Rollen situativ einzunehmen. Liegt beispielsweise ein Tätigkeitsschwerpunkt überwiegend im Bereich der Softwareentwicklung und Programmierung, können in einem Stellenprofil dennoch auch Aufgaben aus anderen Domänen, zum Beispiel in Zusammenhang mit einer Projektarbeit, formuliert sein. Daher soll im Folgenden in den IT-Anzeigen der jeweilige Tätigkeitsschwerpunkt ermittelt werden, auf dessen Grundlage eine abschließende Einteilung einer Anzeige in eines der vier neu definierten IT-Tätigkeitsfelder (siehe Tabelle 3.25) erfolgen soll.

3.6.6 Einteilung der IT-Anzeigen in Tätigkeitsfelder

Rückblickend auf Kapitel 3.6.1 bildeten 522.094 tätigkeitsbezogene Satzstrukturen bzw. 107.618 IT-Stellenanzeigen aus dem reduzierten IT-Textkorpus die Ausgangsbasis für die Identifikation und Definition der Tätigkeitsbereiche im vorangegangenen Abschnitt 3.6.5. Im Weiteren werden auf dieser Basis Tätigkeitsschwerpunkte innerhalb der IT-Anzeigen ermittelt, um darauf aufbauend eine Klassifikation nach Tätigkeitsfeldern zu ermöglichen. Hierzu wurden alle 107.618 Stellenanzeigen automatisiert auf eine inhaltliche Übereinstimmung mit einem oder mehreren Clustern aus Tabelle 3.25 untersucht. In Summe konnte bei 102.246 Anzeigen eine Zugehörigkeit zu mindestens einem der 12 Cluster festgestellt werden (95,01 %).

Basierend auf dieser Analyse wurde anschließend eine Aggregation derjenigen Zuordnungen durchgeführt, die einen gemeinsamen Tätigkeitsbereich beschreiben. Im Hinblick auf Tabelle 3.25 findet eine Einteilung in vier unterschiedliche Bereiche statt. Wie am Ende des Kapitels 3.6.5 diskutiert, kann eine IT-Stellenanzeige durchaus Relationen zu mehr als einem der vier definierten Tätigkeitsfelder aufweisen. In Bezug auf das Ausgangskorpus bestehend aus 102.246 Anzeigen trifft dies für 78,27 % der Stellen (n = 80.030) zu. Für die verbleibenden 21,73 % (n = 22.216) konnte eine eindeutige Zuordnung zu genau einem der vier Tätigkeitsfelder ermittelt werden. Aufgrund der Vielzahl an Stellenangeboten, die nicht eindeutig zugeordnet werden konnten, wurde entschieden, je Anzeige den entsprechenden Tätigkeitsschwerpunkt zu ermitteln. Dazu ließ sich auf Grundlage der Treffer je Tätigkeitsfeld eine normalisierte prozentuale Maßzahl (im Bereich zwischen 0 bis 100 %) ermitteln, um daraus eine eindeutige Zuteilung abzuleiten.

Zur Veranschaulichung soll der Vorgang anhand eines Beispiels exemplarisch dargestellt werden. Gegeben sei die folgende Tokensequenz (*TSQ*)[59] einer Tätigkeitsbeschreibung für die Besetzung einer Stelle zum/zur *Fachinformatiker:in (m/w/d) – Systemintegration*. Wie in Abbildung 3.27 dargestellt, werden all diejenigen Token einem Tätigkeitsfeld zugewiesen, für die eine entsprechende Zuordnung zu einem

59 Die beschriebene Tokensequenz wurde entsprechend den Aufbereitungsschritten aus Kapitel 3.6.2 normalisiert.

Cluster aus Tabelle 3.25 existiert. Gleichzeitig werden alle Token, die den gleichen Tätigkeitsbereich beschreiben, aggregiert. Dazu wurde eine ausformulierte Schreibweise zur Bezeichnung der einzelnen Tätigkeitsfelder eingeführt, die im weiteren Verlauf der Studie genutzt werden soll.

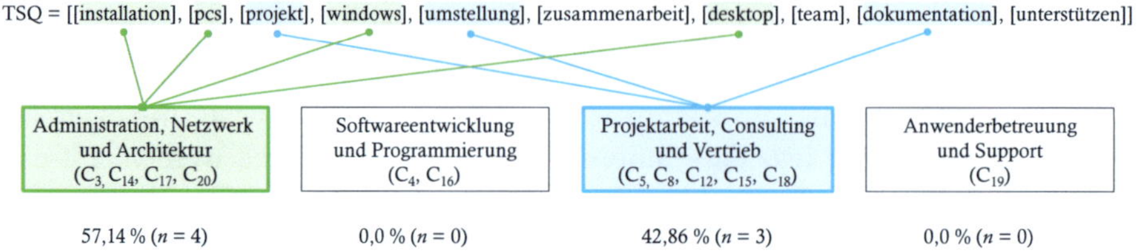

Abbildung 3.27: Exemplarische Darstellung der Identifikation eines Tätigkeitsschwerpunktes anhand einer Tokensequenz einer Aufgabenbeschreibung (eigene Darstellung)

Mit Blick auf Abbildung 3.27 können dem Bereich Administration, Netzwerk und Architektur die Token [installation], [pcs], [windows] und [desktop] zugeordnet werden. Die Terminologien [projekt], [umstellung] und [dokumentation] hingegen weisen auf das Aufgabenfeld Projektarbeit, Consulting und Vertrieb hin. Demgegenüber können aus der Tokensequenz keine Hinweise auf die beiden verbleibenden Tätigkeitsbereiche Softwareentwicklung und Programmierung wie auch Anwenderbetreuung und Support aufgefunden werden. Darüber hinaus ist zu sehen, dass die Token [zusammenarbeit], [team] und [unterstützen] keinem Bereich zugewiesen wurden. Bei genauerer Betrachtung lässt sich erkennen, dass diese nicht unmittelbar einen spezifischen Aufgabenbereich beschreiben, was dazu führte, dass diese keine Bestandteile eines Clusters aus Tabelle 3.25 bilden. So entfallen in Summe 57,14 % aller relevanten Token auf den Tätigkeitsbereich Administration, Netzwerk und Architektur, 42,86 % auf Projektarbeit, Consulting und Vertrieb. Diese Verteilung führt dazu, dass die Entscheidung getroffen wird, dass der Tätigkeitsschwerpunkt dieser zu besetzenden Stelle im Bereich Administration, Netzwerk und Architektur liegt. Auf der anderen Seite macht das Beispiel noch einmal deutlich, dass sich Tätigkeitsbereiche in der Praxis durchaus überschneiden können, was bereits weiter oben quantifiziert wurde[60].

Abschließend sei darauf verwiesen, dass durch diese Vorgehensweise Zuordnungen entstehen können, die keinen eindeutigen Rückschluss auf ein Tätigkeitsfeld erlauben. Beispielsweise dann, wenn Token zwei Feldern zu jeweils 50 % zugewiesen sind. Im Rahmen dieser Studie wurde entschieden, diese Konstellationen nicht weiter zu berücksichtigen, um Fehlinterpretationen zu vermeiden. Dies führte dazu, dass das Korpus, bestehend aus 102.246 Anzeigen, um 14,74 % auf 87.171 Stellenanzeigen reduziert wurde. Dieses Textkorpus, welches ausschließlich Vakanzen enthält, die eindeutig einen Tätigkeitsschwerpunkt besitzen, stellt gleichzeitig das neue reduzierte IT-Textkorpus *RITT* dar.

60 80.030 (78,27 %) der 102.246 Stellenanzeigen enthalten Hinweise auf zwei oder mehr Tätigkeitsbereiche.

In Tabelle 3.26 findet sich die Verteilung der IT-Anzeigen innerhalb dieses neuen Textkorpus in Bezug auf die vier identifizierten Tätigkeitsfelder.

Tabelle 3.26: Absolute und prozentuale Verteilung der IT-Anzeigen über die vier Tätigkeitsfelder sowie prozentuale Reduktion gemessen am Ausgangskorpus, bestehend aus 102.246 Stellenangeboten

Tätigkeitsfeld (TF)	$H_{RITT}(TF)$	$h_{RITT}(TF)$	Differenz
Projektarbeit, Consulting und Vertrieb	43.583	50,00 %	– 2,69 %
Administration, Netzwerk und Architektur	25.362	29,09 %	– 31,59 %
Softwareentwicklung und Programmierung	10.769	12,35 %	– 16,69 %
Anwenderbetreuung und Support	7.457	8,56 %	$\pm 0,00$ %
Summe	87.171	100,00 %	

Die Vergleichszahlen in der letzten Spalte *Differenz* in Tabelle 3.26 zeigen die prozentuale Reduktion des IT-Textkorpus hinsichtlich des 102.246 Stellenangebote umfassenden Ausgangskorpus. Wie bereits erwähnt, enthielt das Korpus Stellenanzeigen, die unter Umständen keinen eindeutigen Rückschluss auf ein spezifisches Tätigkeitsfeld erlaubten. Aus der Darstellung in Tabelle 3.26 ist zu entnehmen, dass insbesondere das Feld Administration, Netzwerk und Architektur mehr als ein Drittel der IT-Anzeigen enthielt, die keine explizite Zuordnung ermöglichten. Hieraus lässt sich schließen, dass insbesondere in diesem Feld Verbindungen zu anderen Aufgabenbereichen bestehen. Genau gegensätzlich verhält sich das Tätigkeitsfeld Anwenderbetreuung und Support. Gemessen am Ausgangskorpus musste keine einzige Anzeige exkludiert werden. Dies kann mitunter an der Art der zu besetzenden Stellen und der Beschreibung tätigkeitsbezogener Aufgabenstellungen liegen, die sich durch die Inhalte des Clusters C_{19} in Tabelle 3.25 ausreichend abgrenzen.

3.7 Ermittlung von Kompetenzanforderungen in der IT

Auf Grundlage des IT-Korpus bestehend aus 87.171 Stellenangeboten, die alle einen eindeutigen Tätigkeitsschwerpunkt besitzen, werden in diesem Abschnitt Kompetenzanforderungen erhoben. Es sei an dieser Stelle darauf verwiesen, dass die inhaltliche Ermittlung der Kompetenzanforderungen nicht die Auswertungsmethode einer *qualitativen Inhaltsanalyse* impliziert, wie diese beispielsweise durch Mayring und Fenzl (2019, S. 633–648) oder Kuckartz und Rädiker (2022) beschrieben wird. Wie in den vorherigen Kapiteln bereits aufgezeigt, werden Methoden aus dem Bereich des Natural Language Processings eingesetzt, um textuelle Daten inhaltlich-quantitativ zu analysieren.

Damit der Kontext einer Anzeige in Bezug auf einzelne Kompetenzen möglichst genau erfasst wird, soll zu deren Erhebung eine ausschließliche Zentrierung auf die semantische Informationseinheit der *Anforderungen* erfolgen. Das heißt, die Anforderungsprofile der Stellenanzeigen stellen die für diesen Teil der Studie relevanten Textbestandteile dar (siehe Abbildung 3.1), anders als im vorherigen Kapitel, in dem eine alleinige Betrachtung der tätigkeitsbezogenen Formulierungen im Vordergrund stand. In Kapitel 3.5 [Strukturelle Aufbereitung der IT-Stellenanzeigen] wurden bereits entsprechende Satzstrukturen klassifiziert und innerhalb der Kategorie *Anforderungen* zusammengefasst. Da insbesondere in dieser Einheit sprachliche Formulierungen von Kompetenzanforderungen zu erwarten sind, lässt sich eine zielgerichtete Analyse durchführen, die lediglich auf diesen Teil des natürlichsprachlichen Beschreibungstextes einer Stellenanzeige fokussiert. Auch deshalb war eine frühzeitige Auseinandersetzung mit dem Konstrukt der Stellenanzeige, insbesondere mit ihrer Struktur und ihren Inhalten, in Kapitel 3.2 [Onlinestellenanzeigen als Datengrundlage], unerlässlich. Ferner sei die Anmerkung erlaubt, inwiefern Kompetenzanforderungen über die semantische Einheit der Anforderungen hinaus sprachlich artikuliert werden. Damit ist gemeint, dass sich Erkenntnisse zu bestimmten Kompetenzanforderungen unter Umständen auch aus den Tätigkeitsbeschreibungen ableiten ließen, beispielsweise in impliziter Form, nämlich über die Beschreibung des Aufgabenbereiches. Hypothetisch könnte auf diese Weise eine tätigkeitsbezogene Formulierung indirekt auf bestimmte Kompetenzanforderungen verweisen. So beispielsweise der Auszug aus einer Stellenanzeige für eine:n Softwareentwickler:in, dessen/deren Aufgaben unter anderem mit „Du schreibst bei uns nicht nur Code, ... und kommst dabei mit neuen spannenden Technologien in Berührung" umschrieben werden. Hieraus ließen sich gegebenenfalls Anforderungen an *analytisches Denken* (schreiben von Code) wie auch an *Innovationsfähigkeit* und *Offenheit für Neues* (mit neuen Technologien in Berührung kommen) ableiten. Ein anderes Beispiel aus dem Tätigkeitsfeld *Anwenderbetreuung und Support* beschreibt die Aufgabe „Sie betreuen Ihre Kunden", woraus sich unter anderem die Forderungen nach *kommunikativer Kompetenz* oder *Kundenorientierung* implizieren lassen. Die ausgewählten Beispiele zeigen, dass neben der Anforderungsbeschreibung durchaus Kompetenzen indirekt an bestimmte Tätigkeiten geknüpft sein können, die in einer Anzeige sprachlich nicht zwingend direkt als solche, sondern vielmehr implizit ausgedrückt werden. Aus dieser Feststellung heraus wurde entschieden, die vorliegende Studie dahin gehend abzugrenzen, vor allem solche Kompetenzanforderungen im Berufsfeld *IT* zu erfassen, die nach Möglichkeit eindeutig zum Ausdruck gebracht werden, um entstehende Interpretationsspielräume weitgehend zu minimieren. Dieser Umstand wird in den nachfolgenden Kapiteln nochmals aufgegriffen und vertieft, da ein gewisses Kontinuum zwischen Explizitem und Implizitem nicht vollständig ausgeschlossen werden kann. Für den weiteren Verlauf der Studie wird daher ausschließlich die Informationseinheit der Anforderungen als Ausgangsbasis dienen, mit dem Ziel, möglichst explizit formulierte Kompetenzanforderungen in den IT-Stellenanzeigen festzustellen.

Bei der Betrachtung dieser Informationseinheit kann festgehalten werden, dass es sich bei den Inhalten um formale Anforderungen an potenzielle Bewerber:innen handelt. Gleichzeitig besteht ein gewisser Interpretationsspielraum, wie eine Anforderung bzw. die im Fokus stehenden Kompetenzen aus Sicht des Stelleninhabers oder der Stelleninhaberin tatsächlich interpretiert und ausgelegt werden müssen.

Beispielsweise kann an eine Forderung nach *Kommunikationsstärke* in der Stellenanzeige des Unternehmens A eine andere Erwartungshaltung geknüpft sein als in der Stellenanzeige von Unternehmen B. Diese Gegebenheit kann im Rahmen dieser Arbeit nicht aufgelöst werden. Vielmehr würde dies einen qualitativen Ansatz erfordern, indem die Urheber:innen der Beschreibung eines Anforderungsprofils ausfindig gemacht und nach deren Verständnis einzelner Formulierungen befragt werden würden. Jedoch könnte ein solches Vorgehen, in Anbetracht der Größe der hier betrachteten Datenbasis, auch aus qualitativer Sicht Herausforderungen mit sich bringen.

In den folgenden Kapiteln soll eine Methodik definiert werden, die dabei unterstützt, gezielt Kompetenzanforderungen aus der semantischen Einheit der Anforderungen zu extrahieren, um diese später in Bezug auf die vier definierten Tätigkeitsfelder im Berufsfeld *IT* (siehe Kapitel 3.6.6) analysieren und auswerten zu können.

3.7.1 Methodik zur Extraktion von IT-Kompetenzanforderungen

Um spezifische Kompetenzanforderungen aus den natürlichsprachlichen IT-Anforderungsprofilen zu extrahieren, bedarf es entsprechender Methoden aus dem Bereich des Natural Language Processings, die in der Lage sind, gezielt Terminologien und Phrasen, welche einen sprachlichen Bezug zu möglichen Kompetenzen aufweisen, aus den Anzeigentexten abzuleiten. Hierzu kann das semiotische Dreieck nach Ogden und Richards zugrunde gelegt werden (Ogden & Richards, 1923, S. 11). In Abbildung 3.28 ist dieses Modell anhand eines Beispiels dargestellt und dem vorliegenden Forschungsgegenstand angepasst.

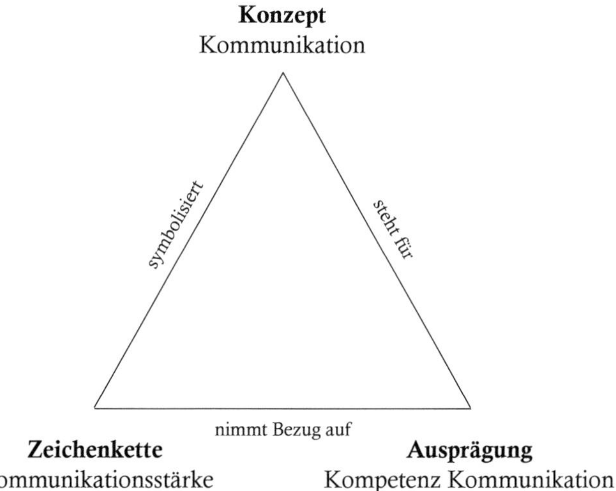

Abbildung 3.28: Modell des semiotischen Dreiecks am Beispiel der Kompetenz Kommunikation (eigene Darstellung, in Anlehnung an Klabunde [2018b, S. 109])

Unter *Semiotik* kann allgemein die Wissenschaft der Zeichentheorie verstanden werden (Morris, 2019, S. 135 f.). Dabei wird im Rahmen dieser Studie der Fokus auf Zeichen im Sinne sprachlicher Ausdrücke gelegt. Somit symbolisiert die Zeichenkette *Kommunikationsstärke* das Konzept der Kompetenz *Kommunikation* innerhalb eines Anforderungsprofils. Dieses wiederum steht für bestimmte Ausprägungen, die mit dieser Kompetenz in der realen Welt assoziiert werden, sprich Erwartungen von Arbeitgebenden an mögliche Bewerber:innen in Bezug auf eine zu besetzende Stelle. An diesem Beispiel wird zudem die Denotation, also die Menge möglicher Ausprägungen eines sprachlichen Ausdrucks, sichtbar, was dazu führt, dass die Interpretation eines spezifischen Kompetenzbegriffes nicht per se gegeben ist, sondern kontextuell analysiert, betrachtet und diskutiert werden muss (Klabunde, 2018b, S. 109). Mit dieser Ebene der *Pragmatik* soll sich im Anschluss (siehe Kapitel 3.7.3 [Annotation von Kompetenzanforderungen] und 3.7.4 [Aufbau einer Wissensbasis] sowie Kapitel 4) intensiv auseinandergesetzt werden, um „... vom wörtlich Gesagten (dem Gegenstandsbereich der Semantik) zum Gemeinten zu gelangen" (Klabunde, 2018a, S. 128).

Im Weiteren wird zunächst der Fokus auf die *Syntaktik* (sprachliche Ausdrücke in Form von Zeichenfolgen) und die *Semantik* gerichtet, um mögliche Kompetenzen in einem ersten Schritt quantitativ zu ermitteln. Zur Erreichung dieses Ziels kommt eine sogenannte Entitätenerkennung und -extraktion (englisch: [named] entity recognition and extraction) zur Anwendung (Nouvel et al., 2016, S. 77–99). Unter einer *Entität* werden im weiteren Verlauf dieser Studie Terminologien und Phrasen verstanden, die auf eine mögliche Kompetenzanforderung innerhalb der semantischen Einheit der Anforderungen hindeuten.

Entitätenerkennung und -extraktion werden in der Regel dann eingesetzt, wenn es darum geht, charakteristische Informationen aus primär unstrukturierten textuellen Inhalten zu erkennen und zu extrahieren. Die auf diese Weise gewonnenen Informationen können daraufhin in einer strukturierten Art und Weise abgelegt und für weitere Analysen zugänglich gemacht werden. Modelle zur Entitätenerkennung und -extraktion lassen sich grundsätzlich in zwei Kategorien einteilen (ebd., S. 48). Zum einen Modelle, die allgemeine Informationen, sogenanntes Weltwissen, aus Textdaten extrahieren. Dazu gehören beispielsweise die Erkennung und Extraktion von Personennamen, Organisationen oder Lokationen (Deng & Liu, 2018, S. 328). Auf der anderen Seite existieren Modelle, welche bestimmte Domänen inhaltlich abbilden und darauf ausgerichtet sind, fachspezifische Entitäten (und deren Relationen), wie sie beispielsweise in der chemischen Industrie oder im biomedizinischen Bereich auftreten, in entsprechenden Textkorpora zu erkennen und miteinander zu verknüpfen. In diesem Zusammenhang spricht man von Informationsextraktion auf Basis eines domänenspezifischen Named-Entity-Recognition-Modells. Für die letztgenannte Herangehensweise wurde sich auch im Rahmen dieser Studie entschieden, da allgemeine, auf Weltwissen ausgerichtete Modelle für die Extraktion von Kompetenzanforderungen nicht ausreichend sind. Gleichzeitig sei angemerkt, dass bis dato kein fachspezifisches Modell für die Ableitung von Kompetenzen aus deutschsprachigen IT-Stellenanzeigen gemäß des in Kapitel 2.6.3 festgelegten Kompetenzverständnisses existierte, auf dem diese Forschung unmittelbar hätte aufsetzen können. Das wiederum bedeutet, dass die Erstellung eines derartigen Modells als Teil dieser Studie zunächst konzeptionell und anschließend technisch implementiert werden musste.

Anhand eines exemplarischen Auszugs aus einem Anforderungsprofil einer IT-Stellenanzeige des Tätigkeitsfeldes Administration, Netzwerk und Architektur soll das Prinzip der Extraktion von Kompetenzanforderungen veranschaulicht und diskutiert werden.

Abgeschlossenes Fachhochschulstudium mit Informatikschwerpunkt oder der Nachweis gleichwertiger Fähigkeiten und Erfahrungen. Gute Kenntnisse in der Administration von Windows-Rechnern und Netzwerken. Fähigkeit, in einem engagierten Team selbstständig zu arbeiten. Ausgeprägte Serviceorientierung und Kommunikationsstärke.

Abbildung 3.29: Exemplarische Extraktion von Kompetenzanforderungen aus einem Anforderungsprofil einer IT-Stellenanzeige aus dem Tätigkeitsfeld Administration, Netzwerk und Architektur (eigene Darstellung)

Neben den im Fokus der Betrachtung stehenden Kompetenzen im Berufsfeld *IT* finden sich zudem Qualifikationen, Fähigkeiten, Kenntnisse, Wissen und Erfahrungen als Bestandteil des Anforderungsprofils. So lassen sich in Anlehnung an das Beispiel in Abbildung 3.29 die Nennung des Bildungsabschlusses (Fachhochschulstudium mit Informatikschwerpunkt) oder ähnlicher Qualifikationen (Nachweis gleichwertiger Fähigkeiten und Erfahrungen) sowie fachliche Kenntnisse und Wissen (Administration von Windows-Rechnern, Netzwerke) dem Spektrum fachlicher Qualifikationen zuordnen (siehe Kapitel 2.6.3). Auch wird an diesem Beispiel deutlich, dass eine akkurate sprachliche und definitionsgemäße Trennung dieser Begrifflichkeiten durch den/die Verfasser:in des Anzeigentextes formal nicht gewährleistet werden kann. Vielmehr kann eine gewisse Beliebigkeit bei der Nutzung dieser Terminologien und deren Inhalte beobachtet werden, wie dies bereits in Kapitel 3.5.2 konstatiert wurde.

Darüber hinaus sind in Abbildung 3.29 mögliche Kompetenzanforderungen im Anforderungstext markiert. Wie zu Beginn in Kapitel 3.7 aufmerksam gemacht, kann bei der Formulierung ein Kontinuum expliziter bis hin zu impliziter Ausdrucksformen festgestellt werden. So lässt sich aus der Phrase „... in einem [engagierten] Team ... [zu arbeiten]“ eine Anforderung nach *Teamfähigkeit* implizieren und aus „... selbstständig [zu arbeiten]“ die Forderung nach *Selbstständigkeit* ableiten. Weiterhin wird in diesem Satz der Begriff *Fähigkeit* verwendet, nicht jedoch *Kompetenz*. Dies veranschaulicht, wie bereits angesprochen, dass Begriffe wie *Qualifikation, Fähigkeit, Kenntnis, Wissen, Erfahrung* und *Kompetenz* in den Formulierungen eher umgangssprachlich als wissenschaftlich trennscharf verwendet werden. Abgesehen davon entstehen hieraus keine negativen Einflüsse in Bezug auf die quantitative Ermittlung von Kompetenzanforderungen. Wie im Folgenden noch erläutert und diskutiert wird, muss vielmehr im Nachgang durch eine abschließende Überprüfung und Bewertung eine Abgrenzung von Kompetenzen durchgeführt werden. Zudem finden sich in Abbildung 3.29

noch Hinweise auf die Anforderungen *Serviceorientierung* und *Kommunikationsstärke.* Beide werden sprachlich explizit ausgedrückt, worauf auch in dieser Studie fokussiert werden soll. Das bedeutet, das Ziel besteht darin, möglichst explizite Nennungen von Kompetenzanforderungen in Form von Terminologien und Phrasen aus der semantischen Einheit der Anforderungen zu extrahieren, wobei sich alle genannten Beispiele aus Abbildung 3.29 noch im erwünschten Rahmen befinden.

3.7.2 KODE® Kompetenzmodell als Referenzrahmen

Nachfolgend soll erläutert und diskutiert werden, auf welcher Grundlage das domänenspezifische Sprachmodell zur Erkennung von Kompetenzen trainiert und erstellt wird. Um ein solches Modell zu generieren, besteht idealerweise die Möglichkeit, auf einer bestehenden Informationsgrundlage aufzusetzen. Wie bereits in Kapitel 2.6.4 [Einsatz von Kompetenzmodellen] angedeutet, kann hierzu das Kompetenzmodell des Verfahrenssystems KODE® nach Erpenbeck und Heyse in Betracht gezogen werden. Die Auswahl dieses Modells als Referenzrahmen begründet sich insbesondere darin, da dieses über den Kompetenz- und Synonymatlas bereits eine umfängliche Sammlung konkreter Begrifflichkeiten zur sprachlichen Erfassung von Kompetenzen beinhaltet (siehe hierzu Abbildung 3.30 und die Abbildungen A1, A2, A3, A4 im Anhang). Über diesen Zugang ist zum einen eine gewisse Nachvollziehbarkeit der im Modell hinterlegten Kompetenzterminologien gewährleistet, die als Ausgangsbasis für das Training eines Sprachmodells zur Analyse der IT-Stellenanzeigen genutzt werden können. Zum anderen ist es in einem ersten Schritt nicht erforderlich, eigenständig Begrifflichkeiten definieren zu müssen. All diese Aspekte zusammengenommen untermauerten die Entscheidung, auf die Inhalte des KODE® Modells als Grundlage zur Extraktion von Kompetenzanforderungen aus den IT-Stellenanzeigen zurückzugreifen. Überdies kam bereits auch in anderen Studien wie bei Schneider (2016) und Stops et al. (2020, S. 33 f.) das Modell in ähnlicher Weise zum Einsatz. Im Weiteren sollen die genannten Auswahlkriterien als Grundlage zur Erstellung eines domänenspezifischen Sprachmodells noch weiter ausgeführt werden.

Um die Informationsgrundlage möglichst objektiv zu gestalten, bietet es sich an, ein generisches und gleichzeitig umfangreiches Kompetenzmodell, welches nicht für einen bestimmten Anwendungsbereich oder ein bestimmtes Berufsfeld ausgelegt ist, heranzuziehen. Generisch und umfangreich bedeutet auch, dass eine Vielfalt sprachlicher Begrifflichkeiten existiert, mit denen das Ausgangsmodell beschrieben wird, so wie es im KODE® Kompetenz- und Synonymatlas der Fall ist. In Abbildung 3.30 sind die Systematik, die Struktur und die Inhalte dieses Modells dargestellt, welches sich als eine systematische Sammlung von Kompetenzterminologien und deren Synonymen auffassen lässt. Diese sollen im Folgenden als Referenz genutzt werden, um spezifische Trainingsdaten zu annotieren, wie in Kapitel 3.7.3 noch vertieft wird. Die auf dieser Grundlage erzeugten Trainingsdaten dienen anschließend zur Erstellung eines Named-Entity-Recognition-Modells, welches in der Lage ist, Kompetenzanforderungen für das Berufsfeld IT aus den Anforderungsprofilen automatisiert abzuleiten. Auf diese Weise wird ein deduktiver Ansatz verfolgt, um ausgehend von einem generischen Modell spezifische Kompetenzen zu ermitteln.

An dieser Stelle sei darauf verwiesen, dass im Rahmen dieser Studie kein neues Kompetenzmodell erzeugt, sondern das Modell von Erpenbeck und Heyse lediglich als initiale Informationsbasis verwendet wird. Diese Nutzungsweise führt auch dazu, dass die Einteilung des Modells in die vier Grundkompetenzen, Personale Kompetenz (P) (Kompetenzen, die sich auf die eigene Person beziehen), Aktivitäts- und Handlungskompetenz (A) (Kompetenzen, um selbstdisponiert Handlungen auszuführen), sozial-kommunikative Kompetenz (S) (Kompetenzen, die im Umgang mit anderen Personen notwendig sind) und Fach- und Methodenkompetenz (F) (Kompetenzen, die sich auf das eigene Wissen und Erfahrungen beziehen), nur eine untergeordnete Rolle spielt (Heyse, 2010, S. 81 f. Heyse, 2007, S. 15).

Abbildung 3.30: Kompetenz- und Synonymatlas des Verfahrenssystems KODE® nach Erpenbeck und Heyse (eigene Darstellung, in Anlehnung an Heyse [2007, S. 27–31]) ; vergrößerte Darstellungen der einzelnen Quadranten finden sich in den Anhängen A1, A2, A3 und A4

Die Systematik des Kompetenzatlas enthielt ursprünglich 64 Kompetenzbegriffe (sogenannte Teilkompetenzen), die den oben genannten Grundkompetenzen zugeteilt sind, wie in Abbildung 3.30 dargestellt. Da die natürliche Sprache vielfältige Möglichkeiten bereitstellt, Kompetenzen auszudrücken, wurden die 64 Begrifflichkeiten durch den Synonymatlas von Erpenbeck und Heyse erweitert, der diese Basis um weitere Terminologien je Teilkompetenz sprachlich ergänzte (Heyse, 2010, S. 93–95; Heyse, 2007, S. 25–27). Die synonymen Begrifflichkeiten sind ebenfalls in Abbildung 3.30 aufgeführt, wobei manchen Teilkompetenzen auch die gleichen Synonyme zugeordnet wurden. Dieser Umstand zeigt auch, dass sich Überschneidungen aufgrund sprachlicher Ausdrücke und der großen Anzahl möglicher Begrifflichkeiten nicht verhindern lassen. Kompetenzanforderungen sind demnach keine starren Gebilde mit eindeutiger Definition, sondern müssen entsprechend dem Kontext der Anwendung festgelegt und interpretiert werden. Aus diesem Grund soll der Kompetenz- und Synonymatlas von Erpenbeck und Heyse als ein umfangreicher begrifflicher Referenzrahmen genutzt und verstanden werden. Es sei gleichzeitig angemerkt, dass bedingt durch den generischen Charakter des Kompetenz- und Synonymatlas kein Anspruch auf Vollständigkeit erhoben werden darf, jedoch über diese Systematik bereits auf eine Vielzahl kompetenzbezogener Terminologien zurückgegriffen werden kann. Diese können als Ausgangsbasis für die Annotation und zur Erstellung eines domänenspezifischen Entitätenmodells dienen.

So weist Heyse (2007, S. 32) auch darauf hin, je nach Anwendungsbereich, Inhalte weiter zu ergänzen und anzupassen. Auch dieser Umstand spielt für die vorliegende Untersuchung eine wesentliche Rolle, um aus einer Auswahl generischer Kompetenzterminologien auf spezifische Kompetenzanforderungen für das Berufsfeld *IT* schließen zu können. Diese charakteristischen IT-Kompetenzanforderungen können dabei sowohl Begrifflichkeiten aus dem Referenzrahmen als auch Kompetenzen, die nicht im Modell von Erpenbeck und Heyse definiert sind, umfassen.

3.7.3 Annotation von Kompetenzanforderungen

Das im vorherigen Kapitel 3.7.2 diskutierte KODE® Kompetenzmodell dient somit als Referenzrahmen, um in einem ersten Schritt Kompetenzen innerhalb der Satzstrukturen der semantischen Informationseinheit der Anforderungen zu annotieren. Dabei ist zu berücksichtigen, dass eine alleinige Anwendung der im Modell abgebildeten Begrifflichkeiten für eine spätere quantitative Extraktion von Kompetenzanforderungen nicht ausreichend ist. Bei einem solchen Vorgehen wird lediglich eine Übereinstimmung genannter Anforderungen mit den Ausdrücken aus dem Modell gewährleistet (Wörterbuchansatz), jedoch würden darüber hinausreichende Terminologien nicht erkannt werden, was kritisch anzumerken ist. In diesem Zusammenhang weist Heise (ebd., S. 27) darauf hin, dass weit mehr sprachliche Konstrukte, wie sie der Kompetenz- und Synonymatlas beinhaltet, zur Anwendung in einer spezifischen Domäne notwendig sein können. Zumal den Möglichkeiten der sprachlichen Ausdrucksweise, Kompetenzanforderungen in den Anforderungsprofilen der IT-Stellenanzeigen zu formulieren, keine Limitierungen und formalen Vorgaben gesetzt sind. Nicht zuletzt können Kompetenznennungen, wie in Abbildung 3.29 thematisiert, auch als Phrasen umschrieben werden und müssen nicht notwendigerweise aus lediglich einem oder zwei Wörtern bestehen, so wie die im Kompetenz- und Synonymatlas hinterlegten Bezeichnungen.

In Anbetracht einer quantitativen Erhebung und Bestimmung von Kompetenzanforderungen muss daher eine Methodik gewählt werden, die diesen Ansprüchen möglichst gerecht wird. Sprich, ein Algorithmus sollte in der Lage sein, Kompetenzbegriffe und -phrasen auf Basis der definierten Terminologien im Modell von Erpenbeck und Heyse und darüber hinaus in den Anforderungsprofilen der IT-Anzeigen feststellen zu können. Aus diesem Grund soll das KODE® Kompetenzmodell vielmehr als Orientierungshilfe genutzt werden, um ein spezifisches Named-Entity-Recognition-Modell zu erstellen. Dabei soll dem Grundsatz gefolgt werden, ausgehend von einem allgemeinen Informationsmodell (Erpenbeck und Heyse) auf spezifische Kompetenzen im Berufsfeld IT schließen zu können. Im Hinblick auf die eingangs erwähnte Abgrenzung zu einer qualitativen Inhaltsanalyse (siehe Kapitel 3.7) sei für das weitere Vorgehen an dieser Stelle ein Vergleich von Pagel et al. (2020) angeführt:

> „Computerlinguistische Annotationsprojekte legen ... Wert auf konsistente und konsensuale Entscheidungen zwischen den Annotator:innen, da die getroffenen Entscheidungen oft als Trainings- oder Testdaten für (überwachte) maschinelle Lernmethoden verwendet werden. Annotationen in den Geisteswissenschaften folgen nicht dem gleichen Paradigma wie in der Computerlinguistik ... Vielmehr spielt in den Geisteswissenschaften die Annotation als Hinzufügen von Notizen am Rand oft eine Rolle, um individuelle Interpretationen z. B. eines literarischen Textes für den eigenen Gebrauch zu visualisieren, wenn auch manchmal implizit.“ (S. 126)

Als Ausgangspunkt für die Annotation werden alle in Kapitel 3.5.3 bereits qualifizierten 3.384 Satzstrukturen der Kategorie Anforderungen (siehe Tabelle 3.15) herangezogen. Aus dieser Anzahl wurden 1.052 Satzstrukturen (31,09 %) (ohne Duplikate) als Trainingsdaten ausgewählt. Innerhalb dieser erfolgte die Annotation entsprechender Kompetenzen nach dem sogenannten *IOB-Schema*, welches von Ramshaw und Marcus (1995, S. 82–94) entwickelt wurde. Die Abkürzung IOB steht für *Inside Outside Beginning*. Für die Annotation werden dabei drei Designatoren unterschieden. Die Kennzeichnung *I* wird verwendet, um einen Token innerhalb einer Einheit zu markieren. Mit *O* werden irrelevante Token kenntlich gemacht und mit *B* der Beginn einer Einheit beschrieben. Dabei handelt es sich, im Vergleich zu anderen Notationen (zum Beispiel BILOU[61]), um ein relativ einfaches Schema, dessen unkomplizierte Handhabung ein Entscheidungskriterium war, diese Notationsform zu nutzen, um unnötige Komplexität während des Annotationsprozesses möglichst zu vermeiden. Im Zuge dieses Prozesses werden ein oder mehrere zusammenhängende Token als eine Kompetenzanforderung nach dem IOB-Schema gekennzeichnet. Darstellung 3.31 zeigt beispielhaft die Annotation eines Anforderungsprofils, wobei es sich um das gleiche Profil, welches bereits in Kapitel 3.7.1 zur Veranschaulichung der Extraktion von Kompetenzanforderungen diente, handelt. Exemplarisch sind die vier Satzstrukturen, aus denen sich die gewählte Anforderungsbeschreibung zusammensetzt, abgebildet. In der Spalte *Satz* ist die jeweilige Satznummer aufgeführt. Die Spalte *IOB* enthält die

61 Siehe Lin et al., 2020, S. 433.

entsprechende Bezeichnung aus dem IOB-Schema, welche dem Token in der letzten Spalte zugeordnet ist. Dabei wurden alle Token der ersten und zweiten Satzstruktur mit dem Bezeichner *O* markiert, da innerhalb beider Sätze keine Kompetenzen im Sinne dieser Studie (siehe Kapitel 2.6.3) sprachlich formuliert sind.

Satz	IOB	Token
1	O	Abgeschlossenes
1	O	Fachhochschulstudium
1	O	mit
1	O	Informatikschwerpunkt
1	O	oder
1	O	der
1	O	Nachweis
1	O	gleichwertiger
1	O	Fähigkeiten
1	O	und
1	O	Erfahrungen
1	O	.

Satz	IOB	Token
3	O	Fähigkeit
3	O	,
3	B-KOMPETENZ	in
3	I-KOMPETENZ	einem
3	I-KOMPETENZ	engagierten
3	I-KOMPETENZ	Team
3	B-KOMPETENZ	selbstständig
3	O	zu
3	O	arbeiten
3	O	.

Satz	IOB	Token
2	O	Gute
2	O	Kenntnisse
2	O	in
2	O	der
2	O	Administration
2	O	von
2	O	Windows-Rechnern
2	O	und
2	O	Netzwerken
2	O	.

Satz	IOB	Token
4	O	Ausgeprägte
4	B-KOMPETENZ	Serviceorientierung
4	O	und
4	B-KOMPETENZ	Kommunikationsstärke
4	O	.

Abbildung 3.31: Visualisierung des IOB-Schemas und des Annotationsvorgangs am Beispiel eines Anforderungsprofils einer IT-Stellenanzeige aus dem Tätigkeitsfeld Administration, Netzwerk und Architektur (eigene Darstellung)

Der dritte Satz hingegen enthält die Phrase „in einem engagierten Team“, aus der sich ein Hinweis auf *Teamfähigkeit* ableiten lässt. Diese wurde gemäß der IOB-Notation ausgezeichnet, indem die Präposition „in“ den Beginn der Anforderung andeutet und alle nachfolgenden Token, bis einschließlich des Substantivs „Team“, als eine zusammengehörige Einheit markiert werden. Diese Einheit lässt sich demnach als Entität der Klasse *KOMPETENZ* interpretieren, was ebenfalls über die Notationsweise zum Ausdruck gebracht wird. Der nachfolgende Token „selbstständig“ stellt wiederum den Beginn einer neuen Entität dar und wird deshalb als *B-KOMPETENZ* annotiert. Alle übrigen Token hingegen werden mit *O* versehen. Analog lässt sich dieses Schema auch auf den vierten Satz übertragen. Innerhalb dieser Satzstruktur werden die Token „Serviceorientierung“ und „Kommunikationsstärke“ der Klasse *KOMPETENZ* zugewiesen. Alle verbleibenden Token werden mit der Markierung *O* kenntlich gemacht.

Auf diese Weise lassen sich alle Token der 1.052 Satzstrukturen nach dem IOB-Schema annotieren. Am Beispiel in Abbildung 3.31 wird zudem ersichtlich, dass die

Trainingsdaten sowohl Positiv- als auch Negativbeispiele beinhalten. Positivbeispiele, wie die Sätze 3 und 4, enthalten dabei mindestens einen Verweis auf eine Entität der Klasse *KOMPETENZ*, wohingegen sich Negativbeispiele ausschließlich aus irrelevanten Token zusammensetzen, wie es bei den ersten beiden Sätzen der Fall ist. Im Zuge des Annotationsprozesses wurden alle Satzstrukturen entsprechend dem IOB-Schema gekennzeichnet, wobei der Kompetenz- und Synonymatlas nach Erpenbeck und Heyse als Referenzrahmen genutzt wurde. Die fachliche Qualifizierung und Bewertung erfolgte ähnlich wie in Kapitel 3.4.3 und Kapitel 3.5.3, allerdings, wie oben dargestellt, auf der Ebene einzelner Wörter. Die erzeugten Annotationen wurden dabei manuell zugewiesen, wobei eine gewisse Subjektivität bei der Markierung einzelner bzw. zusammenhängender Token als Kompetenzanforderung nie ausgeschlossen werden kann, wie auch Kuhn (2020, S. 93 f.) anmerkt. Diesen Umstand benennt ebenso Fort (2016): „... the interpretation can reflect parts of the subjectivity of its authors" (S. XVI).

Um ein gemeinsames Verständnis und eine einheitliche Kennzeichnung der Trainingsdaten zu gewährleisten, wurden daher Annotationsrichtlinien definiert. Diese „Regeln" sind „... allerdings nur innerhalb eines gewissen Kontextes ... valide ... Annotationsrichtlinien sind typischerweise zunächst auf die Textsorte [Anmerkung: in diesem Fall das Anforderungsprofil der IT-Stellenanzeigen] bezogen, für die sie erstellt wurden ..." (Pichler & Reiter, 2020, S. 50) und dienen der Funktion, eine Nachvollziehbarkeit zu garantieren und gleichzeitig Interpretationsspielräume bei der manuellen Kennzeichnung der Daten möglichst zu minimieren. Im Rahmen dieser Studie wurde die Annotation der Satzstrukturen nach dem IOB-Schema durch den Forschenden selbst durchgeführt. Eine Festlegung von Richtlinien, insbesondere bei der Annotation einer Klasse *KOMPETENZ*, ist dabei stets zu empfehlen. Die für die Kennzeichnung der Daten zugrunde gelegten Richtlinien finden sich in Anhang T4. Auf deren Relevanz und iterative Weiterentwicklung weist ebenfalls Fort (2016) hin:

> „The annotation guide (also called annotation guidelines) is ... recognized as essential to an annotation campaign. .... However, writing an annotation guide is not a one-shot task performed at the beginning of a campaign, with only a couple of modifications added afterwards. On the contrary, the guide evolves during a large part of the annotation campaign. It is the necessary condition for its usability as the accompanying documentation for the resulting annotated corpus." (S. 11)

Die Annotationsrichtlinien können hierbei als formale Beschreibung dienen, wie die Kennzeichnungen umzusetzen sind und mögliche Streitfälle aufgelöst werden können. Sie sollten deshalb möglichst eindeutig formuliert sein und keine Widersprüche enthalten sowie Ausnahmen dokumentieren (Reiter, 2020, S. 193). Im Kontext dieser Studie tragen die Richtlinien dazu bei, einen konsistenten Umgang mit Entitäten der Klasse *KOMPETENZ* festzulegen, so dass diese in den Trainings- und Testdaten nach einem möglichst definierten Verständnis annotiert werden können. Da kein De-facto-Standard für die Kennzeichnung von Kompetenzanforderungen in IT-Stellenanzeigen existiert, werden die im Rahmen dieser Arbeit verwendeten Annotationsrichtlinien transparent gemacht, um diese auch für weitere Forschungsarbeiten nutzbar zu machen (siehe Anhang T4).

Der durchgeführte Annotationsprozess entspricht dabei einem überwachten Lernansatz und findet auf der Ebene einzelner Token statt, wie in Abbildung 3.31 exemplarisch dargestellt. Gleichzeitig wurde nur eine Entität der Klasse *KOMPETENZ* angelegt, um die Komplexität des Annotationsvorgangs möglichst zu minimieren. Hierzu diente, wie zuvor erwähnt, der Kompetenz- und Synonymatlas nach Erpenbeck und Heyse als Referenz, um gezielt Wissen zu Kompetenzanforderungen in den Satzstrukturen anzureichern und Trainingsdaten zu generieren. Die Begrifflichkeiten aus dem Modell konnten als Orientierungshilfe genutzt werden, Kompetenzterminologien in den ausgewählten Satzstrukturen zu identifizieren und diese nach dem IOB-Schema zu annotieren. Zudem wurden auch über den Kompetenz- und Synonymatlas hinausreichende Begrifflichkeiten und Phrasen möglicher Kompetenzen in den Trainingsdaten markiert. Betrachtet man Abbildung 3.31, so trifft dies auf alle ausgewählten Token zu, die als Entität *KOMPETENZ* gekennzeichnet wurden, zu denen jeweils kein exaktes terminologisches Äquivalent im KODE® Modell aufzufinden ist. Ziel dieser „automatisierungsorientierten Annotation" (Pagel et al., 2020, S. 128) war letztendlich die Generierung qualitativ hochwertiger Trainingsdaten, die als Ausgangsbasis für die Erstellung eines domänenspezifischen Named-Entity-Recognition-Modells herangezogen werden können, um Kompetenzanforderungen in den Anforderungsprofilen der IT-Stellenanzeigen automatisiert zu identifizieren. In Anlehnung an Pichler und Reiter (2020) sind solche „... Verfahren ... insbesondere für Phänomene, deren Kontextabhängigkeiten unbekannt oder unübersichtlich sind[, geeignet] ... Der Lernalgorithmus untersucht nun systematisch die Merkmalsausprägungen der Instanzen in den Trainingsdaten" (S. 51). Dabei ist „die Konsistenz der Annotation ... für die Automatisierung von größter Bedeutung, da Inkonsistenzen die Klassifikationsleistung negativ beeinflussen" (Pagel et al., 2020, S. 128).

Bei der Anwendung des auf diese Weise erstellten Modells ist zu berücksichtigen, dass auch dieser algorithmische Ansatz Wahrscheinlichkeiten berechnet und auf deren Grundlage entscheidet, ob ein oder mehrere zusammenhängende Token innerhalb eines Anforderungsprofils auf eine Kompetenz hinweisen. Der Entschluss, ein spezifisches Named-Entity-Recognition-Modell zu trainieren und anzuwenden, lag primär in der Motivation, die Möglichkeiten eines Machine Learning-Ansatzes auszuschöpfen, um bislang unberücksichtigte, in den Trainingsdaten und über den Kompetenz- und Synonymatlas hinausreichende Terminologien und Phrasen, die auf mögliche Kompetenzanforderungen im Berufsfeld IT hindeuten, quantitativ festzustellen.

Zugleich wurde beschlossen, die mittels des Modells extrahierten Ausdrücke nochmals hinsichtlich ihrer Qualität zu überprüfen und in eine Wissensbasis zu überführen. Deren Aufbau und die Vorgehensweise zur Qualitätssicherung werden im nachfolgenden Kapitel 3.7.4 erläutert. Dieser Entscheidung lag die Tatsache zugrunde, dass bei einem ausschließlichen algorithmischen Einsatz des Entitätenmodells gewisse Unsicherheiten und damit ein Restrisiko besteht, einerseits Kompetenzausdrücke zu vernachlässigen und zum anderen Terminologien und Phrasen fälschlicherweise als eine Entität *KOMPETENZ* zu bewerten. Dieser Umstand trug zur Einführung eines zusätzlichen Qualifizierungsschrittes bei, der dazu diente, eine validierte Wissensbasis bestehend aus Kompetenzterminologien und -phrasen aufzubauen, um die Anforderungsprofile der IT-Stellenanzeigen damit abschließend zu analysieren. Das bedeutet, das erstellte spezifische Named-Entity-Recognition-Modell diente vor allem als Mittel zum Zweck, weshalb auf eine detaillierte Evaluation des Modells und eine ausführliche technische Beschreibung des zugrunde liegenden Algorithmus an dieser Stelle bewusst verzichtet wurde[62].

Die Anwendung des Entitätenmodells erfolgte sodann auf dem aus 87.171 Stellenangeboten bestehenden IT-Textkorpus, die einen eindeutigen Tätigkeitsschwerpunkt besitzen (siehe Tabelle 3.26). Innerhalb dieses Korpus konnten 73.475 Anzeigen (84,29 %) identifiziert werden, welche ein Anforderungsprofil beinhalten und mit dem Named-Entity-Recognition-Modell analysiert wurden. Die Anforderungsbeschreibungen wurden dafür nicht dediziert aufbereitet. Diese entsprechen dem Format der Trainingsdaten (siehe Abbildung 3.31). Die Analyse geschah dabei auf Satzebene mit anschließender Grundformreduktion (siehe Kapitel 3.6.2). In Summe wurden 515.211 Sätze aus den Anforderungsprofilen der 73.475 Stellengesuche extrahiert. Innerhalb dieser Menge enthielten 127.871 (24,82 %) Satzstrukturen mindestens einen Hinweis auf eine mögliche Kompetenzterminologie bzw. -phrase. In den restlichen 387.340 (75,18 %) konnten hingegen keine Ausprägungen festgestellt werden. Die auf diese Weise ermittelten Terminologien und Phrasen gilt es, wie bereits weiter oben erwähnt, in einem Folgeschritt interpretativ zu bewerten und in eine Wissensbasis zu überführen, welche die Ausgangsbasis für die weitere Systematisierung (siehe Kapitel 4) und die endgültige Analyse der Anforderungsprofile (siehe Kapitel 5) auf Ebene von Kompetenzfeldern bildet.

3.7.4 Aufbau einer Wissensbasis

Ausgangspunkt für den Aufbau einer Wissensbasis sind die durch das spezifische Named-Entity-Recognition-Modell erkannten Ausdrücke aus den IT-Anforderungsprofilen, die auf mögliche Kompetenzen hindeuten (siehe Kapitel 3.7.3). Die extrahierten Terminologien und Phrasen wurden anschließend normalisiert[63]. Die Normalisierung diente dem Zweck, eine Aggregation gleichartiger Begrifflichkeiten und Phrasen auf Zeichenebene gewährleisten zu können. So wird exemplarisch die Terminologie *Teamfähigkeit* zu *teamfaehigkeit* transformiert, indem alle Zeichen in Kleinbuchstaben umgewandelt und Umlaute sowie Satz- und Sonderzeichen entsprechend konvertiert bzw. eliminiert werden. Auf diese Weise gelingt es, Kompetenzanforderungen aus Satzstrukturen wie „Sie sind kommunikativ." und „– Kommunikativ" (Aufzählung), welche beide die Anforderung *kommunikativ* beinhalten, gemeinsam zu erfassen.

In Summe konnten 231.083[64] normalisierte Begrifflichkeiten und Phrasen aus dem Entitätenmodell abgeleitet werden, die sich nach Abzug aller Duplikate auf 11.471 mögliche Einzelkompetenzen komprimieren ließen. Es sei betont, dass es

62 Für das Training und das Erstellen eines domänenspezifischen Named-Entity-Recognition-Modells wurde auf die Möglichkeiten innerhalb der Python-Bibliothek spaCy zurückgegriffen.

63 Für die Normalisierung wurde die Python-Bibliothek *clean-text* (siehe https://pypi.org/project/clean-text/, abgerufen am 14.10.2021) verwendet.

64 Betrachtet man die Häufigkeiten, so finden sich unter den Top 3 die normalisierten Begriffe *teamfaehigkeit* mit 8.427 Nennungen, gefolgt von *strukturiert* mit 6.829 Treffern und *kommunikationsfaehigkeit* mit 6.660 Erwähnungen.

sich nicht bei jeder durch das Named-Entity-Recognition-Modell der Klasse *KOMPETENZ* zugewiesenen Entität tatsächlich auch um eine sprachliche Formulierung einer Kompetenzanforderung handeln muss. Vielmehr befinden sich innerhalb der 11.471 extrahierten Begriffe und Phrasen auch fälschlicherweise zugeordnete. Dies liegt in der Nutzung des gewählten Machine-Learning-Ansatzes begründet, dessen Entscheidungsgrundlage auf Wahrscheinlichkeiten basiert. Aus diesem Grund besteht die Erfordernis, die extrahierten Ausdrücke inhaltlich zu bewerten und in eine Wissensbasis zu überführen, welche für die finale Analyse der Anforderungsprofile genutzt wird. Durch diesen Vorgang lassen sich Ungenauigkeiten, die durch eine unreflektierte Nutzung der automatisiert extrahierten Terme und Phrasen entstehen würden, vermeiden. Außerdem sollen den in der Wissensbasis hinterlegten Entitäten im Zuge dieser Qualitätssicherung zusätzlich Oberbegriffe zugeordnet werden, was durch die Konzeption des Entitätenmodells noch nicht abgedeckt wurde. Auf die Notwendigkeit einer solchen Interpretation verweisen auch Pichler und Reiter (2020):

> „... [so] kommen bei der Auswertung der Befunde unterschiedliche Arten von Informationen zusammen, die in der Gesamtschau interpretiert werden müssen: Einerseits kann hier nun auf quantitative Ergebnisse zugegriffen werden, andererseits liefert die (manuelle) Inspektion von Einzelstellen weitere Informationen, etwa zu möglichen intratextuellen Kontexten. Beides muss vor dem Hintergrund von disziplinärem Domänenwissen ‚gelesen' werden, wobei hier auch das Domänenwissen aus der Informatik relevant ist, bei dem es sich vorwiegend um Methodenwissen handelt." (S. 55)

Zur inhaltlichen Überprüfung und Bewertung diente eine Softwareapplikation (siehe Abbildung 3.32), ähnlich den Anwendungen wie diese bereits für die Einteilung der Stellenanzeigen zu IT- und Nicht-IT-Anzeigen (siehe Abbildung 3.5) oder für die Zuordnung der Satzstrukturen zu semantischen Informationseinheiten (siehe Abbildung 3.14) zum Einsatz kamen. Diese erlaubt die Zuteilung der normalisierten Kompetenzterminologien und -phrasen aus der Spalte *Terminologie/Phrase* zu einem frei definierbaren Oberbegriff (Spalte *Oberbegriff*). Ein Oberbegriff entspricht dabei einer übergreifenden Bezeichnung, unter welcher entsprechende synonyme Kompetenzanforderungen aggregiert sind. Beispielhaft kann die Terminologie *teamfaehigkeit* auf diese Weise mit dem Oberbegriff *Team* assoziiert und über die Spalte *Geprüft* markiert werden.

Diese Markierung erlaubt es, für die nachfolgende quantitative Analyse der Anforderungsprofile nur solche Einträge aus der Wissensbasis zu berücksichtigen, die bereits qualifiziert wurden. Optional kann eine Anmerkung (Spalte *Anmerkungen*) im Fall von Einzelbegriffen sinnvoll sein, um den Kontext eines Begriffes zu hinterlegen und somit eine gewisse Transparenz und Nachvollziehbarkeit zu gewährleisten. Über die Schaltfläche *Aktion* lassen sich die zuvor beschriebenen Handlungen durchführen und abspeichern. Zudem erlaubt die Applikation auch, eigene Terminologien und Phrasen der Wissensbasis hinzuzufügen. Betrachtet man deren Struktur genauer, so können zwei Ebenen in Form einer *Taxonomie*, bestehend aus Beziehungen zwischen Oberbegriffen (Hyperonyme) und Unterbegriffen bzw. -phrasen (Hyponyme), abgebildet werden (Klabunde, 2018b, S. 117). Diese schafft die Grundlage für die nachstehende Aggregation und Systematisierung von Einzelkompetenzen zu Kompetenzfeldern (siehe Kapitel 4).

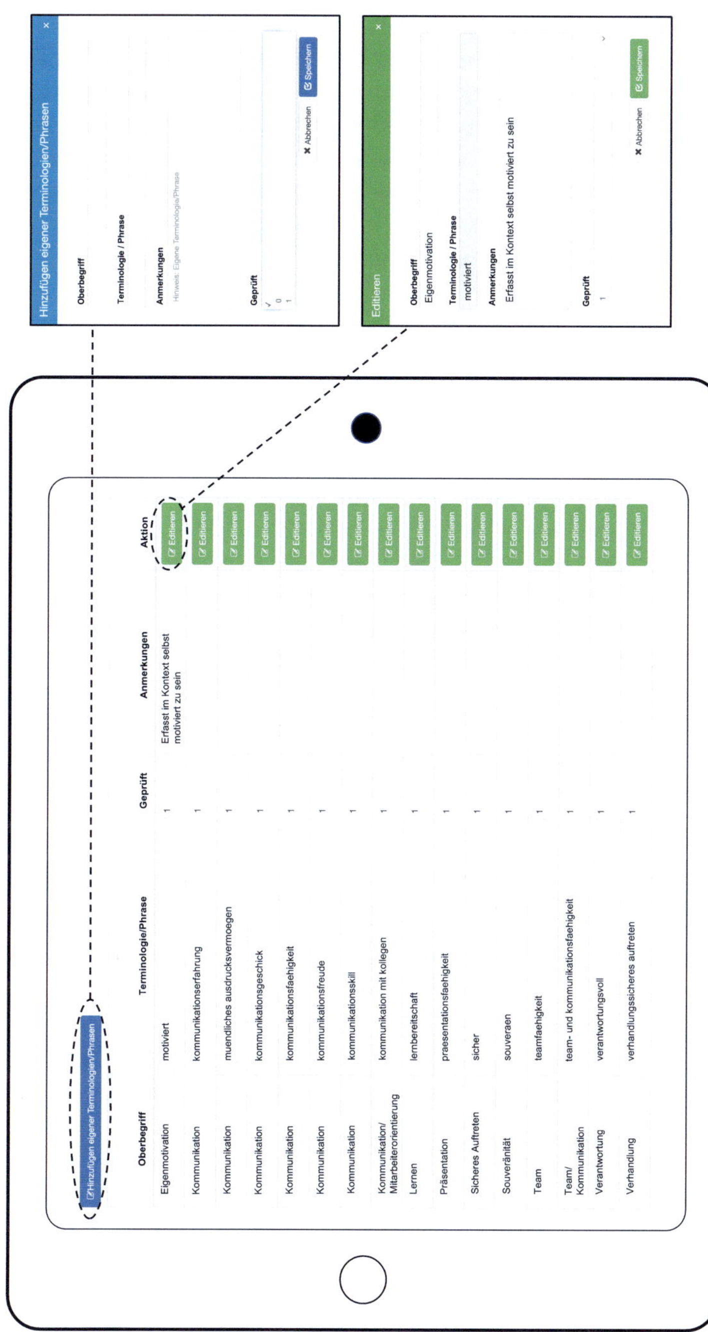

Abbildung 3.32: Softwareapplikation zur inhaltlichen Überprüfung und Bewertung von Kompetenzterminologien und -phrasen zum Aufbau einer Wissensbasis (eigene Darstellung)

Wie bereits in Kapitel 3.7.1 erläutert, soll eine Zuordnung einer Terminologie oder Phrase zu einem Oberbegriff möglichst explizit erfolgen, um Interpretationsspielräume zu minimieren. Durch ein solches Vorgehen existiert jedoch ein gewisses Risiko, bestimmte sprachliche Konstrukte bzw. Nuancen und daraus ableitbare Kompetenzanforderungen zu vernachlässigen. Gleichzeitig besteht das Ziel, eine False-Positive-Fehlerquote weitestgehend zu reduzieren, um negative Effekte bei einer inhaltlichen Analyse zu vermeiden. Unter anderem aus den genannten Gründen wird der Blick ausschließlich auf das Anforderungsprofil der Stellenanzeigen gerichtet, wenngleich auch innerhalb der Tätigkeitsbeschreibungen Kompetenzanforderungen implizit genannt und abgeleitet werden könnten. So ließe sich beispielsweise aus der folgenden Aufgabenbeschreibung „Sie kommunizieren mit internen Fachabteilungen, um den Bedarf bestimmter Softwarelösungen zu identifizieren" eine Anforderung von *Kommunikationsfähigkeit* folgern. Andererseits wäre ein solcher Rückschluss bei der Formulierung der Tätigkeit „Sie stellen die Kommunikation der Server zwischen den Niederlassungen sicher" unzulässig, da der Begriff *Kommunikation* in diesem Fall mit einem anderen Kontext besetzt ist.

Wenn auch bei der Verortung der Terminologien und Phrasen zu einem Oberbegriff primär auf eine Zuordnung expliziter sprachlicher Ausdrücke geachtet wurde, so lässt sich eine gewisse Berücksichtigung impliziter Nennungen in der semantischen Einheit der Anforderungen nicht vollständig vermeiden. Gegeben durch den höheren Interpretationsspielraum, im Vergleich zu expliziten Formulierungen, muss bedacht werden, dass durch die fehlende Möglichkeit der Nachfrage die Zuweisungen impliziter Formulierungen einem verstärkten subjektiven Einfluss unterliegen. Hieran zeigen sich die Herausforderungen einer erzeugten Ordnungsstruktur und die unweigerlich damit in Zusammenhang stehenden Abgrenzungsprobleme, wie Ambivalenzen, Widersprüchlichkeiten oder ein differenziertes Verständnis der Ausprägung einer Kompetenzanforderung in unterschiedlichen beruflichen Disziplinen (Lerch, 2016, S. 123 f.). Nach Pichler und Reiter (2020) kann es deshalb

> „für die Interpretation der Befunde ... kein Patentrezept [geben] ... Sie muss, darin liegt ein wesentlicher Teil reflektierter Textanalyse, im Bewusstsein der vorherigen Schritte und der sich daraus ergebenden Einschränkungen erfolgen. Gleichzeitig muss existierendes Wissen über den Gegenstand, das in den jeweiligen Disziplinen besteht, Berücksichtigung finden." (S. 57)

Dies belegen auch ausgewählte Beispiele, die es bei der Zuordnung in der Wissensbasis zu bewerten galt. So verweist die Anforderung *verhandlungssicheres Business-Englisch* auf eine Sprachkompetenz eines bestimmten Niveaus und steht nicht in Zusammenhang mit *verhandlungssicherem Auftreten*, welche als Phrase dem Oberbegriff *Verhandlung* zugewiesen ist. Diese Herausforderungen einer inhaltlichen Festlegung bestätigt ebenso Vonken (2017, S. 51). Weiter werden diese Zuordnungsproblematiken auch in Kompetenzmodellen, wie bei Erpenbeck und Heyse, sichtbar, die beispielsweise *Vertrauen* (siehe Kapitel 4.2.14) oder *Gestaltung* (siehe Kapitel 4.2.12) in mehrfacher Weise verorten. Aus diesen Gründen nimmt eine interpretative Auslegung und Diskussion einzelner Kompetenzen einen hohen Stellenwert ein, wie das nachfolgende Kapitel zur Systematisierung von IT-Kompetenzen zu IT-Kompetenzfeldern (Kapitel 4) noch zeigen wird. Das heißt auch, eine alleinige quantitative Herangehensweise genügt dem geforderten Qualitätsanspruch dieser Studie nicht.

Weiterhin wurde bereits bei der Erstellung der Trainingsdaten für das spezifische Entitätenmodell darauf geachtet, sprachliche Nennungen hinsichtlich (Berufs-)Erfahrungen (wie Berufserfahrung in einem Bereich, Erfahrung in der Ausübung einer Tätigkeit etc.), Qualifizierungen (zum Beispiel Zertifizierungen etc.), Wissen und Fähigkeiten (beispielsweise Fachwissen in einer Disziplin etc.) als Negativbeispiele zu deklarieren und im Rahmen der Qualitätssicherung entsprechend auszuklammern (siehe hierzu auch die Diskussion der Begriffe in Kapitel 2.6.3). Es soll allerdings nicht bestritten werden, dass die genannten Anforderungen bei Arbeitgebern:innen und zur Besetzung einer offenen Vakanz in der beruflichen Praxis ebenfalls einen hohen Stellenwert einnehmen. Da es sich andererseits nicht um Kompetenzen gemäß des in dieser Studie zugrunde gelegten Verständnisses handelt, bleiben diese unberücksichtigt. Diese Auslegung soll auch noch einmal aufzeigen, dass das Kompetenzmodell von Erpenbeck und Heyse zwar als Referenz galt, jedoch nicht alle Inhalte daraus für das Training unreflektiert übernommen wurden, wie beispielsweise die Teilkompetenzen *Projektmanagement, Fachwissen, Marktkenntnisse* und weitere, die in dieser Studie keine Relevanz haben. Dennoch sei darauf verwiesen, dass bestimmte Begriffskombinationen Berücksichtigung fanden. Dies war zum Beispiel der Fall, wenn von *Präsentationsfähigkeiten* oder *Kommunikationserfahrung* die Rede war, welche den Oberbegriffen *Präsentation* bzw. *Kommunikation* zugewiesen wurden. Das zeigt wiederum, dass eine Auflösung in ein eindeutiges unstreitiges Schema nicht möglich sein wird und auch nicht Ziel dieser Untersuchung ist. Allein aufgrund individueller Faktoren, wie Erfahrungen aus der eigenen beruflichen Praxis, lassen sich subjektiv geprägte Interpretationen nicht vollständig vermeiden. So wurde beispielsweise die Forderung nach *mündlichem Ausdrucksvermögen* dem Oberbegriff *Kommunikation* zugeordnet, ebenso die synonymen, sprachlich expliziteren Terminologien *Kommunikationsgeschick, Kommunikationsfähigkeit, Kommunikationsfreude* oder *Kommunikationsskill*. An dieser Stelle sei erwähnt, dass eine Extraktion all der beispielhaft genannten Ausdrücke quantitativ durch das spezifische Named-Entity-Recognition-Modell geschah. Davon findet sich lediglich der Begriff *Kommunikationsfähigkeit* auch im KODE® Kompetenzmodell und in den annotierten Trainingsdaten wieder.

Darüber hinaus ist das Modell in der Lage, neben zusätzlichen Varianten zu einem Kompetenzbegriff auch Schreibfehler oder Neologismen aus den Anforderungen abzuleiten. In Bezug auf den Oberbegriff *Kommunikation* wurden beispielsweise grammatikalisch fehlerhafte Begrifflichkeiten, wie *Komm[u]nikationsfähigkeit, Kommunikationsfähi[g]keit, redegewan[n]dt,* gleichermaßen identifiziert und zugeordnet wie auch Wortneuschöpfungen, zum Beispiel *Kommunikativität*. Außerdem lässt sich die spezifische Sprache im Kontext von IT-Anforderungen berücksichtigen, was beispielsweise durch die Extraktion von Ausdrücken wie *Hands-on-Mentalität* sichtbar wird.

Des Weiteren musste festgestellt werden, dass in den Anforderungsprofilen der IT-Anzeigen sprachliche Formulierungen existieren, die sich ausschließlich über eine kontextuelle Betrachtung erschließen lassen. Etwa verweist die Phrase „Team-

und Kommunikationsfähigkeit" zum einen auf den Oberbegriff *Team*, zum anderen auf *Kommunikation*, was bei der Bewertung und Ablage in der Wissensbasis zu berücksichtigen ist. Ein anderes Beispiel zeigt, dass innerhalb einer Phrase gleichzeitig mehrere Oberbegriffe referenziert werden können. So bezieht sich die Anforderung *souveränes, sicheres und verantwortungsvolles Auftreten* auf die Oberbegriffe *Souveränität, Sicheres Auftreten* und *Verantwortung*. Zudem können mit einer Terminologie, wie beispielsweise *Reisebereitschaft*, unterschiedliche Dimensionen assoziiert sein, die von gelegentlichen Tagesreisen bis hin zu häufigen, mehrtägigen, nationalen bis internationalen Reisen reichen und damit auch indirekt weitere Kompetenzen mehr oder weniger stark implizieren.

Eine weitere Beobachtung soll anhand des Oberbegriffes *Lernen* beleuchtet werden. Diesem sind unter anderem Terminologien wie *Lernbereitschaft, Lernfähigkeit* oder die Phrasen *Bereitschaft zur ständigen Weiterbildung* oder *Bereitschaft, sich neue Kenntnisse anzueignen* zugeordnet. Überdies lassen sich in der semantischen Einheit der *Vorteile* Hinweise auf Fort- und Weiterbildungsmöglichkeiten auffinden, die genutzt werden, um unter anderem die Attraktivität eines/einer möglichen Arbeitgebenden für Bewerber:innen zu erhöhen. Diese Nennungen schließen dabei nicht zwingend ein, dass auch auf eine entsprechende Kompetenz im Anforderungsprofil verwiesen wird. An diesem Beispiel ist deutlich zu sehen, dass durch die Freiheit der sprachlichen Formulierung in den Stellenprofilen Strukturen weder vorgegeben noch einzuhalten sind, auch wenn in diesem Fall eine artikulierte Anforderung im Kontext des Oberbegriffes *Lernen* innerhalb des Anforderungsprofils zu erwarten wäre. Hieran wird ersichtlich, dass bei einem ausschließlichen Blick auf die semantische Einheit der Anforderungen gegebenenfalls implizit (und unter Umständen auch explizit) genannte Kompetenzanforderungen in anderen Einheiten unberücksichtigt bleiben können. Jedoch wurde mit einer ausschließlichen Fokussierung auf das Anforderungsprofil versucht, den Interpretationsspielraum und eine mögliche Fehlinterpretationsrate weitestgehend zu minimieren.

Zudem zeigte sich, dass in bestimmten Fällen der geforderte Anspruch an eine Kompetenzanforderung vorrangig mittels Adjektiven sprachlich spezifiziert wird. So finden sich in diesem Kontext Beispiele wie Forderungen nach *hoher, sehr guter* oder *überdurchschnittlicher Präsentationsfähigkeit*. Dabei ist zu bedenken, dass diese Adjektive im Normalfall positiv besetzt sind und keine abwertenden Eigenschaften, wie *niedrig, schwach*, oder *durchschnittlich*, zu erwarten sind. Dies liegt mitunter im Zweck der Stellenanzeige begründet, die möglichst besten Kandidaten bzw. Kandidatinnen anzusprechen und für eine Bewerbung zu motivieren, was teilweise auch in der Nutzung hyperbolischer Formulierungen mündet. Im Rahmen der inhaltlichen Bewertung der Kompetenzterminologien und -phrasen sollen etwaige Spezifizierungen jedoch unberücksichtigt bleiben und es soll keine weiterführende Untergliederung durchgeführt werden. Zum einen liegen die Gründe in der subjektiven Handhabung und den Interpretationsmöglichkeiten ordinal skalierter Werte, die sich in Begrifflichkeiten wie *hoch, sehr gut* oder *überdurchschnittlich* ausdrücken. Zum anderen würde eine weitere Differenzierung hinsichtlich der Aggregation von Oberbegriffen in Kompetenzfeldern (siehe Kapitel 4) und deren Analyse und Auswertung (siehe Kapitel 5) keinen zusätzlichen Erkenntnisgewinn erzeugen. Dies wäre lediglich dann der Fall, wenn sich darauf schließen ließe, auf welcher Niveaustufe bestimmte Kompetenzen gefordert werden, wie sie beispielsweise im Deutschen Qualifikationsrahmen systematisch festgelegt sind (Arbeitskreis Deutscher Qualifikationsrahmen, 2011; Bund-Länder-Koordinierungsstelle für den Deutschen Qualifikationsrahmen für lebenslanges Lernen, 2013). Diese Sichtweise könnte durch Berücksichtigung weiterer Zusatzinformationen, wie dem Titel der Anzeige mit Verweis auf die Art der zu besetzenden Position (zum Beispiel Junior- oder Seniorstelle), indirekt abgeleitet werden, blieb jedoch im Rahmen dieser Studie unberücksichtigt. Gleichzeitig muss bedacht werden, dass eine Folgerung von Niveaustufen aus den Anzeigentexten weitere Herausforderungen mit sich bringt. So kann durch die Anwendung hyperbolischer Formulierungen in den Anzeigentexten bereits ein unscharfes Bild in Bezug auf ein gefordertes Qualifikationsniveau entstehen. Dies wiederum wirft die Frage auf, inwiefern unterschiedliche Niveaustufen tatsächlich in den Stellenannoncen widergespiegelt und daraus abgeleitet werden können. Kritisch zu betrachten ist vor allem, wer der/die Urheber:in einer Anzeige ist und somit bildungspolitische Rahmungen, wie sie der Deutsche Qualifikationsrahmen definiert, in Form sprachlich differenzierter Anforderungen überhaupt zum Ausdruck bringen kann bzw. möchte.

Außerdem besteht unter Umständen bei implizit geprägten Phrasen der Bedarf, diese mehr als einem Oberbegriff in der Wissensbasis zuzuordnen. Somit muss die Eindeutigkeit einer Zuweisung auflösbar sein, wie dies beispielsweise bei der Anforderung „Kommunikation mit Kollegen und Kolleginnen“ zutreffen kann. Aus dieser Formulierung lassen sich unter Umständen Kompetenzen ableiten, die sowohl dem Oberbegriff *Kommunikation* als auch *Mitarbeiterorientierung* zugeteilt werden können. Dieses Beispiel zeigt auch, dass eine Erweiterung der Wissensbasis hin zu einer ontologischen Struktur je nach Anwendungsbereich erforderlich sein kann.

Im Sinne einer Interpretation müssen zudem auch sprachliche Nuancen berücksichtigt werden. Exemplarisch verweist die Phrase „Du motivierst Kollegen und Kolleginnen“ auf den Oberbegriff *Motivationsfähigkeit*, sprich andere zu motivieren, hingegen „Du bist motiviert“ auf den Oberbegriff *Eigenmotivation*. Somit würde ein Abgleich allein auf der Wortebene in diesem Fall nicht ausreichen. Vielmehr ist eine Erfassung des Kontexts einer Formulierung notwendig.

Aus den genannten Beispielen geht hervor, dass die Anwendung des Entitätenmodells dazu beitrug, neue, bislang unbekannte Kompetenzterminologien und -phrasen in den Anforderungsprofilen zu identifizieren. Dies unterstreicht auch noch einmal die kritischen Aspekte im Zusammenhang mit der sprachlichen und inhaltlichen Entwicklung von Kompetenzmodellen, wie in Kapitel 2.6.4 bereits diskutiert. Fasst man die Vorgehensweise zur Erstellung der Wissensbasis zusammen, so handelt es sich um einen interpretativen, iterativen Prozess der Qualitätssicherung und sukzessiven Anreicherung, welcher auf den quantitativen Ergebnissen aufsetzt.

Als Ergänzung zu diesem Prozess wurde zusätzlich eine Möglichkeit geschaffen, den Sprachraum auf Grundlage qualifizierter Kompetenzen aus der Wissensbasis systematisch zu erweitern. Ziel dieser Analyse war es, zusätzliche Kontextwörter und -phrasen zu ermitteln, die über das spezifische Entitätenmodell noch unberücksichtigt blieben. Hierzu wurde auf der semantischen Einheit der Anforderungen ein Wort-Vektor-Modell trainiert und erstellt. Die technische Implementierung erfolgte dabei analog wie bereits in Kapitel 3.6.3 beschrieben. Als Eingabe für das Wort-Vektor-Modell dienten alle qualifizierten, einem Oberbegriff zugewiesenen Terminologien und Phrasen aus der Wissensbasis, um entsprechende Kontextwörter bzw. -phrasen zu generieren (siehe Abbildung 3.26). Diese konnten im Nachgang automatisiert gruppiert und mit den Inhalten der Wissensbasis abgeglichen werden, um bislang nicht enthaltene Ausdrücke zu inkludieren. Diese Prüfungs- und Validierungsschritte wurden solange wiederholt, bis das Wort-Vektor-Modell keine neuen Vorschläge mehr erzeugte. Dieser iterative und zugleich explorative Prozess der Qualitätssicherung führte letztendlich dazu, sukzessive neue Erkenntnisse aus dem zugrunde liegenden Textkorpus abzuleiten und in Form manuell überprüfter Kompetenzterminologien und -phrasen in der Wissensbasis zu persistieren. Auf diese Weise ließ sich der Sprachraum im Kontext des Berufsfeldes IT weiter erschließen. Eine tabellarische Aufstellung über den Umfang der Wissensbasis sowie die Anzahl der Zuordnungen von Terminologien und Phrasen findet sich in Kapitel 5.2 [Deskriptive Statistiken zu den IT-Kompetenzfeldern] in Tabelle 5.1.

3.8 Zusammenfassung der quantitativ-interpretativen Methodik

Die angewandte Vorgehensweise ermöglichte eine schrittweise modellhafte Abbildung des deutschen IT-Arbeitsmarktes (Kapitel 3.3 und 3.4). Im Rahmen einer Strukturanalyse ließen sich sowohl semantische Informationseinheiten (Kapitel 3.5) wie auch berufsgruppenspezifische Tätigkeitsschwerpunkte und -felder ermitteln (Kapitel 3.6). In diesem Zusammenhang merken Spöttl und Schlömer (2019, S. 128) an, dass im Kontext der Digitalisierung zum Teil auch von neuen beruflichen Rollen (zum Beispiel Data Scientist) innerhalb dieser Tätigkeitsfelder gesprochen wird. Jedoch sind die mit diesen Berufsbildern verknüpften Tätigkeiten nicht per se neu, sondern deren Bedarf und deren Bedeutung haben sich im Zuge der Digitalisierung verändert, weshalb in der vorliegenden Studie eine Betrachtung von Tätigkeitsfeldern, im Sinne eines feldtheoretischen Ansatzes, durchgeführt wird und keine spezifischen IT-Berufsrollen selektiert werden.

In einer abschließenden Ermittlung von Kompetenzanforderungen (Kapitel 3.7) gelang es, auf Grundlage eines spezifischen Named-Entity-Recognition-Modells und des als Referenzrahmen genutzten KODE® Kompetenzmodells, Kompetenzbedarfe aus den Anforderungsprofilen der IT-Stellenanzeigen quantitativ abzuleiten und diese im Rahmen einer inhaltlichen Überprüfung und Bewertung interpretativ zu qualifizieren und in einer Wissensbasis zu persistieren. Rückblickend auf die vorgestellte zyklische Ermittlung von Kompetenzanforderungen (siehe Kapitel 1.2) konnten somit alle Prozessschritte der Phase 1 (quantitative Datenerhebung, -aufbereitung & Modellierung des Berufsfeldes IT) sowie Anteile der Phase 2 (quantitativ-interpretative Kompetenzbedarfsermittlung) abgeschlossen werden.

Wie eingangs in Kapitel 3.1 erwähnt, wurde in Anbetracht der crossdisziplinären Ausrichtung dieser Studie durch die Ausführlichkeit der Erläuterung und Diskussion der verwendeten Methoden, Verfahren und Algorithmen versucht, einen adäquaten Zugang für die Erwachsenenbildung und Weiterbildung zu realisieren. Hierzu fanden punktuell auch kritische Auseinandersetzungen mit den Herausforderungen und Grenzen eines Technologieeinsatzes im Kontext der Ermittlung von Kompetenzanforderungen statt. In diesem Zusammenhang soll noch einmal bewusst gemacht werden, dass gewisse Undurchsichtigkeiten (englisch: opacity) beim Einsatz von Algorithmen aus den Bereichen des maschinellen Lernens, Deep Learnings und der natürlichen Sprachverarbeitung unvermeidbar sind. Burrell (2016) formulierte diesbezüglich drei Thesen, die abschließend kurz reflektiert werden sollen: (a) Vorsätzliche Undurchsichtigkeit, die beispielsweise Unternehmen anwenden, um durch eine Vermeidung einer Offenlegung von Technologien (und damit in Verbindung stehenden Algorithmen) Wettbewerbsvorteile aufrecht zu erhalten (S. 3 f.). Das Studiendesign sah deshalb vor, möglichst Algorithmen aus dem Open-Source-Bereich anzuwenden, um eine tendenziell offenere Haltung in Bezug auf die Funktionsweise einzelner Algorithmen zu wahren, als dies bei kommerziellen Technologien der Fall ist. (b) Algorithmen sind in spezifischen Programmiersprachen implementiert. Das Lesen und Schreiben von Quellcode erfordert spezifische informatische Fähigkeiten, bei welchen es sich Stand heute noch nicht um eine breite, allgemein anzunehmende technische Kompetenz handelt (ebd., S. 4). Dieser Umstand lässt sich durch eine crossdisziplinäre Annäherung zumindest entschärfen. (c) Die dritte These befasst sich mit der komplexen Logik von Algorithmen aus dem Bereich des maschinellen Lernens. Diese wird in der Regel über Trainingsdaten für einen spezifischen Anwendungsfall (wie zum Beispiel das Klassifizieren von Anzeigentiteln) erlernt. Die Auswahl der Daten spielt dabei eine zentrale Rolle. Auf Grundlage derer abstrahiert der Algorithmus letztlich Entscheidungsmerkmale (zum Beispiel die Zugehörigkeit einer Stellenanzeige zum Berufsfeld *IT*), die aus den Eigenschaften der Daten automatisiert abgeleitet werden. Auf diese Weise entstehen sowohl auf der Seite der Datenbereitstellung und -auswahl als auch durch die eigenständige Logik des Algorithmus weitere Opazitäten (ebd., S. 4 f.). Dies soll auch noch einmal die Bestrebung unterstreichen, die im Verlauf der Studie angewandten Verfahren möglichst transparent zu beschreiben sowie Entscheidungen zur Auswahl spezifischer Algorithmen und deren Parametrisierung offenzulegen.

Trotz dieser Maßnahmen kann eine gewisse Undurchsichtigkeit jedoch nie vollständig vermieden werden. Deshalb ist es wesentlich, die Ergebnisse der Datenanalyse durch interpretative Schritte aus einer erziehungswissenschaftlichen und kompetenzorientierten Perspektive zu validieren und sich nicht ausschließlich auf die Resultate maschinell erzeugter Ergebnisse zu verlassen. So beobachtet Weber (2021), dass „... die grundlegenden Parameter und Entscheidungen bei der Softwarekonstruktion oder der Datenproduktion [kaum] nachgefragt [werden]. Algorithmen gelten als neutraler und effektiver als die als subjektiv denunzierten menschlichen Urteile ..." (S. 214). Dieses Denkmuster, welches nicht pauschal vermutet werden darf, zeigt jedoch auch eine gewisse durch die Digitalisierung entstandene Haltung. Die Durchführung interpretativer Überprüfungs- und Qualifizierungsschritte im Rahmen der Methodik und des Studiendesigns zeigten, dass maschinell, auf Grundlage von mathematischen Berechnungen, erzeugte Vorschläge allein nicht ausreichen und ein komplementäres Setup notwendig ist. Dies bildet wiederum auch die Grundvoraussetzung, ein crossdisziplinäres Miteinander der Disziplinen Informatik und Erwachsenenbildung und Weiterbildung zu ermöglichen, um gewonnene Erkenntnisse aus dieser Studie für die berufliche Weiterbildung akzeptierbar und beispielsweise im Rahmen einer Programm- und Angebotsplanung (siehe Kapitel 6 [Reflexion der IT-Kompetenzfelder: Didaktische Überlegungen]) verwertbar zu machen. Um eine tatsächliche Nutzbarkeit zu gewährleisten, ist es deshalb erforderlich, die in der Wissensbasis singulär geordneten Kompetenzanforderungen weiter zu diskutieren und zu systematisieren.

4 Aggregation und Interpretation berufsfeldspezifischer IT-Kompetenzen zu IT-Kompetenzfeldern: Vorschlag einer Systematisierung

4.1 Ermittlung der IT-Kompetenzfelder

In diesem Kapitel soll diskutiert werden, wie sich aus den *Oberbegriffen* der Wissensbasis *Kompetenzfelder* ableiten, aggregieren und systematisieren lassen. Es soll im Weiteren zunächst das methodische Vorgehen zur Bestimmung dieser Kompetenzfelder erläutert werden.

Wie in Kapitel 3.7.4 [Aufbau einer Wissensbasis] vorgestellt, wurden alle aus den IT-Anforderungsprofilen extrahierten Terminologien und Phrasen inhaltlich überprüft. Diese Überprüfung hatte dabei das Ziel, die gefundenen Terminologien und Phrasen bestimmten Oberbegriffen zuzuordnen. Die Auswahl und Benennung der Oberbegriffe soll dabei die darunter erfassten sprachlichen Ausdrücke möglichst genau beschreiben. Zwei Aspekte blieben bisher jedoch noch unberücksichtigt: Zum einen fand noch keine Aggregation auf Ebene der Oberbegriffe statt. Das bedeutet, jeder Oberbegriff aus der Wissensbasis umfasst nur die direkt dem Begriff zugeordneten Terminologien und Phrasen. Überdies wurden noch keine Zusammenhänge zwischen den Oberbegriffen abgeleitet und sprachliche Verknüpfungen erzeugt. Zum anderen erfolgte noch keine abschließende Bewertung, inwiefern die gewählten Oberbegriffe und darunter subsumierten Terminologien und Phrasen eine Kompetenz tatsächlich ausdrücken. Aus den genannten Gründen muss deshalb auch transparent gemacht werden, auf welche Weise sich einzelne Oberbegriffe als Kompetenzanforderungen festlegen und im Sinne von Kompetenzfeldern kumulieren lassen. Dabei soll ein Oberbegriff immer genau einem Kompetenzfeld und nicht mehreren Feldern gleichzeitig zugeordnet werden. Ein Kompetenzfeld definiert sich demnach aus der Zusammenstellung einer oder mehrerer Oberbegriffe. Die Vorgehensweise bei dieser Verortung wird im Folgenden näher erörtert. Obendrein stehen insbesondere die Begründung der Festlegung eines Oberbegriffes als Kompetenz und deren Zuordnung zu einem bestimmten Kompetenzfeld im Fokus der Betrachtungen.

Zuerst wurden, auf Grundlage der in der Wissensbasis (Kapitel 3.7.4) hinterlegten Oberbegriffe und deren Terminologien und Phrasen, sogenannte *Synonymgruppen* ermittelt. Diese beschreiben eine Menge an sprachlich verwandten Begrifflichkeiten. Im Rahmen dieser Untersuchung diente ein öffentlich zugänglicher Thesaurus[65] als Informationsgrundlage, in welchem Synonyme abgelegt, definiert und organisiert

65 OpenThesaurus, siehe https://www.openthesaurus.de/, Stand März 2021.

sind. Die Bestimmung der Synonyme erfolgte mittels eines quantitativen Ansatzes. Hauptbestandteil bildeten die Grundformen der in der Wissensbasis abgelegten Sprachkonstrukte, um systematisch den Thesaurus abzufragen. Auf diese Weise konnten Oberbegriffe (und deren Terminologien und Phrasen), die eine sprachlich synonyme Beziehung zueinander aufweisen, miteinander verknüpft werden. Es sei angemerkt, dass nur solche Verbindungen berücksichtigt wurden, die sich auf Grundlage der Wissensbasis feststellen ließen und damit im Kontext des zugrunde liegenden Textkorpus, bestehend aus IT-Anforderungen, von Bedeutung sind. Das heißt, mögliche Verbindungen zu weiteren synonymen Begrifflichkeiten, für die jedoch keine sprachlichen Konstrukte in der Wissensbasis gefunden werden konnten, blieben unbeachtet. Die sprachlichen Verknüpfungen konnten anschließend als Graph in Form eines Netzwerkes visualisiert und für eine explorative Analyse zugänglich gemacht werden[66]. Abbildung 4.1 zeigt eine abstrakte Darstellung der auf diese Weise durchgeführten automatisierten Verortung von Oberbegriffen. Die Grafik deutet exemplarisch vierzehn Oberbegriffe an. Diese sind jeweils als Knoten innerhalb eines Netzwerkes visualisiert und werden durch die Bezeichnung mit dem Großbuchstaben O (für Oberbegriff) und einem entsprechenden Indexwert (1–14) gekennzeichnet. Die Verbindung zwischen zwei Oberbegriffen erfolgte dabei auf Grundlage von Synonymen aus den entsprechenden Synonymgruppen des Thesaurus und deren Abgleich mit den Terminologien und Phrasen in der Wissensbasis.

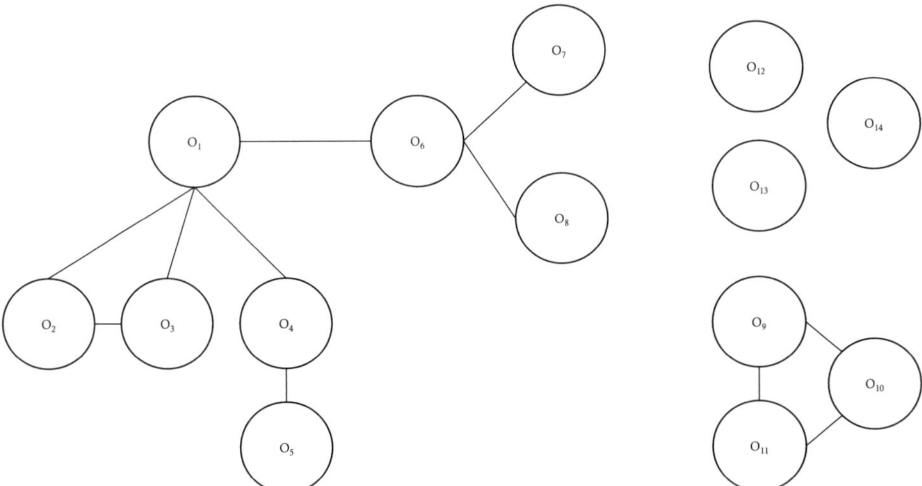

Abbildung 4.1: Abstrakte Darstellung der automatisierten Verortung von Oberbegriffen auf Grundlage ihrer Synonymität (eigene Darstellung)

Der gewählte quantitative Zugang ermöglichte es, die Vielzahl der Oberbegriffe systematisch miteinander in Beziehung zu setzen und eine Ordnungsstruktur zu erzeugen.

66 Zur Exploration des erzeugten Netzwerkes wurde die Software Gephi (siehe https://gephi.org/, abgerufen am 20.11.2021) eingesetzt.

Diese Systematisierung erfolgte dabei zunächst ausschließlich von einem sprachlichen, sprich von einem auf Synonymgruppen basierenden, Ansatz. Diesem Schritt folgte, wie bereits bei der Bestimmung der Wissensbasis, ein weiterer inhaltlicher Überprüfungsschritt, welcher zum Ziel hatte, die automatisiert erzeugte Verortung der Oberbegriffe zu bestätigen, zu korrigieren oder auch wieder zu verwerfen. Hierbei dient der Graph aus Abbildung 4.1 als Ausgangsbasis. Mit Blick auf diese visuelle Darstellung ist es möglich, Relationen zwischen Oberbegriffen einfacher zu erfassen und Gruppen von Oberbegriffen zu identifizieren, voneinander abzugrenzen und letztendlich als Kompetenzfelder festzulegen. Zur Veranschaulichung dieses Vorgangs wurde Abbildung 4.1 nachfolgend erweitert (siehe Abbildung 4.2). Dabei sei betont, dass die aus der quantitativen Analyse gewonnenen Ergebnisse zur Unterstützung der inhaltlichen Überprüfung und interpretativen Bewertung beitragen, diese Schritte der Qualitätssicherung jedoch nicht ersetzen.

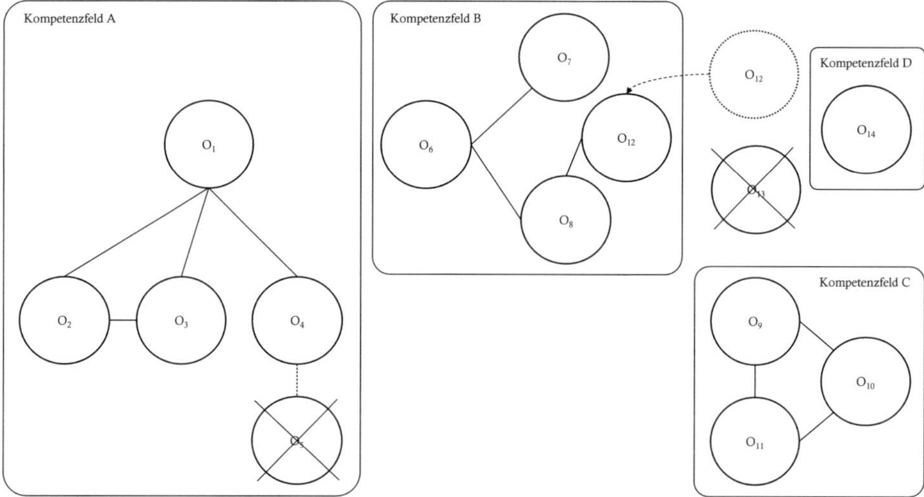

Abbildung 4.2: Abstrakte Darstellung der interpretativen Verortung von Oberbegriffen auf Grundlage der im vorherigen Schritt automatisiert ermittelten synonymen Verknüpfungen (eigene Darstellung)

Während der Überprüfung müssen mehrere Entscheidungen auf Basis der automatisiert ermittelten sprachlichen Zuordnungen getroffen werden. Wie Abbildung 4.2 auszugsweise zeigt, wurden bewusst einzelne, sprachlich miteinander verbundene Oberbegriffe voneinander abgegrenzt und in separaten Kompetenzfeldern erfasst. Dies lässt sich an der Trennung zwischen Oberbegriff O_1 (Kompetenzfeld A) und Oberbegriff O_6 (Kompetenzfeld B) veranschaulichen. So stellen beide Oberbegriffe sogenannte *Randbegriffe* dar. Randbegriff bedeutet, dass Begriffe zwar sprachlich miteinander verbunden sind, wie am Beispiel der beiden Oberbegriffe zu erkennen ist, jedoch eine Vielzahl weiterer Begrifflichkeiten und sprachlicher Verzweigungen hinter diesen Oberbegriffen auszumachen sind. Dabei führt beispielsweise die Betrachtung der

Oberbegriffe O_2, O_3 und O_4 aus Kompetenzfeld A zur Entscheidung, die sprachliche Verbindung zwischen O_1 und O_6 aufzutrennen, da, wie in diesem Fall angenommen, kein weiterführender inhaltlicher Zusammenhang zu den Oberbegriffen O_7, O_8 und O_{12} in Kompetenzfeld B hergestellt werden kann. Wie in Abbildung 4.2 exemplarisch dargestellt, wurde daraufhin eine Trennung zwischen den Oberbegriffen O_1 und O_6 durchgeführt, was in einer Aufspaltung in zwei unterschiedliche Kompetenzfelder resultierte.

Außerdem traten *autonome Gruppen* auf, wie am Beispiel der Kompetenzfelder C und D zu erkennen ist. Dabei stellt Kompetenzfeld C eine in sich geschlossene Gruppe dar, welche sprachlich mit keinem anderen Kompetenzfeld verbunden ist. Zudem existieren in der Wissensbasis auch Oberbegriffe, welche keine Synonymgruppen referenzieren. Hieraus entstand, wie am Beispiel des Kompetenzfeldes D abgebildet, ein aus lediglich einem Oberbegriff geformtes Feld. Weiterhin besteht die Möglichkeit, dass solch singuläre Begrifflichkeiten mit einem anderen Kompetenzfeld verknüpft werden, wie am Obergriff O_{12} und dessen Verortung in Kompetenzfeld B auszumachen ist.

Während der inhaltlichen, interpretativen Überprüfung und Bewertung erfolgte zudem eine Abwägung, ob unter Berücksichtigung der Rahmenbedingungen dieser Studie ein Oberbegriff (inklusive der darunter subsumierten Terminologien und Phrasen) aus der Wissensbasis als Kompetenzanforderung berücksichtigt oder unberücksichtigt bleiben soll. Diese Herausforderung ist auch aus Sicht der Erwachsenenbildung bekannt, wie bereits in Kapitel 3.7.4 hingewiesen: So „... gibt es keinen breiten Konsens über bestimmte Klassifizierungen" (Kossack & Ludwig, 2015, S. 207), wodurch die Aufgabe besteht, eine domänenspezifische Auslegung und Interpretation der Kompetenzbedarfe abzuwägen. Das führt wiederum dazu, dass sich die gewonnenen Erkenntnisse nicht ohne weiteres Zutun auf andere Berufs- und Tätigkeitsfelder übertragen und, wie im weiteren Verlauf noch sichtbar wird, trotz dieser Fokussierung, aufgrund des nicht existierenden Konsens, nie unstrittig auslegen und verorten lassen. Vonken (2017) verweist in diesem Zusammenhang auf zwei Problembereiche: Zum einen auf die vielfältige Weise, Kompetenz selbst in bestimmte Kategorien zu untergliedern, zum anderen Einzelkompetenzen überhaupt zu definieren und festzulegen. Diese Umstände kommen umso stärker zum Tragen, je unspezifischer bestimmte Kompetenzterminologien ausgedrückt werden und damit Spielraum für subjektive Interpretation und Auslegung entsteht (S. 50 f.). Überdies stellen Kantner und Overbeck (2020) fest, „... das Problem der semantisch validen Operationalisierung komplexer geistes-, sozial- und kulturwissenschaftlicher Begriffe [sei] noch völlig unzureichend gelöst" (S. 169), was sich unmittelbar auf den Kompetenzbegriff anwenden lässt.

Wird ein Oberbegriff im Folgenden nicht weiter berücksichtigt, so kann dies unterschiedliche Gründe haben: (a) Es handelt sich bei diesem um keine Kompetenzanforderung gemäß des im Rahmen dieser Studie festgelegten Verständnisses des Kompetenzbegriffes (siehe Kapitel 2.6.3). So überwog die Auffassung, dass es sich bei manchen Oberbegriffen vielmehr um Werte oder Persönlichkeitseigenschaften handelt, die dann ausgeschlossen wurden. Oder (b), ein Oberbegriff drückt eine mögliche Kompetenzanforderung aus, die einen bestimmten Tätigkeitsbezug aufweist. Zu nennen sind hier beispielsweise Kompetenzen im Bereich des Projektmanagements (Projekterfahrung, Projektmanagementkompetenz etc.) oder des Vertriebs (Vertriebskompetenz, Vertriebsaffinität etc.), welche keine Berücksichtigung fanden. Außerdem sei an dieser Stelle angemerkt, dass sich aus solchen Anforderungen häufig eine Vielzahl an Kompetenzen interpretieren lassen. Dies konnte auch bei einigen der hier einbezogenen Kompetenzanforderungen beobachtet und nicht vollständig ausgeschlossen werden, was mitunter der sprachlichen Vielfalt, Anforderungen und speziell Kompetenzanforderungen zu beschreiben, geschuldet ist. In Bezug auf Abbildung 4.2 wird dies an den Beispielen der Oberbegriffe O_{13} und O_5 visualisiert, die letztendlich nicht weiter berücksichtigt werden, da entweder die Voraussetzungen für (a) oder (b) erfüllt waren.

Nachfolgend, in Kapitel 4.2, werden die Entscheidungen während der inhaltlichen, interpretativen Qualifizierungsschritte zur endgültigen Verortung der Oberbegriffe und deren Festlegung als Kompetenzanforderungen innerhalb von Kompetenzfeldern noch detailliert diskutiert und begründet. Hierzu wurden neben Modellen und Anwendungsfeldern aus der Kompetenzforschung ebenso organisationspsychologische und führungspsychologische sowie pädagogische Schriften in Zusammenhang mit der IT-Arbeitswelt betrachtet. Dabei spielt die Verortung einzelner Kompetenzbegriffe auf der Ebene gängiger Kategorien, wie Roth diese einst in Sozial-, Selbst- und Sachkompetenz differenzierte (Roth, 1971), eine untergeordnete Rolle. Nur an manchen Stellen soll auf diese bis heute akzeptierte Ordnungsstruktur, die man beispielsweise auch im KODE® Modell zur Kategorisierung personaler, aktivitäts- und handlungsbezogener, fachlich-methodischer oder sozial-kommunikativer Kompetenzen adaptierte, eingegangen werden.

4.2 Begründung und Diskussion der Systematisierung

Der nachfolgenden Systematisierung liegen die Ergebnisse aus der zuvor durchgeführten quantitativen Erhebung von Synonymen und den daraus automatisiert erzeugten Verknüpfungen der Oberbegriffe zugrunde. Dazu sind zwei Aspekte zu betrachten und zu diskutieren: Die eindeutige Verortung von Oberbegriffen zu einem Kompetenzfeld sowie deren Abgrenzung zueinander und die Entscheidung, ob ein Oberbegriff (und dessen zugrundeliegenden Terminologien und Phrasen) eine Kompetenzanforderung sprachlich ausdrückt. Ein Kompetenzfeld besteht dabei aus mindestens einem Oberbegriff, wobei dieser immer eindeutig einem Kompetenzfeld zugeordnet wird. Das heißt, die Kompetenzfelder sind disjunkt. Es sei jedoch darauf hingewiesen, dass eine solche Systematisierung nicht unstrittig ist. Dies liegt insbesondere in der Nichteindeutigkeit bestimmter Kompetenzbegriffe und -phrasen begründet, welche sich unter Umständen unterschiedlich auslegen lassen, worauf an entsprechender Stelle bei der Diskussion und Begründung der einzelnen IT-Kompetenzfelder noch eingegangen wird. Zudem wurde stets versucht, sprachliche Ausdrücke möglichst im Kontext der hier betrachteten IT-Anforderungsprofile und damit des Berufsfeldes IT zu interpretieren und auszulegen.

Im Folgenden werden die Top-15-Kompetenzfelder inhaltlich vorgestellt und diskutiert. Die erzeugte Einteilung soll zu einer Systematisierung beitragen, Einzelkompetenzen in IT-Kompetenzfelder zu gruppieren, um diese anschließend näher zu untersuchen. Dies führt dazu, den Fokus nicht ausschließlich auf einzelne Kompetenzanforderungen zu richten, wie bereits zu Beginn der Studie kritisch dargestellt (siehe Kapitel 1.1). Infolge des Umfangs der Wissensbasis und der je nach Oberbegriff verschieden großen Anzahl zugewiesener Terminologien und Phrasen kann nicht im Einzelnen auf jede Ausprägung, sondern nur auf wesentliche Zuordnungen eingegangen werden.

Zur besseren Lesbarkeit wurden die Kompetenzfelder mit einer Bezeichnung versehen. Bei dieser handelt es sich um die meistgenannte Kompetenz innerhalb eines Kompetenzfeldes. Die Reihenfolge der Kompetenzfelder spiegelt deren Relevanz in Bezug auf absolute und relative Nennungen in den IT-Anforderungen wider. Diese gewählte Darstellung stellt bereits einen Vorgriff auf das nachfolgende Kapitel 5 dar, in welchem die Details der statistischen Analyse zur Verteilung der Kompetenzanforderungen, unabhängig und in Abhängigkeit der in Kapitel 3.6.6 festgelegten IT-Tätigkeitsfelder, noch vertiefend vorgestellt und erörtert werden. Dieser Vorgriff zeigt zudem die iterative Vorgehensweise bei der Ermittlung und Entwicklung der nachfolgenden Systematisierung. Darüber hinaus wird auf diejenigen Einzelkompetenzen fokussiert, die innerhalb eines Kompetenzfeldes im Hinblick auf das erstellte IT-Textkorpus am häufigsten von Arbeitgeber:innenseite referenziert wurden, weshalb an entsprechender Stelle auf prozentuale Verteilungen eingegangen wird. Das Hauptaugenmerk liegt auf der inhaltlichen Ebene. Dazu werden die Zusammenstellungen der einzelnen Kompetenzfelder unter kompetenztheoretischen, organisations- und führungspsychologischen sowie pädagogischen Gesichtspunkten hinsichtlich des Berufsfeldes IT diskutiert und begründet sowie wesentliche Abgrenzungen und Verknüpfungen zu anderen Kompetenzfeldern dargelegt. Diese Betrachtungsweise wird zudem durch die feldtheoretische Rahmung dieser Studie gestützt.

Zusammenfassend lässt sich festhalten, dass die Ordnung der Oberbegriffe mittels eines quantitativen Ansatzes zunächst eine initiale Struktur anhand sprachlicher Merkmale erzeugte. Diese gilt es nun weiter auszulegen und zu interpretieren. Dabei soll, soweit möglich, eine Reflexion im Kontext des IT-Arbeitsmarktes und dessen Anforderungen und Tätigkeitsfelder stattfinden. Es sei noch einmal betont, eine Systematisierung auf einer rein sprachlichen Ebene (zum Beispiel aufgrund der Synonymität von Oberbegriffen) ohne interpretative Anteile würde der Komplexität einer Systematisierung von Kompetenzen für das IT-Berufsfeld auch aus weiterbildnerischer Sicht nicht gerecht werden und einer zu sehr vereinfachten Abstraktion entsprechen. Aus diesem Grund ist eine Diskussion einzelner Kompetenzen und deren Verortung in IT-Kompetenzfelder nötig. Dies soll nachfolgend für die Top-15-Kompetenzfelder geschehen, indem je Feld die entsprechenden Zuteilungen begründet werden[67].

Um die Kompetenzfelder zu erschließen und deren gegenseitige Abhängigkeiten zu verdeutlichen, werden im Verlauf der Beschreibung der einzelnen Felder Querverweise auf Einzelkompetenzen anderer Kompetenzfelder gegeben, die unter Umständen erst im weiteren Verlauf dieses Kapitels beschrieben und diskutiert werden. Um bei Bedarf bereits vorab eine Übersicht der Kompetenzfelder zu erhalten, sei an dieser Stelle auf Tabelle 5.2 im nachfolgenden Kapitel hingewiesen.

4.2.1 Selbstständigkeit

Mit Blick auf Abbildung 4.3 besteht in diesem Kompetenzfeld eine überwiegende Forderung nach der Einzelkompetenz *Selbstständigkeit* (45,63 %). Diese Relevanz spiegelt sich auch in Bezug auf den Deutschen Qualifikationsrahmen wider. Dort findet sich Selbstständigkeit (bzw. der über die Wissensbasis dem Oberbegriff *Selbstständigkeit* synonym zugewiesene Begriff der *Eigenständigkeit*) als eigene Dimension personaler Kompetenz, welche je nach Anforderungsniveau differenziert wird.

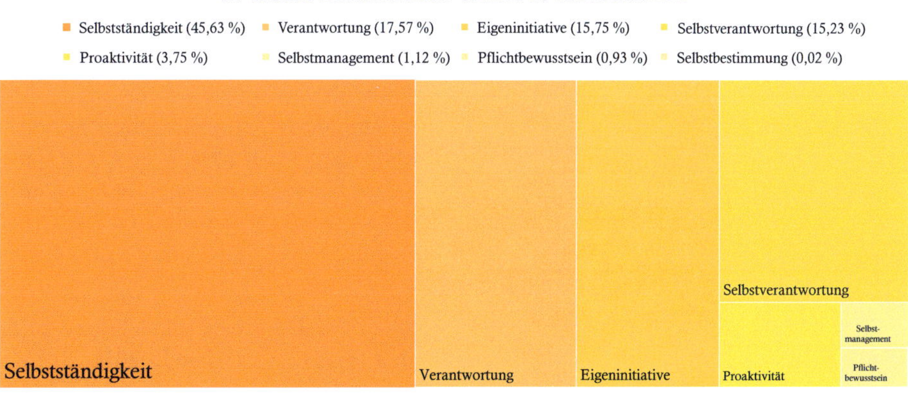

Abbildung 4.3: Das Kompetenzfeld *Selbstständigkeit* setzt sich aus den acht Kompetenzen *Selbstständigkeit, Verantwortung, Eigeninitiative, Selbstverantwortung, Proaktivität, Selbstmanagement, Pflichtbewusstsein* und *Selbstbestimmung* zusammen (eigene Darstellung)

Im Hinblick auf die acht unterschiedlichen Niveaustufen des Deutschen Qualifikationsrahmens wird Selbstständigkeit in einem Kontinuum zwischen angeleitetem, unterstützendem Lernen und Arbeiten (Niveaustufe 1) (Arbeitskreis Deutscher Quali-

67 Für jedes dieser Felder wurde eine sogenannte Treemap-Visualisierung erzeugt. Dabei spielen nicht wie gewöhnlich hierarchische Beziehungen eine Rolle. Vielmehr war die Nutzung dieser Darstellungsart dadurch motiviert, die Idee des Kompetenzfeldes zu transportieren, in welchem einzelne Kompetenzen autonom existieren, jedoch innerhalb eines Feldes aufeinander wirken sowie Verknüpfungen zu Kompetenzen anderer Felder aufweisen können. Die gewählte Visualisierung soll darüber hinaus dabei unterstützen, die Relevanz einzelner Kompetenzen, anhand ihrer relativen Auftrittshäufigkeit innerhalb eines Kompetenzfeldes (siehe Tabelle 5.2), sichtbar zu machen.

fikationsrahmen, 2011, S. 6) bis hin zur Befähigung, „für neue komplexe anwendungs- oder forschungsorientierte Aufgaben Ziele unter Reflexion der möglichen gesellschaftlichen, wirtschaftlichen und kulturellen Auswirkungen [zu] definieren, geeignete Mittel [zu] wählen und neue Ideen und Prozesse [zu] entwickeln" (ebd., S. 7) (Niveaustufe 8), beschrieben. Angesichts der unterschiedlichen Niveaustufen kann eine zunehmende Kompetenzorientierung wahrgenommen werden. Heißt es auf Niveaustufe 1 „die Erfüllung der Aufgaben erfolgt unter Anleitung" (ebd., S. 6), wird auf Stufe 8 die Komplexität der „... Anforderungsstruktur ... durch neuartige und unklare Problemlagen ..." (ebd., S. 7) betont und entsprechendes berufliches Handeln erwartet.

Da im Rahmen der hier durchgeführten Untersuchung eine Betrachtung von Tätigkeitsfeldern (siehe Kapitel 3.6.6) im Vordergrund stand, wurde keine Differenzierung, beispielsweise in Form von Anforderungsniveaus nach dem Deutschen Qualifikationsrahmen, durchgeführt. Dass solch eine Unterscheidung Herausforderungen mit sich bringen kann, wurde bereits in Kapitel 3.7.4 kritisch hinterfragt. Prüft man die Definitionen der Niveaustufen, so wird mit Blick auf Selbstständigkeit bereits ab Stufe 4 gefordert, „... Lern- und Arbeitsziele setzen, sie reflektieren, realisieren und verantworten" (ebd., S. 6) zu können. Bezugnehmend auf die IT-Stellenanzeigen und daraus abgeleiteten Tätigkeitsfelder darf angenommen werden, dass zu besetzende Positionen die auf dieser Stufe deklarierten Erwartungen als Mindestmaß erfordern und eine entsprechende Selbstständigkeit und daran geknüpfte Kompetenzen seitens der Arbeitgeber:innen erwartet werden.

Mit zunehmender Niveaustufe werden dabei steigende Anforderungen an kompetentes berufliches Handeln sichtbar. Damit gewinnt auch eine Forderung nach Selbstständigkeit für Tätigkeiten in der IT eine hohe Relevanz, wie zum Beispiel eine ergebnisorientierte Arbeitsorganisation und -ausführung betreffend. Diese macht eigenständiges berufliches Handeln bzw. die eigenständige Ausübung einer beruflichen Tätigkeit zur Notwendigkeit, womit gleichzeitig „... ein Handeln, welches ohne ständige Absicherung durch Vorgesetzte verläuft und dabei einen umsichtigen Blick auf den gesamten Prozess bzw. das herzustellende Produkt hat" (Lerch, 2016, S. 157), auf die vier in dieser Studie definierten IT-Tätigkeitsfelder übertragen werden kann. Anhand dieser Ausführungen lassen sich weitere Verbindungen von Selbstständigkeit (bzw. Eigenständigkeit) hin zu verantwortlichem wie auch eigenverantwortlichem (bzw. selbstverantwortlichem) und selbstbestimmtem Handeln[68] skizzieren, welche mitunter ein notwendiges Maß an Eigeninitiative im Rahmen der beruflichen Tätigkeitsausübung implizieren.

Betrachtet man zunächst *Verantwortung* genauer, so kann festgehalten werden, dass dieser Begriff breit gefächert ist und unterschiedlichen Bedeutungen zugeordnet werden kann. Lerch (2016) spricht in diesem Zusammenhang von einem „... schillernden Begriff ..." (S. 57) bzw. im Sinne von Verantwortungsbereitschaft von einem „... komplexen, vielschichtigen und historisch sowie aktuell bedeutsamen Terminus" (S. 147), der in Bezug auf IT semantisch eingeführt werden muss. So wurden, in Anbetracht

68 Aufgrund der geringen absoluten Häufigkeiten und prozentualen Anteile der Kompetenz *Selbstbestimmung* innerhalb dieses Kompetenzfeldes findet sich diese in Abbildung 4.3 nicht sichtbar visualisiert.

der untersuchten IT-Stellenanzeigen, dieser Kompetenz unter anderem Terminologien und Phrasen wie *Verantwortung für eine Aufgabe/ein Projekt/ein Teilprojekt/Menschen etc. zu übernehmen, Bereitschaft Verantwortung zu übernehmen, die Übernahme von Verantwortung, Vertretungen zu übernehmen, Verantwortungsübernahme, Verantwortungsbewusstsein, Verantwortungsbereitschaft* bzw. *verantwortungsbereit, verantwortungsvoll, verantwortungsbewusst, verantwortlich (zu handeln und zu denken)* und *Verantwortungsgefühl* zugewiesen. Die Vielfältigkeit und Nuancen des Oberbegriffes Verantwortung werden durch die genannten Terminologien und Phrasen deutlich, was wiederum eine kontext-sensitive Perspektive in Bezug auf die untersuchten IT-Anforderungsprofile erfordert. So wird beispielsweise verlangt, Verantwortung (für etwas) zu übernehmen bzw. nicht vor der Übernahme von Verantwortung zurückzuschrecken. Erweitert man die führungsbezogene Sichtweise von Pastoors (2018b), so lässt sich Verantwortungsübernahme auch auf die Mitarbeitendenebene übertragen. Dies ist auch deshalb notwendig, weil die Übernahme von Verantwortung nicht ausschließlich auf die Ebene von Führungskräften begrenzt werden sollte, was zu kurz gegriffen wäre, wenn es zum Beispiel darum geht, Verantwortung für ein Arbeitspaket oder die informelle fachliche Führung (auch ohne Weisungsbefugnis) eines Teams im Rahmen einer Projektphase zu übernehmen. So gilt es, auch aus Mitarbeitendensicht, Verantwortung für das eigene berufliche Handeln und getroffene Entscheidungen zu tragen (ebd., S. 151 f.). Zudem handelt es sich auch nur bei einem geringen Teil (siehe Kapitel 3.3.2) der untersuchten Stellenprofile tatsächlich um ausschließliche Führungspositionen. Außerdem wird *Verantwortung* bei Heyse (2007, S. 28 f.) unter *Verantwortungsbewusstsein* gefasst und dort in unterschiedlichen Teilkompetenzen, wie *normativ-ethische Einstellung* und *soziales Engagement*, integriert. Einen Unternehmenskontext betreffend meint *Verantwortungsbewusstsein* in Anlehnung an soziales Engagement, sich „... tatkräftig für soziale Belange von Arbeitskollegen, Kunden ...“ (ebd., S. 88) einzusetzen. In seiner normativ-ethischen Auslegung verweist Heyse hingegen auf ein normengeleitetes und „sittliches“ Handeln (S. 76). Diese Betrachtungen unterstreichen auch nochmals die Vielfältigkeit und Auslegungsmöglichkeiten dieser Begrifflichkeit. Lerch (2016) nimmt bei der Interpretation von *Verantwortung* unter anderem Bezug darauf, dass beispielsweise bei der „... Gestaltung der Arbeitsprozesse zunehmend auf die Verantwortung der Beschäftigten ...“ (S. 2) gesetzt wird. In Anbetracht des Berufsfeldes IT lässt sich ein Beispiel aus der Softwareentwicklung und dem Einsatz agiler Methoden anführen. So weisen Fuchs et al. (2019) darauf hin, dass ein „... agiles Mindset [unter anderem] ... [die] Übernahme von Verantwortung für Produkte und Prozesse ...“ (S. 197) erforderlich macht.

Ebenfalls im Sinne von Verantwortung lässt sich die Kompetenz *Selbstverantwortung* (inklusive *Eigenverantwortung*) erfassen. In den IT-Anforderungsprofilen finden sich hierzu Erwähnungen wie *selbstverantwortliches Arbeiten* oder *selbstverantwortliches Handeln*. Eigenverantwortung wird in diesem Zusammenhang häufig durch Forderungen nach *eigenverantwortlichem Arbeiten* bzw. einem *eigenverantwortlichen Arbeitsstil* sprachlich sehr eng artikuliert und wurde deshalb im vorliegenden Kompetenzfeld unter *Selbstverantwortung* aggregiert. Heyse (2007, S. 28) wiederum benennt Selbstverantwortung im Rahmen von Selbstmanagement, auf welches nachfolgend noch eingegangen wird. Selbstverantwortung spiegelt sich dabei auch in der beruflichen Praxis und darüber hinaus wider, indem „selbstverantwortliches Denken und Handeln ermöglicht, die verschiedenen Lebensbereiche so auszubalancieren, dass die wesentlichen Dinge im Leben möglichst umfassend berücksichtigt werden" (Graf, 2012, S. 103). Dieser Selbstbezug wurde als Grundlage genutzt, um im Rahmen dieser Studie zwischen den Kompetenzanforderungen *Verantwortung* (für etwas zu übernehmen) und *Selbstverantwortung* zu unterscheiden. Zugleich stellt Moser (2018) fest, dass insbesondere „... hierarchiearme Systeme ihnen [den Mitarbeitern:innen] ein hohes Maß an Eigenverantwortlichkeit und Selbststeuerungskompetenz ..." (S. 92) abverlangen, was wiederum Gefahren mit sich bringen kann, sollten diese nicht entsprechend unterstützt und gefördert werden. Schließlich kann selbstverantwortliches Handeln weiter gefasst auch mit Flexibilität assoziiert werden. Beispielsweise dann, wenn Handlungsräume oder zeitlicher Gestaltungsspielraum im Hinblick auf eigenständiges Handeln und Arbeiten im beruflichen Kontext gegeben werden (Lerch, 2016, S. 166, S. 214). Es sei angemerkt, dass Flexibilität in einem separaten Kompetenzfeld (siehe Kapitel 4.2.6) noch diskutiert wird und es sich hierbei um eine weiterführende Interpretation handelt, die lediglich an dieser Stelle erwähnt werden sollte.

An obige Diskussionen zu Selbstverantwortung (inklusive Eigenverantwortung) lässt sich die Kompetenz *Selbstbestimmung* anschließen, die wiederum als Teil von selbstständigem, verantwortlichem und eigenverantwortlichem Handeln angesehen werden kann. Gleichzeitig lässt sich hierunter *Proaktivität* verorten. So agiert im Beruflichen jemand proaktiv, wenn die Möglichkeiten gegeben sind, selbstbestimmt und selbstständig gewisse Handlungen oder Aktionen innerhalb des eigenen Tätigkeitsfeldes herbei- und auszuführen. Aus dieser Sichtweise lässt sich wiederum eine Nähe zu Selbstbestimmung und zu Selbstständigkeit herstellen. Aus den genannten Gründen der Zuordnung wurde Proaktivität als eigenständiger Kompetenzbegriff festgelegt und innerhalb des vorliegenden Kompetenzfeldes erfasst.

In diesem Zusammenhang spielt, wie weiter oben bereits erwähnt, *Eigeninitiative* eine wesentliche Rolle, welcher mitunter das Substantiv *Initiative* bzw. das Adjektiv *initiativ* in der Wissensbasis hinterlegt wurden. Zudem bemerkt Lerch, „... dass ‚Motivation' auf ‚Initiative' wirkt" (ebd., S. 136) und sich darüber hinaus auch mit Einsatzbereitschaft in Verbindung bringen lässt (ebd., S. 139). Aufgrund dieser Feststellung soll auf eine gewisse Nähe zu Anforderungen an Eigenmotivation und Einsatzbereitschaft hingewiesen werden. Beide befinden sich jedoch im Kompetenzfeld *Begeisterung* und werden in Kapitel 4.2.4 näher erörtert.

Weniger ausgeprägt hingegen sind Erwartungen hinsichtlich *Selbstmanagement*[69]. In lediglich 1,12 % (siehe Abbildung 4.3) der untersuchten IT-Stellenanzeigen wird diese Kompetenz vonseiten der Arbeitgeber:innen artikuliert. Dies scheint auf den ersten Blick überraschend, legt man nach Lehner und Weihe (2019) zugrunde, „sich selbst gut steuern können ist ‚die halbe Miete' bei der Navigation durch bewegte Zeiten – auch im Kontakt zu anderen Menschen" (S. 54). Es darf hypothetisch angenommen

69 Selbstmanagement umfasst neben anderen auch die Terminologien *Selbstorganisation* und *Selbststeuerung*, die über die Wissensbasis entsprechend zugeordnet wurden.

werden, dass Selbstmanagement als einzeln stehender Terminus aus Sicht der Stellenanbieter:innen unter Umständen weniger greifbar erscheint und vielmehr als Metakompetenz wahrgenommen wird. Somit könnte in den IT-Anforderungsprofilen auf in Zusammenhang stehende Einzelkompetenzen, wie beispielsweise *Selbstständigkeit* oder *Selbstverantwortung* (innerhalb dieses Kompetenzfeldes), zurückgegriffen worden sein, die für Bewerber:innen unmittelbarer interpretierbar erscheinen, um den Begriff des Selbstmanagements aufzulösen. Dieser Gedanke kann zudem durch Braun und Ziemke (2019, S. 8) weiter manifestiert werden, die Kompetenzen wie Zeitmanagement (siehe Kapitel 4.2.10), Networking (siehe Kapitel 4.2.2) oder Serviceorientierung (siehe Kapitel 4.2.7) als Voraussetzungen für ein erfolgreiches Selbstmanagement aggregieren und darauf aufmerksam machen, dass „Selbstmanagementkompetenzen ... auf allen Ebenen gefordert [sind], vom Sachbearbeiter über die Teamleiter bis zu Abteilungsleitern und Vorständen" (ebd., S. 7). Wenski (2021) nennt „... Teilkompetenzen wie selbstständige Motivation, Zielsetzung, Planung, Organisation, Lernfähigkeit, Erfolgskontrolle durch Feedback und – Zeitmanagement" (S. 30), die sich durchaus mit Selbstmanagement in Verbindung bringen lassen, was die vielfältigen Auslegungsmöglichkeiten zusätzlich unterstreicht. Mit Ausnahme von Erfolgskontrolle finden sich alle genannten Kompetenzen auch in der vorliegenden Systematisierung, allerdings in unterschiedlichen Kompetenzfeldern, wieder. Zwar lässt sich die eingangs formulierte Vermutung an dieser Stelle nicht bestätigen, würde jedoch einer gewissen Logik folgen, um in Anforderungsprofilen stattdessen auf andere Kompetenzterminologien zur Umschreibung von Selbstmanagement auszuweichen. Auf Grundlage des gesetzten Verständnisses kompetenten beruflichen Handelns in Kapitel 2.6.3 wurde letztendlich entschieden, diese im vorliegenden Feld zu verknüpfen. Überdies lassen sich, wie weiter oben bereits diskutiert, Relationen von Selbstmanagement hin zu Selbstverantwortung und Selbstbestimmung ziehen. Der Bezug zu Selbstverantwortung wird auch im Kompetenzmodell von Erpenbeck und Heyse im Sinne von Selbstmanagement als (personale) Kompetenz aufgegriffen und Selbstverantwortung über den Synonymatlas zugeordnet (Heyse, 2007, S. 28)[70]. Im Rahmen der in den Stellenanzeigen genannten IT-Anforderungen wird Selbstmanagement in der Regel nicht weiter aufgeschlüsselt, sondern erscheint als singulärer Einzelbegriff. Selbstmanagement lässt sich als „... Fähigkeit, das eigene Handeln aktiv und weitgehend unabhängig ... situationsentsprechend zu realisieren"(ebd., S. 87), umschreiben. Lerch (2016, S. 141, S. 144) deutet in diesem Zusammenhang außerdem auf eine Nähe zu Einsatzbereitschaft (siehe Kompetenzfeld *Begeisterung*, Kapitel 4.2.4) und Organisationsfähigkeit (siehe Kompetenzfeld *Konzeption*, Kapitel 4.2.10) hin. Bezogen auf letztere spielt eine Selbstorganisation der handelnden Subjekte im Arbeitskontext

70 Die Kompetenzanforderungen Selbstsicherheit und Selbstvertrauen finden sich bei Erpenbeck und Heyse als Begrifflichkeiten von Selbstmanagement (Heyse, 2007, S. 28). Beide Anforderungen, Selbstsicherheit und Selbstvertrauen, wurden in der vorliegenden Systematisierung allerdings dem Kompetenzfeld *Sicheres Auftreten* zugeschrieben. Auch an dieser Entscheidung bzw. der Ordnungsstruktur im KODE® Kompetenzmodell ist ersichtlich, dass es unterschiedliche Auslegungen der Einzelbegriffe und eine entsprechend begründete Verortung geben kann.

eine immer bedeutendere Rolle (ebd., S. 20)[71]. Durch diese Betrachtung lassen sich zwei Dimensionen ableiten: Einerseits eine Selbstorganisation, die einen primären Selbstbezug aufweist, um beispielsweise Forderungen nach einer selbstorganisierten Arbeits- und Handlungsweise gerecht zu werden. Auf der anderen Seite lässt sich, insbesondere hinsichtlich der Organisation und Zusammenarbeit in virtuellen und physischen Teams im Berufsfeld IT, in Anlehnung an Geramanis (2020, S. 23 f.) bestätigen, dass ebenfalls Selbstorganisationsfähigkeiten der beteiligten Individuen notwendig sind, die gegebenenfalls auch erst erlernt und entwickelt werden müssen. In ähnlicher Weise gilt dies für den Begriff der Selbststeuerung. So befinden sich im betrieblichen bzw. unternehmerischen Kontext Mitarbeitende in einem Spannungsfeld zwischen Eigen- und Fremdsteuerung (Lerch, 2016, S. 2). Dabei wird in den IT-Anforderungen ein „hohes Maß an Selbststeuerung" oder „Sachverhalte selbstgesteuert auszuarbeiten" gefordert. Diese weiterführende Auslegung der Terminologie *Selbststeuerung* wurde zum Anlass genommen, diese über die Wissensbasis ebenfalls dem Oberbegriff *Selbstmanagement* zuzuschreiben.

Zuletzt wurde *Pflichtbewusstsein* in das vorliegende Kompetenzfeld eingeordnet. Es sei vorweggenommen, dass eine Verortung nur durch das Zulassen von Kompromissen erfolgen konnte. Nach Erpenbeck und Heyse kann Pflichtbewusstsein grundsätzlich als Kompetenz aufgegriffen werden und wird in deren Modell unter anderem als synonymer Begriff zu *Pflichtgefühl* aufgeführt (Heyse, 2007, S. 31). Betrachtet man die Ausführungen von Heyse weiter, so „... bezieht sich [Pflichtgefühl] ... auf die Verantwortung gegenüber sich selbst sowie gegenüber anderen" (ebd., S. 80), womit auch einhergeht, berufliche Zusagen bzw. Verpflichtungen einzuhalten und entsprechend pflichtbewusst zu agieren. Darüber lässt sich eine Nähe zu Verantwortung und Selbstverantwortung herstellen, was letztendlich ausschlaggebend für eine Zuordnung in das vorliegende Kompetenzfeld war. Ferner drückt Heyse (ebd.) auch eine Verwandtschaft zum Kompetenzfeld *Qualität* (siehe Kapitel 4.2.13) aus, indem vor allem Gewissenhaftigkeit und Gründlichkeit als Eigenschaften ausgewiesen werden, die mit Pflichtgefühl in Verbindung stehen.

Abschließend sei darauf hingewiesen, dass im Rahmen der eingangs diskutierten Definition aus dem Deutschen Qualifikationsrahmen innerhalb der Dimension *Selbstständigkeit* zudem auf *Lernkompetenz* verwiesen wird (Arbeitskreis Deutscher Qualifikationsrahmen, 2011, S. 5). Es steht außer Frage, dass diese eine zentrale Einzelkompetenz zur Entwicklung individueller Kompetenzen darstellt, wie bereits in Kapitel 2.6.3 erörtert. Im Rahmen dieser Studie wurde Lernen in einem separaten Feld erfasst, welches sich nicht unter den Top-15-Kompetenzfeldern befindet. Aufgrund der hohen Relevanz von Lernen als Grundpfeiler individueller Kompetenzentwicklung sowie dessen Verknüpfungen zu weiteren Einzelkompetenzen (unter anderem im vorliegenden Kompetenzfeld) wird in Kapitel 4.3 Lernen als Kompetenz noch einmal kurz aufgegriffen und im Rahmen des Berufsfeldes IT beleuchtet. Dessen Bedeutung

71 Es sei angemerkt, dass Organisationsfähigkeit und Selbstorganisation im Rahmen dieser Studie unterschiedlich aufgefasst und interpretiert wurden.

unterstreicht auch Lexa (2021, S. 101 f.) als eine notwendige Voraussetzung in einer digital geprägten Arbeitswelt, wie dies bereits in Kapitel 2.6 ersichtlich wurde.

4.2.2 Team

Ausgehend vom Verständnis nach Seelheim und Witte (2007) kann unter *Teamfähigkeit* die Fähigkeit verstanden werden, „... mit anderen zu kooperieren und im Hinblick auf ein angestrebtes Ziel effektiv Ergebnisse zu erzielen" (S. 78). Bezüglich des Berufsfeldes IT nehmen teambezogene Kompetenzen hinsichtlich der Organisation und Ausführung von Arbeitspaketen in Projektgruppen einen hohen Stellenwert ein (siehe Abbildung 4.4), worüber weitere Kompetenzen anschlussfähig sind, wie beispielsweise aus dem Kompetenzfeld *Kommunikation* (siehe Kapitel 4.2.3) oder die ebenfalls in diesem Feld verorteten Einzelkompetenzen *Kooperation, Kollegialität* wie auch *Integration*[72].

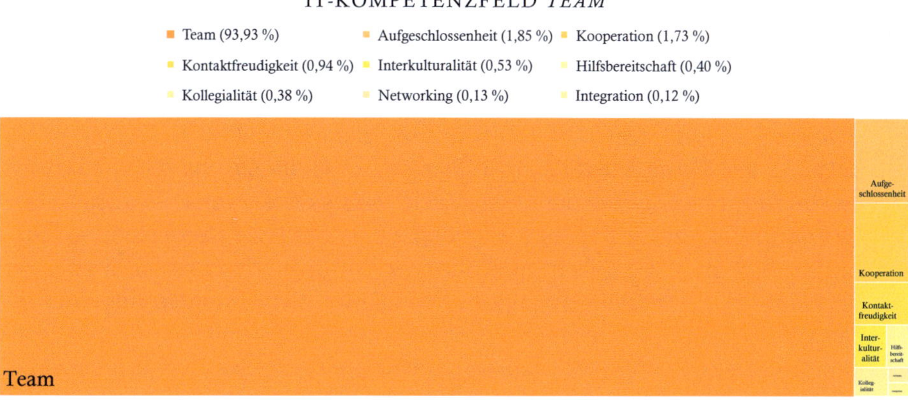

Abbildung 4.4: Die neun Kompetenzen *Team, Aufgeschlossenheit, Kooperation, Kontaktfreudigkeit, Interkulturalität, Hilfsbereitschaft, Kollegialität, Networking* und *Integration* bilden das Kompetenzfeld *Team* (eigene Darstellung)

Zudem lassen sich, in Anlehnung an Seelheim und Witte (ebd., S. 78–81), eine Konflikt- und Konsensfähigkeit der Mitglieder eines Teams anschließen[73]. Nach von der Linde und von der Heyde (2010) handelt es sich bei Teamfähigkeit um „... eines der nachgefragtesten Kriterien in jeder Art von Stellenanzeigen" (S. 170). Weiterhin merken die Autorin und der Autor an, dass „die Überbetonung dieses Begriffes impliziert, dass Teamarbeit die Idealform für die Bewältigung beinahe aller Arbeitsaufgaben ist – der Königsweg, um herausfordernde Ziele zu erreichen" (ebd.). Es sei unbe-

72 Über den Oberbegriff *Team* sind neben *Teamfähigkeit* noch eine Vielzahl weiterer Terminologien und Phrasen über die Wissensbasis zugeordnet, beispielsweise *Teamorientierung, Teamplayer, Arbeit im Team, Bereitschaft im Team zu arbeiten, Teamspirit* oder *Teamarbeit mit Kunden*, welche die Beziehungen zu den genannten Einzelkompetenzen zusätzlich bekräftigen.

73 Konflikt- und Konsensfähigkeit sind beide jedoch nicht Bestandteil des Kompetenzfeldes *Team* bzw. eines der Top-15-Kompetenzfelder und werden deshalb im Rahmen dieser Arbeit nicht weiter vertieft.

stritten, dass mittels Teamarbeit in der beruflichen Praxis positive Effekte entstehen. Beispielsweise lässt sich die Komplementarität der Teammitglieder zur Lösung einer Problemstellung wirkungsvoll nutzen oder kreative Gedankengänge können durch gegenseitige Inspiration gefördert werden. Dabei stellt Teamfähigkeit eine elementare Kompetenz dar. Auf der anderen Seite lassen sich nicht alle Arbeitssituationen durch Teamarbeit lösen. Es existieren Grenzen, gerade dann, wenn kurzfristiges Handeln und Entscheidungen erforderlich sind, die aufgrund des Faktors Zeit eine umfangreiche, konsensorientierte Herangehensweise ausschließen (ebd., S. 170 f.). Außerdem finden sich im KODE® Kompetenzmodell die Kompetenzen *Team, Teamgeist* und *Teamorientierung, Kooperation* (Kooperationsfähigkeit) sowie die daran anschlussfähigen Kompetenzen *Kollegialität* und *Hilfsbereitschaft* ebenfalls wieder (Heyse, 2007, S. 28, S. 31). Wenngleich *Hilfsbereitschaft* auch als Persönlichkeitsmerkmal aufgefasst werden kann, so kann diese gleichfalls als Dimension von Selbstkompetenz verstanden werden (Lerch, 2016, S. 130). Dieses Verständnis wird an dieser Stelle zugrunde gelegt.

Die Kompetenz *Interkulturalität* wird auf unterschiedliche Weise in den IT-Anforderungsprofilen sprachlich zum Ausdruck gebracht. In den Stellenanzeigen werden Forderungen nach *interkultureller Kompetenz* oder *interkultureller Sensibilität, Erfahrungen im Umgang mit einem interkulturellen Arbeitsumfeld, multikulturelle Kompetenz, Offenheit für andere Sprachen und Kulturen, Kundenkontakte im Ausland, Internationalität* und weitere formuliert. Dabei wird ersichtlich, dass sich mitunter Verknüpfungen zu Kommunikation (siehe Kapitel 4.2.3) als eine wesentliche Kompetenz im Kontext von Interkulturalität ergeben. Auernheimer (2013) merkt dazu an, dass „... es bei interkulturellen Kontakten häufig zu divergenten Erwartungen, die dann die Kommunikation mehr oder weniger stark beeinträchtigen können" (S. 37), kommen kann. So stellt Knapp (2013) aus einer sprachwissenschaftlichen Perspektive treffend fest, dass insbesondere im interkulturellen Kontext „Sprache ... [ein] Mittel zur Verständigung, aber auch Ursache von Missverständnissen" (S. 85) ist. Gerade in internationalen Projektteams in der IT wird zur schriftlichen und mündlichen Verständigung meist eine Lingua franca, häufig die englische Sprache, genutzt, um miteinander zu kommunizieren. Dies wiederum kann zu Ungleichheiten in der zwischenmenschlichen Interaktion der Projektbeteiligten führen, da beispielsweise bereits das mündliche Ausdrucksvermögen, „... um intendierte Bedeutungen von Höflichkeit, Wertschätzung, Nähe, Distanz usw. adäquat verbal zu realisieren" (ebd., S. 90), unzureichend ausgebildet ist, was selbst durch die Kenntnis kultureller Hintergründe nicht ausgeglichen werden kann. Auch diese Betrachtung zeigt wiederum die Bedeutung von Kommunikation im interkulturellen Kontext, womit auch die Gefahr verbunden sein kann, die Leistungsfähigkeit einzelner Mitarbeiter:innen durch mögliche Sprachbarrieren unbeabsichtigt einzugrenzen. Gerade im Berufsfeld IT spielen diese Überlegungen eine wesentliche Rolle, um in vernetzten, internationalen und interkulturellen Projektteams erfolgreich zusammenarbeiten zu können, sowohl intern wie auch extern, mit und ohne Kundenbezug, wo es darauf ankommt, für kulturelle Unterschiede sensibel zu sein und integrativ zu agieren (Fleischmann, 2021). Neben Sprache und Kommunikation muss daher zusätzlich auch der Bezug zu Teamfähigkeit adressiert werden. Gaitanides (2013) nennt in diesem Kontext interkulturelle Teamentwicklung als Voraussetzung „... gleichberechtigter und produktiver interkultureller Zusammenarbeit ..." (S. 155), wenngleich der Weg dorthin einem (mühsamen) Entwicklungsprozess entsprechen kann. Interkulturelle Kompetenz kann jedoch dazu beitragen, diesen Prozess zu durchlaufen, um Kulturdifferenzen zu verstehen und zu überwinden, Konfliktpotenzial zu erkennen und, wie oben diskutiert, in Verbindung mit kommunikativen Fähigkeiten entsprechend miteinander zu interagieren (ebd., S. 155–172). Heyse (2007, S. 31) legt in diesem Fall interkulturelle Sensibilität und interkulturelle Toleranz als Synonyme der Teilkompetenz *Integrationsfähigkeit* fest, was die Verwandtschaft und Beziehung dieser Begrifflichkeiten untereinander zusätzlich manifestiert.

Ebenfalls diesem Kompetenzfeld zugeordnet wurde die Kompetenz *Networking*. Dahinter verbergen sich Terminologien wie *Netzwerkerfähigkeiten, Netzwerkertyp, Networkingfähigkeiten* etc., welche sich auf die Schaffung und Nutzung beruflicher Netzwerke beziehen (Wolff et al., 2008, S. 102) und sich wiederum in Verbindung mit Anforderungen an Teamfähigkeit und Integration bringen lassen (Lerch, 2016, S. 186–192). In ihrer Charakterisierung verweisen Wolff et al. (2008, S. 103–105) unter anderem darauf, dass es sich bei Networking um eine Sammlung bestimmter Verhaltensweisen handelt, deren Ziel darin besteht, (geschäftliche) Beziehungen, meist in Form informeller Bindungen, aufzubauen, um die eigene Arbeitsleistung oder den beruflichen Erfolg verbessern zu können. Wenn auch in Anbetracht der relativen Nennungen von Networking (0,13 %) diesem in den Anforderungsprofilen scheinbar wenig Bedeutung zugesprochen wird, soll festgehalten werden, dass es sich hierbei um eine in der beruflichen IT-Praxis durchaus relevante Kompetenz handelt, die gerade in virtuellen Arbeitsumgebungen an Einfluss gewinnt, um beispielsweise Visibilität für eigene Arbeitsergebnisse zu schaffen.

Unmittelbar an Networking anschließen lässt sich eine Verknüpfung hin zu *Kontaktfreudigkeit*. Heyse (2007, S. 31) erfasst Kontaktfreudigkeit bzw. Kontaktfähigkeit im Sinne von Beziehungsmanagement und Kommunikationsfähigkeit. North et al. (2013, S. 67, S. 220) verweisen ebenfalls auf die soziale Kompetenz *Kontaktfähigkeit* und nennen diese gemeinsam mit gegenseitiger Wertschätzung und Respekt, woran unter anderem Anforderungen an Mitarbeiter:innen wie Beziehungsmanagement oder das Sicherstellen eines positiven Arbeitsklimas geknüpft sind. Aus dieser Betrachtung heraus kann Kontaktfreudigkeit mit Aufgeschlossenheit in Verbindung gebracht werden. Die Anordnung und enge Verbindung der genannten Einzelkompetenzen innerhalb dieses Feldes liegen mitunter darin begründet, da all diese dazu beitragen können, dass ein Team noch besser funktionieren kann. So darf Aufgeschlossenheit gegenüber anderen und deren Ansichten in der Gruppe als Zeichen der Kooperation aufgefasst und Kontaktfreude als Interesse an der Interaktion und Kooperation im Team gewertet werden. Ferner findet sich *Aufgeschlossenheit* auch im KODE® Kompetenzmodell (Heyse, 2007, S. 28, S. 31). Auffällig ist dabei, dass *Aufgeschlossenheit* zweimal, unterhalb der Teilkompetenz *Integrationsfähigkeit* und *Offenheit für Veränderungen*, auftritt. Es sei darauf hingewiesen, dass in der vorliegenden Systematisierung *Offenheit für Veränderungen* im Kompetenzfeld *Kreativität* (siehe Kapitel 4.2.13) verortet wurde. Es soll nicht bestritten werden, dass Aufgeschlossenheit auch in diesem Feld hätte aufgenommen werden können und mitunter eine Voraussetzung darstellt, um Veränderungen in Organisationen, zum Beispiel auf prozessualer Ebene, herbeizuführen. Nichtsdestotrotz wurde an einer Zuordnung im vorliegenden Kompetenzfeld festgehalten. Dies lag insbesondere an der Interpretation des Bedeutungsinhaltes des Begriffes, welcher als soziale Interaktion ausgelegt wurde, was durch Betrachtung ausgewählter IT-Anforderungen, wie *aufgeschlossenes Auftreten, Aufgeschlossenheit gegenüber Kollegen bzw. Kolleginnen und Kunden bzw. Kundinnen*, begründet liegt, worüber sich eine Beziehung zu Integration und Kontaktfreudigkeit herstellen lässt und eine Abgrenzung hin zu Veränderungsbereitschaft untermauert werden soll.

4.2.3 Kommunikation

Kommunikation soll im Kontext dieser Studie als „... Kompetenz mit eigenständiger Qualität ..." (Seelheim & Witte, 2007, S. 78) verstanden werden. Anders jedoch als bei (ebd., S. 78 f.), die Kommunikationsfähigkeit als Teilkompetenz von Teamfähigkeit betrachten, soll im Rahmen dieser Systematisierung eine erweiterte Sichtweise erfolgen. Es sei unbestritten, dass eine Zuordnung zu Teamfähigkeit valide ist, jedoch damit der Einfluss von Kommunikation auf Einzelkompetenzen anderer Kompetenzfelder nicht gerecht werden bzw. Mehrfachzuordnungen notwendig machen würde. So spielen zum Beispiel Kundeninteraktionen in bestimmten Tätigkeitsfeldern innerhalb des Berufsfeldes *IT* zum Aufbau, zur Pflege und Aufrechterhaltung geschäftlicher Beziehungen, ob verbal oder schriftlich, virtuell oder physisch, eine wesentliche Rolle, die ohne kommunikative Fähigkeiten nicht ausführbar wären (siehe Kompetenzfeld Kundenorientierung, Kapitel 4.2.7).

Abbildung 4.5: Die Kompetenzen *Kommunikation* und *Argumentation* formen das Kompetenzfeld *Kommunikation* (eigene Darstellung)

Aus diesem Verständnis heraus soll Kommunikation als eine Metakompetenz verstanden werden – weshalb sich für eine Verortung in einem eigenständigen Kompetenzfeld entschieden wurde –, welche von dort aus Einfluss auf andere Kompetenzfelder und deren Einzelkompetenzen nimmt. Unter Kommunikation wurden in der Wissensbasis sowohl Verweise auf schriftliche wie mündliche Kommunikation aggregiert. Hierzu finden sich in den IT-Anforderungsprofilen Forderungen seitens der Arbeitgeber:innen nach *Kommunikationsfähigkeit, kommunikativ (zu sein), Kommunikationsstärke, Ausdrucksfähigkeit, Ausdrucksvermögen* etc., die wiederum in Zusammenhang mit Schlagfertigkeit, Sprach- und Redegewandtheit, Argumentationsstärke, Argumentationsfähigkeit und Überzeugungskraft gebracht werden können, wie diese ebenfalls im Modell von Erpenbeck und Heyse hinterlegt sind (Heyse, 2007, S. 29, S. 31). Die gemeinsame Verortung von Kommunikation, Überzeugung (inklusive Überzeugungskraft)[74] und *Argumentation*[75] stützen darüber hinaus auch J. H. Becker und Pastoors (2018), die Kommunikationsfähigkeit als „... die wichtigste Voraussetzung, um andere von seinen Ideen überzeugen zu können" (S. 52), bezeichnen und dabei auf Ausdrucksvermögen, Überzeugungskraft und Argumentationsfähigkeit verweisen (ebd., S. 52 f.). Gemäß „Führungskräftekommunikation" finden sich ähnliche Auffassungen und Verbindungen zu weiteren Kompetenzfeldern (zum Beispiel Vertrauen innerhalb des Kompetenzfeldes *Zuverlässigkeit*, Kapitel 4.2.14) bei Voß und Röttger (2021), die sich zudem auch auf Mitarbeitendenebene adaptieren lassen. Wie oben bereits angedeutet, sei noch einmal betont, dass Kommunikation aufgrund der vielfältigen Verzweigungen auf weitere der Top-15-Kompetenzfelder und deren Einzelkompetenzen wirkt, welche ohne kommunikative Fähigkeiten nicht anwendbar wären.

4.2.4 Begeisterung

Es sei eingangs bereits darauf hingewiesen, dass zwischen den Kompetenzen *Begeisterung* und *Begeisterungsfähigkeit* differenziert wurde. So kann zwar angenommen werden, dass Begeisterungsfähigkeit mitunter Begeisterung und damit in Verbindung stehende Kompetenzanforderungen, etwa Leidenschaft, Enthusiasmus etc. für eine Sache oder für ein Thema, voraussetzt, dabei aber noch weiter greift und auch den Aspekt der Vermittlung besitzt. Das heißt, der Oberbegriff *Begeisterung* (siehe Abbildung 4.6) soll auf das Selbst[76] bezogen werden, wohingegen Begeisterungsfähigkeit darauf abzielt, Dritte zu begeistern, weshalb eine gewisse Nähe zwischen diesen Oberbegriffen grundsätzlich bejaht werden darf. In den IT-Anforderungsprofilen drückt sich Begeisterung durch Formulierungen wie *begeistert von (etwas sein), begeistert bei (der Ausübung einer Tätigkeit zu sein), Begeisterung (für etwas) zu verspüren, Spass haben (an einer Aufgabe)* oder *Freude verspüren* und weitere aus. Bei Lerch (2016, S. 194 f.) finden sich hierzu, unter anderem aus einem Interview abgeleitet, ähnliche, wenn auch in einem anderen beruflichen Kontext genannte, Anhaltspunkte, so beispiels-

74 Es sei erwähnt, dass Terminologien und Phrasen im Sinne von Überzeugung (inklusive Überzeugungskraft) über die Wissensbasis unmittelbar Kommunikation zugeordnet wurden und diese nicht als eigenständige Kompetenz im Rahmen der vorliegenden Systematisierung in Erscheinung tritt.

75 Aufgrund der geringen absoluten Häufigkeiten und prozentualen Anteile der Kompetenz *Argumentation* findet sich diese in Abbildung 4.5 nicht sichtbar visualisiert.

76 „Das *Selbst* betrifft die eigene Person, ihre Befindlichkeit, ihre Emotionalität – die Summe aller Lebenserfahrungen ..." (Zimmer, 2017, S. 165).

weise die mit einem bestimmten Thema verbundene Leidenschaft, um letztendlich Begeisterung für diese nach außen hin zu transportieren. Auf diese Weise lassen sich Verbindungen zu *Enthusiasmus* (*enthusiastisch [zu sein]*, *[etwas mit] Enthusiasmus [anzugehen]* etc.), *Dynamik* (*[etwas mit] Dynamik [zu erledigen]*, *Eigendynamik*, *dynamisches Auftreten* etc.) und *Leidenschaft* (*Leidenschaft [für etwas zu haben]*, *[für etwas] zu brennen*, *leidenschaftlich [zu sein]* etc.) herstellen, welche wiederum mit *Einsatzbereitschaft* (wie auch *Einsatzfreude*) in Beziehung gesetzt werden können. In diesem Kontext stellen von der Linde und von der Heyde (2010, S. 55) fest, dass das Interesse und die Begeisterung für eine Aufgabe eng mit dem Leistungswillen und der Eigenmotivation[77] eines Individuums an einer Sache verknüpft sind.

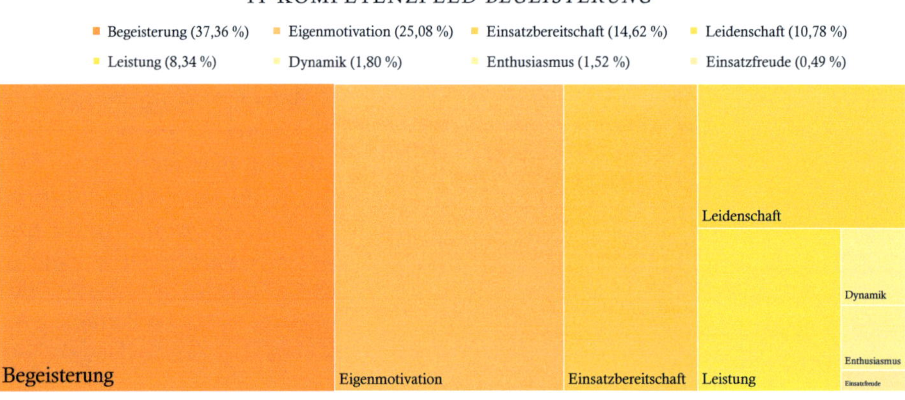

Abbildung 4.6: Das IT-Kompetenzfeld *Begeisterung* aggregiert sich aus den acht Kompetenzen *Begeisterung, Eigenmotivation, Einsatzbereitschaft, Leidenschaft, Leistung, Dynamik, Enthusiasmus* und *Einsatzfreude* (eigene Darstellung)

Diese Aspekte spiegeln sich auch im Engagement von Mitarbeitenden wider, welches sich unter anderem im entgegengebrachten Vertrauen, in der Bereitschaft, Verantwortung zu übernehmen, oder der Möglichkeit, smarte[78] Zielvereinbarungen selbst zu definieren, ausdrückt, was sich positiv auf die individuelle Einsatzbereitschaft und Eigenmotivation auswirkt. Hinsichtlich des zuvor erwähnten Leistungswillens soll an dieser Stelle angemerkt sein, dass Lerch (2016, S. 137) Leistungsbereitschaft[79] unter anderem auch mit Belastbarkeit[80] in Verbindung bringt. Diese Feststellung ist dahin gehend von Bedeutung und gleichzeitig kritisch zu reflektieren, da gerade innerhalb dieses Kompetenzfeldes Übertreibungen der zuvor genannten Einzelkompetenzen

77 Im Rahmen der hier vorgenommenen Systematisierung wird zwischen Eigenmotivation und der Kompetenz, Dritte zu motivieren (Motivationsfähigkeit), differenziert.

78 SMART bedeutet, Zielvereinbarungen spezifisch (S), messbar (M), akzeptiert (A), realistisch (R) und terminiert (T) zu definieren.

79 Leistung wird in den IT-Stellenanforderungen unter anderem mit Terminologien wie *Leistungsbereitschaft, leistungsfähig, Leistungsorientierung, Leistungswille* etc. assoziiert, die entsprechend über die Wissensbasis mit dem Oberbegriff *Leistung* verknüpft wurden.

80 Belastbarkeit wurde innerhalb eines eigenständigen Kompetenzfeldes (siehe Kapitel 4.2.15) erfasst.

(*Begeisterung, Eigenmotivation, Leistungs-* und *Einsatzbereitschaft* etc.) zu negativen gesundheitlichen Auswirkungen bis hin zu Burnout und einer gestörten Work-Life-Balance führen können. So formuliert Wenski (2021) drastisch, aber zutreffend: „Dieser [Burnout] kann als Endzustand einer Entwicklungslinie bezeichnet werden, die mit idealistischer Begeisterung beginnt und über frustrierende Erlebnisse zu Desillusionierung und Apathie, psychosomatischen Erkrankungen und Depression oder Aggressivität sowie einer erhöhten Suchtgefährdung führt" (S. 139). Damit einhergehende Demotivation wird mitunter in erhöhten Krankheitsquoten, Resignation und absinkendem Leistungsniveau sichtbar (von der Linde & von der Heyde, 2010, S. 144 f.). Albers (2018, S. 6) kritisiert diesbezüglich, dass es sich nicht mehr nur um eine „Arbeitsverdichtung", sondern, mit Blick auf eine zunehmende Verschmelzung von Beruf und Privatleben, bereits vielmehr um eine „Lebensverdichtung" handelt. Diese Aspekte gilt es zu hinterfragen, wenn Arbeitgeber:innen auf entsprechende Einzelkompetenzen aus dem vorliegenden Kompetenzfeld innerhalb ihrer Stellenprofile verweisen. So ist Begeisterung für eine Sache oder ein Thema im positiven Sinne durchaus wünschenswert und wird von den Arbeitgebenden erwartet. Jedoch sind diese auch in der Verantwortung, ihre Arbeitnehmer:innen entsprechend zu schützen bzw. stellt es eine zentrale Aufgabe der Vorgesetzten dar, Abweichungen im Verhalten ihrer Mitarbeiter:innen frühzeitig zu erkennen. Dabei besteht die Herausforderung, das Gleichgewicht zwischen Begeisterung und (Top-)Leistung auf der einen Seite und Zufriedenheit der Mitarbeitenden auf der anderen Seite zu wahren (Prieß & Spörer, 2018, S. 15–27). In diesem Zusammenhang sei festgehalten, dass vor allem in der IT häufig in verteilten Teams interagiert wird, wodurch eine Beobachtung individueller Verhaltensweisen, zum Beispiel durch Vorgesetzte, Projekt- oder Teammitglieder aufgrund räumlicher Distanzen und virtuell geprägter Arbeitsumgebungen zusätzliche Hürden für die frühzeitige Wahrnehmung der oben genannte Signale mit sich bringen kann. Das bedeutet, aufgrund dieser Gegebenheiten spielt es innerhalb des Berufsfeldes IT eine wesentliche Rolle, dass jede:r Mitarbeiter:in individuell für sich selbst Verantwortung übernehmen kann, was wiederum entsprechende Ausprägungen der im Kompetenzfeld *Selbstständigkeit* (siehe Kapitel 4.2.1) aufgeschlüsselten Einzelkompetenzen erfordert, die damit in engem Verhältnis zu den hier diskutierten Kompetenzen stehen.

4.2.5 Analyse

Innerhalb dieses Feldes treten vornehmlich die Kompetenzen *Analyse* (71,78 %) und *Lösung* (23,73 %) hervor. Im KODE® Kompetenzmodell findet man *Analyse* unter *analytischen Fähigkeiten* (Heyse, 2007, S. 27, S. 34). Nach Lerch kann dieser zudem die Selbstkompetenz des analytisches Denkens zugeschrieben werden (Lerch, 2016, S. 138, S. 175 f.). Im Kontext von *Analyse* wurden, im Rahmen der vorliegenden Studie, Begrifflichkeiten und Phrasen wie *analytisches Denkvermögen, Zahlenaffinität, Zahlenverständnis, Analysefähigkeiten, Analysekenntnisse, Analysestärke, analytische Fähigkeiten, analytische Kompetenz, analytisches Arbeiten, Handeln und Denken* etc. aus den Anforderungsprofilen abgeleitet. Eng mit Analysefähigkeit in Verbindung gebracht werden kann die Kompetenzanforderung *Lösung*, die auch *Problemlösung* inkludiert. Hierunter

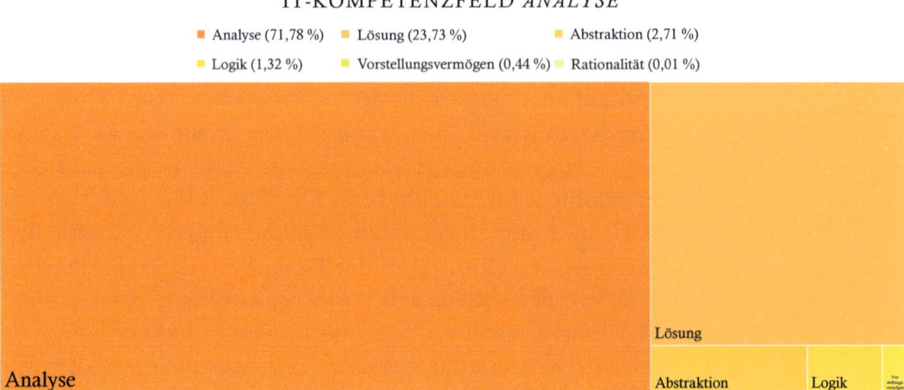

Abbildung 4.7: Das Kompetenzfeld *Analyse* wird durch folgende sechs Kompetenzen beschrieben: *Analyse, Lösung, Abstraktion, Logik, Vorstellungsvermögen* und *Rationalität* (eigene Darstellung)

wurden unter anderem folgende Terminologien und Phrasen erfasst: *Problemlösungs-* bzw. *Problemlösekompetenz, Problemlösungsfähigkeit, problemlösendes Denken und Handeln, Lösungsorientierung, lösungsorientierte Denk- und Handlungsweise, Lösungen zu finden, zum Kern von Problemen vorzudringen, Knobelfähigkeit* etc. Diese lassen sich mit analytischer Kompetenz kombinieren, insbesondere wenn es darum geht, im Sinne einer IT-Tätigkeit Problemstellungen zu analysieren und (Problem-)Lösungen zu erarbeiten. Klieme et al. (2014) merken hierzu an: „Der Problemlöser hat ein mehr oder weniger gut definiertes Ziel, weiß aber nicht unmittelbar, wie es zu erreichen ist. Er muss die Problemsituation verstehen und, gestützt auf planendes und schlussfolgerndes Denken, in Richtung auf das Ziel verändern" (S. 205). Auf diese situative Fähigkeit zur Problemlösung verweist auch Weinert (2014) in Bezug auf seine Definition des Kompetenzbegriffes, wie diese in Kapitel 2.6.3 diskutiert wurde. Lerch (2016) benennt in diesem Kontext das Aufzeigen von (neuen) Lösungswegen und Lösungsvorschlägen, welche „... als positive Merkmale von Selbstkompetenz ..." (S. 222) gedeutet werden können. Hieran lässt sich der von Ederer et al. (2021) genannte Begriff der „dynamischen Problemlösungskompetenz" anschließen, welche durch eine immer stärker wahrnehmbare Entroutinierung von Arbeit erforderlich wird, um sich „... auf neue Situationen einzustellen und sich kontinuierlich Lösungen zu erarbeiten" (S. 34), was gleichzeitig zu einer verstärkten Innovationskompetenz (siehe Kompetenzfeld *Kreativität*, Kapitel 4.2.12) beiträgt.

Hinsichtlich Tätigkeiten im Berufsfeld *IT* sollen im Folgenden Analyse- und Lösungskompetenz sowie daran geknüpfte Einzelkompetenzen und deren Relationen zu anderen Kompetenzfeldern anhand der Methode des Design Thinkings weiter diskutiert und erschlossen werden. Bei dieser in der IT weit verbreiteten Vorgehensweise geht es letztendlich darum, auf Grundlage einer Problemdefinition iterativ Ideen zu generieren, um eine Lösung, beispielsweise die Entwicklung einer neuen Softwareanwendung für einen bestimmten Fachbereich, zu konzipieren. Auf dem Weg dorthin müssen bereits zu Beginn ein klares Zielbild und Erwartungshaltungen definiert und ausgelotet werden, was unter anderem Kompetenzen aus den Feldern *Kundenorientierung* (siehe Kapitel 4.2.7) und *Kreativität* (siehe Kapitel 4.2.12) notwendig macht (Pfister et al., 2019, S. 281, S. 305). Dabei spielt es nach Gerstbach (2018) eine zentrale Rolle, dass man als Design Thinker nicht unmittelbar „... die richtige Lösung findet, sondern [es] darum [geht], so viele Lösungen und Ideen wie möglich zu entwickeln" (S. 69). Dieses Vorgehen lässt sich in Anlehnung an Pfister et al. (2019, S. 207) mit Ansätzen aus der Positiven Psychologie verknüpfen, indem lösungsorientierte Herangehensweisen weniger auf die Problemanalyse selbst als auf deren Lösung fokussieren. Dies wiederum setzt Analysefähigkeit zur Ergründung einer Problemstellung und eine lösungsorientierte Denk- und Handlungsweise voraus, um Lösungsideen und -vorschläge zu generieren, welche iterativ im Rahmen eines Prototypen ausgearbeitet und letztendlich implementiert werden. Letztgenannte Aspekte zeigen zudem eine Verbindung zu umsetzungs- und praxisorientierten Kompetenzen sowie Hands-on-Mentalität. Diese Einzelkompetenzen wurden jedoch innerhalb eines separaten Kompetenzfeldes, außerhalb der Top 15, erfasst, weshalb diese Verbindungen an dieser Stelle nur erwähnt sein sollen. Außerdem sind kommunikative Fähigkeiten (siehe Kapitel 4.2.3) und Teamorientierung (siehe Kapitel 4.2.2) zur Problemlösung unerlässlich (Gerstbach, 2018, S. 66–75).

Aus diesen Betrachtungen heraus lassen sich weitere Verknüpfungen von Analyse und Lösung hin zu *Logik* (*logisches Denken und Handeln*) und *Rationalität* (*rationale Denk- und Handlungsweise*)[81] herstellen. Hinsichtlich Logik und Rationalität merkt Ant (2021) an, dass „zur Lösung von Problemstellungen ... rationale und logische Ansätze von Bedeutung [sind], wie z. B. die Verwendung von Analogien und Ähnlichkeiten, von deduktiven und induktiven Überlegungen oder durch die Formulierung von Fragestellungen und von Hypothesen" (S. 244). Nichtsdestotrotz muss an dieser Stelle angemerkt werden, dass aufgrund der Vielzahl zu bewertender Informationen im Arbeitskontext eine rein rationale Bewertung oftmals nicht mehr stattfindet, sondern berücksichtigt werden muss, dass „... besonders unser Bauchgefühl ... in schwierigen Situationen unsere Entscheidungen stark beeinflussen kann" (Loitsch, 2021, S. 112).

Außerdem zeigte die Untersuchung der IT-Anforderungsprofile, dass *Abstraktion*[82], gemäß einer abstrakten Denk-, Vorgehens- und Handlungsweise, häufig gemeinsam mit Analysefähigkeit oder Lösung in Verbindung gebracht wird. Hierzu finden sich Forderungen nach *abstrakten und analytischen (Problemlösungs-)Fähigkeiten* oder *analytischer Denkweise und Abstraktionsfähigkeit*, woraus sich eine gewisse Nähe zu analytischer und lösungsorientierter Kompetenz erschloss. Abschließend lässt sich an Abstraktion die Kompetenz *Vorstellungsvermögen* anschließen. Dieser sind unter anderem die Ausdrücke *räumliches und visuelles Vorstellungsvermögen* oder *visuelles Denken* zugeordnet.

81 Aufgrund der geringen absoluten Häufigkeiten und prozentualen Anteile der Kompetenz *Rationalität* innerhalb dieses Kompetenzfeldes findet sich diese in Abbildung 4.7 nicht sichtbar visualisiert.

82 In der Wissensbasis sind unterhalb dieses Oberbegriffes Terminologien und Phrasen wie *abstraktes Denken, abstrakte Denkfähigkeit, Abstraktionsfähigkeit, Abstraktionsvermögen, Transferfähigkeit, Transferleistungsfähigkeit, Komplexitätsreduktion, (etwas zu) abstrahieren* und weitere hinterlegt.

4.2.6 Flexibilität

Betrachtet man das Kompetenzmodell von Erpenbeck und Heyse, findet sich *Flexibilität* als synonyme Begrifflichkeit unterhalb der Teilkompetenz *Mobilität* wieder (Heyse, 2007, S. 29). Dabei wird Mobilität durchaus weiter gefasst, als es auf den ersten Blick den Anschein hat, und ist nicht ausschließlich im Sinne *reisebereit zu sein* zu begreifen (ebd., S. 75 f.). Dies wäre zu kurz gegriffen und würde dem Verständnis von *Flexibilität* im Kontext des Berufsfeldes *IT* nicht gerecht werden. Trotz alledem fällt bei der Betrachtung der IT-Anforderungsprofile auf, dass *Reisebereitschaft* relativ häufig seitens der Arbeitgeber:innen artikuliert wird und diese Forderung durchaus in ein enges Verhältnis zu *Flexibilität* gebracht werden kann. So werden beispielsweise Erwartungen wie *Bereitschaft für Dienstreisen, Reisefreudigkeit, reisebereit (zu sein), bereit sein zu reisen* und viele weitere angesprochen, die allesamt in der Wissensbasis mit Reisebereitschaft verknüpft sind und sich darüber mit Flexibilität in Verbindung bringen lassen.

Abbildung 4.8: Das Kompetenzfeld *Flexibilität* erfasst die beiden Kompetenzen *Flexibilität* und *Anpassung* (eigene Darstellung)

Dabei sei noch einmal ausdrücklich betont, dass Flexibilität keinesfalls auf diesen Bereich beschränkt ist. Vielmehr lässt sich Reisebereitschaft als eine Unterkategorie von Flexibilität begreifen (Lerch, 2016, S. 162). Im Rahmen der Erstellung der Wissensbasis in Kapitel 3.7.4 wurden daher alle Terminologien und Phrasen mit Bezug zu Reisebereitschaft unter dem Oberbegriff *Flexibilität* hinterlegt, wobei der Fokus auf expliziten sprachlichen Ausdrücken lag, wie die oben aufgeführten Beispiele zeigen. Weiterführende Verweise, etwa hinsichtlich flexibler Arbeitszeiteinteilung, blieben dabei bewusst unberücksichtigt. Zusätzlich sei angemerkt, dass bei der Formulierung der Anforderungen eine genaue Abgrenzung von Flexibilität häufig nicht geschieht. Es finden sich zahlreiche Anforderungsprofile, in denen lediglich eine lose Forderung in Form der Auflistung des Substantivs oder des Adjektivs *(du bist/Sie sind) flexibel* erfolgt. Der eigentliche Gegenstand (Reisetätigkeit, Arbeitszeit, Arbeitsweise etc.) bleibt dabei häufig unspezifiziert[83].

Überdies sei angemerkt, dass die Anforderungen an gegenwärtiges und zukünftiges Arbeiten Flexibilität und *Anpassung*[84] grundsätzlich erfordern. Unter anderem bedingt durch die fortschreitende Digitalisierung der Arbeitswelt und damit einhergehende unmittelbare Auswirkungen auf das Berufsfeld IT löst diese Entwicklung zudem die Grenzen zwischen Privat- und Berufsleben weiter auf. „Die technischen Möglichkeiten lassen uns ortsunabhängig kommunizieren und arbeiten, sie führen aber auch dazu, dass blitzschnell auf Veränderungen reagiert werden muss" (Metz-Kleine, 2018, S. 131). Anhand dieser Aussage lassen sich wiederum Verknüpfungen von Flexibilität hin zum situativen Handeln induzieren. Wie bereits in Kapitel 2.6.3 zur Festlegung des Kompetenzbegriffes auf spezifische Kompetenzen hingewiesen, ließe sich unter Umständen zukünftig auch *Flexibilität* in diese Begriffsdefinition noch prägnanter integrieren bzw. über den Selbstbestimmungs- und Selbststeuerungsaspekt indirekt ableiten.

Analog zu Kommunikation kann Flexibilität als Metakompetenz aufgefasst werden, die auf eine Vielzahl weiterer Kompetenzfelder und Einzelkompetenzen Einfluss nimmt (zum Beispiel selbstverantwortliches Handeln im Kompetenzfeld *Selbstständigkeit*, Kapitel 4.2.1). Daher wurde diese ebenfalls als singuläres Kompetenzfeld erfasst.

4.2.7 Kundenorientierung

Bei *Kundenorientierung* handelt es sich um einen sprachlich vielfältigen Terminus, der innerhalb dieses Kompetenzfeldes am häufigsten nachgefragt (57,57 %) und zwingend im Kontext des Berufsfeldes *IT* interpretiert und diskutiert werden muss. Ein Blick auf ausgewählte Anforderungen in den IT-Profilen macht dies deutlich. So finden sich Formulierungen wie *kundenorientiertes Auftreten, Denken, Handeln und Verhalten, Anwenderorientierung, anwenderorientiert* bzw. *anwenderfokussiert (zu handeln und zu denken), Freude an der Arbeit mit Kunden (zu haben), Klientenorientierung, Kundenaffinität, Kundenfokussierung, Kundenzentrierung* oder *kundenfokussiert* bzw. *kundenzentriert (zu arbeiten)*. Dabei können interne und externe Kunden und Kundinnen unterschieden werden. Interne Kunden und Kundinnen sind unter anderem Fachabteilungen (sogenannte Stakeholder), wobei die IT-Abteilung als interner Dienstleister agiert. Externe Kunden und Kundinnen betreffen alle Beziehungen außerhalb des eigenen Unternehmens, beispielsweise um Dienstleistungen oder Serviceangebote an andere Organisationen und Unternehmen zu richten und auszuführen.

83 Diese Einsicht ließe sich verbessern, wenn beispielsweise in einem weiteren Schritt charakteristische Anforderungen im Kontext der jeweiligen Tätigkeitsfelder genauer untersucht und interpretiert oder, wie in der vorliegenden Studie ausgeschlossen, Rückfragemöglichkeiten mit dem/der Urheber:in einer Anzeige wahrgenommen werden würden.

84 Aufgrund der geringen absoluten Häufigkeiten und prozentualen Anteile der Kompetenz *Anpassung* innerhalb dieses Kompetenzfeldes findet sich diese in Abbildung 4.8 nicht sichtbar visualisiert.

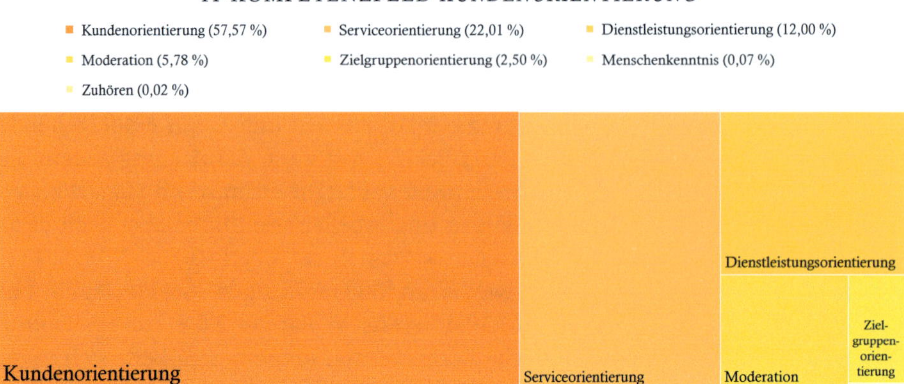

Abbildung 4.9: Das Kompetenzfeld *Kundenorientierung* enthält insgesamt sieben Kompetenzen: *Kundenorientierung, Serviceorientierung, Dienstleistungsorientierung, Moderation, Zielgruppenorientierung, Menschenkenntnis* und *Zuhören* (eigene Darstellung)

Dies kann in Form von vertrieblichen oder beratenden Tätigkeiten erfolgen, bei denen ebenfalls Interaktionen mit Fachabteilungen stattfinden (aber nicht zwingend darauf begrenzt sind). An dieser Stelle lässt sich die Differenzierung von Kundenorientierung nach Staudacher (2021) aufgreifen und auf die in Zusammenhang mit agilem Arbeiten zunehmend an Bedeutung gewinnende Dimension der Co-Creation verweisen, bei der „... auf die Werterstellung zwischen Kunde und Organisation fokussiert" (S. 364) wird. Hierbei steht die Interaktion und die Einbindung der Endkunden und Endkundinnen, zum Beispiel in unterschiedliche Produktentwicklungsphasen, im Vordergrund (ebd., S. 363–389). Mit Bezug auf die in Kapitel 3.6.6 definierten Tätigkeitsfelder für das Berufsfeld IT sei angemerkt, dass je nach Tätigkeitsschwerpunkt diese Dimension unterschiedlich ausgeprägt sein kann. So ist diese etwa in den Feldern *Projektarbeit, Consulting und Vertrieb* oder *Softwareentwicklung und Programmierung* bedeutsamer anzunehmen als im Vergleich zu *Administration, Netzwerk und Architektur* oder *Anwenderbetreuung und Support.* In diesem Rahmen fiel bereits weiter oben der Begriff *Stakeholder,* bei dem es sich sowohl um Einzelpersonen (zum Beispiel ein Product Owner) oder Gruppen von Personen (zum Beispiel Endanwender:innen einer Software etc.) handeln kann, die in der Regel mit einer gewissen Entscheidungsfähigkeit ausgestattet sind und damit als Einflussnehmer:innen gelten, um Budget für ein IT-Projekt freizugeben oder den Einkauf einer Softwarelösung oder von Hardware zu genehmigen. Des Weiteren verweist Gündling (2018) darauf, dass es sich bei Kundenorientierung immer auch um „Menschenorientierung" (S. 139–144) handelt und nennt hierbei „Vertrauen" (S. 152–155) als einen essenziellen Grundpfeiler wertschätzender und erfolgreicher Kundenbeziehungen, um aus unternehmerischer Sicht erfolgreich zu sein (S. 10 f.). Daraus lassen sich Bezüge zu Einzelkompetenzen weiterer Kompetenzfelder erschließen, wie beispielsweise im Feld *Kommunikation* (siehe Kapitel 4.2.3). Diese Relation greift auch Heyse (2007, S. 31, S. 43) auf, indem er Dialogfähigkeit gemeinsam mit Kundenorientierung nennt. Allein bei der Betrachtung des semantischen Umfeldes und des Verständnisses der Kompetenzanforderung *Kundenorientierung* wird deutlich, dass sich Verknüpfungen zu weiteren Oberbegriffen wie *Zielgruppenorientierung* (zum Beispiel in Bezug auf interne oder externe Kunden und Kundinnen), *Service- und Dienstleistungsorientierung* (zum Beispiel Erbringung von Beratungsleistungen), *Moderation, (aktives) Zuhören* und *Menschenkenntnis*[85] (zum Beispiel Bedürfnisse und Anforderungen von Kolleginnen und Kollegen, Mitarbeiterinnen und Mitarbeitern, Kundinnen und Kunden aufzunehmen und zu verstehen) ziehen lassen, die ebenfalls in diesem Feld verortet sind.

Betrachtet man *Zielgruppenorientierung* genauer, so finden sich in den Anforderungsprofilen Hinweise wie *zielgruppengerecht, adressatengerecht, adressatenorientiert, zielgruppenorientiert, managementgerecht, zielgruppenspezifisch* und weitere. Dabei wird, anders als in Kapitel 2.7 eingeführt und diskutiert, der Begriff der Zielgruppe nicht aus erwachsenenbildnerischer Sicht zum Ausdruck gebracht, sondern beispielsweise oben genannte Stakeholder damit assoziiert, worüber sich eine Relation zu Kundenorientierung ziehen lässt. Weiterhin lässt sich an mehrdeutigen Formulierungen wie *Sachverhalte Fachfremden (zu) erklären, didaktisches Geschick* oder *(anwenderfokussiert) zu vermitteln* ein Zusammenhang zu Präsentationsfähigkeit und Wissensvermittlung herstellen, die jedoch beide nicht Teil eines der Top-15-Kompetenzfelder sind. Dessen ungeachtet soll an dieser Stelle kurz auf beide Kompetenzen eingegangen und eine Separierung zum vorliegenden Feld diskutiert und begründet werden. *Präsentation* umfasst zum Beispiel die Terminologien *Präsentationsvermögen, präsentationssicher, Präsentationsfähigkeit, Präsentationsskills, Präsentationsgeschick, Präsentationskenntnisse* oder *Präsentationsstärke*. Im Kontext der IT-Anforderungen kann es sich hierbei um auszuübende Tätigkeiten, wie eine Präsentation von Ergebnissen, eines Produktes oder einer Technologie, handeln. Erpenbeck und Heyse greifen den Begriff der Präsentationsfähigkeit über ihren Synonymatlas ebenfalls auf, ordnen diesen allerdings begrenzter, nämlich als Lehrfähigkeit ein (ebd., S. 30), welche in dieser Studie unter *Wissensvermittlung* aggregiert wurde. Zudem finden sich weitere Terminologien und Phrasen, etwa *Vermittlung von Wissen, Know-how-Transfer, Knowledgesharing, Sachverhalte einfach zu vermitteln, (etwas) verständlich erläutern, (Bereitschaft für) Wissenstransfer* oder *Zusammenhänge verständlich darstellen*, die alle diesem Oberbegriff zugeordnet sind. Ferner können didaktische Kenntnisse bzw. didaktisches Geschick von Vorteil sein, um Wissen adäquat zu vermitteln. Letztendlich wurde sich gegen eine Zuordnung von *Präsentationsfähigkeit* und *Wissensvermittlung* in das vorliegende Feld entschieden, da dieses primär auf eine Kundenfokussierung abzielt, Präsentationsfähigkeit und Wissensvermittlung dabei zwar eine Rolle spielen, sich jedoch auch darüber hinaus erstrecken können. Diese Abgrenzung zeigt auch nochmals die bereits erwähnte Ambiguität bestimmter sprachlicher Formulierungen und Ausdrücke im Rahmen der hier durchgeführten Systematisierung.

Zurückkommend auf die Anforderung an Zielgruppenorientierung kann es sich bei einer Zielgruppe sowohl um interne (Mitarbeiter:innen, Kolleginnen und Kollegen

85 Aufgrund der geringen absoluten Häufigkeiten und prozentualen Anteile der Kompetenzen *Menschenkenntnis* und *Zuhören* innerhalb dieses Kompetenzfeldes finden sich diese in Abbildung 4.9 nicht sichtbar visualisiert.

etc.) als auch externe Gruppen (Kundinnen und Kunden etc.) sowie unterschiedliche Bezugsebenen (operativ, strategisch etc.) handeln, die beispielsweise eine differenzierte Aufbereitung, bezogen auf Komplexität und Darstellung, unter Umständen gleicher Sachverhalte und Informationen erforderlich machen. Daraus ergibt sich, Zielgruppenorientierung im Sinne einer beruflichen Kompetenz setzt voraus, sich auf das Gegenüber einzustellen und dieses gegebenenfalls im Vorfeld zu studieren, um auf Augenhöhe „typgerecht" miteinander kommunizieren zu können (Haller et al., 2020, S. 42–45). Kettler (2021, S. 90–95) verweist hierbei auf den Einsatz zielgruppenspezifischer Sprachmuster und Satzstrukturen, um etwa in Vertriebssituationen eine kundengerechte Ansprache zu erreichen. Dabei wird, gerade durch die Notwendigkeit der Interaktion mit internen oder externen Kunden, auch eine Nähe zum Kompetenzfeld *Kommunikation* (siehe Kapitel 4.2.3) ersichtlich.

Serviceorientierung (22,01 %) und *Dienstleistungsorientierung* (12,00 %) wurden beide bereits bei der Diskussion zu Kundenorientierung erwähnt und können mit dieser direkt in Verbindung gebracht werden. Bezugnehmend auf Anforderungen im IT-Bereich sind mitunter folgende Terminologien und Phrasen erfasst: *serviceorientiertes Denken, Arbeiten, Handeln oder Auftreten, Servicebewusstsein, Bereitschaft zum Kundenservice, Kundenserviceorientierung, Servicebereitschaft, Servicekompetenz, Servicementalität* und *Serviceverständnis* oder *Dienstleistungsmentalität, dienstleistungsorientiert Handeln, Auftreten oder Denken, Dienstleistungsbereitschaft, Dienstleistungsbewusstsein, Dienstleistungsdenken, Dienstleistungskompetenz, Dienstleistungsverständnis.* Dabei lässt sich im Hinblick auf Service- und Dienstleistungsorientierung eine zunehmende Individualisierung auch in der IT wahrnehmen. Dies meint, nicht mehr ausschließlich der „Kunde richtet sich nach dem Produkt- und Serviceangebot des Unternehmens" (Gaida, 2021, S. 30), sondern vielmehr sind es die Unternehmen, die individuelle Dienstleistungen und Produkte zur Aufrechterhaltung von Kundenbeziehungen anbieten müssen, um wettbewerbsfähig zu bleiben. So wird in der Regel für die Entwicklung einer individuellen Softwarelösung der Endkunde (bzw. Fachbereich) aktiv in den Erstellungsprozess eingebunden, was, wie weiter oben bereits erwähnt, als Co-Creation gelebt wird (ebd., S. 30 f.). Ein Bestandteil solcher Softwareentwicklungsprojekte kann unter anderem ein Design Thinking Workshop sein, worüber sich wieder eine Verbindung zum Kompetenzfeld *Analyse* (siehe Kapitel 4.2.5) ziehen lässt.

Hieran schließt sich die Kompetenz *Zuhören* an, welche die Forderung nach *(aktivem) Zuhören* bzw. *(aktiv) zuzuhören* umfasst. Dies verlangt eine gewisse Zentrierung auf den/die Gesprächsteilnehmer:in, in Form einer Klientenzentrierung und weiter gefasst einer Personzentrierung, wobei „... die Person als Mensch im Mittelpunkt steht ..." (Weinberger, 2013, S. 23). Auch wenn diese Ansätze aus der Psychotherapie stammen, lassen sich diese punktuell in die IT-Praxis übertragen, beispielsweise durch „empathisches Verstehen", welches nach Weinberger zum Ziel hat, „... die Klientin [Anmerkung: Klientin ist im Sinne von Kundenorientierung als Kunde:in zu interpretieren] aus ihrer Sichtweise heraus zu verstehen ..." (ebd., S. 44). Hinsichtlich IT-Tätigkeiten kann damit das Aufnehmen, Verstehen und Abgleichen von (Kunden-)Anforderungen oder sich auf das Gegenüber einzulassen assoziiert werden (Ebert & Becker, 2018, S. 41). Weiter führt Preußners (2021, S. 26) aus, dass unter anderem eine aktive Körpersprache dazu beiträgt, eine positive Beziehung zum/zur Gesprächspartner:in herzustellen, was mitunter in Verkaufsgesprächen von Bedeutung ist.

Innerhalb dieses Kompetenzfeldes ist zudem *Moderation* (5,78 %) erfasst. Dazu finden sich Formulierungen wie Anforderungen nach *Moderationskompetenz, Moderationsfähigkeit, Moderationserfahrung, Moderationsgeschick, Moderationskenntnisse, Moderationsskills* und weitere. Vor allem durch die steigende Komplexität im Arbeitsalltag, beispielsweise durch die zunehmende digitale Vernetzung oder das Arbeiten in agilen Projektstrukturen, und durch die damit einhergehende Komplexität von Kommunikation zeigt sich die Nachfrage nach einer solchen Kompetenz. Moderation umfasst darüber hinaus auch einen Vermittlungsaspekt, um im Falle einer Konfliktsituation zu mediieren (Groß, 2021, S. 1–6). Im Rahmen der untersuchten IT-Stellenprofile scheint jedoch eine Auslegung als moderierende Tätigkeit zur Leitung und Gesprächsführung eines Kundenworkshops naheliegender, wodurch auch eine Verbindung hin zu kommunikativen Kompetenzanforderungen sichtbar wird. Da Moderation meist einen Gruppenbezug aufweist, „... ist es auch Teil der Moderationsaufgabe, eine Gesprächskultur zu schaffen, die eine konstruktive Zusammenarbeit für alle Beteiligten möglich macht" (ebd., S. 28). Diese Betrachtungen verdeutlichen die Vielschichtigkeit von Moderation und dem damit einhergehenden kompetenten beruflichen Handeln, welches sich nicht ausschließlich durch Anwendung von Moderationsmethoden kompensieren lässt (ebd., S. 26–28). Zudem bestehen Verbindungen zu Planung (zum Beispiel die Planung des Ablaufs eines Workshops, siehe Kapitel 4.2.10) und Strukturierung (zum Beispiel das Strukturieren von Workshop-Ergebnissen, siehe Kapitel 4.2.8) als weitere Bestandteile von Moderationskompetenz.

Zuletzt wird innerhalb dieses Kompetenzfeldes *Menschenkenntnis* betrachtet, die im KODE® Kompetenzmodell unter Mitarbeiterförderung gelistet und auf die Führungsperspektive bezogen wird (Heyse, 2007, S. 28, S. 74). Diese Sichtweise kann auch auf den IT-Kontext angewandt, muss jedoch erweitert werden. Dies liegt darin begründet, da sich Menschenkenntnis nicht ausschließlich auf Aspekte der Förderung und Führung beziehen muss. So ist diese auch dann notwendig, um beispielsweise das Gegenüber (Mitarbeiter:innen, Kunde bzw. Kundin etc.) zu verstehen und richtig einzuschätzen. In diesem Kontext verweisen Friedmann und Fritz (2015) aus psychografischer Sicht auf verschiedene Persönlichkeitstypen, wie zum Beispiel Beziehungs-, Sach- und Handlungstyp. Dahin gehend umfasst Menschenkenntnis in der Wissensbasis Formulierungen wie *Interesse an Menschen* oder *Menschenkenner (zu sein)*, weshalb eine Nähe zu Kunden-, Service-, Dienstleistungs- und Zielgruppenorientierung wie auch (aktivem) Zuhören und Moderation interpretiert und sich für eine Verortung in das vorliegende Kompetenzfeld entschieden wurde.

4.2.8 Strukturiertheit

Die Kompetenzanforderungen *Systematik, Strukturiertheit* und *Methodik* wurden von Heyse (2007, S. 30) über die Teilkompetenz systematisch-methodisches Vorgehen ebenfalls gemeinsam geordnet[86]. Weiter sei darauf verwiesen, dass strukturiertes Denken auch mit analytischem Denken (siehe Kapitel 4.2.5) in Verbindung gebracht werden kann (Lerch, 2016, S. 175).

Abbildung 4.10: Das Kompetenzfeld *Strukturiertheit* setzt sich aus den fünf Kompetenzen *Strukturiertheit, Systematik, Methodik, Dokumentation* und *Objektorientierung* zusammen (eigene Darstellung)

Hinsichtlich des Berufsfeldes *IT* lässt sich eine strukturierte, methodische und systematische Arbeitsweise unter anderem im Bereich des Projektmanagements antreffen. Ant (2018) merkt hierzu an: „Eine solche systematische und strukturierte Vorgehensweise erweist sich insbesondere bei größeren oder komplexeren Projekten als unabdingbar …" (S. 195), wobei standardisierte Methoden aus dem Projektmanagement (S. 198–200) gewisse Rahmungen vorgeben, die durch entsprechende *Dokumentation* begleitet werden müssen (S. 188). Ähnliche Ansätze finden sich auch in der Softwareentwicklung, beispielsweise der Cross-Industry Standard Process for Data Mining (CRISP-DM), ein Phasenmodell, welches neben der Beschreibung eines standardisierten Prozesses zudem Richtlinien für eine strukturierte und systematisch-methodische Umsetzung von Data Science-Projekten vorgibt sowie deren Dokumentation begleitet (Ghavami, 2020, S. 54–56). So kann die bei Lerch (2016, S. 145) genannte Dokumentationspflicht, die sich zwar auf das medizinische Berufsfeld bezieht, auch auf bestimmte Tätigkeiten im IT-Bereich übertragen werden. Hierbei ist zu beachten, dass sich die Art und Verpflichtung in beiden Berufsfeldern grundsätzlich voneinander unterscheiden. Im Berufsfeld *IT* stellt diese, beispielsweise zur Dokumentation von Projektergebnissen, Quellcode etc., eine erforderliche Tätigkeit dar. Mit Bezug auf *Dokumentation* in agilen IT-Projektstrukturen kritisieren Brandes und Helle (2017),

86 Betrachtet man das KODE® Kompetenzmodell genauer, fällt auf, dass der Begriff *Systematik* im Sinne fachübergreifender Kenntnisse separat und nicht unterhalb von systematisch-methodischem Vorgehen verortet wurde. Eine weiterführende Diskussion dieser Verortung soll an dieser Stelle nicht erfolgen. Es lässt sich festhalten, dass alle drei Oberbegriffe, *Systematik, Strukturiertheit* und *Methodik*, als Kompetenzanforderungen aufgefasst werden können.

dass „… agile Teams den Wert lauffähiger Software höher einschätzen als den zugehöriger umfangreicher Dokumentation“ (S. 1), sprechen sich aber gleichzeitig dafür aus, dass „… nur dokumentiert [wird], was einen Wert oder Nutzen für irgendeinen Stakeholder hat“ (ebd.), was deren Bedeutung innerhalb dieses Berufsfeldes unterstreicht.

Zuletzt wurde diesem Kompetenzfeld *Objektorientierung*[87] bzw. objektorientiertes Denken und Handeln zugewiesen. Diese sind typische Begrifflichkeiten aus der Programmierung, die eng mit bestimmten Tätigkeiten und Tätigkeitsfeldern in der IT, etwa der Softwareentwicklung, verbunden sind. Dabei geht es unter anderem um das Strukturieren bzw. Systematisieren von Programmcode, worüber sich weiterführende Relationen zu Systematik und Strukturiertheit innerhalb dieses Feldes ziehen lassen und eine entsprechende Zuordnung begründet wird.

4.2.9 Zielorientierung

Dieses Feld wird vor allem durch die Forderungen nach *Zielorientierung* (54,90 %) und *Ergebnisorientierung* (26,64 %) geprägt (siehe Abbildung 4.11). In Anbetracht der Möglichkeiten digitaler Zusammenarbeit innerhalb des Berufsfeldes *IT* und damit einhergehenden Optionen in der freien Wahl des Arbeitsortes lässt sich in Anlehnung an Offstein et al. (2010, S. 36) konstatieren, dass in Bezug auf die vier definierten Tätigkeitsfelder es vielmehr auf Ergebnisse zu fokussieren gilt und weniger auf den Ort der Arbeitserbringung. Diese Art der Ziel- und Ergebnisorientierung erfordert von Mitarbeiterinnen und Mitarbeitern, verstärkt im Sinne der Unternehmensziele zu handeln und zu denken und gegebenenfalls eigene Zielvereinbarungen und Zielsetzungen an diesen auszurichten (North et al., 2013, S. 64, S. 69). So wird zwar in den IT-Anforderungsprofilen das persönliche ziel- und ergebnisorientierte wie auch *zielstrebige, zielgerichtete* und *erfolgsorientierte* Handeln, Denken und Auftreten zum Ausdruck gebracht, jedoch darf durchaus angenommen werden, dass dieses Handeln und Denken auch von Unternehmenszielen geleitet und somit die genannten Kompetenzen auch dahin gehend ausgebildet sein sollten, sich in einem gewissen Maße diesen Zielen unterzuordnen (von der Linde & von der Heyde, 2010, S. 14 f.).

Zielorientierung und der verwandte Ausdruck *Zielstrebigkeit* finden sich auch als Kompetenzbegriffe bei Heyse (2007, S. 29, S. 95) unterhalb der Teilkompetenz des zielorientierten Führens, was wiederum auch Lerch (2016, S. 136 f.) aufgreift. Es sei angemerkt, dass Zielorientierung, hinsichtlich der in dieser Studie untersuchten Stellenanzeigen, mit dem Aspekt der Führung verbunden sein kann, sich stattdessen, wie bereits oben erwähnt, in überproportionalem Maße allerdings auf das persönliche Handeln, Denken und Auftreten bezieht. Außerdem lassen sich nach Heyse (2007, S. 29, S. 48) unter ergebnisorientiertem Handeln sowohl Ergebnisorientierung als auch Erfolgsorientierung erfassen und als Kompetenzen definieren. Darüber hinaus kann es als Katalysator zur Erreichung bestimmter Zielstellungen und Ergebnisse mitunter förderlich sein, eine *ehrgeizige* und *konsequente* Arbeits- und Handlungsweise

---

87 Aufgrund der geringen absoluten Häufigkeiten und prozentualen Anteile der Kompetenz *Objektorientierung* innerhalb dieses Feldes findet sich diese in Abbildung 4.10 nicht sichtbar visualisiert.

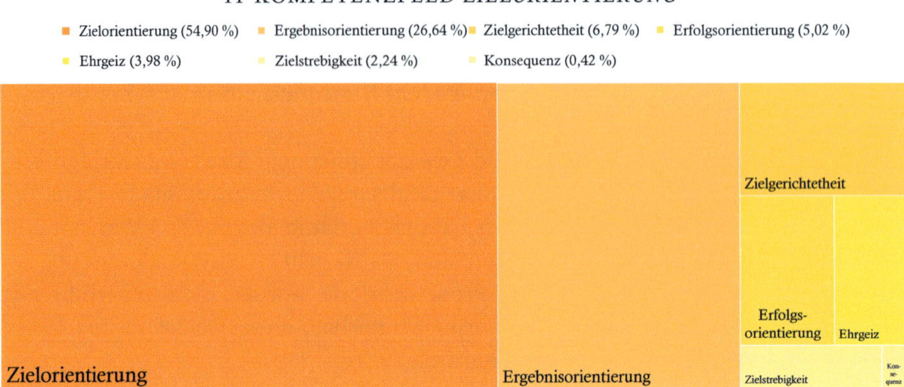

Abbildung 4.11: Aus den sieben Kompetenzen *Zielorientierung, Ergebnisorientierung, Zielgerichtetheit, Erfolgsorientierung, Ehrgeiz, Zielstrebigkeit* und *Konsequenz* setzt sich das Kompetenzfeld *Zielorientierung* zusammen (eigene Darstellung)

ausgeprägt zu haben. Überdies tritt im KODE® Kompetenzmodell Konsequenz mitunter im Zusammenhang mit Durchsetzungskraft auf. Betrachtet man die Bedeutung dieses Begriffes, kann *Konsequenz* als Teilaspekt auch *Zielstrebigkeit* in Bezug auf eine auszuführende Handlung umfassen (ebd., S. 29, S. 67), was die vorliegende Systematisierung zusätzlich bekräftigt.

4.2.10 Konzeption

Beginnend mit *Konzeption* (59,94 %, siehe Abbildung 4.12), welche im Modell von Erpenbeck und Heyse unter *Konzeptionsstärke* erfasst ist (ebd., S. 30, S. 68), konnten die Begrifflichkeiten *konzeptionelles Denken, konzeptionelle Fähigkeiten, konzeptionelles Verständnis* und weitere aggregiert werden. In Anlehnung an Katz (1974, S. 90–102) bezeichnet Moser (2018) konzeptionelle Kompetenz als „... die Fähigkeit, unübersichtliche, komplexe Problemfelder zu strukturieren und in ein zweckmäßiges Handlungskonzept umzuformen. Diese Strukturierungsfähigkeit setzt ein Verständnis für Zusammenhänge voraus sowie die Betrachtung eines Pro-blems [sic] aus unterschiedlichen Perspektiven und das Denken in verschiedenen Kategorien“ (S. 13 f.). Aus diesem Verständnis heraus lassen sich Bezüge zu den Feldern Strukturiertheit (siehe Kapitel 4.2.8) und Analyse (siehe Kapitel 4.2.5) herstellen. Trotz alledem wurde sich für eine Verortung außerhalb dieser Kompetenzfelder entschieden. Dies begründet sich damit, dass Forderungen nach konzeptionellen Fähigkeiten überwiegend in Stellenanzeigen des Tätigkeitsfeldes *Projektarbeit, Consulting und Vertrieb* aufzufinden waren (siehe Abbildung 5.9). So zielen exemplarisch bei der Strukturierung komplexer IT-(Teil-)Projekte, an denen mehrere unterschiedliche Parteien beteiligt sind, konzeptionelles Denken und Handeln darauf ab, organisatorische, koordinierende und planerische Aspekte miteinander zu verknüpfen.

Abbildung 4.12: Die sechs Kompetenzen *Konzeption, Organisation, Koordination, Planung, Zeitmanagement* und *Priorisierung* bilden zusammengenommen das Kompetenzfeld *Konzeption* (eigene Darstellung)

Aus dieser Sichtweise heraus lassen sich weitere Verbindungen zu Kompetenzen wie *Planung* (in den IT-Anforderungsprofilen durch *planerische Kompetenz, Planungsfähigkeit, Planungsgeschick* oder *Planungskompetenz* seitens der Arbeitgeber:innen zum Ausdruck gebracht), *Koordination* (zum Beispiel *Koordinationsfähigkeit*) und auch *Organisation* (beispielsweise *Organisationsfähigkeit*) skizzieren. In Bezug auf letztere fasst Pastoors (2018a) Organisationsfähigkeit als Fähigkeit auf,

> „... die gewählte Lösung für ein Problem erfolgreich umzusetzen und organisatorische Aufgaben aktiv zu bewältigen. Das beinhaltet auch die Fähigkeit, Dinge effektiv planen und organisieren zu können. Hierzu ist es notwendig, Ziele zu definieren und Bedürfnisse und Prioritäten zu antizipieren. Dabei vereint sie Fachkompetenz mit der Fähigkeit, dieses Wissen praktisch umzusetzen. Das setzt voraus, die Zusammenhänge und funktionalen Abhängigkeiten von Abläufen gedanklich isolieren und nach Relevanz klassifizieren zu können. Zugleich erfordert es die Kenntnis, welche dieser Parameter sich aktiv verändern und durch persönliche Einflussnahme gestalten lassen." (S. 78)

Diese Auffassung ermöglicht es, weitere Relationen zu ziel- (siehe Kapitel 4.2.9), umsetzungsorientiertem (außerhalb der Top 15) wie auch selbstständigem Handeln (siehe Kapitel 4.2.1), Zuverlässigkeit (siehe Kapitel 4.2.14), Sorgfalt (siehe Kapitel 4.2.13), Planung, Zeitmanagement und *Priorisierung* (alle innerhalb des vorliegenden Kompetenzfeldes) abzuleiten. Durch die Betrachtung des Kompetenz- und Synonymatlas lassen sich weitere Beziehungen zwischen den genannten Einzelkompetenzen bekräftigen. So wird die Terminologie *Organisationstalent* unterhalb von *Organisationsfähigkeit* verortet, *Projektorganisation* und *Koordinationsfähigkeit* finden sich als synonyme Ausdrücke von *Projektmanagement* wieder (Heyse, 2007, S. 30).

Zuletzt soll noch einmal der Blick auf die bereits benannte Kompetenz *Zeitmanagement* gerichtet werden. Unter dieser lässt sich „... im engeren Sinne die anstehenden Termine und Aufgaben möglichst optimal zu planen, zu koordinieren und umzusetzen"

(Weisweiler et al., 2013, S. 15) verstehen, was eine direkte Adaptierung an berufliche Tätigkeiten erlaubt. Der Begriff des Zeitmanagements kann hierbei durchaus kritisch betrachtet werden. Wie Baus (2015) anmerkt, ist dieser

> „... im Grunde schon immer ein Irrtum, jedenfalls als Begriff. Denn wie wir wissen, lässt sich die Zeit nicht managen. Es ist ihr relativ egal, ob wir mit To-do-Listen arbeiten oder unsere Prioritäten setzen, die Zeit läuft einfach ab -- egal was wir tun." (S. 3)

und sieht diese vielmehr im Kontext von Selbstmanagement, „... das eigene Verhalten bewusster zu reflektieren und sich selbst besser zu organisieren" (ebd.). Trotz Zustimmung zu dieser Sichtweise soll im Folgenden an der Terminologie festgehalten werden. Zeitmanagement zeigt zudem Verbindungen hin zu Belastbarkeit und Stresskompetenz (siehe Kapitel 4.2.15) wie auch Flexibilität (siehe Kapitel 4.2.6). Diese Relationen lassen sich mitunter an den immer stärker wahrnehmbaren Übergängen beruflicher und privater Sphären festmachen, was sich zum Beispiel anhand der Möglichkeiten der Arbeitserbringung aus dem Homeoffice bestätigt (Müller, 2021, S. 119–122). Hinzu kommt die zum Teil ad absurdum geführte Arbeitsstrukturierung, die durch die Reaktion auf unvorhersehbare, ungeplante Aufgabenstellungen zu Verschiebungen von Abläufen, unvermittelten Änderungen von Prioritäten bis hin zu chaotischen Zuständen führen und damit wiederum Stresssymptome freisetzen kann (Baus, 2015, S. 4–6, S. 9). Diese Feststellungen lassen sich auch auf das Berufsfeld *IT* übertragen und machen Kompetenzen des Zeitmanagements, etwa Zielorientierung (siehe Kapitel 4.2.9), Organisation, Priorisierung, und damit einhergehend ein „... ganzheitliches Selbstmanagement" (ebd., S. 7) (siehe Kapitel 4.2.1) nötig. Ähnliche Auslegungen finden sich bei Böttger et al. (2019, S. 23), die Zeitmanagement ebenfalls mit Selbstmanagement in Verbindung bringen. Weiter lässt sich eine Nähe zwischen Zeitmanagement und den Kompetenzanforderungen Koordination und Planung herstellen, die auch bei Lerch (2016, S. 7, S. 208) aufgegriffen werden, der dabei den Begriff des Zeitmanagements explizit benennt und diese als Kompetenz auffasst.

Abschließend konnte in einer weiterführenden Untersuchung der IT-Anzeigen, genauer der semantischen Informationseinheit der Vorteile, bekräftigt werden, dass beispielsweise die aktive Mitwirkung und Gestaltung an bzw. von Arbeitsprozessen und -abläufen genutzt wird, um die Vorzüge und Attraktivität einer Stelle bzw. eines Unternehmens zu erhöhen. Diese mitwirkenden und gestalterischen Möglichkeiten lassen sich wiederum eng mit Organisationsfähigkeit verknüpfen und erfordern darüber hinaus auch ein gewisses Maß an Planungskompetenz und damit indirekt auch Konzeption, Koordination und Zeitmanagement. Letztendlich führte diese zusätzliche Betrachtung dazu, dass sich weitere Verknüpfungen zwischen den hier gemeinsam erfassten Kompetenzen ergaben, auf deren Grundlage dieses Kompetenzfeld schließlich erschlossen wurde.

4.2.11 Sicheres Auftreten

Preußners (2021) stellt in Bezug auf die Relevanz von *sicherem Auftreten* fest, dass „... Fachwissen allein nicht ausreicht ..." (S. 3), um in einer Kundeninteraktion, beispielsweise im technischen IT-Vertrieb, zu überzeugen, und betont: „... Kunden übertragen das *professionelle* [Anmerkung: eigene Hervorhebung] Auftreten ... indirekt auch auf das Unternehmen, das Produkt oder die zu erbringende Leistung“ (S. 3). Fachkenntnisse stellen hierbei zwar einen wichtigen Bestandteil dar, werden jedoch, gerade in vertrieblichen Tätigkeiten, erst in Kombination mit *selbstsicherem, kompetentem* und *selbstbewusstem* Handeln, Denken und Auftreten entsprechend transportiert (ebd., S. 4). Hierbei besteht durchaus Diskussionsspielraum, ob es sich bei sicherem Auftreten eher um ein Persönlichkeitsmerkmal oder eine Kompetenzanforderung handelt. Obige Ausführungen sollten herausstellen, dass sicheres Auftreten sehr wohl erlernbar ist, sich dabei aber verschiedene Ebenen unterscheiden lassen, die im Endeffekt auf diese Kompetenz wirken, wie Körpersprache, Frage- und Argumentationstechniken, Kleidung und Etikette.

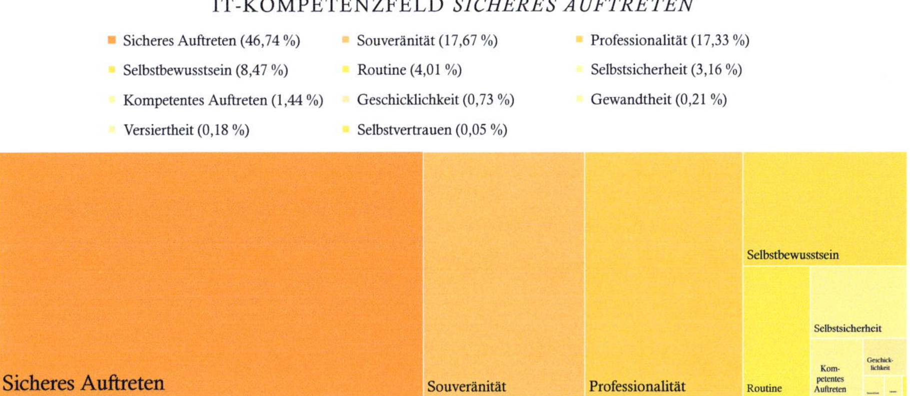

Abbildung 4.13: Das Kompetenzfeld *Sicheres Auftreten* enthält die elf Kompetenzen *Sicheres Auftreten, Souveränität, Professionalität, Selbstbewusstsein, Routine, Selbstsicherheit, Kompetentes Auftreten, Geschicklichkeit, Gewandtheit, Versiertheit* und *Selbstvertrauen* (eigene Darstellung)

Anhand dieses Verständnisses scheint es durchaus angemessen, *sicheres Auftreten* als Meta- bzw. Querschnittskompetenz aufzufassen, welche auch Heyse (2007, S. 29) verortet, und die auf weitere Kompetenzfelder bzw. deren Einzelkompetenzen, etwa *Kommunikation* (siehe Kapitel 4.2.3), *Kundenorientierung* (beispielsweise zur Neukundenakquisition, siehe Kapitel 4.2.7), *Präsentation* (außerhalb der Top 15), Verhandlung (außerhalb der Top 15) oder Interkulturalität (zum Beispiel zur Wahrung kultureller Umgangsformen, siehe Kapitel 4.2.2), Einfluss nimmt (Preußners, 2021). Sicheres Auftreten lässt sich darüber hinaus mit *Souveränität* verknüpfen. Weisweiler et al. (2013) sehen Souveränität im Sinne von Zeitsouveränität an, in den IT-Anforderungsprofilen wird hingegen Souveränität als *souveränes Auftreten bei Kunden* oder *souveränes Agieren in schwierigen Situationen* formuliert. Diese Auslegung von Souveränität ermöglicht eine Assoziation mit selbstsicherem und selbstbewusstem Auftreten und Handeln, über welche sich weitere Einzelkompetenzen wie *Selbstvertrauen*[88] und *Routine* und die relativ selten genannten Anforderungen *Geschicklichkeit* (0,73 %), *Gewandtheit*[89] (0,21 %) und *Versiertheit* (0,18 %) innerhalb dieses Feldes anschließen lassen.

4.2.12 Kreativität

Bei der Betrachtung von *Kreativität* und *Innovation* kritisiert Langhoff (2015), „... dass in Deutschland eher von einem engen Innovationsverständnis ausgegangen werden kann, da Innovationsfähigkeit hier häufig mit Kreativität und dem Einsatz von Kreativitätstechniken gleichgesetzt wird. Kreativität und Innovationsfähigkeit sind jedoch nicht gleichzusetzen" (S. 21). Bezüglich dieser engen Auffassung von Innovation kann jedoch nur hypothetisch davon ausgegangen werden, dass in den IT-Stellenanzeigen genannte Anforderungen diesem Verständnis unterliegen. In der hier durchgeführten Systematisierung wurden Kreativität und Innovation zwar innerhalb eines gemeinsamen Feldes erfasst (siehe Abbildung 4.14), jedoch als Einzelkompetenzen voneinander separiert, womit sich von einer Gleichsetzung beider Kompetenzen abgegrenzt wird. Dabei dominiert Kreativität das vorliegende Kompetenzfeld (57,58 %), gefolgt von Innovation (27,16 %). Im KODE® Modell finden sich Kreativität (als Schöpferische Fähigkeit) und Innovation (als Innovationsfreudigkeit) ebenfalls wieder (Heyse, 2007, S. 28 f.). In Anlehnung an Heyse „sucht und realisiert [eine innovationsfähige Person] aktive positive Veränderungen von Produkten, Produktions- und Organisationsmethoden, Marktbeziehungen und übergreifende Vernetzungen" (ebd., S. 63).

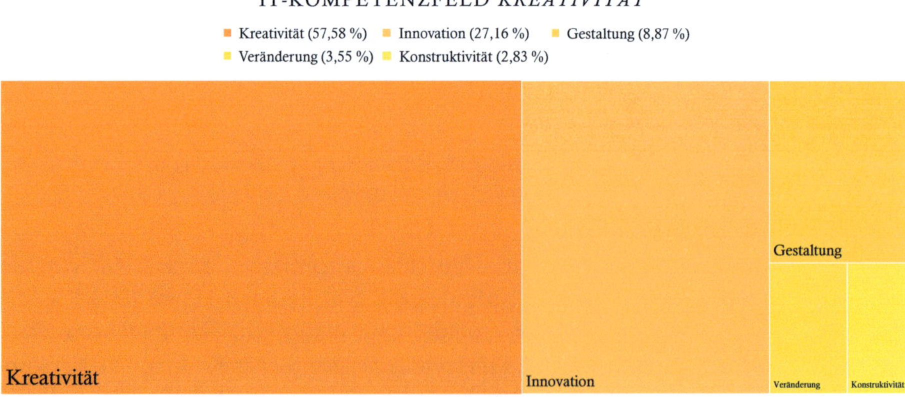

Abbildung 4.14: Die Kompetenzen *Kreativität, Innovation, Gestaltung, Veränderung* und *Konstruktivität* beschreiben das Kompetenzfeld *Kreativität* (eigene Darstellung)

88 Aufgrund der geringen absoluten Häufigkeiten und prozentualen Anteile der Kompetenz *Selbstvertrauen* innerhalb dieses Kompetenzfeldes findet sich diese in Abbildung 4.13 nicht sichtbar visualisiert.

89 Es sei angemerkt, dass Gewandtheit zwar im Modell von Erpenbeck und Heyse erwähnt wird, dort jedoch mit Rede- bzw. Sprachgewandtheit assoziiert wurde und damit einen kommunikativen Charakter aufweist (Heyse, 2007, S. 29, S. 31, S. 89). Rede- bzw. Sprachgewandtheit wiederum finden sich als Teile des Oberbegriffes Kommunikation im gleichnamigen Kompetenzfeld und grenzen sich vom hier festgelegten Verständnis von Gewandtheit, im Sinne gewandten Auftretens, ab.

In diesem Kontext lässt sich ein Beispiel aus der Softwareentwicklung zum User Experience Design anführen. Dabei verweisen Dasbeck und Engel (2021) darauf, dass „Innovationen entstehen ..., wenn die Bedürfnisse der Menschen, die das Unternehmen adressiert, beispielsweise seine Kund:innen, in den Fokus rücken" (S. 161) und „... bestehende Strukturen, Prozesse und Softwareteams integriert werden, um ein stabiles System zu entwickeln, das genug Raum für Innovationen bietet" (S. 166). Diese Anschauung zeigt, dass ergänzend eine gewisse Strukturiertheit und systematisch-methodische Kompetenzen (siehe Kapitel 4.2.8) erforderlich sind, um kreativ und innovativ zu handeln und zu denken, was das oben genannte weiterreichende Verständnis von Kreativität und Innovation nochmals unterstreicht.

Darüber hinaus lassen sich rückblickend auf das Kompetenzfeld *Analyse* (siehe Kapitel 4.2.5) und dem dort beleuchteten Design Thinking Prozess Verknüpfungen zu Kreativität und Innovation herstellen, welche wesentliche Bestandteile dieser Methodik darstellen. Zudem kann an beide Kompetenzen *Veränderung* angeschlossen werden. Diese umfasst Terminologien und Phrasen wie *Änderungsbereitschaft, Offenheit für Veränderungen, Veränderungen anzugehen, Veränderungsbereitschaft, Veränderungsfähigkeit, Veränderungskompetenz, Veränderungswille, Wille zur Veränderung*. Im Modell von Erpenbeck und Heyse findet sich in diesem Zusammenhang Veränderungswille als Synonym der Teilkompetenz *Innovationsfreudigkeit* (Heyse, 2007, S. 29). Die vorgenommene gemeinsame Verortung von Kreativität, Innovation und Veränderung lässt sich auf Grundlage dieser Feststellungen bestärken. Neben alldem fand eine bewusste Abgrenzung zum Kompetenzfeld Flexibilität statt, wenn auch hinsichtlich Veränderung der Aussage „Wann immer Flexibilität formuliert wird, geht es darum, auf eine Veränderung der Umstände möglichst geschickt zu reagieren" (Lerch, 2016, S. 162) nicht widersprochen werden soll, Veränderung jedoch weniger stark aus einer individuell situativen, als, wie in diesem Feld forciert, in seiner schöpferisch-gestalterischen Auslegung aus den IT-Anforderungen interpretiert und abgeleitet wurde. So „... trägt ein gestaltungswilliger Mensch nicht nur zur Veränderung der eigenen Situation, sondern zum Wandel der Umweltfaktoren seiner Mitmenschen bei" (ebd., S. 161), was die Beziehung zwischen den Kompetenzen *Veränderung* und *Gestaltung*[90] bekräftigt. Die Forderung nach Gestaltung wird auch in den IT-Anforderungsprofilen aufgegriffen, unter anderem wenn es darum geht, Gestaltungsfreiheiten bzw. Gestaltungsfreiräume zu nutzen. Jedoch bleibt bei detaillierter Betrachtung der Anforderungen meist offen, wie diese Freiheiten und Räume genau definiert sind und genutzt werden können. Lerch greift dabei Gestaltung (und auch Veränderung) im Sinne von Organisationsfähigkeit auf (ebd., S. 144) und sieht Gestaltungswillen unter anderem als Basis für Kreativität an (ebd., S. 160). Abschließend sei erwähnt, dass Erpenbeck und Heyse den Begriff *Gestaltung* ebenfalls in mehrfacher Weise verorten. Neben der Teilkompetenz *Gestaltungswille* finden sich Programmgestaltung und Zukunftsgestaltung in diesem Kontext wieder (Heyse, 2007, S. 28–30).

90 Unterhalb des Oberbegriffes *Gestaltung* wurden neben *Gestaltungswille* Begrifflichkeiten wie *Gestaltungsfähigkeit, (etwas zu) gestalten, gestalterisch (sein), Gestaltungskraft, Gestaltungskompetenz* und weitere in der Wissensbasis zusammengefasst.

Abschließend wurde diesem Kompetenzfeld *Konstruktivität* zugewiesen. Durch die Breite des Begriffes des konstruktiven Denkens (Epstein, 1998) und damit in Zusammenhang stehenden Auslegungsmöglichkeiten lässt sich der Terminus nicht vollständig in seiner Bedeutung für das Berufsfeld *IT* erfassen. Dies ist mitunter der fehlenden Möglichkeit geschuldet, im Rahmen dieser Studie den/die Verfasser:in eines Anzeigentextes zu kontaktieren und konkrete Auslegungen zu sprachlich komplexen Terminologien, wie beispielsweise einer Forderung nach Konstruktivität, zu hinterfragen. Seitens der Arbeitgeber:innen kommen folgende Formulierungen in den Anforderungsprofilen zur Anwendung: *kreative Ideen konstruktiv in Produkte einfließen zu lassen*, *konstruktive Verbesserungsvorschläge einzubringen*, eine *konstruktive Denkweise mitzubringen* oder für *konstruktive Zusammenarbeit offen zu sein*. Daher wurde sich für eine Auslegung gemäß einer Ko-Konstruktion entschieden, wie sie bei Vollmer (2020) in Verbindung mit Kreativität gebracht wird: „Ko-Konstruktion kann Kreativität, im Sinne von Neuartigkeit, Originalität und Angemessenheit eines Produktes fördern“ (S. 295), was jedoch unter anderem auch kommunikative (siehe Kapitel 4.2.3) und lösungsorientierte (siehe Kapitel 4.2.5) Kompetenzen notwendig macht (S. 26, S. 292).

4.2.13 Qualität

Der Begriff *Qualität* umfasst als Kompetenzanforderung eine gewisse sprachliche Vielfalt. In den IT-Anforderungsprofilen werden Forderungen wie beispielsweise *auf (hohe) Qualitätsansprüche und Qualitätsorientierung Wert legend*, *qualitätsorientiert zu denken und zu handeln*, eine *qualitätsbewusste Arbeitsweise* und weitere formuliert. Hinsichtlich Tätigkeiten im Berufsfeld *IT* lässt sich Qualitätsbewusstsein auf unterschiedliche Arten erfassen. So weist Tiemeyer (2020b, S. 530 f.) im Zusammenhang mit IT-Qualitätsmanagement auf drei Qualitätsdimensionen hin, die je nach Tätigkeitsschwerpunkt anders gelagerte Ausprägungen umfassen können: Produktqualität, Kontaktqualität und interne Prozessqualität. Bezieht sich Produktqualität auf die „technische Qualität eines IT-Produkts“ (S. 531), beispielsweise von Soft- und Hardwarelösungen wie auch Design, steht bei Kontaktqualität die Interaktion und der Servicegedanke, zum Beispiel in einem IT-Servicecenter, im Fokus. Die interne Prozessqualität wiederum kann aus einer administrativen Sichtweise unter anderem die Gewährleistung der Qualität von IT-Systemen umfassen. Ebenso lässt sich die Sicherstellung von Daten- und Informationsqualität hier einschließen (Klingenberg & Weber, 2020, S. 251–258). Übergreifend stellt *Qualität* einen zentralen Baustein auch mit Blick auf Planungsaufgaben, Qualitätssicherungsmaßnahmen und Qualitätskontrollen innerhalb von IT-Projekten dar, um nur einige Beispiele zu benennen (Tiemeyer, 2020a, S. 976–978). Aus dieser Aufschlüsselung werden darüber hinaus Bezüge zu den einzelnen, in Kapitel 3.6.6 definierten Tätigkeitsfeldern sichtbar. Zugleich zeigt sich, dass Forderung nach Qualität je nach Anwendungsbereich zu differenzieren ist. Der Qualitätsbegriff bezieht sich einerseits auf organisatorische (IT-Betrieb, interne Kommunikation etc.) und andererseits auf endkundenfokussierte und projektbezogene Aspekte (Kasulke & Bensch, 2017).

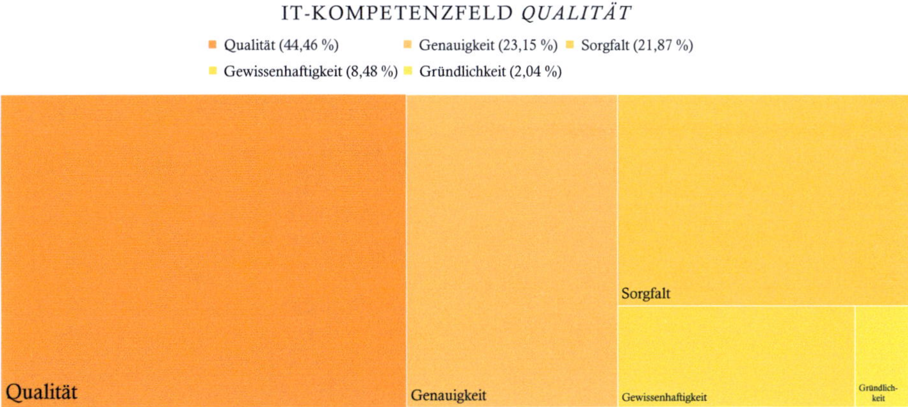

Abbildung 4.15: Das IT-Kompetenzfeld *Qualität* wird aus den fünf Kompetenzen *Qualität, Genauigkeit, Sorgfalt, Gewissenhaftigkeit* und *Gründlichkeit* geformt (eigene Darstellung)

Aus dieser Wahrnehmung heraus lassen sich daher auch Parallelen zum Kompetenzfeld Kundenorientierung (siehe Kapitel 4.2.7) ziehen, was sich vor allem durch qualitativ hochwertiges service- und dienstleistungsorientiertes Handeln zeigt (Kettler, 2021, S. 36–39). Außerdem lässt sich eine Beziehung von *Qualität* zu *Dokumentation* (siehe Kompetenzfeld 4.2.8) herstellen, verdeutlicht durch die Vielzahl der in der IT angewandten Methoden und Normen, wie zum Beispiel Capability Maturity Model Integration (CMMI), Software Process and Capability Determination (SPICE), Information Technology Infrastructure Library (ITIL) etc. (Osterhage, 2017, S. 67–69). Innerhalb des vorliegenden Kompetenzfeldes wurden zudem neben *Qualität* (44,46 %) zusätzlich *Genauigkeit, Sorgfalt, Gewissenhaftigkeit* und *Gründlichkeit* erfasst (siehe Abbildung 4.15). In den Profilen fanden sich hierzu Formulierungen, welche *genaues Arbeiten* oder eine *präzise Arbeitsweise* forderten. *Sorgfalt* wurde im Sinne einer Anforderung an eine *sorgfältige Arbeitsweise* artikuliert, worüber sich beide Begriffe inhaltlich mit dem hier zugrunde gelegten Qualitätsverständnis in Einklang bringen lassen. Neben Genauigkeit gilt gleiches auch für Gewissenhaftigkeit und Gründlichkeit (*gewissenhafte* bzw. *gründliche Arbeitsweise*), die gemeinsam mit Sorgfalt in Beziehung gesetzt werden können (Heyse, 2007, S. 30 f.). Es sei abschließend angemerkt, dass interpretativ ein gewisses Restrisiko bestehen bleibt, dass Anforderungen in diesem Zusammenhang auch dem Kompetenzfeld *Zuverlässigkeit* (siehe nachfolgendes Kapitel 4.2.14) zugeschrieben werden könnten, jedoch aufgrund der geringen Zahl der Nennungen dieser Einzelkompetenzen (siehe Tabelle 5.2) in den IT-Anforderungsprofilen keine statistisch signifikanten Fehlinterpretationen zu erwarten sind.

4.2.14 Zuverlässigkeit

Dieses Feld wird insbesondere durch die Kompetenz *Zuverlässigkeit* (73,67 %) geprägt, die auch im Kompetenzatlas bei Erpenbeck und Heyse als personale Teilkompetenz hinterlegt ist (ebd., S. 28, S. 96). Pastoors (2018b) benennt Zuverlässigkeit als Baustein

„werteorientierter Führung“ und bezeichnet diese als „... wichtige Erfolgsfaktoren für eine gute Zusammenarbeit .... Zu unserem Wort zu stehen, ist die wichtigste Voraussetzung, um als vertrauensvoller Kooperationspartner zu gelten“ (S. 154), und führt weiter aus, dass ein Miteinander „... langfristig nur dann erfolgreich [sein kann], wenn sich beide Seiten an ihre Zusagen halten“ (ebd.).

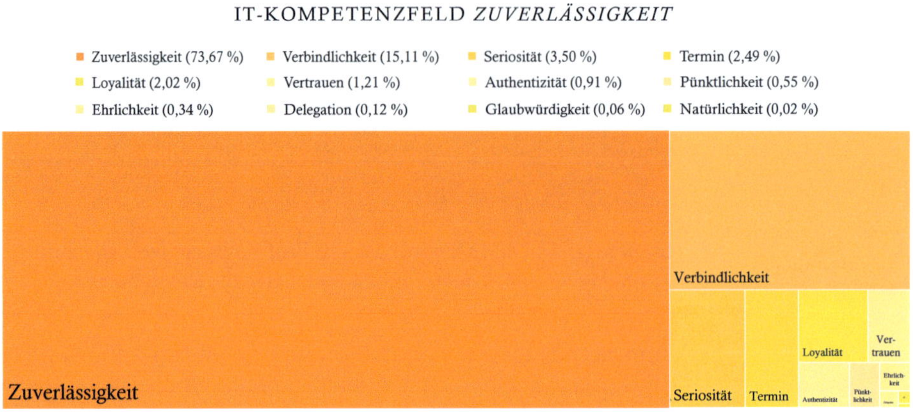

Abbildung 4.16: IT-Kompetenzfeld *Zuverlässigkeit*, bestehend aus den zwölf Kompetenzen *Zuverlässigkeit, Verbindlichkeit, Seriosität, Termin, Loyalität, Vertrauen, Authentizität, Pünktlichkeit, Ehrlichkeit, Delegation, Glaubwürdigkeit* und *Natürlichkeit* (eigene Darstellung)

Zuverlässigkeit wie auch *Verbindlichkeit*[91] und daraus resultierendes *Vertrauen*[92] bilden somit die Basis, um im beruflichen Kontext (und darüber hinaus) erfolgreich zu kooperieren[93]. Wird dies ins Gegenteil verkehrt und eine Zusage nicht eingehalten, so existiert nach Covey (2005) „... vermutlich keine stärkere Belastung für das emotionale Beziehungskonto, als jemandem etwas zu versprechen, das ihm wichtig ist, und dann das Versprechen nicht einzuhalten“ (S. 212). Es kann davon ausgegangen werden, dass ein Vertrauensbruch negativ auf zwischenmenschliche Verhältnisse wirkt und damit unmittelbar auch die individuelle Arbeitsleistung belastet. Sollte eine solche Situation im Arbeitskontext eintreten, verweist Pastoors (2018b, S. 154) darauf, verloren gegangenes Vertrauen durch ein klärendes Gespräch und Offenlegung der Umstände zurückzugewinnen. Deshalb wurden diesem Kompetenzfeld zudem *Ehrlichkeit, Authentizität, Natürlichkeit*[94] und *Seriosität* zugeordnet, die allesamt als Kompetenzen begriffen werden können, um in Summe vertrauensvoll, verbindlich und zuverlässig zu handeln und zu agieren. Hinsichtlich der hier vorgenommenen

91 In den Anforderungstexten finden sich überwiegend Beispiele, die ein *verbindliches Auftreten* benennen.

92 Dem Begriff *Vertrauen* sind über die Wissensbasis Formulierungen wie *Vertrauenswürdigkeit, vertrauensvoll, Vertrauensperson* und weitere aus den IT-Anforderungsprofilen zugeordnet.

93 An dieser Stelle sei erwähnt, dass die Kompetenz *Kooperation* innerhalb des Kompetenzfeldes *Team* (Kapitel 4.2.2) verortet wurde.

94 Aufgrund der geringen absoluten Häufigkeiten und prozentualen Anteile der Kompetenz *Natürlichkeit* innerhalb dieses Kompetenzfeldes findet sich diese in Abbildung 4.16 nicht sichtbar visualisiert.

Systematisierung sei ergänzend erwähnt, dass Vertrauen in mehrfacher Art und Weise auch im KODE® Kompetenzmodell anzutreffen ist: Zum einen wurde der Teilkompetenz *Glaubwürdigkeit Vertrauenswürdigkeit* (wie auch *Authentizität* und *Ehrlichkeit*) als Synonym zugewiesen, zum anderen wird *Vertrauen* (in Zusammenhang mit Aufgabenübertragung und Befugnisübertragung) mit der Kompetenz *Delegieren* in Verbindung gebracht, um „... persönliche Verantwortung gezielt auf andere mit dem Ziel der Verbesserung der Zusammenarbeit ...“ (Heyse, 2007, S. 42) zu übertragen. Diese Aufgaben- bzw. Befugnisübertragung kann somit in positiv gelebter Art und Weise zu einem vorteilhaften Arbeitsverhältnis (zum Beispiel gesteigerte Eigenmotivation und Leistungsbereitschaft, siehe Kapitel 4.2.4) beitragen, indem eine Aufgabe an eine vertrauensvoll und zuverlässig handelnde Person zugeteilt bzw. delegiert wird, der man eine entsprechende Ausführung einer Sache zutraut. Weiter finden sich im vorliegenden Kompetenzfeld die Begrifflichkeiten *Pünktlichkeit* und *Termin* (siehe Abbildung 4.16). Diese wurden als zeitliche Dimension von *Zuverlässigkeit* ausgelegt und aus diesem Verständnis heraus systematisiert. Heyse macht darauf aufmerksam, dass sich zuverlässiges Verhalten unter anderem auch durch das (exakte) Einhalten von Terminen zeigt (ebd., S. 28, S. 96). In den IT-Anforderungsprofilen finden sich hierzu sprachliche Ausprägungen wie *Terminbewusstsein, Termintreue, termingetreu, termingerecht(es) Arbeiten* und *Pünktlichkeit.*

Zusätzlich wurde *Loyalität* in diesem Kompetenzfeld verortet. Diese Kompetenz bezieht sich in Anlehnung an Engel (2021) darauf, dass sich loyale Mitarbeiter:innen eines Unternehmens „... zu ihrem Arbeitgeber bekennen, die Unternehmenswerte teilen, leben und kommunizieren“ (S. 143). Weiter führt Engel aus, dass loyale Mitarbeiter:innen „als Reputationsträger ... die unternehmerischen Interessen zu ihren eigenen [machen] und ... begeistert und mit hoher Eigeninitiative [arbeiten]“ (ebd.). Dabei spielt „... das Schaffen einer vertrauensvollen Atmosphäre und der Möglichkeit, Unternehmenskultur aktiv mitzugestalten und sich persönlich zu entwickeln“ (ebd.), eine wesentliche Rolle. Neben diesen positiven Anklängen von Loyalität sei kritisch darauf verwiesen, dass diese durchaus auch negativ ausgelegt werden kann. Beispielsweise im Sinne „... einer bedingungslosen Folgebereitschaft ...“ (Lerch, 2016, S. 184) oder in Form der Aufopferung für ein Unternehmen (Heyse, 2007, S. 72). Vergleicht man die in den Stellenanzeigen zum Ausdruck gebrachten Anforderungen, so wird Loyalität etwa durch ein *loyales Auftreten* oder, indirekt, durch ein *Interesse an einer längerfristigen Zusammenarbeit* artikuliert, woraus sich eine (vermeintlich) positive Interpretation ableiten lässt, die im Rahmen der vorliegenden Studie angenommen wurde.

4.2.15 Belastbarkeit

Hinsichtlich des vorliegenden Arbeitskontexts in der IT können, wie bei Lerch (2016, S. 146, S. 174 f.) diskutiert, die Kompetenzanforderungen *Belastbarkeit* und *Stressresistenz* (siehe Abbildung 4.17) mit der Bewältigung von stressigen und belastenden Arbeitssituationen assoziiert werden, was bedeutet, auch unter Stress zu agieren. Auch Erpenbeck und Heyse hinterlegten in ihrem Modell *Belastbarkeit* und benennen *Stressbewältigung* als synonymen Begriff (Heyse, 2007, S. 29, S. 38).

Abbildung 4.17: Das Kompetenzfeld *Belastbarkeit* wird aus den beiden Kompetenzen *Belastbarkeit* und *Stress* gebildet (eigene Darstellung)

Weiter kann in diesem Zusammenhang der Begriff der Stresskompetenz aufgegriffen werden (Kaluza, 2015, S. 14). Dabei verweist Kaluza zur Stressbewältigung auf drei Ebenen des individuellen Stressmanagements: regenerativ, instrumentell und mental (ebd., S. 16, S. 92). Greift man die instrumentelle Dimension heraus, lassen sich hierunter Techniken verstehen, die sich mit den Kompetenzen Delegation (siehe Kompetenzfeld *Zuverlässigkeit*, Kapitel 4.2.14) und Networking (siehe Kompetenzfeld *Team*, Kapitel 4.2.2) in Verbindung bringen lassen, indem zum Beispiel aktiv nach Unterstützung zur Bewältigung einer Aufgabenstellung gesucht wird (ebd., S. 93). Gerade im Berufsfeld *IT*, welches durch eine verstärkte Informationsarbeit geprägt ist, zeigt sich die Notwendigkeit ausgeprägter Stressmanagementkompetenzen, um den hohen Flexibilitätsanforderungen (siehe Kapitel 4.2.6), die dieses Berufsfeld an seine Arbeitnehmer:innen stellt, bewältigen zu können (ebd., S. 52 f.). Hoher zeitlicher Druck, stetig steigende Erwartungen an Zielerreichungen und Arbeitsanforderungen, schnelle Reaktionszeiten aufgrund unvorhersehbarer Änderungen im Arbeits- bzw. Projektalltag sind nur einige Stressoren, die sich in diesem beruflichen Umfeld bestätigen lassen (ebd., S. 54). Bezogen auf die genannten Stressoren macht Langhoff (2015) auf die negativen Auswirkungen von Belastung und Stress hinsichtlich Innovationskompetenz (siehe Kompetenzfeld *Kreativität*, Kapitel 4.2.12) aufmerksam und begründet dies mit deren Auswirkungen auf „... fluide Funktionen ..." (S. 17). Der Umgang mit diesen Stressoren erfordert wiederum ein Bündel an Kompetenzen, wie beispielsweise soziale Kompetenz in Bezug auf Beziehungsaufbau und -pflege zur Belastungsreduzierung (siehe Kompetenzfeld *Team*, Kapitel 4.2.2) und ein hohes Maß an Selbstmanagement (siehe Kompetenzfeld *Selbstständigkeit*, Kapitel 4.2.1), wobei unter anderem auf das Setzen eigener Ziele, das Priorisieren von Arbeitspaketen und Zeitmanagement (siehe Kompetenzfeld *Konzeption*, Kapitel 4.2.10) verwiesen wird (Kaluza, 2015, S. 96, S. 99, S. 108–120), um in IT-Berufsrollen und entsprechenden Tätigkeitsfeldern mit Belastungen und Stress umzugehen.

4.3 Resümee zur Systematisierung der IT-Kompetenzen

Mit Verweis auf die feldtheoretische Ausrichtung dieser Studie lässt sich anhand der Systematisierung der Oberbegriffe zu IT-Kompetenzfeldern festhalten und sichtbar machen, dass jedes Kompetenzfeld zum einen autonom existieren kann, ebenso aber auch Wechselwirkungen einzelner Kompetenzen zu anderen Feldern vorliegen. Diese Feststellungen bekräftigen die eingangs diskutierten feldtheoretischen Überlegungen (siehe Kapitel 2.1), indem Felder als Teil einer gesellschaftlichen Gesamtheit sowohl unabhängig voneinander bestehen als auch miteinander interagieren können. So lassen sich zwar Einzelkompetenzen erfassen, jedoch treten diese in der Regel gemeinsam mit anderen Kompetenzanforderungen innerhalb ihres eigenen Feldes auf bzw. zeigen Verbindungen und Abhängigkeiten zu Kompetenzen in anderen Feldern, womit ihnen ein vollständig autonomes Verhalten abgesprochen werden kann. Diese Sichtweise wurde durch die Systematisierung in Form von Kompetenzfeldern erbracht, was allerdings nur durch eine interpretative Auseinandersetzung und Diskussion gelang. Folglich kann die erzeugte Strukturierung der Kompetenzfelder als Teil des Feldes *Lebenslanges Lernen* (siehe Kapitel 2.6) und dieses wiederum als Teil der *Weiterbildung* (siehe Kapitel 2.4) aufgefasst werden. Außerdem wurde in diesem Kapitel ein weiterer Bestandteil aus Phase 2, die Systematisierung, abgeschlossen (siehe Kapitel 1.2, Abbildung 1.1).

Es sei noch einmal betont, dass diese Verortung durchaus Spielraum für anderweitige Interpretationen und Auslegungen lässt. Eine unstrittige, unfehlbare Zuordnung und Einteilung wird es aufgrund der Unschärfe zwischen einzelnen Kompetenzen und deren Auslegungsmöglichkeiten nicht geben können. Auf diese Herausforderungen, insbesondere inhaltlicher Überschneidungen, wurde bereits während der Zuordnung der Terminologien und Phrasen zu Oberbegriffen in der Wissensbasis (siehe Kapitel 3.7.4) hingewiesen. Wie in Kapitel 3.7 [Ermittlung von Kompetenzanforderungen in der IT] festgestellt und während der Ermittlung der Kompetenzfelder berücksichtigt, gibt es ein Kontinuum zwischen expliziten und impliziten sprachlichen Formulierungen der Kompetenzen in den IT-Anforderungsprofilen. Ferner ließen sich Beziehungen zwischen einzelnen Feldern und den darin enthaltenen Kompetenzanforderungen ausmachen, deren wesentliche Abgrenzungen zueinander diskutiert und begründet wurden. Dies zeigt jedoch auch, dass eine vollständig disjunkte Verortung (sprich eine Kompetenz wurde exakt einem Kompetenzfeld zugewiesen), wie sie im Rahmen dieser Studie durchgeführt wurde, Kompromisse erfordert und spezifische Interpretationen im Kontext des Berufsfeldes IT notwendig machte. Nichtsdestotrotz konnte eine gewisse Systematisierung geschaffen werden.

Mit Bezug auf die angewandte Methodik wurde durch die eingangs durchgeführte quantitative Analyse und automatisierte sprachliche Zuordnung von Oberbegriffen, über den genutzten Thesaurus, eine initiale Durchdringung und Verortung erzeugt. Diese trug zu einem erleichterten Zugang bei, welche das Ziel verfolgte, die Top-15-Kompetenzfelder inhaltlich zu überprüfen, zu interpretieren und zu begründen. Auf diese Weise wurden schließlich 95 Kompetenzen festgelegt und gesetzt. Bei

Betrachtung aller IT-Anforderungsprofile tritt das Feld *Selbstständigkeit* an erste Stelle, gefolgt von den Feldern *Team* und *Kommunikation.*

Darüber hinaus lassen sich Bemerkungen von Rollwagen (2020) aufgreifen, der hinsichtlich der durch Digitalisierung bedingten Veränderungen von Erwerbsarbeit auf „... zukünftige digitale Kompetenzen ...“ (S. 277) hinweist:

> „Es geht um nichts Geringeres als um eine stärker ausgeprägte, erweiterte Designkompetenz, die hilft, datenbasiert und wissensgetrieben, bedürfnisorientiert und verantwortlich Lösungen zu gestalten, wobei die Aspekte der Antizipation, der Ab- und Einschätzung von Potenzialitäten in Zukunft wichtiger werden. Es geht für alle Bildungsinstitutionen um ein Denken über die Gestaltung von Kompetenzprofilen wie auch die verstärkte Planung des Kompetenzerwerbs mit dem Individuum, was dann in der Gestaltung einzelner Module und Inhalte und der Integration und Motivation der Lernenden mit all ihren unterschiedlichen Ausgangspunkten in Lernpfaden und Lernbiografien mündet.“ (ebd., S. 277 f.)

Die genannten Aspekte bestärken dabei nochmals den feldorientierten Ansatz dieser Arbeit und die Systematisierung von Kompetenzen zu Kompetenzfeldern, die sich als Ausgangsbasis für eine Programm- und Angebotsplanung in der beruflichen Weiterbildung auf einer mesodidaktischen Ebene (siehe Kapitel 6 [Reflexion der IT-Kompetenzfelder: Didaktische Überlegungen]) zusätzlich heranziehen ließen.

Bei der Diskussion der Kompetenzfelder konnte zudem konstatiert werden, dass einige der in den Profilen geforderten Kompetenzen in der Literatur häufig mit *Führung* bzw. in Zusammenhang mit Führungsaufgaben betrachtet und erörtert wurden. Diese Beobachtung zeigt, dass in der beruflichen IT-Praxis auch auf Mitarbeitendenebene entsprechende Kompetenzen ausgeprägt sein sollten, nicht nur um andere (formell oder informell), sondern auch sich selbst führen zu können. Dies wiederum erfordert - um einige Kompetenzen beispielhaft zu benennen - eigenverantwortliches, selbstständiges, zielgerichtetes und verantwortungsbewusstes berufliches Handeln im Sinne des zugrunde gelegten Kompetenzverständnisses (siehe Kapitel 2.6.3). Damit lässt sich unmittelbar auch das Konzept des *Lebenslangen Lernens* als Voraussetzung für Kompetenzentwicklung integrieren. So war *Lernen* im Rahmen der durchgeführten Systematisierung zwar nicht unter den Top 15 aufgeführt, dessen Relevanz innerhalb des Berufsfeldes *IT* kann jedoch nicht bestritten werden, wie dies bereits eingangs in den Kapiteln 2.2, 2.5.2 und 2.6 thematisiert und diskutiert wurde. In den IT-Stellenanzeigen finden sich beispielsweise explizite sprachliche Forderungen nach *Weiterentwicklungsbereitschaft, Lernbereitschaft, lernfähig (zu sein)* oder *Lernfähigkeit* wie auch implizite Anforderungen, beispielsweise die *Bereitschaft sich in neue Themen einzuarbeiten* oder *sich kontinuierlich weiterentwickeln zu wollen.* Dabei wird Lernen zumeist auf die Erweiterung fachspezifischer Inhalte bezogen.

In Anbetracht der Berufsbildung und fortschreitenden Digitalisierung in den Berufsbildern der Elektrotechnik, Informationstechnik, Metalltechnik und Fahrzeugtechnik fordern Spöttl und Schlömer (2019), dass „... [solche] Kompetenzen ... im Mittelpunkt stehen [sollten], die als breit und offen bezeichnet werden können“ (S. 129), und verweisen neben fachlichen Fähigkeiten unter anderem auf Kompetenzen wie Eigenverantwortung, Kooperation, Kommunikation, Innovations- und Teamfähigkeit und

Gestaltungskompetenz, die sich auch in der vorliegenden Systematisierung auffinden lassen.

Im nachfolgenden Kapitel werden die Top-15-IT-Kompetenzfelder einer ausführlichen statistischen Analyse unterzogen sowie deren Relationen zu den in Kapitel 3.6.6 definierten vier Tätigkeitsfeldern, *Projektarbeit, Consulting und Vertrieb, Administration, Netzwerk und Architektur, Softwareentwicklung und Programmierung* sowie *Anwenderbetreuung und Support,* näher untersucht und diskutiert.

5 Betrachtung von IT-Kompetenzfeldern in IT-Tätigkeitsfeldern: Eine statistische Auslegung

5.1 Analyse und Bewertung der IT-Kompetenzfelder

Die für die folgenden Auswertungen zur Verfügung stehenden IT-Anzeigen wurden durch die in den Kapiteln 3.3 [Modellhafte Abbildung des deutschen Arbeitsmarktes], 3.4 [Modellhafte Abbildung des Berufsfeldes IT], 3.5 [Strukturelle Aufbereitung der IT-Stellenanzeigen], 3.6 [Ableitung von Tätigkeitsfeldern im Berufsfeld IT] und 3.7 [Ermittlung von Kompetenzanforderungen in der IT] beschriebenen Methoden und Algorithmen schrittweise aufbereitet. So folgte nach der Identifikation der IT-Stellenanzeigen in Kapitel 3.4 zunächst eine Analyse der Struktur der Anzeigen, um darauf aufbauend eine Unterteilung in die semantischen Informationseinheiten *Anforderungen, Tätigkeiten, Vorteile* und *Rest* durchzuführen (Kapitel 3.5). Hier schloss sich die Identifikation von vier IT-Tätigkeitsfeldern an: *Projektarbeit, Consulting und Vertrieb, Administration, Netzwerk und Architektur, Softwareentwicklung und Programmierung* sowie *Anwenderbetreuung und Support* (Kapitel 3.6). Zuletzt erfolgte in Kapitel 3.7 die Extraktion möglicher Kompetenzterminologien auf Grundlage eines spezifischen Named-Entity-Recognition-Modells und die abschließende inhaltliche und interpretative Bewertung und Diskussion von Kompetenzen sowie deren Systematisierung in IT-Kompetenzfeldern (Kapitel 4).

Ausgangsbasis für die nachfolgende statistische Auslegung sind 73.475 IT-Anzeigen, die alle einem der vier genannten Tätigkeitsfelder explizit zugewiesen werden konnten und zudem ein Anforderungsprofil enthalten.

5.2 Deskriptive Statistiken zu den IT-Kompetenzfeldern

In einem ersten Schritt sollen verschiedene Verteilungen der Top-15-Kompetenzfelder und deren Einzelkompetenzen betrachtet werden. Ausgehend vom Korpus, bestehend aus 73.475 IT-Anzeigen, konnten 19.753 Stellengesuche (26,88 %) ermittelt werden, die zwar ein Anforderungsprofil besitzen, jedoch keinen Verweis auf eine mögliche Kompetenzanforderung beinhalten. Dies führte schließlich dazu, dass sich das finale, für alle folgenden Analysen genutzte Textkorpus aus 53.722 Anzeigen zusammensetzt, wovon jede Anzeige ein Anforderungsprofil beinhaltet, welches auf mindestens ein Kompetenzfeld verweist[95]. Darüber hinaus enthält jede dieser Annoncen auch eine

95 Dieses Textkorpus soll im Weiteren mit der Abkürzung *RITT* bezeichnet werden.

Tätigkeitsbeschreibung. Auf diese wird in Kapitel 5.4 zur inhaltlichen Beschreibung der einzelnen Tätigkeitsfelder zurückgegriffen.

Es sei an dieser Stelle darauf verwiesen, dass in der Wissensbasis (Kapitel 3.7.4) zusätzlich zu den 95 in den Top-15-Kompetenzfeldern hinterlegten Kompetenzen noch 60 weitere festgelegt wurden, die bei Bedarf als Kompetenzanforderungen in Betracht gezogen werden können. Eine nähere Untersuchung dieser Kompetenzen und eine mögliche Verortung in Kompetenzfelder (außerhalb der in Kapitel 4 systematisierten Top 15) soll jedoch im Rahmen dieser Studie nicht vertieft werden. Teilweise wurde auf solche Anforderungen, wie zum Beispiel der Verweis auf *Präsentation* oder *Verhandlung*, bei der Herleitung des Kompetenzfeldes *Sicheres Auftreten* (Kapitel 4.2.11) eingegangen. Die Fokussierung auf die Top-15-Kompetenzfelder begründet sich zudem darin, dass eine zusätzliche Berücksichtigung der genannten 60 Kompetenzen das Textkorpus lediglich um 650 weitere Stellenanzeigen, ein Plus von 1,20 %, angereichert hätte.

Im Folgenden soll kurz auf den Umfang der den Top-15-Kompetenzfeldern hinterlegten Terminologien und Phrasen eingegangen werden. In Tabelle 5.1 sind die entsprechenden absoluten (Spalte $H_{Wissensbasis}(KF)$) und prozentualen (Spalte $h_{Wissensbasis}(KF)$) Werte in Abhängigkeit zum jeweiligen Kompetenzfeld aufgelistet.

Tabelle 5.1: Absolute und prozentuale Anteile aller berücksichtigten Terminologien und Phrasen aus der Wissensbasis innerhalb der Top-15-Kompetenzfelder

Kompetenzfeld (KF)	$H_{Wissensbasis}(KF)$	$h_{Wissensbasis}(KF)$
Analyse	203	14,45 %
Team	168	11,96 %
Kundenorientierung	144	10,25 %
Selbstständigkeit	123	8,75 %
Sicheres Auftreten	120	8,54 %
Kommunikation	97	6,90 %
Begeisterung	84	5,98 %
Kreativität	76	5,41 %
Zuverlässigkeit	69	4,91 %
Konzeption	65	4,63 %
Zielorientierung	64	4,56 %
Strukturiertheit	62	4,41 %
Flexibilität	47	3,35 %
Qualität	47	3,35 %
Belastbarkeit	36	2,56 %

Rundungsdifferenzen können zu einem Gesamtwert ungleich 100.00 % führen

In Summe konnten im Zuge des Aufbaus der Wissensbasis 1.405 sprachliche Ausdrücke inhaltlich bewertet und den Top 15 zugewiesen werden. Dies zeigt noch einmal die Vielfalt auf, Kompetenzen in Form natürlichsprachlicher Einzelbegriffe oder Phrasen in den Anforderungsprofilen zu artikulieren. Mit Blick auf obige Tabelle wurden die meisten Begriffe mit dem Kompetenzfeld *Analyse* ($n = 203$) in Verbindung gebracht, die wenigsten mit dem Feld *Belastbarkeit* ($n = 47$)[96]. Dabei trugen die maschinellen Ansätze aus Kapitel 3.7 zunächst dazu bei, den Sprachraum der IT-Anforderungsprofile möglichst umfassend abzubilden, ehe die quantitativ gewonnenen Ergebnisse inhaltlich überprüft und in Kapitel 4 in Form von Kompetenzfeldern interpretiert und ausgelegt wurden.

In Abbildung 5.1 findet sich die Verteilung der Anzahl der Kompetenzfeldnennungen in den IT-Anzeigen wieder. Die Betrachtung erfolgte ausschließlich auf dem Textkorpus bestehend aus 53.722 Anzeigen, welche mindestens einen Verweis auf ein Kompetenzfeld in deren Anforderungsprofil beinhalten.

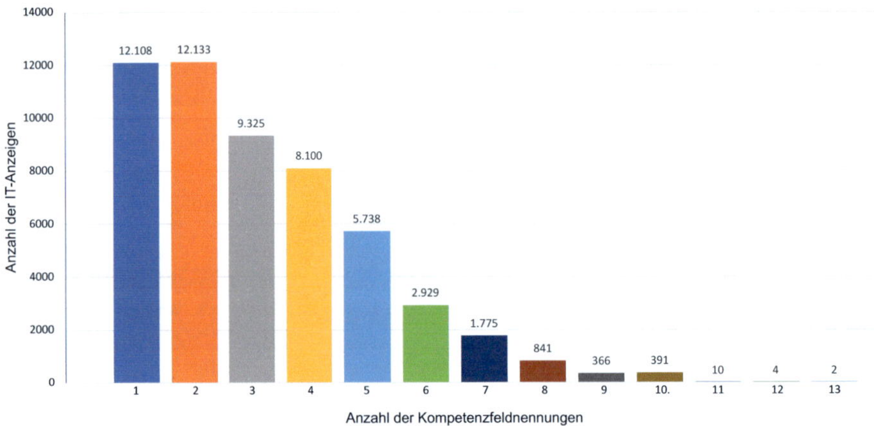

Abbildung 5.1: Verteilung der Anzahl der Kompetenzfeldnennungen in den Anforderungsprofilen der IT-Stellenanzeigen mit mindestens einem Verweis auf ein Kompetenzfeld (eigene Darstellung)

Die linkssteile, rechtsschiefe Verteilung zeigt, dass 12.108 (22,54 %) IT-Anzeigen auf ein Kompetenzfeld verweisen, 12.133 (22,58 %) Anforderungsprofile zwei Kompetenzfelder enthalten und 9.325 (17,36 %) Profile auf drei verschiedene Kompetenzfelder referenzieren. Lediglich 773 (1,44 %) Anzeigen verweisen auf mehr als acht Kompetenzfelder, hingegen beinhalten 98,56 % der IT-Anzeigen mindestens eine bis maximal sieben unterschiedliche Feldnennungen. Der Modus, und damit die häufigste Anzahl, kann bei der Nennung von zwei Kompetenzfeldern festgestellt werden. Das arithmetische Mittel liegt bei 3,16, wobei beachtet werden muss, dass Kompetenzfelder stets ganzzahlig zu erfassen sind. Bei Betrachtung der Quartile lässt sich festhalten, dass in 75 % der IT-Anforderungsprofile auf ein bis vier unterschiedliche Kompetenzfelder hingewiesen wird.

96 Eine weiterführende Aufschlüsselung zugeordneter Ausdrücke auf der Ebene einzelner Kompetenzen je Kompetenzfeld wurde an dieser Stelle nicht durchgeführt.

Nachfolgende Tabelle 5.2 zeigt die Verteilung der Top-15-Kompetenzfelder (*KF*) und deren Kompetenzen (*K*) innerhalb der IT-Anforderungsprofile. Dabei wurden die Kompetenzanforderungen entsprechend ihrem Kompetenzfeld zugeordnet. Außerdem sei angemerkt, sollten Terminologien oder Phrasen der gleichen Kompetenz mehrfach in einer Anforderungsbeschreibung artikuliert worden sein, so wird das Auftreten lediglich einmal vermerkt. Ausgangspunkt dieser Analyse sind wiederum alle 53.722 IT-Anzeigen.

Tabelle 5.2: Verteilung der über die Top-15-Kompetenzfelder abgebildeten Kompetenzen innerhalb der semantischen Einheit der Anforderungen in den IT-Stellenanzeigen

Kompetenzfeld (*KF*)	Kompetenz (*K*)	$H_{RITT_{KF}}(K)$	$h_{RITT_{KF}}(K)$	$h_{RITT}(K)$
(1) Selbstständigkeit	Selbstständigkeit	13.543	45,63 %	7,30 %
	Verantwortung	5.215	17,57 %	2,81 %
	Eigeninitiative	4.674	15,75 %	2,52 %
	Selbstverantwortung	4.520	15,23 %	2,44 %
	Proaktivität	1.113	3,75 %	0,60 %
	Selbstmanagement	333	1,12 %	0,18 %
	Pflichtbewusstsein	275	0,93 %	0,15 %
	Selbstbestimmung	5	0,02 %	0,00 %
Summe	8	29.678	100,00 %	15,99 %
(2) Team	Team	25.627	93,93 %	13,81 %
	Aufgeschlossenheit	506	1,85 %	0,27 %
	Kooperation	471	1,73 %	0,25 %
	Kontaktfreudigkeit	256	0,94 %	0,14 %
	Interkulturalität	144	0,53 %	0,08 %
	Hilfsbereitschaft	108	0,40 %	0,06 %
	Kollegialität	105	0,38 %	0,06 %
	Networking	35	0,13 %	0,02 %
	Integration	32	0,12 %	0,02 %
Summe	9	27.284	100,00 %	14,70 %
(3) Kommunikation	Kommunikation	21.509	99,91 %	11,59 %
	Argumentation	20	0,09 %	0,01 %
Summe	2	21.529	100,00 %	11,60 %
(4) Begeisterung	Begeisterung	6.132	37,36 %	3,30 %
	Eigenmotivation	4.116	25,08 %	2,22 %
	Einsatzbereitschaft	2.400	14,62 %	1,29 %
	Leidenschaft	1.769	10,78 %	0,95 %
	Leistung	1.369	8,34 %	0,74 %
	Dynamik	296	1,80 %	0,16 %

(Fortsetzung Tabelle 5.2)

Kompetenzfeld (*KF*)	Kompetenz (*K*)	$H_{RITT_{KF}}(K)$	$h_{RITT_{KF}}(K)$	$h_{RITT}(K)$
	Enthusiasmus	250	1,52 %	0,13 %
	Einsatzfreude	81	0,49 %	0,04 %
Summe	8	16.413	100,00 %	8,84 %
(5) Analyse	Analyse	10.625	71,78 %	5,73 %
	Lösung	3.513	23,73 %	1,89 %
	Abstraktion	401	2,71 %	0,22 %
	Logik	196	1,32 %	0,11 %
	Vorstellungsvermögen	65	0,44 %	0,04 %
	Rationalität	2	0,01 %	0,00 %
Summe	6	14.802	100,00 %	7,98 %
(6) Flexibilität	Flexibilität	14.467	99,70 %	7,80 %
	Anpassung	44	0,30 %	0,02 %
Summe	2	14.511	100,00 %	7,82 %
(7) Kundenorientierung	Kundenorientierung	6.294	57,57 %	3,39 %
	Serviceorientierung	2.406	22,01 %	1,30 %
	Dienstleistungsorientierung	1.312	12,00 %	0,71 %
	Moderation	632	5,78 %	0,34 %
	Zielgruppenorientierung	273	2,50 %	0,15 %
	Menschenkenntnis	8	0,07 %	0,00 %
	Zuhören	8	0,07 %	0,00 %
Summe	7	10.933	100,00 %	5,89 %
(8) Strukturiertheit	Strukturiertheit	7.941	81,14 %	4,28 %
	Systematik	874	8,93 %	0,47 %
	Methodik	873	8,92 %	0,47 %
	Dokumentation	92	0,94 %	0,05 %
	Objektorientierung	7	0,07 %	0,00 %
Summe	5	9.787	100,00 %	5,27 %
(9) Zielorientierung	Zielorientierung	3.915	54,90 %	2,11 %
	Ergebnisorientierung	1.900	26,64 %	1,02 %
	Zielgerichtetheit	484	6,79 %	0,26 %
	Erfolgsorientierung	358	5,02 %	0,19 %
	Ehrgeiz	284	3,98 %	0,15 %
	Zielstrebigkeit	160	2,24 %	0,09 %
	Konsequenz	30	0,42 %	0,02 %
Summe	7	7.131	100,00 %	3,84 %

(Fortsetzung Tabelle 5.2)

Kompetenzfeld (*KF*)	Kompetenz (*K*)	$H_{RITT_{KF}}(K)$	$h_{RITT_{KF}}(K)$	$h_{RITT}(K)$
(10) Konzeption	Konzeption	4.241	59,94 %	2,29 %
	Organisation	2.321	32,81 %	1,25 %
	Koordination	218	3,08 %	0,12 %
	Planung	207	2,93 %	0,11 %
	Zeitmanagement	54	0,76 %	0,03 %
	Priorisierung	34	0,48 %	0,02 %
Summe	6	7.075	100,00 %	3,81 %
(11) Sicheres Auftreten	Sicheres Auftreten	2.621	46,74 %	1,41 %
	Souveränität	991	17,67 %	0,53 %
	Professionalität	972	17,33 %	0,52 %
	Selbstbewusstsein	475	8,47 %	0,26 %
	Routine	225	4,01 %	0,12 %
	Selbstsicherheit	177	3,16 %	0,10 %
	Kompetentes Auftreten	81	1,44 %	0,04 %
	Geschicklichkeit	41	0,73 %	0,02 %
	Gewandtheit	12	0,21 %	0,01 %
	Versiertheit	10	0,18 %	0,01 %
	Selbstvertrauen	3	0,05 %	0,00 %
Summe	11	5.608	100,00 %	3,02 %
(12) Kreativität	Kreativität	3.212	57,58 %	1,73 %
	Innovation	1.515	27,16 %	0,82 %
	Gestaltung	495	8,87 %	0,27 %
	Veränderung	198	3,55 %	0,11 %
	Konstruktivität	158	2,83 %	0,09 %
Summe	5	5.578	100,00 %	3,01 %
(13) Qualität	Qualität	2.439	44,46 %	1,31 %
	Genauigkeit	1.270	23,15 %	0,68 %
	Sorgfalt	1.200	21,87 %	0,65 %
	Gewissenhaftigkeit	465	8,48 %	0,25 %
	Gründlichkeit	112	2,04 %	0,06 %
Summe	5	5.486	100,00 %	2,96 %
(14) Zuverlässigkeit	Zuverlässigkeit	3.721	73,67 %	2,01 %
	Verbindlichkeit	763	15,11 %	0,41 %
	Seriosität	177	3,50 %	0,10 %
	Termin	126	2,49 %	0,07 %
	Loyalität	102	2,02 %	0,05 %

(Fortsetzung Tabelle 5.2)

Kompetenzfeld (*KF*)	Kompetenz (*K*)	$H_{RITT_{KF}}(K)$	$h_{RITT_{KF}}(K)$	$h_{RITT}(K)$
	Vertrauen	61	1,21 %	0,03 %
	Authentizität	46	0,91 %	0,02 %
	Pünktlichkeit	28	0,55 %	0,02 %
	Ehrlichkeit	17	0,34 %	0,01 %
	Delegation	6	0,12 %	0,00 %
	Glaubwürdigkeit	3	0,06 %	0,00 %
	Natürlichkeit	1	0,02 %	0,00 %
Summe	12	5.051	100,00 %	2,72 %
(15) Belastbarkeit	Belastbarkeit	3.916	82,97 %	2,11 %
	Stress	804	17,03 %	0,43 %
Summe	2	4.720	100,00 %	2,54 %
Gesamtsumme	95	185.586		100,00 %

Rundungsdifferenzen können zu einem Gesamtwert ungleich 100,00 % führen.

Wie aus Tabelle 5.2 zu entnehmen ist, konnten innerhalb der untersuchten 53.722 IT-Annoncen in Summe 185.586 Formulierungen[97] der 95 Kompetenzen aus den Top-15-Kompetenzfeldern extrahiert werden. Dabei summieren sich die in den Kompetenzfeldern *Selbstständigkeit* (n = 29.678, 15,99 %), *Team* (n = 27.284, 14,70 %), *Kommunikation* (n = 21.529, 11,60 %) und *Begeisterung* (n = 16.413, 8,84 %) genannten Kompetenzen bereits auf 51,13 % aller Nennungen. Bei näherer Betrachtung der Top 4 der 15 Kompetenzfelder kann festgestellt werden, dass innerhalb dieser Felder bestimmte Kompetenzanforderungen den Hauptbestandteil bilden. So entfallen im Kompetenzfeld *Selbstständigkeit* 45,63 % (n = 13.543) aller Treffer auf Terminologien und Phrasen der Kompetenz *Selbstständigkeit*, im Kompetenzfeld *Team* 93,93 % (n = 25.627) der Nennungen auf die Kompetenzanforderung *Team* sowie 99,91 % (n = 21.509) auf *Kommunikation* und 37,36 % (n = 6.132) der Resultate auf *Begeisterung* in den entsprechend gleichnamigen Kompetenzfeldern. Diese Betrachtung lässt sich für alle weiteren Felder fortführen, wobei grundsätzlich beobachtet werden konnte, dass in der Regel einige wenige Kompetenzen den größten absoluten und prozentualen Anteil der Erwähnungen innerhalb eines Kompetenzfeldes bedingen.

Für alle weiteren Überlegungen wird an der Rangfolge der Kompetenzfelder aus Tabelle 5.2 festgehalten. Dies begründet sich in einer Fokussierung auf die Artikulation eines Kompetenzfeldes in den IT-Anforderungsprofilen und weniger auf dessen Auftreten gemessen an der absoluten Anzahl an Stellenanzeigen, wenngleich auch dies Berücksichtigung fand (siehe Tabelle T10). Durch diese Haltung soll primär einer möglichen inflationären Nutzung von Kompetenzbegrifflichkeiten und -phrasen entgegengewirkt werden.

97 In Form von Terminologien und Phrasen, wie sie in der Wissensbasis (siehe Kapitel 3.7.4) hinterlegt sind.

5.3 Zeitliche Betrachtung der IT-Kompetenzfelder

Ergänzend zu den Ausführungen im vorherigen Abschnitt wird nachfolgend kurz die zeitliche Entwicklung der Kompetenzfelder kommentiert. Diese Perspektive soll dazu beitragen, langfristige Entwicklungen der IT-Kompetenzfelder und der darin enthaltenen Kompetenzen sichtbar zu machen. Hierzu wurde je Kompetenzfeld dessen relative Verteilung in den Anforderungsprofilen innerhalb der vier IT-Tätigkeitsfelder betrachtet. Auf der Zeitachse (X-Achse) ist die halbjährliche Entwicklung abgebildet[98]. Im Folgenden wurden die Top-3-Kompetenzfelder *Selbstständigkeit*, *Team* und *Kommunikation* exemplarisch ausgewählt. Die Diagramme zur zeitlichen Verteilung aller übrigen Felder finden sich in Anhang A7 bis A18.

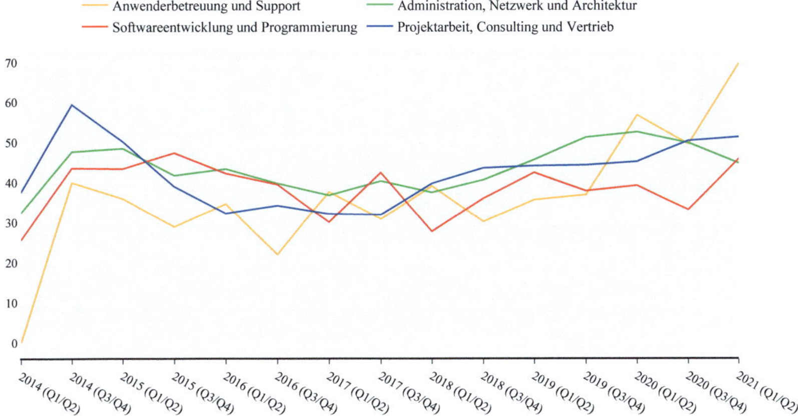

Abbildung 5.2: Prozentuale, halbjährliche Verteilung des IT-Kompetenzfeldes *Selbstständigkeit* je IT-Tätigkeitsfeld (eigene Darstellung)

Bei dieser retrospektiven Darstellung ist zu berücksichtigen, dass die zeitlichen Verläufe gegebenenfalls einer Beeinflussung durch gesellschaftliche, politische oder ökonomische Faktoren unterlagen, die auf den IT-Arbeitsmarkt und dessen Teilnehmende einwirkten. Das bedeutet, mögliche Gründe halbjährlicher Abweichungen innerhalb der Kompetenzfelder und deren unterschiedliches Auftreten bezogen auf die vier Tätigkeitsfelder sollen im Rahmen dieser Arbeit nicht weiter aufgelöst und interpretiert werden. Vielmehr soll die zeitliche Betrachtung aufzeigen, wie sich Tendenzen zu den einzelnen IT-Kompetenzfeldern auf diese Weise einfangen lassen, die in weiterführenden Fragestellungen erörtert werden könnten.

98 Dies führt dazu, dass Nennungen der Kompetenzfelder ab dem dritten Quartal 2021 für die zeitliche Betrachtung ausgeblendet wurden.

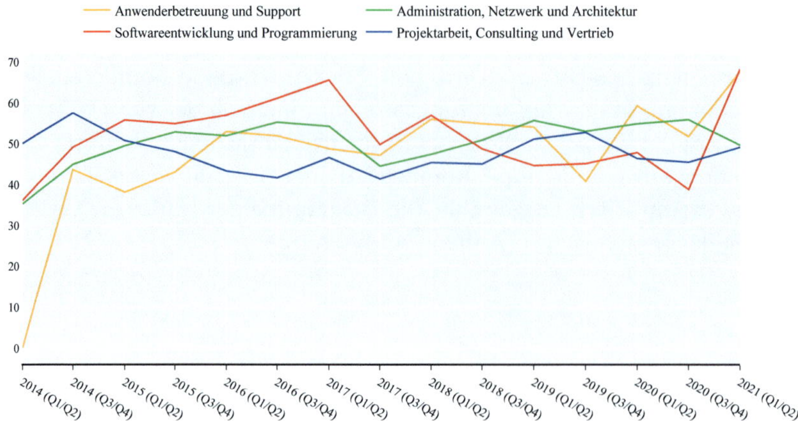

Abbildung 5.3: Prozentuale, halbjährliche Verteilung des IT-Kompetenzfeldes *Team* je IT-Tätigkeitsfeld (eigene Darstellung)

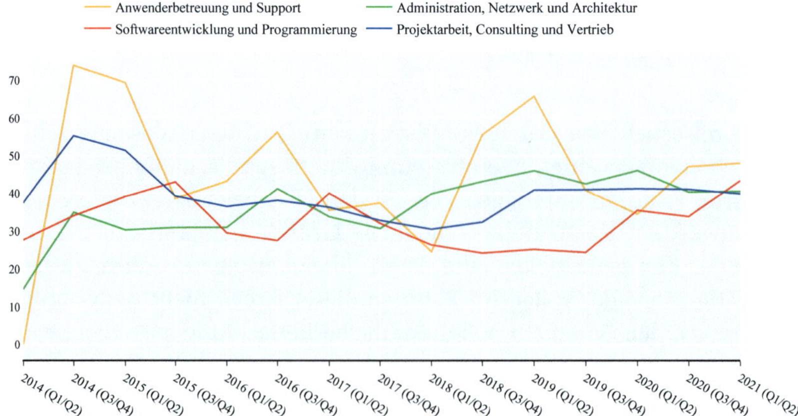

Abbildung 5.4: Prozentuale, halbjährliche Verteilung des IT-Kompetenzfeldes *Kommunikation* je IT-Tätigkeitsfeld (eigene Darstellung)

5.4 Interpretation der IT-Tätigkeitsfelder

Im weiteren Verlauf werden die IT-Kompetenzfelder in Relation zu den vier definierten Tätigkeitsfeldern noch genauer untersucht. Damit ein Einblick in die unterschiedlichen Aufgabenbereiche dieser IT-Tätigkeitsfelder gelingt, ist es zunächst erforderlich, eine inhaltliche Beschreibung dieser Felder auf Grundlage der in den IT-Stellenanzeigen benannten Tätigkeiten zu erzeugen. Um einen Ausgangspunkt für eine Charakterisierung der Tätigkeitsfelder zu schaffen, wurde die semantische Einheit der Tätigkeiten mittels quantitativer Methoden aufbereitet. Hierzu dient das Textkorpus bestehend aus 53.722 IT-Anzeigen, die neben einem Anforderungsprofil ebenso eine Tätigkeitsbeschreibung beinhalten. Mittels eines Keyword Extractors[99] gelang es, Schlüsselworte und -phrasen aus der semantischen Informationseinheit der Tätigkeiten zu extrahieren, die als Ausgangsbasis für eine sprachliche Beschreibung der vier Tätigkeitsfelder genutzt wurden. Der verwendete Algorithmus bewertet dabei die Relevanz aller in den Tätigkeitsbeschreibungen enthaltenen Schlüsselworte und -phrasen (Campos et al., 2020; Campos et al., 2018a; Campos et al., 2018b). Anschließend erfolgte eine Unterteilung des Korpus, um je Tätigkeitsfeld ein Wort-Vektor-Modell zu erstellen. Das Training und die Erzeugung dieser Modelle entsprachen dabei dem Vorgehen wie in Kapitel 3.6.3 erläutert. Hierbei dienten die bereits vorprozessierten Tätigkeitsbeschreibungen aus Kapitel 3.6.2 als Basis. Die Ergebnisse des Keyword Extraction-Algorithmus konnten schließlich als Eingabetoken genutzt werden, den Kontext der Schlüsselwörter und -phrasen je Tätigkeitsfeld zu erweitern.

Als Darstellungsform der erzeugten Ergebnisse wurden sogenannte Sunburst-Diagramme[100] implementiert (siehe Abbildungen 5.5, 5.6, 5.7 und 5.8). Ausgehend von den Hauptkategorien, bestehend aus den Top-Schlüsselwörtern und -phrasen, lassen sich diese je Tätigkeitsfeld hierarchisch, von innen nach außen, abbilden. Somit bilden alle zentrumsnahen Terminologien den Kern für die Beschreibung des Tätigkeitsfeldes. Die Farbgebungen reichen dabei von dunkelblau bis hellblau. Je dunkler und größer ein Abschnitt eingefärbt ist, desto häufiger und relevanter ist diese Schlüsselterminologie bzw. -phrase für das jeweilige Tätigkeitsfeld einzustufen. Die Verweise, die von einer Begrifflichkeit strahlenförmig nach außen führen, zeigen verwandtschaftliche Beziehungen zu Tätigkeiten auf, die in einem Verhältnis zueinander stehen. Dabei lässt sich festhalten, dass im jeweils erfassten Kontext die Auftrittshäufigkeit und Relevanz einer Terminologie in den entsprechenden Tätigkeitsbeschreibungen nach außen hin abnimmt, was durch die Größe der einzelnen Abschnitte visualisiert wird. Die Inhalte der Sunburst-Diagramme dienen nachfolgend als Grundlage, die vier Tätigkeitsfelder, *Projektarbeit, Consulting und Vertrieb, Administration, Netzwerk und Architektur, Softwareentwicklung und Programmierung* und *Anwenderbetreuung und Support*, inhaltlich zu beschreiben. Dabei stützen sich die folgenden Konkretisierungen der einzelnen Felder auf die entsprechenden Schlüsselwörter und -phrasen, welche

99 Für die Analyse kam der Keyword Extractor YAKE! (siehe http://yake.inesctec.pt/, abgerufen am 20.04.2022) zum Einsatz. Eine nähere Beschreibung des Algorithmus soll an dieser Stelle nicht erfolgen.

100 Die Diagramme wurden mithilfe der Python-Grafikbibliothek Plotly (siehe https://plotly.com/python/sunburst-charts/, abgerufen am 08.11.2021) erzeugt.

automatisiert aus den 53.722 zugrunde gelegten Tätigkeitsbeschreibungen abgeleitet wurden. Durch diese Vorgehensweise entstehen gewisse Schwerpunkte, die sich in den Tätigkeiten der untersuchten IT-Stellenanzeigen widerspiegeln. Die erzeugten Diagramme werden als visuelle Hilfsmittel und Hinweisgeber genutzt, um die vier Felder in Bezug auf das ausgewertete IT-Textkorpus deskriptiv zu erfassen und zu spezifizieren.

Wie nachfolgend zu sehen ist, ließen sich bei der inhaltlichen Interpretation aller Sunburst-Diagramme durchaus Überschneidungen in den Tätigkeitsbereichen identifizieren. Das heißt, es existieren Aufgaben, die sich auf einer Metaebene in mehreren Tätigkeitsfeldern wiederfinden. So können beispielsweise die Terminologien *Umsetzung, Konzeption* und *Entwicklung* in drei von vier Feldern (außer *Anwenderbetreuung und Support*) aufgefunden werden. Allerdings weisen diese pro Tätigkeitsfeld unterschiedliche Ausprägungen auf, was in den inhaltlichen Beschreibungen zum Ausdruck gebracht wird. Dies soll noch einmal verdeutlichen, dass durch die eindeutige Einteilung der IT-Stellenanzeigen zu genau einem Tätigkeitsfeld darauf fokussiert wurde, die für ein Feld spezifischen Aufgaben- bzw. Arbeitsschwerpunkte zu priorisieren und als Entscheidungsmerkmale zu nutzen (siehe Kapitel 3.6.6). Gleichzeitig muss angemerkt werden, dass die Beschreibungen der Tätigkeitsfelder aus dem untersuchten IT-Textkorpus abgeleitet wurden und damit in Abhängigkeit zu diesem stehen.

5.4.1 Projektarbeit, Consulting und Vertrieb

Mit Blick auf Abbildung 5.5 umfasst das Tätigkeitsfeld *Projektarbeit, Consulting und Vertrieb* Aufgabenschwerpunkte in den folgenden Bereichen: Beratung und Betreuung von Kunden, beispielsweise im Sinne einer Unterstützung von Fachabteilungen, bis hin zu technischer Unterstützung und Betreuung von Rollouts und Softwaresystemen (zum Beispiel aus dem Bereich Enterprise Resource Planning [ERP]). Weiter beinhaltet das Spektrum der Tätigkeiten die Weiterentwicklung und weiterführende Konzeption solcher Systeme sowie deren Pflege, Anpassung und Optimierung. Die in diesem Tätigkeitsfeld aufzufindenden Stellenanzeigen weisen zudem einen starken Projektbezug auf. Dies implizieren unter anderem Aufgaben wie die Planung, Steuerung, Koordination, Leitung und Umsetzung von IT-Projekten und informationstechnischen Vorhaben. Je nach Position und Rolle finden sich darüber hinaus konzeptionelle Aufgaben oder die Durchführung von Schulungen und Kundenworkshops. Im Zusammenhang mit der Einführung von Softwaretechnologien (zum Beispiel Microsoft Dynamics) oder der Umsetzung von Geschäftsprozessen erfordern Tätigkeiten sowohl die Anfertigung von Angeboten, die Entwicklung und Umsetzung von (Fach-)Konzepten und Schnittstellen, die Erstellung von Anforderungsanalysen, Dokumentationen, Reports und Auswertungen als auch die Durchführung von Tests und Analysen. Überdies werden Aufgabenbereiche benannt, die nach einer erfolgreichen Implementierung eines Softwaresystems neben dessen Weiterentwicklung eine laufende Unterstützung der Anwender:innen und betrieblichen Abläufe bedürfen.

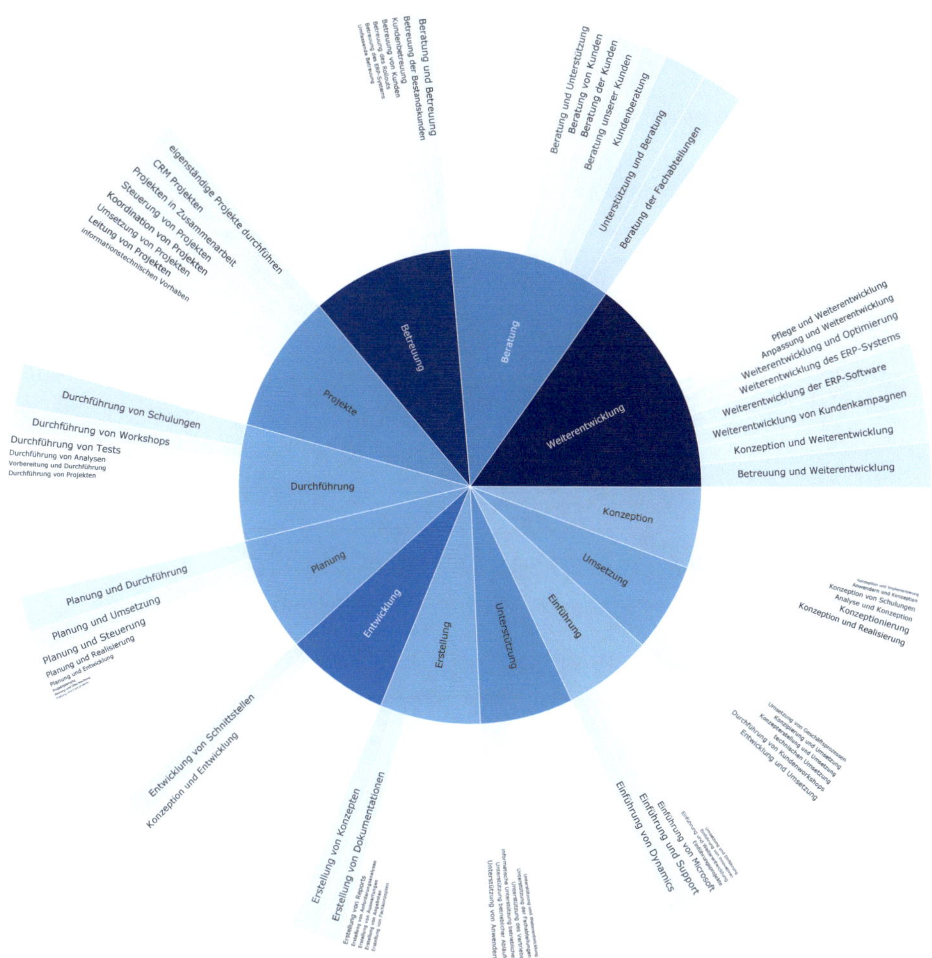

Abbildung 5.5: Sunburst-Diagramm für das Tätigkeitsfeld *Projektarbeit, Consulting und Vertrieb* (eigene Darstellung)

5.4.2 Administration, Netzwerk und Architektur

Die primären Aufgabenbereiche, welche aus den untersuchten IT-Stellenanzeigen im Tätigkeitsfeld *Administration, Netzwerk und Architektur* abgeleitet wurden, sind in Abbildung 5.6 visualisiert. Dabei handelt es sich um die Administration, Konfiguration und Weiterentwicklung von Netzwerkinfrastrukturen und Servern (zum Beispiel im Umfeld von Backend-Applikationen, Windows-Clients oder Microsoft Exchange Servern). Hieran lassen sich Tätigkeiten aus den Bereichen Installation, Inbetriebnahme, Verwaltung, Optimierung, Betreuung und Wartung von IT-Systemen (zum Beispiel von Microsoft SharePoint-Umgebungen) anschließen, zu denen die Konfiguration von Serverlandschaften, Hochverfügbarkeitslösungen, Hardwarekomponenten, die Qualitätssicherung technischer Lösungen und die Einführung von Standards zählen. Außerdem werden Aufgaben aus den Bereichen der Implementie-

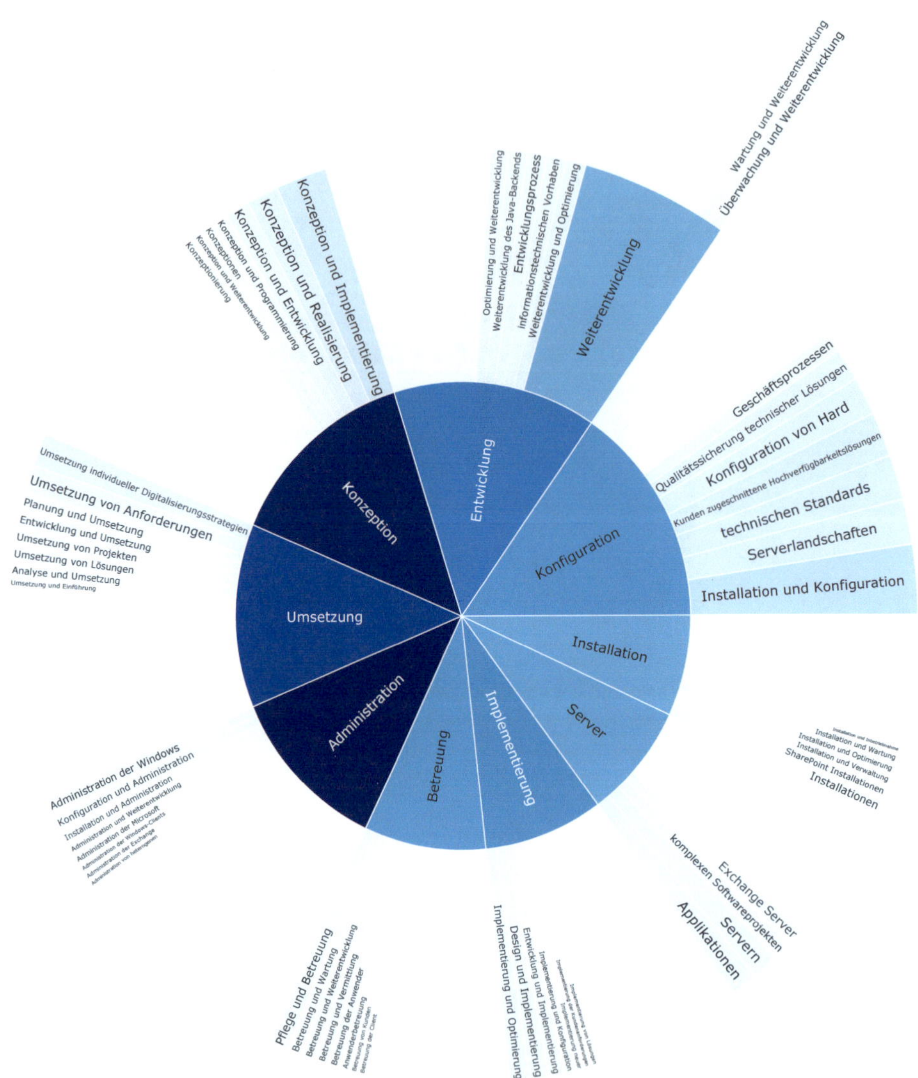

Abbildung 5.6: Sunburst-Diagramm für das Tätigkeitsfeld *Administration, Netzwerk und Architektur* (eigene Darstellung)

rung und dem Design von IT-Lösungen nach Kundenanforderungen angesprochen, die sich wiederum mit konzeptionellen Tätigkeiten sowie planerischen Arbeiten und der Umsetzung von Lösungen im Rahmen von IT-Projekten (zum Beispiel Umsetzung von Digitalisierungsstrategien) in Zusammenhang bringen lassen.

5.4.3 Softwareentwicklung und Programmierung

Das Sunburst-Diagramm für das Tätigkeitsfeld *Softwareentwicklung und Programmierung* zeigt Abbildung 5.7. Hieraus lässt sich ableiten, dass die Entwicklung neuer, inno-

Abbildung 5.7: Sunburst-Diagramm für das Tätigkeitsfeld *Softwareentwicklung und Programmierung* (eigene Darstellung)

vativer Technologien sowie die Weiterentwicklung, Konzeption und Umsetzung von spezifischen, auch bestehenden, Kundenlösungen und Anwendungen bzw. Standardsoftware, beispielsweise Microsoft SharePoint oder Webanwendungen, als markante Tätigkeitsschwerpunkte ausgemacht werden können. Daneben finden sich für das Tätigkeitsfeld typische Aktivitäten wie das Durchführen von Softwaretests, Test Driven Development und die Erstellung von Skripten oder Software-Designs. Hinzu kommen Aufgaben aus den Bereichen der Anforderungsanalyse und Konzepterstellung nach Kundenvorgaben oder die Unterstützung bei Entwurf, Umsetzung, Implementierung und Programmierung von Softwarekomponenten und -lösungen und deren Integration in bestehende IT-Landschaften.

5.4.4 Anwenderbetreuung und Support

Die Aufgabenschwerpunkte für das Tätigkeitsfeld *Anwenderbetreuung und Support* lassen sich aus Abbildung 5.8 identifizieren. Dabei können drei Ebenen des technischen IT-Supports unterschieden werden: Aufgaben im Bereich des First-Levels, des Second-Levels und des Third-Levels, um je nach Komplexität einer Anfrage Anwender:innen sowie Kundinnen und Kunden entsprechend zu unterstützen. Dabei steht

Abbildung 5.8: Sunburst-Diagramm für das Tätigkeitsfeld *Anwenderbetreuung und Support* (eigene Darstellung)

die Entgegennahme, Bearbeitung und Untersuchung dieser Anliegen im Vordergrund, um Störmeldungen zu beheben und Kundenanfragen zu beantworten. In den untersuchten Stellenanzeigen, die diesen Tätigkeitsschwerpunkt aufweisen, ließ sich zudem feststellen, dass es sich primär um Anfragen via Telefon handelt, welche eine telefonische (IT-)Anwenderbetreuung notwendig machen. Ferner gilt es, die Tätigkeiten zur Fehleranalyse und Störungsbeseitigung in einem Ticketsystem vollständig zu dokumentieren und Störungsmeldungen zu qualifizieren und zu klassifizieren. Im Vordergrund steht dabei stets die Unterstützung der Anwender:innen bei Soft- und Hardwareproblemen sowie deren Beratung und Betreuung.

5.5 Deskriptive Statistiken zu den IT-Tätigkeitsfeldern

Nachdem die vier Tätigkeitsfelder inhaltlich beschrieben wurden, soll in diesem Kapitel zunächst eine Betrachtung der Verteilung der IT-Stellenanzeigen innerhalb dieser Felder erfolgen. In Tabelle 5.3 sind die entsprechenden absoluten (Spalte $H_{RITT}(TF)$) und prozentualen Häufigkeiten (Spalte $h_{RITT}(TF)$) aufgeführt.

Tabelle 5.3: Verteilung der IT-Stellenanzeigen innerhalb der vier Tätigkeitsfelder

Tätigkeitsfeld (*TF*)	$H_{RITT}(TF)$	$h_{RITT}(TF)$
Projektarbeit, Consulting und Vertrieb	28.252	52,59 %
Administration, Netzwerk und Architektur	15.034	27,98 %
Softwareentwicklung und Programmierung	5.446	10,14 %
Anwenderbetreuung und Support	4.990	9,29 %
Summe	53.722	100,00 %

Bezugnehmend auf das Ausgangskorpus entfallen 52,59 % aller Anzeigen auf das Tätigkeitsfeld *Projektarbeit, Consulting und Vertrieb*. Zieht man zusätzlich das Feld *Administration, Netzwerk und Architektur* hinzu, so umfassen beide Tätigkeitsschwerpunkte bereits 80,57 % aller analysierten Stellenanzeigen. Nahezu gleichverteilt sind die beiden Tätigkeitsfelder *Softwareentwicklung und Programmierung* und *Anwenderbetreuung und Support*.

Für eine detaillierte Aufstellung und zusätzliche Erläuterungen zu allen 95 Kompetenzen der Top-15-Kompetenzfelder und deren Verteilungen innerhalb der vier Tätigkeitsfelder siehe Tabelle T5 im Anhang.

Um weitere Erkenntnisse über die Verteilung der einzelnen Kompetenzfelder innerhalb der vier Tätigkeitsfelder zu erlangen, wurde eine sogenannte Heatmap-Visualisierung erstellt (siehe Abbildung 5.9). Diese zeigt auf der X-Achse die Tätigkeitsfelder *Projektarbeit, Consulting und Vertrieb, Administration, Netzwerk und Architektur, Softwareentwicklung und Programmierung* und *Anwenderbetreuung und Support.* Auf der Y-Achse sind die Top-15-Kompetenzfelder dargestellt. In den Zellen befinden sich die prozentualen Anteile der Nennungen eines Kompetenzfeldes innerhalb der vier Tätigkeitsfelder. So tritt beispielsweise das Kompetenzfeld *Selbstständigkeit* im Tätigkeitsfeld *Projektarbeit, Consulting und Vertrieb* in 43,39 % aller diesem Feld zugeteilten IT-Anzeigen auf. Die Zahl berechnet sich folgendermaßen: Aus der Übersicht in Tabelle 5.3 kann die Gesamtanzahl der dem Tätigkeitsfeld *Projektarbeit, Consulting und Vertrieb* zugewiesenen Stellenanzeigen ($n = 28.252$) entnommen werden. Dem Kompetenzfeld Selbstständigkeit wiederum sind die Kompetenzen Selbstständigkeit, Verantwortung, Eigeninitiative, Selbstverantwortung, Proaktivität, Selbstmanagement, Pflichtbewusstsein und Selbstbestimmung zugeordnet (siehe Kapitel 4.2.1). Dabei treten die genannten Kompetenzanforderungen in 12.259 unterschiedlichen Stellenanzeigen innerhalb des Tätigkeitsfeldes *Projektarbeit, Consulting und Vertrieb* auf (siehe Anhang T10). Der prozentuale Anteil, gemessen an der Gesamtsumme aller

Stellenanzeigen dieses Tätigkeitsfeldes, entspricht letztendlich dem in Abbildung 5.9 ausgewiesenen Wert von 43,39 %. Analog lassen sich alle weiteren Zahlen berechnen. Die Farbkodierungen der einzelnen Zellen dienen als visuelles Hilfsmittel und reichen von dunkelblau bis hellblau. Die Intensität der Farbgebung verhält sich dabei linear zur Größe des prozentualen Anteils. Je größer der Wert, desto intensiver die Einfärbung. Hieraus lässt sich unmittelbar ableiten, dass Kompetenzfelder höheren Ranges häufiger in den IT-Anforderungsprofilen in Erscheinung treten als Kompetenzfelder niedrigeren Ranges (siehe Tabelle 5.2). Gleichwohl lassen sich auch Ausnahmen identifizieren. So ist daraus ersichtlich, dass das Kompetenzfeld *Belastbarkeit* in Anforderungsprofilen des Tätigkeitsfeldes *Anwenderbetreuung und Support* (20,94 %) im Vergleich zu den anderen drei Tätigkeitsfeldern (*Projektarbeit, Consulting und Vertrieb*: 8,62 %, *Administration, Netzwerk und Architektur*: 6,59 %, *Softwareentwicklung und Programmierung*: 3,12 %) prozentual häufiger erwähnt wird. Eine umgekehrte Situation lässt sich für das Kompetenzfeld *Kreativität* (3,55 %) erkennen, welches im Zusammenhang mit Anwenderbetreuung und Support vergleichsweise in geringerer Häufigkeit auftritt. Eine weitere Auffälligkeit bezieht sich auf das Kompetenzfeld *Kundenorientierung*, das eine verhältnismäßig niedrige Ausprägung im Tätigkeitsfeld *Softwareentwicklung und Programmierung* (7,38 %) aufweist.

Auf diese Weise lassen sich mithilfe der Heatmap Besonderheiten im Auftreten verschiedener Kompetenzfelder und deren prozentualer Verteilung in den Stellenanzeigen der vier IT-Tätigkeitsfelder vermuten. Die genannten Auffälligkeiten und weitere Konstellationen werden nachfolgend, im Kontext der jeweiligen Tätigkeitsfelder, aufgegriffen und statistisch näher untersucht und interpretiert.

5.5.1 Projektarbeit, Consulting und Vertrieb

Zunächst wird das Tätigkeitsfeld *Projektarbeit, Consulting und Vertrieb* beleuchtet. Diesem Tätigkeitsfeld sind die meisten IT-Stellenanzeigen ($n = 28.252$) aus dem Ausgangskorpus zugeordnet. In einem ersten Schritt wurden alle Top-15-Kompetenzfelder entsprechend ihrem Auftreten innerhalb des vorliegenden Tätigkeitsfeldes untersucht[101]. Im Vergleich zu Tabelle 5.2 können Unterschiede in der Rangordnung festgestellt werden: So nimmt das Kompetenzfeld *Flexibilität* (n = 7.988, 7,98 %) in den Gesamtnennungen einen etwas höheren Stellenwert als *Analyse* (n = 7.805, 7,79 %) ein. Ebenso sind die Platzierungen von *Kundenorientierung* und *Strukturiertheit* vertauscht. Hinsichtlich der Heatmap in Abbildung 5.9 lassen sich für das vorliegende Tätigkeitsfeld weitere Auffälligkeiten ermitteln und diskutieren. Beispielsweise wird das Kompetenzfeld *Sicheres Auftreten* (12,03 %) am häufigsten genannt. Betrachtet man Tätigkeiten und Rollen innerhalb dieses Tätigkeitsfeldes (siehe Kapitel 5.4.1 und Abbildung 5.5), lässt sich ein möglicher Zusammenhang mit Aufgaben im Bereich der Unterstützung, Beratung und Betreuung von Kunden herstellen, wodurch zusätzlich auch ein hohes Maß an Flexibilität (28,17 %) (unter anderem in Bezug auf Reisebereitschaft) sowie Kommunikation (41,72 %) erforderlich sein kann. Da dieses Tätigkeitsfeld

101 Eine detaillierte Aufstellung für das Tätigkeitsfeld *Projektarbeit, Consulting und Vertrieb* findet sich in Anhang T6.

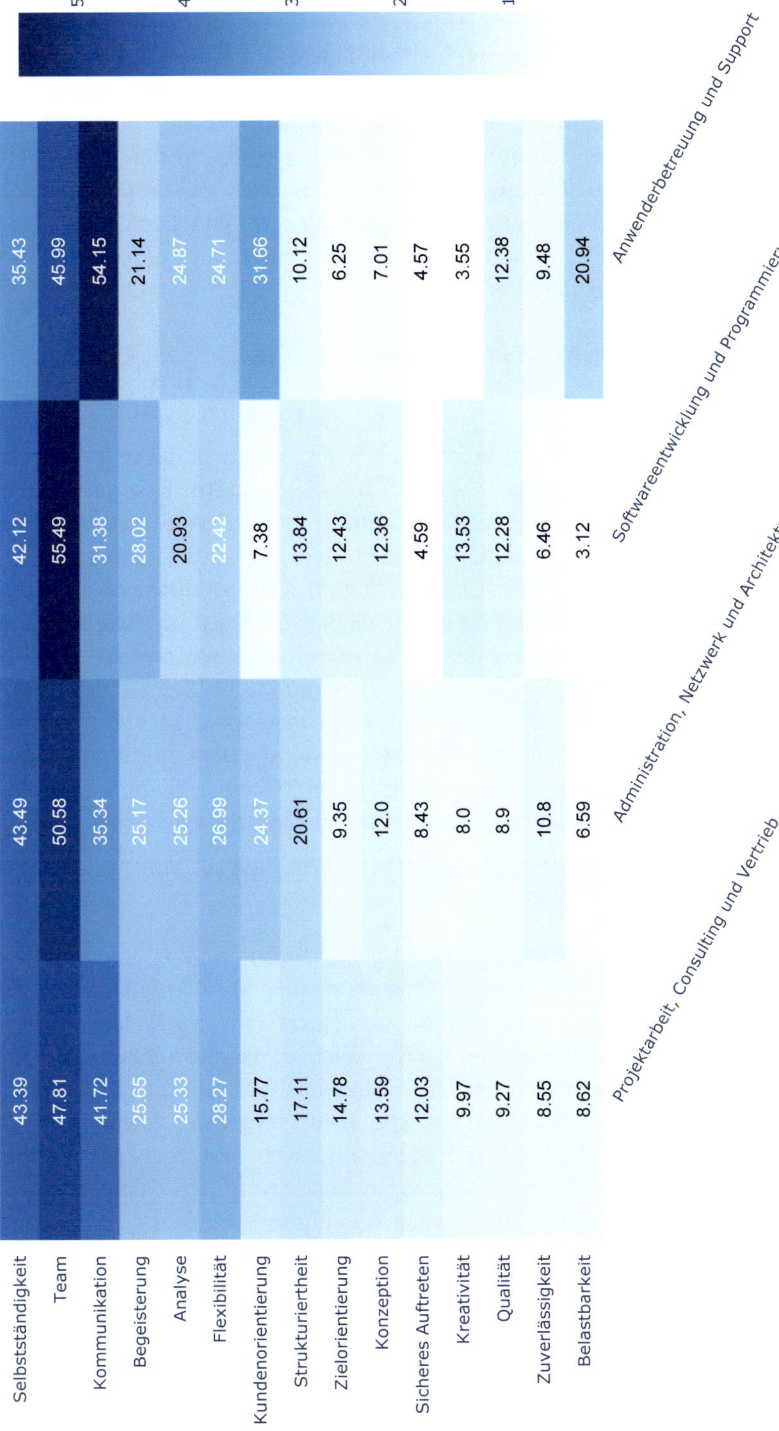

Abbildung 5.9: Heatmap zur Visualisierung der prozentualen Verteilung der Top-15-Kompetenzfelder innerhalb der Tätigkeitsfelder *Projektarbeit, Consulting und Vertrieb*, *Administration, Netzwerk und Architektur*, *Softwareentwicklung und Programmierung* und *Anwenderbetreuung und Support* (eigene Darstellung)

vor allem projektbezogene Aufgaben umfasst, scheint eine Relation zu diesen Kompetenzfeldern durchaus schlüssig, wenngleich das Kompetenzfeld *Kundenorientierung* (15,77 %) prozentual weniger häufig nachgefragt wird als in anderen Tätigkeitsfeldern. Hieran darf die Vermutung geknüpft werden, ob nicht durch das Stellenprofil selbst etwaige Kompetenzen bei Bewerbern und Bewerberinnen impliziert werden. Diese Hypothese lässt sich jedoch im Rahmen dieser Arbeit nicht überprüfen. Hingegen können die in diesem Tätigkeitsfeld am häufigsten referenzierten Kompetenzfelder *Konzeption* (13,59 %) und *Zielorientierung* (14,78 %) mit planerischen, koordinierenden und leitenden Aufgaben, beispielsweise im Rahmen der Umsetzung von IT-Projekten oder Geschäftsprozessen, assoziiert werden.

5.5.2 Administration, Netzwerk und Architektur

Das Tätigkeitsfeld *Administration, Netzwerk und Architektur* umfasst in Summe 15.034 IT-Stellenanzeigen (siehe Tabelle 5.3). Vergleicht man die Rangfolge der Kompetenzen innerhalb dieses Tätigkeitsfeldes[102], so lassen sich insbesondere ab Rang 9 (Kompetenzfeld *Konzeption*) Unterschiede zu Tabelle 5.2 ausmachen. Um Besonderheiten für dieses Tätigkeitsfeld zu explorieren, wurden die prozentualen Verteilungen in der Heatmap in Abbildung 5.9 einer genaueren Analyse unterzogen. Auffällig hierbei sind Nennungen der Kompetenzfelder *Strukturiertheit* (20,61 %) und *Kundenorientierung* (24,37 %). Die relativ häufige Erwähnung dieser Felder erscheint unerwartet, lässt sich jedoch bei genauerer Betrachtung der Aufgabenbereiche interpretieren (siehe Kapitel 5.4.2 und Abbildung 5.6). So liegen die Schwerpunkte im Bereich der Administration, Konfiguration und Weiterentwicklung von Netzwerkinfrastrukturen und Servern wie auch der Installation, Inbetriebnahme, Verwaltung, Optimierung, Betreuung und Wartung von IT-Systemen und IT-Lösungen. Im Zusammenhang mit diesen Tätigkeiten werden in den Anforderungsprofilen eine strukturierte Arbeitsweise und Kundenorientierung zur Umsetzung von Kundenanforderungen und -richtlinien als notwendige Kompetenzen überwiegend benannt.

5.5.3 Softwareentwicklung und Programmierung

Dem Tätigkeitsfeld *Softwareentwicklung und Programmierung* konnten aus dem Ausgangskorpus 5.446 IT-Annoncen zugewiesen werden (siehe Tabelle 5.3). Hinsichtlich der Rangfolge der Top-15-Kompetenzfelder im Vergleich zu Tabelle 5.2 können zum Teil deutliche Unterschiede festgestellt werden. So befindet sich auf Rang 1 das Kompetenzfeld *Team*, gefolgt von *Selbstständigkeit*. Die Kompetenzfelder *Kreativität* und *Qualität* können sich um fünf bzw. drei Plätze verbessern, hingegen werden die Felder *Kundenorientierung* und *Sicheres Auftreten* im Gesamtvergleich weniger häufig referenziert[103]. Bei Betrachtung der Heatmap in Abbildung 5.9 lassen sich hinsichtlich der inhaltlichen Beschreibung dieses Tätigkeitsfeldes (siehe Kapitel 5.4.3 und

102 Für eine detaillierte Aufstellung des Tätigkeitsfeldes *Administration, Netzwerk und Architektur* siehe Anhang T7.

103 Eine Aufstellung der absoluten und prozentualen Verteilung der Kompetenzen innerhalb der Top-15-Kompetenzfelder für das Tätigkeitsfeld *Softwareentwicklung und Programmierung* findet sich in Anhang T8.

Abbildung 5.7) gewisse Auffälligkeiten interpretieren. Die Aufgabenschwerpunkte in diesem Feld zeigen eine erkennbare Ausrichtung auf eine technische Entwicklung von IT-Komponenten. So weisen die Kompetenzfelder *Kreativität* (13,53 %) und *Begeisterung* (28,02 %) über alle Tätigkeitsfelder hinweg die höchsten prozentualen Werte auf. Dies wiederum lässt sich mit der Implementierung neuer und innovativer Technologien in Einklang bringen, wie diese in den Tätigkeitsbeschreibungen zum Ausdruck gebracht wird. Ebenfalls können die Kompetenzfelder *Qualität* (12,28 %)[104] und *Zielorientierung* (12,43 %) in diesen Kontext gesetzt werden, die beide, über alle Felder hinweg, den zweithöchsten Wert besitzen. Weniger von Relevanz scheinen Kompetenzen aus den Feldern *Sicheres Auftreten* (4,59 %) und *Kundenorientierung* (7,38 %) zu sein. Es darf vermutet werden, dass die zugrunde liegenden Terminologien und Phrasen dieser Kompetenzfelder konkreter im Sinne von Aufgabenschwerpunkten formuliert werden, die einen unmittelbaren Kontakt zur Betreuung und Beratung von Kunden erfordern, was im vorliegenden Feld eine untergeordnete Tätigkeit darstellt. Darüber hinaus kann bestätigt werden, dass das Kompetenzfeld *Analyse* (20,93 %) im Vergleich der Tätigkeitsfelder untereinander sogar statistisch signifikant[105] am wenigsten gefordert wird. Dies lässt sich unter Umständen dadurch erklären, da beispielsweise Analysefähigkeit und Problemlösungsfähigkeit (als Terminologien des Kompetenzfeldes *Analyse*) häufiger in Zusammenhang mit der Erarbeitung von Lösungswegen und Konzepten artikuliert werden, im vorliegenden Feld jedoch Aufgaben aus den Bereichen der Anforderungsanalyse und der Konzepterstellung eher als Randtätigkeiten einzustufen sind.

5.5.4 Anwenderbetreuung und Support

Das Tätigkeitsfeld *Anwenderbetreuung und Support* vereint insgesamt 4.990 IT-Stellenanzeigen (siehe Tabelle 5.3). In diesem Tätigkeitsfeld lassen sich vergleichend die meisten Verschiebungen innerhalb der Rangfolge der Kompetenzfelder feststellen (siehe Tabelle 5.2). Aus diesem Grund sei lediglich darauf verwiesen, dass das Kompetenzfeld *Kommunikation* am häufigsten in den Anforderungsprofilen zum Ausdruck gebracht wird. Eine detaillierte Aufstellung aller Top-15-Kompetenzfelder und die Verteilung der Kompetenzen findet sich in Anhang T9. Vielmehr sollen im Folgenden auf Grundlage der Heatmap (siehe Abbildung 5.9) Besonderheiten im Auftreten einzelner Kompetenzfelder näher betrachtet und gemäß diesem Tätigkeitsfeld ausgelegt werden. Der Arbeitsschwerpunkt im Bereich *Anwenderbetreuung und Support* lässt sich in der Unterstützung und Betreuung von Anwendern und Anwenderinnen bei Hard- und Softwareproblemen ausmachen (siehe Kapitel 5.4.4 und Abbildung 5.8). Dies zeigt sich auch in den geforderten Kompetenzen der Felder *Kommunikation* (54,15 %) und *Kundenorientierung* (31,66 %), die im Vergleich die höchsten Werte im vorliegenden Tätigkeitsfeld aufweisen. Damit lässt sich das Kompetenzfeld *Qualitä* (12,38 %) in Einklang bringen, welches in Relation ebenfalls den größten prozentualen Wert besitzt

104 Für eine Aufstellung der paarweisen Vergleiche für das Kompetenzfeld *Qualität* auf Grundlage einer einfaktoriellen Varianzanalyse siehe Anhang A19 und A20.

105 Die paarweisen Vergleiche auf Grundlage einer einfaktoriellen Varianzanalyse für das Kompetenzfeld *Analyse* sind in Anhang A21 und A22 dargestellt.

und in den Anforderungsprofilen unter anderem mit *Qualitätsbewusstsein, Qualitätsorientierung* und *(hohen) Qualitätsansprüchen an die eigenen Arbeitsergebnisse* artikuliert wird, was insbesondere bei der direkten Beratung und Betreuung von Endkunden und -kundinnen im IT-Anwendersupport eine wesentliche Rolle spielt[106]. Auffällig ist zudem der mit Abstand höchste prozentuale Wert für das Kompetenzfeld *Belastbarkeit* (20,94 %)[107]. Hingegen lassen sich kaum Nennungen aus dem Kompetenzfeld *Kreativität* (3,55 %) wahrnehmen. Dies kann unter Umständen in der Art der Tätigkeiten begründet liegen, die beispielsweise vielmehr ein analytisch-lösungsorientiertes (*Analyse* [24,87 %]) als ein kreatives Denken erfordern und in diesem Zusammenhang auch den im Vergleich niedrigsten Wert im Kompetenzfeld *Konzeption* (7,01 %) implizieren. Zugleich kann festgehalten werden, dass das Kompetenzfeld *Sicheres Auftreten* (4,57 %) prozentual gesehen den niedrigsten Wert aufweist. So kann zwar davon ausgegangen werden, dass entsprechende Kompetenzen im Sinne einer Kundenkommunikation auch in diesem Tätigkeitsfeld relevant sind, jedoch in den Formulierungen der Anforderungsprofile mit sicherem Auftreten gegebenenfalls eine eher physische Präsenz assoziiert wird. Da es sich jedoch bei den hier untersuchten Tätigkeiten primär um Anfragen via Telefon, die eine telefonische Unterstützung und (IT-)Anwenderbetreuung notwendig machen, handelt, kann der vergleichsweise geringe Prozentwert unter Umständen damit erklärt werden. Zudem wird das Kompetenzfeld *Selbstständigkeit* (35,43 %) sogar statistisch signifikant[108] unterdurchschnittlich erwähnt. Diese Auffälligkeit lässt sich unter der Annahme interpretieren, dass Prozessschritte für eine Lösungserarbeitung, wie die Eskalation in unterschiedliche Service-Levels (First-Level, Second-Level, Third-Level) in Abhängigkeit der Komplexität einer Kundenanfrage, einer gewissen Standardisierung unterliegen. Diese Feststellung spiegelt sich ebenso in der systematischen Erfassung, Bearbeitung, Dokumentation, Qualifikation und Klassifikation von Störmeldungen innerhalb eines Ticketsystems wider, was mögliche Gründe für eine geringere Forderung des Kompetenzfeldes *Selbstständigkeit* in diesem Tätigkeitsfeld sein könnten.

5.6 Schlussbemerkung zur statistischen Auslegung

In Anlehnung an die feldtheoretischen Überlegungen zu Beginn dieser Studie lassen sich die erfassten Tätigkeitsfelder zunächst als autonome Felder beschreiben und auffassen. Jedoch, aus einem Arbeitskontext heraus betrachtet, können diese miteinander in Interaktion stehen. Dies ist mitunter dadurch bedingt, da sich die betrachteten Berufsgruppen in ihren Tätigkeiten nicht vollständig trennscharf zueinander verhal-

106 Eine Aufstellung der paarweisen Vergleiche für das Kompetenzfeld *Qualität* auf Grundlage einer einfaktoriellen Varianzanalyse findet sich in Anhang A19 und A20.

107 Es sei angemerkt, dass dieser im Vergleich hohe prozentuale Wert maßgeblich durch eine gehäufte Nennung des Kompetenzfeldes im Quartal Q3/Q4 2014 zustande kommt, wie aus der zeitlichen Betrachtung in Anhang A18 ersichtlich wird.

108 Für eine Aufstellung der paarweisen Vergleiche auf Grundlage einer einfaktoriellen Varianzanalyse für das Kompetenzfeld *Selbstständigkeit* siehe Anhang A23 und A24.

ten, sondern Überschneidungen in den Aufgabenbereichen bestehen, wie bereits in Kapitel 3.6.5 konstatiert und bei der inhaltlichen Beschreibung der Tätigkeitsfelder bestätigt werden konnte (siehe Kapitel 5.4). In ähnlicher Weise verhält es sich mit den in Kapitel 4 festgelegten IT-Kompetenzfeldern und deren Präsenz innerhalb der vier Tätigkeitsfelder. Auch hier sind erwartungsgemäß Überlappungen festzustellen, wenngleich bestimmte Kompetenzfelder existieren, die stärkere Assoziationen zu spezifischen Aufgabenbereichen zeigen. Diese Beobachtungen lassen letztendlich Auswirkungen auf das untersuchte Berufsfeld *IT* erkennen, welches durch diese spezifischen Tätigkeits- und Kompetenzfelder geprägt ist. Das Berufsfeld *IT* wiederum lässt sich als Teil des Feldes *Arbeitsmarkt* verorten und in einen gesellschaftlichen Raum einbetten (siehe Kapitel 2.1). Auf diese Weise können Relationen zum Feld *Weiterbildung* hergestellt werden. Abschließend wurde in diesem Kapitel, bezugnehmend auf die zyklische Feststellung von Kompetenzanforderungen im IT-Arbeitsmarkt, die quantitative *Bewertung* abgeschlossen (siehe Kapitel 1.2, Abbildung 1.1).

Im Folgenden wird der zweite Teil der *Bewertung* durchgeführt, um auf Grundlage der statistischen Erkenntnisse ausgewählte Kompetenzfelder aus einer didaktischen Perspektive heraus näher zu beleuchten. Hierzu wird eingangs ein Überblick didaktischer Handlungsebenen gegeben (Kapitel 6.1), woran sich eine Auseinandersetzung mit den (Un-)Möglichkeiten der Förderung spezifischer Kompetenzen der Top-3-Kompetenzfelder, *Selbstständigkeit*, *Team* und *Kommunikation*, anschließt (Kapitel 6.2).

6 Reflexion der IT-Kompetenzfelder: Didaktische Überlegungen

6.1 Vom bildungspolitischen zum didaktischen Handeln

In diesem Kapitel werden die drei meist referenzierten IT-Kompetenzfelder[109] *Selbstständigkeit* (siehe Kapitel 4.2.1), *Team* (siehe Kapitel 4.2.2) und *Kommunikation* (siehe Kapitel 4.2.3) noch einmal genauer und zwar aus einem didaktischen Blickwinkel heraus reflektiert und hinterfragt. Hierzu wird zunächst eine Rahmung definiert, in welcher diese Reflexion stattfinden soll. Als Grundlage dafür dienen Modelle, welche didaktisches Handeln auf unterschiedlichen Ebenen skizzieren. Betrachtet wurden unter anderem das von Schrader (2011, S. 98–107) entwickelte Mehrebenensystem der Weiterbildung sowie die fünf Ebenen didaktischen Handelns nach Flechsig und Haller (1975), die durch Tietgens, Schäffter, Weinberg und Siebert vom schulischen Anwendungsfeld auf die Erwachsenenbildung übertragen und weiter ausgeführt wurden (Siebert, 2019, S. 15–18). Im Folgenden sollen lediglich einige Grundgedanken dieser Strukturierungen aufgegriffen werden, um die drei Perspektiven *Makro-*, *Meso-* und *Mikroebene* zu unterscheiden. Diese unterliegen einer hierarchischen Ordnung, denen eine wechselseitige Beeinflussung, mindestens auf die darüber- bzw. darunterliegende Ebene, unterstellt wird. Dies bestätigen auch von Hippel et al. (2019), wodurch „... didaktische Entscheidungen auf beispielsweise der nationalen Ebene auch die Entscheidungsspielräume auf organisationaler Ebene rahmen und unter Umständen auch begrenzen ... [woraus sich ableiten lässt], dass die Realität der innenliegenden Ebene ... bei Entscheidungen auf darüberliegenden Ebenen mitbedacht werden sollte" (S. 25).

In Abbildung 6.1 findet sich eine auf den vorliegenden Untersuchungskontext angepasste Form der eingangs erwähnten Mehrebenenmodelle. Mit Verweis auf Darstellung 2.3 in Kapitel 2.7 [Fazit zu den feldtheoretischen Betrachtungen], welche das Berufsfeld *IT* und Lebenslanges Lernen als Subfelder der übergeordneten Felder *Arbeitsmarkt* und *Weiterbildung* innerhalb eines gesellschaftlichen Raumes spezifiziert, lassen sich die drei oben genannten Ebenen ergänzen. Genauer werden makro-, meso- und mikrodidaktische Perspektiven aus Sicht der beruflichen Weiterbildung im Hinblick auf das Feld des Lebenslangen Lernens reflektiert, mit dem Ziel des Erhalts einer Beschäftigungsfähigkeit der im Berufsfeld *IT* agierenden Arbeitnehmer:innen. Die auf die vorliegende Studie angepasste Rahmung definiert auf einer Makroebene zunächst eine *bildungspolitische und institutionelle Ebene*. Das heißt, anders als bei Schrader (2011, S. 103) soll nicht in eine „supranationale", „nationale" und „institutionelle" Ebene

109 Diese sind sowohl übergreifend als auch in allen vier betrachteten Tätigkeitsfeldern, *Projektarbeit, Consulting und Vertrieb, Administration, Netzwerk und Architektur, Softwareentwicklung und Programmierung* und *Anwenderbetreuung und Support*, unter den Top 3 genannt.

bzw. wie bei Siebert (2019, S. 16 f.) in „Bildungspolitik", „Institutionsdidaktik" und „Fachbereichsdidaktik" differenziert, sondern diese als eine gemeinsame Makroebene betrachtet werden. Da die Inhalte dieser Ebene im Rahmen der Untersuchung nicht explizit im Fokus stehen, werden gewisse Unschärfen dieser Einteilung akzeptiert und auch nicht weiter ausgeführt. Vielmehr gilt es, die Erkenntnisse aus Kapitel 3 (Ermittlung und Interpretation von Tätigkeitsfeldern und Kompetenzanforderungen), Kapitel 4 (Aggregation und Interpretation berufsfeldspezifischer IT-Kompetenzen zu IT-Kompetenzfeldern) und Kapitel 5 (Statistische Betrachtung und Auslegung von IT-Kompetenzfeldern in IT-Tätigkeitsfeldern) auf der darunterliegenden Mesoebene als Ausgangsbasis bzw. ergänzende Informationen für eine *Programm- und Angebotsplanung*[110] einzubetten. Auf der Mikroebene wird schließlich das eigentliche *Lehr-Lern-Handeln*[111] in den Blick genommen (von Hippel et al., 2019, S. 27). Eben diese Einteilung und ein ähnlich gelagertes Verständnis der Elemente der Makro-, Meso- und Mikroebene legen ferner auch Fleige und Robak (2018, S. 629) zugrunde.

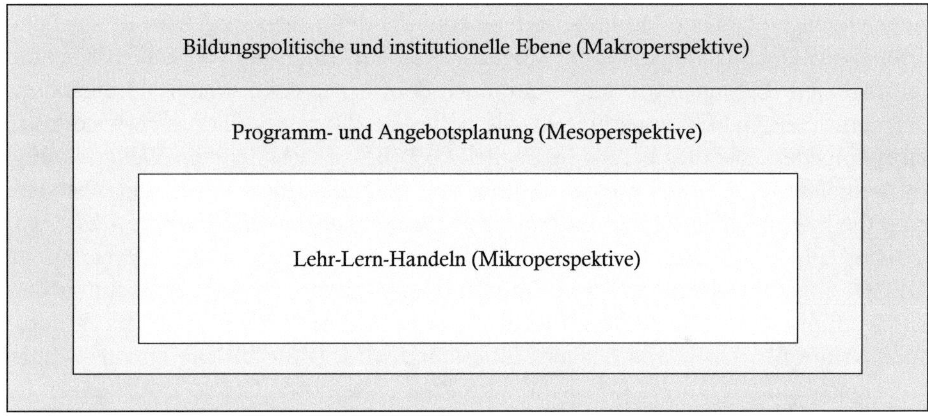

Abbildung 6.1: Differenzierung beruflicher Weiterbildung in eine Makro-, Meso- und Mikroebene (eigene Darstellung, in Anlehnung an Schrader [2011, S. 103] und Siebert [2019, S. 15–18])

Nachfolgend werden die einzelnen Ebenen aus Abbildung 6.1 kurz vorgestellt. Dabei besteht das Ziel, einen Überblick zu verschaffen und auf ausgewählte Akteure einzugehen sowie Einflussfaktoren zwischen den Ebenen zu diskutieren. Der Blick richtet sich hierbei auf das Feld der beruflichen Weiterbildung. Wie in Kapitel 2.6.2 [Berufliche Kompetenzentwicklung] bereits diskutiert, erfolgt dabei keine Gleichsetzung von Weiterbildung mit non-formaler Bildung. Vielmehr wird das Verständnis nach Kuper et al. (2017, S. 153) geteilt, dass eine Vielfältigkeit an formalen Möglichkeiten beruflicher Weiterbildung existiert (zum Beispiel berufsbegleitende, organisierte Wei-

110 Nach Schrader (2011, S. 103) als „Organisation der Weiterbildung" bezeichnet bzw. als „Seminarplanung" bei Siebert (2019, S. 17).

111 Als „Lehr-Lernprozesse in der Weiterbildung" bei Schrader (2011, S. 103) erfasst und bei Siebert (2019, S. 18) als „Lehr-Lernsituation" umschrieben.

terbildungsmaßnahmen), wie in Abschnitt 6.1.2 [Vom Bedarf zum Angebot] noch weiter ausgeführt wird und in Kapitel 2.6 [Lernen als berufliche Notwendigkeit und Chance] bereits thematisiert und diskutiert wurde.

6.1.1 Bildungspolitische und institutionelle Ebene

Die in Abbildung 6.1 referenzierte bildungspolitische und institutionelle Ebene umfasst Rahmungen und Institutionen, deren Schwerpunkt in der beruflichen Weiterbildung liegt. Als Akteure auf dieser Ebene benennt Schrader (2011, S. 103) neben anderen beispielsweise die „EU", die „OECD", den „Bund" sowie die „institutionelle Umwelt der Organisation". Siebert (2019, S. 17) verweist zudem auf bildungspolitische Gesetze, worunter sich auch das Sozialgesetzbuch II und III fassen lassen (siehe Kapitel 2.6). Die genannten Akteure werden im Diskurs durch Organe, Institutionen oder Regelungen repräsentiert und weniger in Form von Individuen (die diese letztendlich ausfüllen), wie auf den darunter liegenden Ebenen noch sichtbarer wird. Zur Schaffung eines Überblicks sei lediglich auf ausgewählte Aspekte im Kontext dieser Studie hingewiesen. So bilden bildungsbereichsübergreifende Instrumente, zum Beispiel der europäische Qualifikationsrahmen, Möglichkeiten zur Schaffung von Transparenz im europäischen Bildungsraum und somit auch dem beruflichen Weiterbildungsraum. Der deutsche Qualifikationsrahmen, als nationale Rahmung, lässt sich wiederum darin einbetten, wie dies bereits in Kapitel 2.6.1 [Besonderheiten von Weiterbildung im Berufsfeld IT] in Anlehnung an Dehnbostel (2021) diskutiert wurde. Des Weiteren kann die internationale Studie *Programme for the International Assessment of Adult Competencies (PIAAC)*[112] der Organisation for Economic Co-operation and Development (OECD) angeführt werden, deren Durchführung auf nationaler Ebene durch das Bundesministerium für Bildung und Forschung beauftragt und durch das Bundesministerium für Arbeit und Soziales unterstützt wird. Diese bislang einzige Studie in Deutschland (2009 - 2013)[113] hatte zum Ziel, „... zentrale Grundkompetenzen in der erwachsenen Bevölkerung – wie die Lesekompetenz, die alltagsmathematische Kompetenz und technologiebasiertes Problemlösen –, von denen angenommen wird, dass sie für die erfolgreiche Teilhabe an der heutigen Gesellschaft von zentraler Bedeutung sind" (Rammstedt, 2013, S. 11), zu untersuchen und international zu vergleichen. Erwachsene werden hierbei als Erwerbstätige im Alter zwischen 16 und 65 Jahren klassifiziert. Weiter merkt Rammstedt hierzu an, dass „durch den internationalen Vergleich ... deutlich [wird], wo Stärken liegen, wo Verbesserungsbedarfe für den Erwerb und Erhalt von Kompetenzen bestehen und welche Rolle beispielsweise Bildungsinstitutionen, Weiterbildungsaktivitäten und das Lernen am Arbeitsplatz für die Deckung dieser Bedarfe spielen können" (ebd., S. 11). Bezugnehmend auf die berufliche Weiterbildung könnten die aus der PIAAC Studie gewonnenen Einsichten mit Erkenntnissen aus der vorliegenden Untersuchung kombiniert werden, um Kompetenzbedarfe zusätzlich aus Sicht des deutschen IT-Arbeitsmarktes zu reflektieren. Auf diese Weise ließen sich Entscheidungen bei der Planung entsprechender Weiter-

112 Siehe https://www.oecd.org/skills/piaac/, abgerufen am 07.08.2022.

113 Siehe https://www.gesis.org/piaac/piaac-home, abgerufen am 07.08.2022.

bildungsprogramme und -angebote unterstützen, was auf der nächsten Ebene noch weiter ausgeführt wird (siehe hierzu auch Kapitel 2.4 [Weiterbildung und Gesellschaft]).

6.1.2 Vom Bedarf zum Angebot

Auf der Mesoebene soll demnach die Bedarfsermittlung bis hin zur Programm- und Angebotsplanung eingeordnet werden (Faulstich & Zeuner, 2010, S. 16, S. 54). Diese wird in der Regel „... von den hauptberuflich tätigen pädagogischen Mitarbeiterinnen und Mitarbeitern mit disponierenden und planenden Aufgaben gestaltet ...“ (Gieseke, 2018b, S. 11), in deren Hand es liegt, welche Programme und Angebote schließlich geplant und formuliert und welche inhaltlichen Kernbereiche festgelegt werden (ebd., S. 19–23). Unter dem Terminus *Programm* lassen sich „... mesodidaktisch konzipierte, thematisch-inhaltliche Angebotsbündelungen ... [erfassen, welche von] Fachstrukturen, von Alltags- und Verwendungssituationen, Qualifikations- und Kompetenzanforderungen übergreifender Art bestimmt werden“ (Fleige et al., 2018, S. 158). Programmplanung wie auch Angebotsplanung unterliegen dabei verschiedenen Einflussfaktoren. Einer dieser Faktoren kann das Feld Arbeitsmarkt darstellen. Wird dieser, wie in der vorliegenden Studie, als Ausgangsbasis genutzt, lassen sich daraus Kompetenzbedarfe in Form von Kompetenzanforderungen erheben und ebenso retrospektive Einsichten gewinnen. Dies zeigen auch die Erkenntnisse aus dem vom Bundesministerium für Bildung und Forschung geförderten Verbundprojekt *OTH mind* der Ostbayerischen Technischen Hochschule Regensburg und der Ostbayerischen Technischen Hochschule Amberg-Weiden. So lässt „eine Zusammenarbeit zwischen akademischen Weiterbildungsanbietern und Unternehmen ... die kontinuierliche Anpassung von Bildungsangeboten an die sich stets weiterentwickelnden Arbeitsplatzanforderungen zu“ (Wurdack & Bradshaw, 2020, S. 12). In Anlehnung an Gieseke (2006, S. 74) können auf diese Weise festgestellte (Kompetenz-)Anforderungen wiederum in Entscheidungsprozesse einer bedarfs- und bedürfnisgerechten Programmplanung einfließen. Faulstich und Zeuner (2010) führen in Bezug auf den Weiterbildungsbedarf aus, dass dieser häufig als

> „... eine feste Größe, die direkt ermittelbar, bestimmbar und messbar sei [, verknüpft wird]... das politische System, das Bildungssystem und Weiterbildungswesen sowie Unternehmen keineswegs statisch sind ... eine antizipative, offene Haltung gegenüber der Unübersichtlichkeit sozialer Trends, der Unsicherheit von Märkten [Anmerkung: wie dem Feld Arbeitsmarkt] und ihren Folgen für Unternehmen und Gesellschaft führt notwendigerweise dazu, dass die Erwachsenenbildung gesellschaftliche Entwicklungsperspektiven formuliert und durch Angebote unterstützt ... Bedarfe ergeben sich immer nur aus spezifischen Problemen in Bezug auf konkrete Akteure.“ (S. 41 f.)

Aus den Ausführungen von Faulstich und Zeuner ist erkennbar, dass es sich bei der Programm- und Angebotsplanung um keinen Selbstzweck handelt. Gleichzeitig wird deutlich, dass Bedarfs- und Bedürfnisermittlung sowie Programm- und Angebotsplanung komplexen sozialen Einflüssen unterliegen, die eine Objektivierung derselben vielmehr unmöglich erscheinen lassen, wenngleich auch „... individuelle Weiterbildungsbedürfnisse der Beteiligten ...“ (ebd., S. 46) Berücksichtigung finden sollen. Nach Siebert (2019) stellen demnach „... die Bildungsbedürfnisse Dreh- und Angelpunkt didaktischen Handelns“ (S. 75) dar.

Die aus den Stellenanzeigen abgeleiteten Kompetenzanforderungen des IT-Arbeitsmarktes lassen sich daher als zusätzliche (nicht ausschließliche) Markteinsicht nutzen, um eine Bedarfsanalyse auf der Mesoebene zu unterstützen (Faulstich & Zeuner, 2010, S. 49–51) und eine entsprechende Programm- und Angebotsplanung daran anzuschließen. Weiterführende Ausführungen zu Handlungen im Rahmen der Programm- und Angebotsplanung, beispielsweise durch das in Einrichtungen der Erwachsenenbildung tätige, pädagogisch ausgebildete Personal bis hin zur Planung von Veranstaltungen, sollen jedoch nicht weiter vertieft werden.

Vielmehr sei an dieser Stelle noch einmal darauf hingewiesen, dass, wie eingangs erwähnt und in Kapitel 2.6 [Lernen als berufliche Notwendigkeit und Chance] ausgeführt, ein Kontinuum beruflicher Weiterbildungsmöglichkeiten angenommen werden darf (Kuper et al., 2017, S. 153 f.). Differenziert man diese weiter aus, finden sich formale Weiterbildungsangebote und Veranstaltungen an Hochschulen (im Sinne wissenschaftlicher Weiterbildung), die beispielsweise in Form berufsbegleitender Studiengänge, Lehrgänge und Seminare angeboten werden und zu einem anerkannten Abschluss (zum Beispiel Bachelor, Master, Zertifikat etc.) führen, wie dies auch im Adult Education Survey (AES)-Trendbericht 2020 festgehalten ist (Bundesministerium für Bildung und Forschung, 2021, S. 65). Hervorzuheben sind beispielsweise Modulstudien, die es Berufstätigen erlauben, je nach Lebens- und Berufssituation *entschleunigter* zu lernen, verbunden mit der Möglichkeit der Anrechenbarkeit von Leistungen bei Aufnahme eines berufsbegleitenden Studiums. „So kann eine ‚Vereinzelung‘ von Modulen akademischer Weiterbildung dafür [sorgen], dass das Gefühl der Verpflichtung bzw. Gebundenheit an ein Fernziel (Studienabschluss) gemindert wird: Jedes abgeschlossene Modul stellt für sich eine kleine, aber lohnenswerte Investition in eine neue Kompetenz dar“ (Ainöder, 2018, S. 5). Darüber hinaus existiert eine Vielfalt non-formaler Angebote. Laut des AES-Berichts werden „non-formale Weiterbildungsaktivitäten ... nach wie vor überwiegend vom Arbeitgeber beauftragt ...“ (Bundesministerium für Bildung und Forschung, 2021, S. 55). Gleichzeitig zeigt ein Blick auf Anbieter beruflicher Weiterbildungsmöglichkeiten die offene, heterogene und zum Teil auch nicht reglementierte Weiterbildungslandschaft (ebd., S. 55–57), mit der Erwerbstätige in der Findungsphase und bei der Auswahl entsprechender Angebote konfrontiert sind und in die sich eine „Weiterbildungsberatung“ zur Orientierung (von Hippel et al., 2019, S. 25) integrieren lässt.

Zusammenfassend sei festgehalten, dass die Handlungselemente der Mesoebene in der vorliegenden Darstellung über die Bedarfs- und Bedürfnisermittlung bis hin zur Programm- und Angebotsplanung reichen und sich über diese zur darüber (Makro) und darunter liegenden Ebene (Mikro) abgrenzen lassen. Nach von Hippel et al. ist demnach „... die makrodidaktische Ebene vor allem als Rahmung didaktischen Handelns relevant ... (z. B. bildungspolitische(n) Ebene(n) ...) ... [während] auf der meso- und mikrodidaktischen Ebene im engeren Sinn didaktische Entscheidungen getroffen ... “ (ebd., S. 27) werden. Letztgenannte soll im Folgenden näher beleuchtet werden.

6.1.3 Lehr-Lern-Handeln

Auf der dritten, der mikrodidaktischen Ebene, wird das eigentliche Lehr-Lern-Handeln eingegliedert, welches „... die Durchführung konkreter (Lehr)-Veranstaltungen [sic]“ (Faulstich & Zeuner, 2010, S. 88) umfasst. Hier finden sich vor allem *Lehrende* (in Form von Kursleiterinnen und Kursleitern, Dozentinnen und Dozenten) wie auch *Teilnehmende* (Kursteilnehmer:innen, Erwerbstätige etc.) als Akteurinnen und Akteuere wieder (Schrader, 2011, S. 103). Die Beziehung dieser Akteurinnen und Akteure lässt sich durch das didaktische Dreieck[114] zum Ausdruck bringen (siehe Abbildung 6.2), welches sich unmittelbar auch auf die berufliche Weiterbildung übertragen lässt. Weiter halten von Hippel et al. (2019) fest, dass

> „... das didaktische Dreieck zunächst vorwiegend auf der mikrodidaktischen Ebene verortet [ist] ... jedoch auch für die mesodidaktische Ebene eine orientierende Funktion [hat], da auch in der Programmplanung Themen und Inhalte in Verbindung mit und Antizipation von Adressat:innen und Zielgruppen, also potenziellen Lernenden, geplant werden.“ (S. 22)

Dieser Umstand verdeutlicht die eingangs erwähnte wechselseitige Beeinflussung zwischen den unterschiedlichen Ebenen.

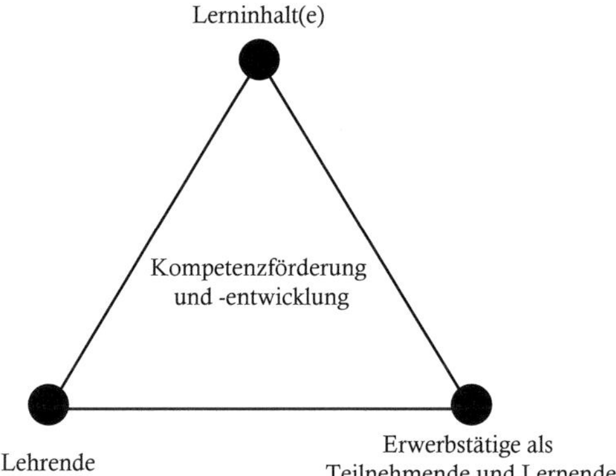

Abbildung 6.2: Auf die berufliche Weiterbildung angepasstes didaktisches Dreieck, erweitert um die Zieldimension der Kompetenzförderung und -entwicklung (eigene Darstellung, in Anlehnung an Faulstich und Zeuner [2010, S. 38 f.] und Siebert [2019, S. 273])

Neben den genannten Akteurinnen und Akteuren bilden die *Lerninhalte* eine dritte Dimension des didaktischen Dreiecks. Dabei besteht initial zwischen den Erwerbstätigen als Teilnehmende und Lernende und den Lerninhalten ein distanziertes Verhältnis, in welchem Lehrende in vermittelnder Funktion tätig sind, um das Distanzverhältnis im optimalen Fall aufzulösen (ebd., S. 21). Überträgt man diesen Gedanken auf die Förderung und Entwicklung von Kompetenzen als Zielstellung, so wird dieses Distanzverhältnis zunächst dadurch zum Ausdruck gebracht, dass eine bestimmte

114 In seinem Ursprung bereits im 19. Jahrhundert von Johann Friedrich Herbart skizziert (von Hippel et al., 2019, S. 20).

Kompetenzanforderung bzw. ein Bündel an Kompetenzen beim Lernenden noch nicht sichtbar ausgeprägt sind. Das bedeutet, es ist „... davon auszugehen, dass Personen Defizite in bestimmten Kompetenzen haben, weswegen diese eben ausgeglichen werden sollen" (Lerch, 2016, S. 214), sprich, eine Distanz überbrückt werden muss. Anders jedoch als bei der Aneignung von Fachkompetenz, welche durch die Vermittlung bzw. Bereitstellung spezifischer Lerninhalte gezielt aufgebaut werden kann, besteht bei der Aneignung überfachlicher Kompetenzen die Herausforderung, dass nicht zwingend angenommen werden darf, diese nach der Durchführung einer Maßnahme tatsächlich auch beim Lernenden ausgebildet zu haben. Diese Einschätzung begründet sich mitunter darin, wie berufliche Kompetenzen im Laufe des Berufslebens erworben werden. Dieser Erwerb kann als ein Prozess, geknüpft an Lebenslanges Lernen (Hof & Rosenberg, 2018, S. 3 f.), aufgefasst werden, um in einem Tätigkeitsbereich umfassend und übergreifend zu agieren, selbstbestimmt und verantwortungsbewusst aufzutreten sowie (kritische) Entscheidungen selbstständig zu treffen (siehe Kapitel 2.6.3 [Abgrenzung und Definition des Kompetenzbegriffes]). Fachkompetenz spielt selbstverständlich auch hierbei eine Rolle (Tippelt, 2018, S. 117 f.), gleichzeitig aber auch Kompetenzen, wie diese in Kapitel 4.2 in Form von Kompetenzfeldern erfasst und seitens des Arbeitsmarktes gefordert bzw. zum Ausdruck gebracht werden. Gerade aus dem Verständnis heraus, Kompetenzaufbau entspräche einem Prozess, wäre zu hinterfragen, ob nicht ein Ziel darin läge, Lernende dahin gehend zu motivieren, vor allem nach Abschluss einer (kompetenzfördernden) beruflichen Weiterbildungsmaßnahme, Lerninhalte auf die eigene berufliche Praxis zu übertragen und regelmäßig zu reflektieren. Dies bestätigen auch Edelmann und Tippelt (2007), indem „... berufsübergreifende Schlüsselqualifikationen nicht fachbeliebig und prozessunabhängig, sondern in berufsspezifischen und komplexen Problemsituationen erlernt werden. Besondere Bedeutung haben in diesem Zusammenhang projektorientierte Arrangements, die selbständige und kooperative Lernprozesse unterstützen ... [und] Handlungs- und Entscheidungsfreiräume [bieten], die eigenverantwortliches (Berufs-)Handeln ermöglichen" (S. 132). Diese prozessuale Perspektive des Lernens einnehmend, lässt sich ein *Entwickeln* (was auch ein *Umlernen* impliziert) von Kompetenzen eng mit positiv und negativ erlebten Erfahrungen im Lebensverlauf verknüpfen (Buck, 2019; von Felden, 2018, S. 45–61; Schenk, 2018, S. 63–81). Nach Fuhr (2018) heißt

> „Lernen als Wachstum und Anpassung [auch], Erfahrungen zu interpretieren und die Interpretationen an der Wirklichkeit handelnd zu testen. Lernen ist ein Anpassungsprozess an eine dingliche und soziale Umwelt, wobei die Umwelt nicht als statisch und vorgegeben gedacht wird. Anpassung ist wechselseitig: das Individuum passt sich an und greift damit in die Umwelt ein." (S. 94)

Indirekt trägt auch der:die Lehrende durch sein:ihr didaktisches Handeln dazu bei, selbst dann, wenn ein Seminar primär didaktisch konstruktivistisch gestaltet und der:die Lehrende aus der Rolle eines Moderators oder einer Moderatorin heraus den Lernprozess unterstützt (von Hippel et al., 2019, S. 107). So merkt in diesem Zusammenhang Siebert (2019) an, „... [es sei] nicht unwichtig, ob Lehrende sich mit dem Thema ‚identifizieren', ob sie es ‚verkörpern', ob sie eine thematische ‚Begeisterung' ausstrahlen" (S. 153), was sich wiederum auf Teilnehmende positiv auswirken kann, eine weiterführende Reflexion und Auseinandersetzung mit dem Lerngegenstand über eine Maßnahme hinaus aus Eigenantrieb anzuregen (Lerch, 2016, S. 205). Von Hippel et al. (2019) formulieren hierzu die Voraussetzung, „... Handlungsprobleme der Teilnehmenden überhaupt abzufragen und ... modellhaft in die Lehrsituation zu übernehmen, um den Transfer in die je eigene Praxis zu erleichtern und ... Übungssituationen zu schaffen, in denen ganz konkrete Kompetenzen dann auch eingeübt werden können“ (S. 99). Der Transfer von einer Lernsituation auf eine Alltags- oder Berufssituation liegt dann wieder beim Lernenden. Im Hinblick auf berufliche Kompetenzentwicklung muss diese letztendlich im Rahmen der Tätigkeitsausübung durch die Bewältigung beruflicher Situationen in Form individuellen, situativen Lernens stattfinden (ebd., S. 99 f.).

Die für den vorliegenden Forschungskontext gewählte, angepasste Einteilung in eine Makro-, Meso- und Mikroebene hatte zum Ziel, einen Überblick und eine Ausgangsbasis zu schaffen, um eine weiterführende Reflexion einzelner IT-Kompetenzfelder aus einer meso- und mikrodidaktischen Perspektive anzuschließen. Dabei steht im Vordergrund, Möglichkeiten und Grenzen zur Förderung der eingangs benannten Kompetenzfelder und deren enthaltene Einzelkompetenzen weiter zu erörtern und zu beleuchten.

6.2 (Un-)Möglichkeit der Förderung gefragter IT-Kompetenzen

Das vorliegende Kapitel soll einen Beitrag liefern, Aspekte möglicher (Un-)Förderbarkeit einzelner Kompetenzanforderungen zu diskutieren. Hierzu werden die Top-3-Kompetenzfelder *Selbstständigkeit* (siehe Kapitel 4.2.1), *Team* (siehe Kapitel 4.2.2) und *Kommunikation* (siehe Kapitel 4.2.3) betrachtet, die in Summe bereits 42,29 % aller Nennungen in den IT-Stellenanzeigen tätigkeitsbereichübergreifend ausmachen (siehe Tabelle 5.2). Im Fokus steht dabei, ob und wie sich diese Kompetenzfelder (und darin aggregierte Einzelkompetenzen) fördern und ausbilden und ob sich auch potenzielle Grenzen einer möglichen Förderung und Erlernbarkeit identifizieren lassen. Es sollen Fragestellungen erörtert werden, inwiefern das jeweilige Feld, genauer zugewiesene Kompetenzanforderungen, im Rahmen beruflicher Weiterbildung durch entsprechende Programme, Angebote oder Veranstaltungen (siehe Kapitel 6.1.2 [Vom Bedarf zum Angebot]) überhaupt (formal) förderbar ist. Dabei darf nicht aus den Augen verloren werden, selbst wenn in dieser Arbeit der Fokus auf der beruflichen Weiterbildung liegt, dass Kompetenzerwerb auch beiläufig, sprich informell, beispielsweise in Alltagssituationen und nicht ausschließlich am Arbeitsplatz oder durch organisierte Weiterbildung, stattfindet (siehe Kapitel 2.6.2 [Berufliche Kompetenzentwicklung]). Dies zeigt sich unter anderem daran, dass der Erwerb bestimmter Kompetenzen sehr stark an eine individuelle, lebensgeschichtliche Entwicklung gebunden ist (Lerch, 2016, S. 200–202). Diese Sichtweise soll noch einmal verdeutlichen, dass Kompetenzen nach außen stets durch das Individuum zum Ausdruck gebracht werden. Auch dann, wenn bestimmte Anforderungen seitens des Arbeitsmarktes in Stellenanzeigen formuliert werden, liegt es am Individuum, diese zunächst für das Selbst zu fördern und auszubilden. Jedoch lässt dieser Umstand mitunter auch einen auferlegten Zwang interpretieren. Kompetenzanforderungen, die von Arbeitgebendenseite formuliert werden, können als Steuerungsversuche aufgefasst werden, mit dem ultimativen Ziel, vor allem ökonomische Interessen der Unternehmen durch ihre entsprechend *kompetenten* Mitarbeiter:innen zu realisieren.

Geleitet wird die nachfolgende Diskussion anhand dreier Thesen, die nacheinander diskutiert werden. Dabei soll auf bestimmte Einzelkompetenzen der benannten Top-3-Kompetenzfelder näher eingegangen werden.

6.2.1 These 1: Selbstständigkeit ist nur bedingt förderbar

Wie aus den statistischen Analysen im vorherigen Kapitel 5 hervorging, wird das Kompetenzfeld *Selbstständigkeit*[115] in den IT-Stellenanzeigen am häufigsten angesprochen. Die zeitliche Betrachtung in Abbildung 5.2 zeigt darüber hinaus eine tendenziell steigende Nachfrage (ausgenommen das Tätigkeitsfeld *Administration, Netzwerk und Architektur*). Für die folgende Diskussion erfolgt eine nähere Betrachtung der Einzelkompetenzen *Selbstständigkeit* (45,63 %), *Verantwortung* (17,57 %), *Eigeninitiative* (15,75 %) und *Selbstverantwortung* (15,23 %) aus diesem Feld, die in Summe 94,18 % aller Nennungen ausmachen. Nähert man sich diesen Einzelkompetenzen, wird relativ schnell klar, dass eine curriculare Förderung und Erlernbarkeit nur bedingt gegeben sind. Da es sich hierbei um Selbstkompetenzen handelt, würde die Behauptung einer unmittelbaren Förderung durch eine spezifische Weiterbildungsmaßnahme eher unangemessen erscheinen. Wie Lerch in diesem Zusammenhang anmerkt, ist „... aufgrund der prozesshaften Ausbildung und Erweiterung von Kompetenzen mit der starken Bindung an das Subjekt ... das Lehren von Selbstkompetenzen eben nur in eingeschränktem Sinn zu realisieren“ (ebd., S. 207). Weiter führen Künne und Sauerhering (2012) aus:

> „Die Entwicklung von Selbstkompetenz ist als lebenslanger Prozess zu verstehen. Selbstkompetenz bezeichnet die Fähigkeit, in sich verändernden Zusammenhängen motiviert und aktiv gestaltend handeln zu können. Die Handlungsfähigkeit des Einzelnen hängt entscheidend von der Fähigkeit ab, Wissen und Emotionen miteinander zu verknüpfen. Für die Selbstkompetenzförderung sind (professionelle) pädagogische Beziehungen ebenso von zentraler Bedeutung wie die Gestaltung der Lernumgebung.“ (S. 7)

Diese Gedanken sollen am Beispiel berufsbegleitender Studiengänge[116] exemplarisch weiter ausgeführt werden. Bereits in Kapitel 6.1.2 wurde diese Art von Studiengängen

115 Rückblickend auf Kapitel 4.2.1 zeichnet sich das Kompetenzfeld *Selbstständigkeit* durch die Aggregation der Kompetenzanforderungen *Selbstständigkeit, Verantwortung, Eigeninitiative, Selbstverantwortung, Proaktivität, Selbstmanagement, Pflichtbewusstsein* und *Selbstbestimmung* aus.

116 Es sei angemerkt, dass berufsbegleitende Studiengänge nur einen Teil möglicher beruflicher Weiterbildungsmaßnahmen darstellen und unter Umständen auch an Vorbedingungen, wie eine akademisch geprägte Vorbildung, geknüpft sind. Wie in Kapitel 2.5.1 [Bestandsaufnahme des IT-Arbeitsmarktes in Deutschland] festgestellt, kann allerdings einem überwiegenden Anteil (82,97 %) aller sozialversicherungspflichtig Beschäftigten der Berufskategorie Informatik-, Informations- und Kommunikationstechnologieberufe eine akademische Ausbildung unterstellt werden (siehe Tabelle 2.1), was eine Fokussierung auf diese Art der Maßnahme rechtfertigt. Nichtsdestotrotz sind auch beruflich Qualifizierte für eine wissenschaftliche Weiterbildung zu berücksichtigen. Diesbezüglich soll an dieser Stelle

kurz thematisiert und als formales berufliches Weiterbildungsangebot aufgefasst. Es darf davon ausgegangen werden: Wer berufsbegleitend studiert, verfolgt in der Regel ein intrinsisch motiviertes Ziel, beispielsweise das Erreichen eines Studienabschlusses mit der Aussicht auf eine Verbesserung der beruflichen Rolle oder die Entwicklung der eigenen Persönlichkeit. Richtet man den Blick auf die Förderung der eingangs genannten Selbstkompetenzen, muss nicht zwingend ein Studiengang gewählt werden, der sich ausschließlich aus Teilnehmenden des eigenen beruflichen Feldes zusammensetzt. Mit Bezug auf die vorliegende Studie bedeutet dies konkret, dass es sich nicht notwendigerweise um ein Angebot handeln muss, welches für eine Zielgruppe im Berufsfeld IT konzipiert wurde. Dies könnte unter Umständen sogar kontraproduktiv auf eine Förderung von Selbstkompetenzen wirken, da Perspektiven außerhalb unbeachtet blieben und damit ein Blick auf alternative Handlungsmöglichkeiten nicht gegeben wäre. Je nach subjektiver Erwartungshaltung und Zielsetzung (zum Beispiel Erlangung von neuem Wissen über IT-Fachthemen bis hin zur Diskussion und Reflexion beruflicher Erfahrungen in Kleingruppen) ist eine Auswahl der „richtigen" Maßnahme individuell zu treffen. Hinsichtlich Selbstkompetenzen kann jedoch ein Blick auf Angebote, die speziell für Studiengruppen mit heterogenen beruflichen Hintergründen konzipiert wurden und deren Ausrichtung neben der Vermittlung von Fachwissen auch auf den Diskurs zwischen den Teilnehmenden ausgerichtet sind, lohnenswert sein. Siebert (2017) beschreibt diesen Umstand bezüglich der Gruppendynamik in Seminaren wie folgt: „So erleichtert die Homogenität einer Gruppe die Kohäsion und damit das Zusammengehörigkeitsgefühl. Doch eine heterogene Gruppe ist oft aufgrund der Vielfalt des Wissens und der Erfahrungen interessanter und lerneffektiver" (S. 101).

Nach Auffassung von Lerch (2016) werden zudem „einzelne Selbstkompetenzen ... sehr stark lebensgeschichtlich erworben, können aber teilweise bewusst gelernt bzw. verbessert werden" (S. 200). Dies lässt sich auch auf die hier betrachteten Selbstkompetenzen übertragen, womit jedoch auch Restriktionen einer möglichen intentionalen Förderung dieser Einzelkompetenzen sichtbar werden. Bezugnehmend auf das Beispiel eines berufsbegleitenden Studiums soll daher unterstellt werden, dass die genannten Selbstkompetenzen, wie Selbstständigkeit, Verantwortung (gegenüber anderen), Eigeninitiative und Selbstverantwortung, auf diese Weise innerhalb eines formalen Rahmens als omnipräsent notwendige Dispositionen, quasi informell im Verlauf eines solchen Studiums, gefördert werden, wenn auch dies weitestgehend nicht durch eine bewusste Wahrnehmung bei den Teilnehmenden erfolgt.

Selbstständigkeit wird beispielsweise bereits dadurch gefördert, das die berufliche Weiterbildungsmaßnahme selbstständig im Spannungsfeld zwischen Privat- und Berufsleben organisiert und eine individuelle Balance gefunden wird. Die Arbeit in Kleingruppen kann ebenso zur Förderung von Selbstständigkeit beitragen. Darüber hinaus muss bei der Aufteilung eines gemeinsam zu erarbeitenden Projektes in Teilaufgaben Verantwortung gegenüber der Gruppe als auch Eigeninitiative und

---

auf einen Beitrag von Knörl und Herdegen (2017) hingewiesen sein, jedoch keine weitere Vertiefung erfolgen.

Selbstverantwortung übernommen werden, um Ziel- und Zeitvorgaben einzuhalten. Unabhängig vom Inhalt des Seminars oder der Lehrveranstaltung findet somit unbewusst eine ständige Auseinandersetzung und damit einhergehende Entwicklung dieser Selbstkompetenzen statt.

Im betrieblichen Umfeld gelingt dies unter anderem durch eine gemeinsame Abstimmung von Zielvorgaben mit dem/der Vorgesetzten oder das kooperative Übertragen neuer Aufgaben und Verantwortungen an die/den Mitarbeitende:n. In regelmäßig stattfindenden Gesprächen kann der Status überprüft und unter Umständen Zielvorgaben neu ausgerichtet werden, wobei der/die Vorgesetzte in beratender Funktion auftritt. Obendrein kann eine Förderung von Selbstkompetenzen auch implizit über die auszuübende berufliche Rolle erfolgen. Beispielsweise finden sich im Tätigkeitsbereich *Projektarbeit, Consulting und Vertrieb* (siehe Kapitel 5.4.1) unter anderem vertriebsnahe Stellenbeschreibungen, die Gestaltungsräume versprechen, gleichzeitig aber auch Verantwortlichkeiten auf Mitarbeiter:innen übertragen, was wiederum einen hohen Grad an Selbstständigkeit, Eigeninitiative und Selbstverantwortung erfordert.

Wesentlich bei den genannten Beispielen ist, sei es in Form akademisch (oder anderweitig) geprägter beruflicher Weiterbildung oder Weiterbildung im Betrieb, dass die getroffenen Maßnahmen durch das lernende Subjekt intrinsisch motiviert sind, damit entsprechende Selbstkompetenzen überhaupt förderbar und anregbar sind. In diesem Zusammenhang führt Siebert (2019) aus: „Ohne den Wunsch zu lernen, ohne einen Lernwillen, ein Minimum an intrinsischer Motivation kommt ein nachhaltiger Lernprozess nicht zustande. Gelernt wird letztlich nur das, was als sinnvoll, subjektiv bedeutsam und/oder praxisrelevant wahrgenommen wird“ (S. 75).

Wie die statistischen Analysen in Kapitel 5 zeigten, besteht ein hoher Bedarf seitens des Berufsfeldes *IT*, was die Forderung nach Einzelkompetenzen im Feld *Selbstständigkeit* betrifft. Jedoch konnte im Verlauf der vorliegenden Diskussion festgestellt werden, dass eine Förderung dieser Kompetenzen nur eingeschränkt gelingen kann. Die Frage, die dabei unbeantwortet bleibt, ist, wie dieses Feld seitens der Arbeitgeber:innen in der Praxis tatsächlich wahrgenommen werden kann, wenn eine Entwicklung der benannten Einzelkompetenzen verstärkt auf einer informellen und lebensgeschichtlichen Ebene stattfindet. Eine Forderung dieser in Stellenanzeigen stellt somit auch eine Herausforderung des Nachweises für potenzielle Bewerber:innen dar, das Vorhandensein solcher Kompetenzen zu beweisen, was wiederum daran liegt, dass sich diese in der Regel nicht unmittelbar zertifizieren lassen, worauf auch Siebert (ebd., S. 270–272) hinweist. Wünschenswert wäre deshalb eine Interpretation der Personalverantwortlichen dahin gehend, dass beispielsweise durch das erfolgreiche Absolvieren eines entsprechend konzipierten berufsbegleitenden Studiums in gewisser Weise auch eine Förderung und weitere Entwicklung der benannten Selbstkompetenzen bei den Teilnehmenden angeregt wurde. Dies kann allerdings nur hypothetisch angenommen werden. Zudem stellt eine Vermittlung solcher Selbstkompetenzen als explizit formuliertes Studienziel auch die Anbieter von Weiterbildungsmaßnahmen vor Herausforderungen, existieren „systematische, didaktisch-methodische Konzepte zur hochschulischen Kompetenzvermittlung ... in Deutschland bisher jedoch nur vereinzelt“ (Grützmacher et al., 2021, S. 297).

6.2.2 These 2: Teamkompetenz kann entwickelt werden

Im Gegensatz zum Feld *Selbstständigkeit*, welches sich hauptsächlich aus Selbstkompetenzen zusammensetzt, finden sich innerhalb des Kompetenzfeldes *Team* eher unmittelbar förderfähige und erlernbare Einzelkompetenzen, allen voran die in diesem Feld dominierende teambezogene Kompetenz[117]. Auf den ersten Blick scheint es berechtigt, zu hinterfragen, ob es sich bei der Forderung nach Teamkompetenz seitens der Arbeitgeber:innen um nicht mehr als eine inflationäre Anwendung[118] der Terminologie *Teamfähigkeit* handelt oder ob der Nennung dieses Kompetenzfeldes doch die Ernsthaftigkeit entgegengebracht werden muss, die sie auch verdient. Da sich diese Vermutung im Zuge dieser Studie nicht weiter auflösen lässt, soll angenommen werden, dass Teamkompetenzen in der beruflichen IT-Praxis durchaus einen hohen Stellenwert einnehmen. Wie die Analyse in Kapitel 5.5 zeigte, handelt es sich bei dieser Kompetenz immerhin um die am häufigsten in den IT-Stellenanzeigen nachgefragte (siehe Tabelle T5 im Anhang), die mitunter in den Tätigkeitsfeldern *Softwareentwicklung und Programmierung* und *Anwenderbetreuung und Support* einen zunehmenden Bedarf vermuten lässt (siehe Abbildung 5.3). Fasst man Teamkompetenzen weiter[119], so wie dies im vorliegenden Kompetenzfeld geschah, ergibt sich ein umfangreicheres Bild, ohne den Blick ausschließlich auf Teamfähigkeit zu richten.

Im Folgenden soll der Frage nachgegangen werden, inwiefern sich teambezogene Kompetenzen fördern lassen. Zunächst sei in Anlehnung an das didaktische Dreieck (siehe Abbildung 6.2) angemerkt, dass beim Aufbau dieser Kompetenz ein über konkrete Lerninhalte vermitteltes theoretisches Wissen unterstützen kann, so beispielsweise Kenntnisse über die unterschiedlichen Teamentwicklungsphasen nach Tuckman (1965), welche Teams durchlaufen, um Teambildungsprozesse, etwa in einer Projektsituation im beruflichen Alltag, adäquat einordnen und einschätzen zu können. Dieses Wissen kann anschließend als Fundament dienen, darauf aufbauend teambezogene Kompetenzen zu fördern. Nach diesem Vorgehen sind typischerweise auch einschlägige Seminare zur Teambildung oder zur Zusammenarbeit in Teams strukturiert. Beginnend mit einer theoretischen Einführung und Wissensvermittlung wechseln sich häufig Theorie und praktische Anwendungsphasen (Thöne-Geyer, 2004, S. 165 f.) in Form von Erfahrungsaustausch oder Übungen in Kleingruppen ab. Hinsichtlich einer Förderbarkeit dieser Kompetenz soll eine Anmerkung von Seelheim und Witte (2007) aufgegriffen werden, die darauf hinweisen, „Teamfähigkeit als Soziale Kompetenz und Schlüsselqualifikation weist einen Zusammenhang zur Persönlichkeit des Menschen auf“ (S. 82), was wiederum lediglich eine eingeschränkte bzw. auf bestimmte Facetten von Teamfähigkeit gerichtete Förderfähigkeit impliziert. Anders gesagt, erlaubt dies den Rückschluss, dass im Zusammenhang mit Teamkompetenz stehende, weitere in diesem Feld erfasste Einzelkompetenzen wie *Kooperation*, *Integration*, *Kollegialität*,

117 Mit einem Anteil von 93,93 % der Einzelkompetenz *Team* im vorliegenden Feld nimmt diese eine vorherrschende Stellung ein (siehe Tabelle 5.2).

118 Das Kompetenzfeld *Team* wird absolut in den meisten Stellenanzeigen referenziert (siehe Tabelle T10).

119 Innerhalb des Kompetenzfeldes *Team* wurden neben teambezogenen Kompetenzen zudem die Einzelkompetenzen *Aufgeschlossenheit*, *Kooperation*, *Kontaktfreudigkeit*, *Interkulturalität*, *Hilfsbereitschaft*, *Kollegialität*, *Networking* und *Integration* aggregiert (siehe Kapitel 4.2.2).

Hilfsbereitschaft, *Kontaktfreudigkeit* oder *Aufgeschlossenheit* stärker lebensgeschichtlich geprägt sind, als dass sich diese durch einzelne Maßnahmen gezielt fördern lassen. So beispielsweise anderen in der Gruppe gegenüber und deren Sichtweisen aufgeschlossen zu sein, im Team aufeinander zu achten und kooperativ wie integrativ zu agieren, anderen zu helfen und die Gruppe und nicht das Selbst in den Mittelpunkt zu stellen. Dabei verweist Thöne-Geyer (2004) auf die „,Vermittlungsproblematiken' beim Aufbau [solch] sozialer Kompetenz ... [, da] die individuelle Ausprägung von Teilnehmenden in ... Bildungsveranstaltungen nicht genügend berücksichtigt wird oder auch werden kann" (S. 168). Daher sollte Lernen an individuell auslegbaren ‚Fallbeispielen' orientiert sein, Theorien vielmehr der ‚Aufklärung' von Verhaltensmustern dienen und Lehrende verstärkt als Vermittler:innen auftreten (ebd., S. 169). Diese Empfehlungen, die das Individuum in den Lernmittelpunkt stellen, sind heute noch genauso aktuell wie damals. Hieran sei deshalb der Gedanke angeschlossen, dass eine Förderung der betrachteten Kompetenzen unter Umständen durch spezifische, für das Berufsfeld *IT* ausgelegte Weiterbildungsangebote noch bewusster erfolgen kann, zum Beispiel durch das Wahrnehmen eines Workshops zum Arbeiten in virtuellen Teams oder zur Teambildung in Projektteams. Gerade mit Blick auf die vier in dieser Studie formulierten IT-Tätigkeitsbereiche (siehe Kapitel 5.4) kann auf diese Weise bei den Teilnehmenden eine stärkere Identifikation mit der eigenen beruflichen IT-Praxis erfolgen, was sich wiederum positiv auf motivationale Aspekte der Kompetenzentwicklung auswirkt. In diesem Zusammenhang wurde bereits im vorherigen Kapitel 6.2.1 auf die intrinsische Lernmotivation der Teilnehmenden hingewiesen, die auch zur Förderung der in diesem Feld verorteten Einzelkompetenzen eine notwendige Voraussetzung bildet.

6.2.3 These 3: Allgegenwärtigkeit kommunikativer Kompetenz

Bei der Betrachtung kommunikativer Kompetenz werden in Grundzügen Parallelen zum Kompetenzfeld *Team* erkennbar: Zum einen in der Forderung nach Kommunikationsfähigkeit als durchaus auch berechtigt anzunehmender, überbordend genutzter Begriff seitens der Arbeitgeber:innen. Viel mehr jedoch in Bezug auf deren Präsenz, die sich für das Berufsfeld *IT* maßgeblich in mündlicher (verbaler) wie auch schriftlicher Kommunikation in den Stellenanzeigen ausdrückt[120], wenngleich diese einem verhältnismäßig konstanten Nachfragetrend unterliegt, ausgenommen das Tätigkeitsfeld *Softwareentwicklung und Programmierung* (vergleiche Quartal 2020 [Q3/Q4] zu Quartal 2021 [Q1/Q2] in Abbildung 5.4). Auch hier kann über entsprechend konzipierte Lerninhalte zunächst theoretisches Wissen über kommunikative Prozesse aufgebaut werden, wie zum Beispiel die vier Seiten einer Nachricht von Schulz von Thun (2022, S. 15)[121] oder die fünf metakommunikativen Axiome von Watzlawick et al. (2017,

120 *Kommunikation* wird in den IT-Stellenanzeigen als zweithäufigste Einzelkompetenz referenziert (siehe Tabelle T5 im Anhang). Die ebenfalls diesem Kompetenzfeld zugeschriebene Kompetenz *Argumentation* rangiert lediglich auf Rang 83 (siehe ebenfalls Tabelle T5 im Anhang).

121 59. Ausgabe Januar 2022, Originalausgabe veröffentlicht im Oktober 1981.

S. 57–82)[122]. Die Gültigkeit dieser bereits vor Jahrzehnten aufgestellten Theorien ist unbestritten. Gerade das von Watzlawick et al. zum Ausdruck gebrachte Axiom „*Man kann nicht* nicht *kommunizieren*“ (ebd., S. 60) veranlasste die Formulierung der eingangs genannten These. Dies unterstreicht die Omnipräsenz von Kommunikation und deren Einfluss und Anschlussfähigkeit auf andere Kompetenzfelder (wie das Feld *Team* und weitere aus Kapitel 4.2) und deren Einzelkompetenzen. Hinsichtlich des Erwerbs kommunikativer Kompetenz sei ebenfalls auf Watzlawick et al. verwiesen: „Und ebenso offensichtlich ist, dass der Mensch von den ersten Tagen seines Lebens an die Regeln der Kommunikation zu erlernen beginnt, obwohl diese Regeln selbst, dieser Kalkül der menschlichen Kommunikation, ihm kaum jemals bewusst werden“ (ebd., S. 13). Diese Feststellung erlaubt die Folgerung, dass ein Teil unserer kommunikativen Kompetenzen unweigerlich lebensgeschichtlich erworben wird, was allein durch die ständige Gegenwärtigkeit von Kommunikation geschieht. Nichtsdestotrotz finden sich auch Möglichkeiten der Förderung. Wie eingangs erwähnt, kann Kommunikation aus unterschiedlichen Winkeln betrachtet werden, zum Beispiel in Form mündlicher oder schriftlicher Kommunikation. Einige ausgewählte Beispiele, die eine mögliche Förderung forcieren können, sollen nachfolgend kurz diskutiert werden.

Mündliche Kommunikation kann auf vielfältige Weise trainiert werden. So finden sich beispielsweise Rhetorik-, Stimm- und Kommunikationstrainings, Workshops, die das Argumentieren in Verhandlungssituationen einüben oder zur Kommunikation in der Beratung. Auch hier soll der Gedanke, wie bereits für das Kompetenzfeld *Team* formuliert, wiederholt werden, dass die Wirksamkeit der Maßnahmen durch spezifische, auf das Berufsfeld *IT* bzw. auf dessen Berufsrollen zugeschnittene Angebote erhöht werden kann. Ein Seminar zur Förderung kommunikativer Fähigkeiten anhand eines Beratungsgespräches unterscheidet sich beispielsweise grundlegend dahin gehend, ob die Sicht eines IT-Consultants eingenommen wird oder es sich um eine Beratung in einem anderen beruflichen Feld handelt. Die Identifikation mit der eigenen beruflichen Praxis erlaubt daher einen einfacheren Transfer auf individuelle berufliche Handlungssituationen. Auf der anderen Seite können auch bewusst berufsgruppenübergreifende Maßnahmen, die sich aus einer heterogenen Gruppe Teilnehmender zusammensetzen (siehe Kapitel 6.2.1), wahrgenommen werden, um zum Beispiel eine sprachliche Übersetzungsleistung in fachfremde Disziplinen einzuüben. Insbesondere mit Bezug auf die Tätigkeitsfelder *Projektarbeit, Consulting und Vertrieb* (siehe Kapitel 5.4.1) oder *Softwareentwicklung und Programmierung* (siehe Kapitel 5.4.3) ist es je nach Berufsrolle von Relevanz, fachliche Anforderungen in Softwarefunktionen zu übersetzen und gemeinsam mit einem Fachbereich eine technische Lösung im Kontext spezifischer Geschäftsprozesse zu entwickeln. Dindas (2021) führt hierzu an: „... in praxisorientierter Lehre, tritt der Transfer, also die Erwartung an die Hochschule, dass die Ergebnisse ihres Tuns und Wirkens für die Wirtschaft und letztlich die Gesellschaft auch unmittelbar nutzbar gemacht werden“ (S. 98),

122 1. Nachdruck 2022 der 13., unveränderten Auflage 2017. Titel der Originalausgabe (1967): Pragmatics of Human Communication: A Study of Interactional Patterns, Pathologies, and Paradoxes.

in den Vordergrund, was wiederum „... weniger konkretes fachliches Wissen und damit reine Fachkompetenz, sondern vielmehr persönliche, soziale und insbesondere Transferkompetenzen“ (S. 100) erfordert.

Überdies sind dem auch Grenzen gesetzt. Kommunikative Kompetenzen können zwar in Übungssituationen erprobt werden, um eine gewisse Routine bei den Teilnehmenden zu schaffen (von Hippel et al., 2019, S. 99). Reale Handlungssituationen hingegen lassen sich in der Regel nie vollends in Übungssituationen simulieren, sondern höchstens durch Reflexion bewusst machen, wie beispielsweise entstehender Druck in einer Verhandlungssituation (ebd., S. 107 f.).

Neben der mündlichen Kommunikation verweisen die Anforderungen in den Stellenanzeigen zudem auf schriftlich-kommunikative Kompetenz. Auch hierzu finden sich durchaus Angebote beruflicher Weiterbildung, wie zum Beispiel eine Schreibwerkstatt, schriftliche Kommunikation mit Kundinnen und Kunden oder das Verfassen von E-Mails und Blogartikeln im beruflichen Kontext. Der Fokus liegt hierbei auf der inhaltlichen und strukturellen Ebene, um beispielsweise Verkaufsargumente entsprechend prägnant und interessant zu formulieren, zu gestalten und im Text zu positionieren. Im Vergleich zu verbaler Kommunikation lässt sich diese Art der kommunikativen Kompetenz durch Einübung und professionelles Feedback wesentlich zielgerichteter fördern und aus einer Übungssituation heraus in eine berufliche Handlungssituation übertragen. So kann ein Anschreiben für eine Kundin oder einen Kunden im Rahmen eines Workshops aufgesetzt und auf seine Wirksamkeit hin in der Gruppe reflektiert werden, ehe dieses tatsächlich an den Endkunden oder die Endkundin gesandt wird.

Die betrachteten Beispiele zeigen die vielfältigen Förderungsmöglichkeiten kommunikativer Kompetenzen. Allerdings muss auch bezüglich dieser Kompetenzen bedacht werden, dass sie sich zudem im Laufe des Lebens ausprägen. Abschließend sei in Anbetracht der Ausrichtung dieser Studie noch einmal darauf verwiesen, dass einerseits Kommunikation als Kompetenz und andererseits Sprache als unabdingbares Kommunikationsmittel die Voraussetzungen bilden, damit crossdisziplinäre Setups überhaupt gelingen können. Dabei ist eine Bewusstmachung unterschiedlicher sprachlicher Ebenen (zum Beispiel eine divergente Auslegung von Fachbegriffen in unterschiedlichen Disziplinen) und, wie in Kapitel 3.1 [Forschungsmethodik und Studiendesign] angedeutet, die Schaffung von Zugängen notwendig, um crossdisziplinär zu kommunizieren und zu kooperieren. Nach dem zweiten Axiom von Watzlawick et al. (2017, S. 64) tritt somit der Beziehungsaspekt in den Vordergrund, der den Inhaltsaspekt bestimmt: „Der Inhaltsaspekt vermittelt die ‚Daten‘, der Beziehungsaspekt weist an, wie diese Daten aufzufassen sind“ (S. 63). Dies verdeutlicht die Bedeutung kommunikativer Kompetenz auch im Sinne einer didaktischen Fähigkeit.

6.3 Abschließende didaktische Gedanken

In Anlehnung an unterschiedliche Mehrebenenmodelle wurde zu Beginn dieses Kapitels eine strukturelle Gliederung didaktischer Handlungsebenen geschaffen (siehe

Kapitel 6.1), auf deren Grundlage eine mögliche Förderung der Kompetenzfelder *Selbstständigkeit, Team* und *Kommunikation* erörtert wurde. Dies geschah anhand der Formulierung dreier Thesen: (a) *Selbstständigkeit ist nur bedingt förderbar,* (b) *Teamkompetenz kann entwickelt werden* und (c) *Allgegenwärtigkeit kommunikativer Kompetenz.* Die jeweilige Diskussion dieser Thesen fand anschließend auf einer meso- und mikrodidaktischen Ebene (siehe Kapitel 6.2.1, 6.2.2 und 6.2.3) statt.

Es stellte sich heraus, dass insbesondere die im Feld *Selbstständigkeit* überwiegend aggregierten Selbstkompetenzen fast ausschließlich biografisch durch Situationen im Alltag, im Beruf, in der Familie etc. erworben werden. So zeigen sich bereits in der frühkindlichen Erziehung Potenziale zur Entwicklung von Selbstkompetenzen, die „... eine wichtige Voraussetzung für Lernprozesse und für die Handlungsbahnung ... [darstellen]. Somit hat deren Förderung einen bedeutenden Einfluss auf die Persönlichkeitsentwicklung und deren Entfaltung" (Brand et al., 2017, S. 190). Dies unterstreicht auch noch einmal deren bedingte Förderbarkeit und die Herausforderungen eines expliziten, formalen Nachweises. Etwas anders gelagert verhält es sich bei den betrachteten Einzelkompetenzen der Felder *Team* und *Kommunikation.* Auch hier spielt der Lebensverlauf und eine damit einhergehende Prägung der betrachteten Einzelkompetenzen eine Rolle, jedoch bestehen mehr Möglichkeiten einer intentionalen Förderung. Es existiert somit ein Kontinuum, nicht nur, was berufliche Weiterbildungsmaßnahmen angeht, sondern auch die Art der Förderung durch bestimmte Angebote. Am Beispiel eines berufsbegleitenden Studiums ergab sich aus der Diskussion des Feldes *Selbstständigkeit,* dass Selbstkompetenzen eher informell bzw. indirekt gefördert werden. Bei Betrachtung der anderen beiden Kompetenzfelder hingegen konnten viel eher (berufs-)spezifische Ansätze identifiziert werden, die einer möglichen Förderung zuträglich sein können.

Weiter kann festgehalten werden, dass ein isoliertes Fördern bestimmter Einzelkompetenzen nur eingeschränkt gelingt, da häufig auch andere Kompetenzen unmittelbar miteinbezogen oder gar nicht erst ausgeklammert werden können. Wird beispielsweise ein Teamtraining durchgeführt, um teambezogene Kompetenzen zu fördern, muss auch im Team kommuniziert und gegebenenfalls Verantwortung gegenüber der Gruppe übernommen werden. In diesem Zusammenhang verweisen Seelheim und Witte (2007) auf „... ihre [Anmerkung: Kommunikationsfähigkeit] Wichtigkeit im Zusammenhang mit Teamfähigkeit ... Kommunikationsfähigkeit ... als notwendige, allein jedoch nicht hinreichende Voraussetzung für Teamfähigkeit ..." (S. 78). Ein anderes Beispiel sind Unternehmensplanspiele: „Dabei werden unternehmerisches Denken und Handeln sowie Entscheidungskompetenz ... geschult. Zudem werden sozial-kommunikative Kompetenzen erworben, die für die Arbeit in Projektteams notwendig sind" (Hellwig & Schroll-Decker, 2020, S. 48). Das soll heißen, je nach Umfang und Ausrichtung, zum Beispiel vom Tagesworkshop mit spezifischem Schwerpunktthema bis hin zum berufsbegleitenden Studium, werden nicht nur einzelne Kompetenzen gefördert, sondern unter Umständen ganze Kompetenzbündel (auch informell) angeregt. Diese Bandbreite stellt Individuen vor die nicht triviale Aufgabe, sich gemäß ihres Entwicklungsbedarfs und ihrer motivationalen Aspekte für ein oder mehrere Angebote beruflicher Weiterbildung zu entscheiden.

Teilweise sind die Erwerbstätigen auf der Suche nach beruflichen Weiterbildungsmaßnahmen auch in der Zwickmühle, wenn sich die Frage nach internen oder externen Maßnahmen stellt. Unternehmen bieten ihren Mitarbeiterinnen und Mitarbeitern betrieblich gesteuerte Schulungsangebote meist kostenneutral und in der Regel auch im Rahmen der Arbeitszeit an. Darüber hinaus werden den Mitarbeitenden zum Teil schnellere Karrieremöglichkeiten versprochen, als über anderweitige, externe Angebote. Diese Zusprüche sind jedoch auch mit Makel behaftet, da entsprechende Maßnahmen unter Umständen zu sehr am Unternehmenskontext ausgerichtet sind und versuchen zu instrumentalisieren. Ferner behalten die Arbeitgeber:innen die volle Kontrolle über die berufliche Weiterbildung ihrer Belegschaft. Auf der anderen Seite kann die Wahl einer außerbetrieblichen Weiterbildung zwar geduldet sein, wird dann jedoch dem/der Mitarbeitenden selbst überlassen (zum Beispiel in Bezug auf Kosten, Organisation etc.)[123]. Dieser Weg kann zunächst mühsamer erscheinen. Gelingt es hingegen, vor allem in Anbetracht akademischer Weiterbildung, finanzielle und organisatorische Hürden (zum Beispiel Dauer der Maßnahme über mehrere Jahre oder zeitlicher Mehraufwand neben Familie, Berufsleben, Freizeit etc.) (Ainöder, 2018, S. 3 f.) zu überbrücken, bieten externe berufliche Weiterbildungsangebote die Chance, sich von Zwängen der Organisation und des unternehmerischen Handelns zu befreien. Unter Umständen führt dies auch zu einer stärkeren Rückbesinnung auf das eigene Selbst, um auf diese Weise, außerhalb wirtschaftlicher Denkmuster, Freiheiten und Entfaltungsmöglichkeiten zu nutzen, die gerade auch der Förderung von Selbstkompetenzen zuträglich sein können. Künne und Kuhl (2017) weisen zudem auf den Beziehungsaspekt zur Selbstkompetenzentwicklung hin:

> „Solange -- in einer gelungenen Beziehung -- das Selbst einer Person aktiviert ist, werden alle Prozesse, die in der Beziehung angeregt werden ... als positive Erfahrung in das Selbst integriert und unterstützen dort die Selbstkompetenzen ... Aus diesem Grund verfliegen auch Effekte von vielen sogenannten Motivationsseminaren. Hier gibt es zunächst oberflächliche, gute Stimmung, die aber durch mangelnde „echte" Beziehung nicht das Selbst erreicht und somit nicht dauerhaft „von selbst" wirksam werden kann: Kurzfristige Motivationseffekte können logischerweise nicht ins Selbst integriert werden, wenn das Selbst nicht aktiviert ist." (S. 28)

Gerade unter diesen Gesichtspunkten kann eine längerfristig angelegte Weiterbildungsmaßnahme positiv wirken, da den Teilnehmenden dadurch die Möglichkeit geboten wird, untereinander ein Vertrauens- und Beziehungsverhältnis aufzubauen.

Grundsätzlich gilt es also abzuwägen, ob der Blick über den Tellerrand hinaus gewagt werden soll, was eher für eine Förderung von Selbstkompetenzen spräche (siehe Kapitel 6.2.1), oder ob man sich innerhalb des eigenen Berufsfeldes orientiert, um möglichst Handlungssituationen aus der Berufspraxis zu simulieren und zu trainieren (siehe Kapitel 6.2.2 und 6.2.3). Eine solche Auseinandersetzung ist auch dahin gehend relevant, da in Anlehnung an Lerch (2016)

123 Auf der anderen Seite muss auch festgehalten werden, dass zahlreiche Beispiele von Arbeitgebenden existieren, die eine bewusste Öffnung und Förderung externer Maßnahmen befürworten und ihre Mitarbeiter:innen entsprechend finanziell oder durch Freistellung unterstützen.

> „auch der scheinbar am besten qualifizierte und selbstkompetente Mitarbeiter … eine Steigerung oder die Konservierung seiner Kenntnisse, seines Wissens und Könnens nötig [habe]. Daher lohnt es sich, auch für bereits kompetente Personen Weiterbildungen anzubieten oder deren informell erworbene Kompetenzen in den Blick zu nehmen." (S. 214)

Hieraus lässt sich ableiten, dass man also nie vollständig kompetent ausgebildet sein kann. Es handelt sich vielmehr um einen Prozess lebenslangen Lernens und lebensgeschichtlichen Erwerbs, lediglich unterstützt durch punktuelle Förderung. Diese Feststellung schafft eine immerwährende Präsenz der in diesem Kapitel diskutierten Kompetenzfelder[124] über die komplette Erwerbstätigkeitsphase und darüber hinaus. Vor diesem Hintergrund sei kritisch auf eine zwanghafte (Neu-)Ausrichtung an ökonomischen Unternehmenszielen hingewiesen. Heißt es beispielsweise von Arbeitgebendenseite, Mitarbeiter:innen im IT-Vertrieb müssen zukünftig technisch versierter werden, sind vor allem die in Kapitel 6.2.1 benannten Selbstkompetenzen gefordert. Zu berücksichtigen ist hierbei immer auch die Lernmotivation. Siebert (2019) führt in diesem Zusammenhang aus:

> „Eine ausschließlich von außen [Anmerkung: durch den Arbeitgebenden] »veranlasste«, extrinsisch motivierte Seminarteilnahme ist verlorene Zeit, es sei denn, es gelingt während des Seminars, ein Lerninteresse zu wecken. Mag uns Pädagog/innen ein Thema noch so wichtig und interessant erscheinen -- entscheidend für das Gelingen von Bildungsarbeit ist, dass es auch von den Adressat/innen als bedeutungsvoll erlebt wird." (S. 75)

Nur wer willig und fähig ist, sich über Anreize und (Pflicht-)Schulungsangebote hinaus eigeninitiativ, selbstständig und selbstverantwortlich neu auszurichten, wird diesen Schritt auch gehen. Jedoch sind diese dafür notwendigen Kompetenzen eben nur bedingt förderbar bzw. werden bei der Transformation einer Berufsrolle schlichtweg unterschätzt.

Überdies konnte festgestellt werden, dass eine Bestätigung von Kompetenzen durch das Absolvieren einer formalen beruflichen Weiterbildungsmaßnahme nur in eingeschränktem Maße gelingt. Auch wenn die Wirkung von Zertifikaten und deren Relevanz in der Erwerbstätigkeit (auch als Motivationsfaktor) nicht unterschätzt werden darf, stellt sich trotz alledem die Frage eines *Sichtbarmachens*. In der beruflichen IT-Praxis kann dies beispielsweise durch Zertifizierungen erfolgen, die das Ziel haben, den eigenen Professionalisierungsgrad innerhalb des Berufsfeldes *IT* (und darüber hinaus) vergleichbar zu machen. Auch wenn diese Zertifizierungen, wie beispielsweise der „Technical Specialist"[125] der „The Open Group"[126], nicht darauf ausgelegt sind, spezifische Kompetenzen transparent zu machen, so kann über den Nachweis einer solchen, zumindest implizit, deren Vorhandensein zum Ausdruck gebracht

124 Dies lässt sich grundsätzlich auf alle in dieser Studie systematisierten Kompetenzfelder (siehe Kapitel 4.2) und darüber hinaus übertragen.

125 Auf diese Zertifizierung wurde bereits in Kapitel 2.6.3 [Abgrenzung und Definition des Kompetenzbegriffes] hingewiesen.

126 Siehe https://www.opengroup.org/certifications/certified-technical-specialist-open-cts, abgerufen am 11.08.2022.

werden. Diese Einschätzung manifestiert sich in den Anforderungen an ebendiese. Beispielsweise werden kommunikative Kompetenzen sowohl in schriftlicher Form, durch Ausformulierung und Aufbereitung erforderlicher Berufserfahrung, wie auch verbaler Form, in einem abschließenden Interview mit Fachexperten, abgefragt. Der Nachweis teambezogener Kompetenzen erfolgt zum Beispiel durch die Tätigkeit in interkulturellen und geschäftsbereichsübergreifenden Projekten. Die eingangs diskutierten Selbstkompetenzen werden unter anderem durch die intrinsische Motivation, den Zertifizierungsprozess in Eigeninitiative, selbstverantwortlich und selbstständig zu induzieren und zu durchlaufen, zum Ausdruck gebracht, was je nach Professionalisierungsgrad einen Zeitraum mehrerer Jahre umfassen kann. Dinkelaker (2018) stellt weiter in Bezug auf das Bescheinigen von Lernen durch Zertifikate heraus:

> „Je klarer dieser Wert des Zertifikats und die Voraussetzungen seines Erwerbs definiert sind und je mehr Personen und Organisationen dem Zertifikat Vertrauen schenken, desto bedeutender wird das Zertifikat für die Einschätzung von Wissens- und Lernerwartungen in einem bestimmten Handlungsfeld. Umgekehrt verlieren tendenziell diejenigen Fähigkeiten an Bedeutung, deren Erwerb nicht zertifiziert wird." (S. 214)

Da der Nachweis primär im Lebensverlauf erworbener Kompetenzen mit genau dieser Herausforderung behaftet ist, gilt es umso mehr, diese beispielsweise durch zuvor genannte Möglichkeiten der Zertifizierung zumindest indirekt sichtbar zu machen.

Zuletzt soll ein weiteres Mal auf berufsbegleitende Studiengänge als Maßnahme beruflicher Weiterbildung eingegangen und einige bemerkenswerte Erkenntnisse aus einer Untersuchung zu einem kompetenzorientierten Studienmodell (Grützmacher et al., 2021) aufgegriffen werden. Der Ausgangspunkt der Studie lag im grundlegenden Verständnis des Kompetenzbegriffes, Studierende auf eine dynamische, durch Unberechenbarkeiten und Unübersichtlichkeiten geprägte Arbeitswelt vorzubereiten, was auch auf das Berufsfeld *IT* zutrifft. Zunächst wurde konstatiert, dass neben der Vermittlung von Fach- und Methodenkompetenzen kompetenzorientierte Lehre vor allem das Simulieren und Einüben von (praktischen) Handlungssituationen vorsieht, um Kompetenzen zielgerichteter zu fördern (ebd., S. 297 f.). Auf diesen Umstand wurde bereits in Kapitel 6.2.3 zur Förderung kommunikativer Kompetenz hingewiesen. Des Weiteren stellt die sogenannte „Verblockung" der Inhalte als strukturelles, organisatorisches Merkmal einen Grundgedanken des Modells dar, um projektorientiert und praxisnah zu lehren und lernen (ebd., S. 299 f.). Auch diese Eigenschaft lässt sich bei berufsbegleitenden Studiengänge beobachten. Hellwig und Schroll-Decker (2020) führen hierzu positiv aus, „die blockweise Organisation von wWB-Veranstaltungen hat den Vorteil, dass sich Präsenzphasen mit beruflichen und privaten Verpflichtungen besser vereinbaren lassen" (S. 51). Darüber hinaus darf angenommen werden, dass sich als Folge der Praxisverzahnung der Lerninhalte eine damit einhergehende Förderung von Kompetenzen bei den Teilnehmenden sogar noch verstärkt[127], da die Studierenden (in der Regel überwiegend) parallel zum Studium auch weiterhin

127 Im Vergleich zu Studierenden, die ein solches Modell in einer primären Ausbildungsphase durchlaufen und unter Umständen weniger außerhochschulische Praxiserfahrung und Verzahnungsmöglichkeiten in das Studium einbringen.

in ihrem Unternehmen und ihrer Berufsrolle tätig sind. Grützmacher et al. (2021) stellen zudem heraus, „die zeitliche Verdichtung eines Themas ... erschwert den Fokus auf reine Wissensvermittlung und begünstigt studierendenzentrierte und -aktivierende Formate“ (S. 300). Auch dies wurde bereits in Kapitel 6.1.3 erwähnt, indem der/die Lehrende vielmehr auf eine Verständigung im Lehr-Lern-Handeln abzielt und weniger als Wissensvermittler auftritt. Selbst die genannten Limitationen, bedingt durch Effekte von Privathochschulen, wie beispielsweise „kleine Gruppen, eine individualisierte Betreuung und das Erheben von Studiengebühren“ (ebd., S. 309), lassen sich so auch bei berufsbegleitenden Studiengängen in der Weiterbildung antreffen. Aus den Evaluationsergebnissen der Studie kann festhalten werden, dass die Studierenden am Ende ihre „... Methoden- und Selbstkompetenz ... subjektiv ... größer wahrgenommen“ (ebd., S. 308) haben.

Abschließend lässt sich zusammenfassen, dass die Übertragung der Untersuchungsergebnisse auf berufsbegleitende Studiengänge zu einer hohen Wiedererkennung typischer Merkmale führte. Dies soll die Vermutung stützen, dass sich diese als eine geeignete Maßnahme und Möglichkeit beruflicher Kompetenzförderung und -entwicklung anbieten. Mit Blick auf die deutsche Hochschullandschaft zeichnet sich überdies ein grundsätzlicher Paradigmenwandel ab. Dieser zeichnet sich vor allem durch eine Verschiebung „... von der lehrenden und wissenszentrierten Ausrichtung der Lehre zu einer studierenden- und kompetenzausgerichteten Lehre“ (A. Becker, 2022, S. 3) aus, was wiederum auch die wissenschaftliche Weiterbildung beeinflussen könnte. Jedoch hält A. Becker auch fest, dass zur Erreichung dieser Zielstellung „... nicht nur die digitalen Strukturen und ihre Lehr- und Lernangebote, sondern auch die Betrachtung des physischen Lehr- und Lernraums sowie die Organisation von Hochschulen...“ (ebd., S. 74 f.) gesamtheitlich gesehen werden müssen, wie durch das Projekt *Lernwelt Hochschule*[128] sichtbar wurde. Überdies verwies auch der Wissenschaftsrat schon 2015 darauf, „ein Hochschulstudium soll die Studierenden befähigen, komplexe berufliche Tätigkeiten auszuüben und ihre individuellen (Weiter-)Bildungs- und Erwerbsbiographien erfolgreich zu gestalten. Den Hochschulen fällt dabei die Aufgabe zu, die drei zentralen Dimensionen akademischer Bildung – (Fach-)Wissenschaft, Persönlichkeitsbildung und Arbeitsmarktvorbereitung – ... zu berücksichtigen“ (Wissenschaftsrat, 2015, S. 7). Betrachtet man die in berufsbegleitenden Studiengängen gegebene Verzahnung zwischen Lerninhalten und beruflicher Praxis, werden hierdurch Voraussetzungen geschaffen, kompetenzorientierte Lehre und Angebote im Sinne berufsbezogener Weiterbildung zu realisieren und weiterzuentwickeln, die eine Förderung der Kompetenzfelder *Selbstständigkeit, Team* und *Kommunikation* bedingen können.

Wie in diesem Kapitel ebenfalls diskutiert, umfasst die Förderung von Kompetenzen „Lernaktivitäten über die gesamte Lebensspanne“ (Hof, 2018, S. 185), was auch die Phase der Erwerbstätigkeit einschließt. Berufliche Weiterbildungsmaßnahmen sollten demnach eine Integration in individuelle „Lebensphasen“ der Teilnehmenden ermöglichen, ein Umstand, dem in Anlehnung an Hof auch zukünftig „... eine grö-

128 Siehe https://learning-research.center/lernwelt-hochschule/, abgerufen am 02.10.2022.

ßere Bedeutung beizumessen [ist] und ... Lebensphasen nicht nur als biologische Altersphasen zu begreifen, sondern als sozio-kulturell gerahmte Zeiträume" (ebd., S. 187) zu berücksichtigen sind. Weiter führt Hof aus, dass „Lernen als biographischer Sinnbildungs- und Transformationsprozess" (ebd., S. 188) verstanden werden kann, worin sich auch Kompetenzentwicklung widerspiegelt.

In diesem Zusammenhang stellt die crossdisziplinäre Herangehensweise dieser Studie eine Chance dar, Kompetenzbedarfe seitens des Arbeitsmarktes quantitativ zu erheben und interpretativ zu systematisieren, um auf diese Art gewonnene Erkenntnisse in eine Planung beruflicher Weiterbildungsmaßnahmen mit einzubeziehen. Im letzten Kapitel dieser Arbeit soll die Fortsetzung dieser crossdisziplinären Auseinandersetzung und Diskussion noch einmal aufgegriffen werden. Hierzu werden zunächst die eingangs (Kapitel 1.2) aufgestellte Forschungsfrage und formulierten Hypothesen reflektiert (Kapitel 7.1), ehe auf weiterführende Forschungsmöglichkeiten eingegangen (Kapitel 7.2) und ein letztes Resümee (Kapitel 7.3) als Ausblick gezogen werden soll. In Bezug auf die zyklische Feststellung von Kompetenzanforderungen im IT-Arbeitsmarkt wurde in diesem Kapitel somit auch der letzte Schritt aus Phase 2, die didaktische *Bewertung* ausgewählter Kompetenzfelder, komplettiert (siehe Kapitel 1.2, Abbildung 1.1).

7 Berufliche Weiterbildung und quantitativ-interpretative Kompetenzermittlung im Berufsfeld IT: Fortsetzung einer crossdisziplinären Diskussion

7.1 Bewertung der Forschungsfrage und Hypothesen

Die in Kapitel 1.2 formulierte Forschungsfrage und die daran geknüpften Hypothesen sollen an dieser Stelle noch einmal aufgegriffen und abschließend bewertet werden. Im Fokus der Untersuchung stand dabei folgende Fragestellung:

> Wie lassen sich durch den Einsatz quantitativ-interpretativer Methoden, in den Phasen 1 und 2[129], Erkenntnisse über geforderte Kompetenzen aus Onlinestellenangeboten für das Berufsfeld IT ableiten, diese in IT-Kompetenzfeldern systematisieren und im Kontext spezifischer IT-Tätigkeitsfelder auslegen, sodass eine anschließende Nutzbarkeit für die berufliche Weiterbildung gegeben ist?

Zur schrittweisen Beantwortung dieser Forschungsfrage stand der Einsatz quantitativer Methoden aus den Bereichen des maschinellen Lernens (Machine Learning, Deep Learning) und des Natural Language Processings (natürliche Sprachverarbeitung) in Kombination mit interpretativen Überprüfungs- und Bewertungsschritten im Fokus, mit dem Ziel, Kompetenzbedarfe seitens der Arbeitgeber:innen im Berufsfeld *IT* zu ermitteln. Bezugnehmend auf Kapitel 1.1 [Forschungsstand und Forschungslücke] soll zudem in keiner Weise eine alleinige Betrachtung quantitativ erhobener Kompetenzanforderungen ohne eine crossdisziplinäre Perspektive aus der Erwachsenenbildung und Weiterbildung motiviert werden. Vielmehr sind die quantitativen Methoden unterstützend zu verstehen, was gerade angesichts einer inhaltlichen Interpretation und Bewertung der erhobenen Kompetenzen ersichtlich wurde und in einer für das Berufsfeld *IT* spezifischen Auslegung und Systematisierung mündete. Die feldtheoretische Grundlegung dieser Arbeit (siehe Kapitel 2) und vor allem der Vorschlag einer Systematisierung berufsfeldspezifischer IT-Kompetenzen (siehe Kapitel 4) sowie daran geknüpfte didaktische Überlegungen zu den Top-3-Kompetenzfeldern (siehe Kapitel 6) sollen eine Nutzbarkeit der gewonnenen Erkenntnisse, beispielsweise für eine Programm- und Angebotsplanung in der beruflichen IT-Weiterbildung, motivieren.

129 Zyklus zur iterativen Feststellung und Systematisierung von Kompetenzanforderungen im (IT-)Arbeitsmarkt zur Unterstützung einer Programm- und Angebotsplanung in der (beruflichen) Weiterbildung (siehe Abbildung 1.1).

Im Hinblick auf die erste Hypothese

a. *IT-Stellenangebote lassen sich mittels quantitativ-interpretativer Methoden in unterschiedliche IT-Tätigkeitsfelder klassifizieren*

konnten vier Berufsgruppen und deren Tätigkeitsfelder, nämlich *Projektarbeit, Consulting und Vertrieb, Administration, Netzwerk und Architektur, Softwareentwicklung und Programmierung* und *Anwenderbetreuung und Support*, identifiziert werden (siehe Kapitel 3.6).

Die zweite Hypothese

b. *Es können Kompetenzen aus IT-Stellenangeboten mittels quantitativer Methoden abgeleitet werden*

kann ebenfalls bestätigt werden. Im Rahmen der Annotation von Kompetenzanforderungen diente der Kompetenz- und Synonymatlas von Erpenbeck und Heyse als Referenz (siehe Kapitel 3.7.2). Auf dieser Grundlage konnte anschließend ein spezifisches Sprachmodell zur Erkennung von Kompetenzen in IT-Anforderungsprofilen trainiert und erstellt werden (siehe Kapitel 3.7.3). Die Resultate ließen sich schließlich für den Aufbau einer Wissensbasis (siehe Kapitel 3.7.4) nutzen.

Hinsichtlich der dritten Hypothese

c. *Die mittels quantitativer Methoden abgeleiteten IT-Kompetenzen lassen sich in spezifischen IT-Kompetenzfeldern interpretativ verorten und systematisieren*

kann festgehalten werden, dass sich diese innerhalb einer umfangreichen Systematisierung erfassen und setzen ließen. Im Rahmen dieser Studie wurden hierzu die Top-15-IT-Kompetenzfelder herausgegriffen und die jeweils aggregierten Kompetenzen und deren Verknüpfungen diskutiert (siehe Kapitel 4.2). Abschließend wurden die Top-3-Kompetenzfelder aus didaktischer Perspektive noch einmal näher beleuchtet und deren (Un-)Möglichkeiten einer Förderbarkeit erörtert (siehe Kapitel 6).

Somit ließen sich im Verlauf der Studie sowohl die Forschungsfrage als auch die formulierten Hypothesen überprüfen und bestätigen. Im Folgenden werden ausgewählte weiterführende Forschungsmöglichkeiten kurz skizziert und diskutiert, die im Verlauf dieser Studie identifiziert wurden und als Anregungen möglicher crossdisziplinärer Anschlussforschungen dienen können.

7.2 Weiterführende Forschungsmöglichkeiten

Zunächst soll der Hinweis aus Kapitel 3.5.6 aufgegriffen werden, wonach sich auf Grundlage der semantischen Informationseinheit der Vorteile zusätzliche Fragestellungen untersuchen ließen. So finden sich in den Vorteilen Formulierungen, welche die Motivation zur eigenständigen beruflichen Weiterentwicklung und Weiterbildung herausstellen oder auf entsprechende Maßnahmen seitens der Arbeitgeber:innen aufmerksam machen, wie dies bereits in Kapitel 3.7.4 [Aufbau einer Wissensbasis] angesprochen wurde. Beispiele sind unter anderem Formulierungen wie „Bereitschaft und Interesse an ständiger Weiterbildung“, „Individuelle Entwicklungs- und Weiterbildungsmöglichkeiten“ oder „Auf Ihre Bedürfnisse und Wünsche zugeschnittene Weiterbildung“. Diese Phrasen schließen dabei nicht zwingend ein, dass entsprechende Kompetenzanforderungen auch in den Anforderungsprofilen der Stellenanzeigen artikuliert werden. Mittels einer kombinierten Analyse aus Anforderungen und Vorteilen könnte auf diese Weise ein erweitertes Bild rund um die Kompetenz *Lernen* entwickelt werden, um diese im Sinne der beruflichen Weiterbildung eingehender zu ergründen und weitere Forschungsfragen daran anzuknüpfen.

Unmittelbar an die in Kapitel 5 durchgeführten Auswertungen der einzelnen Kompetenz- und Tätigkeitsfelder ließe sich eine sogenannte Assoziationsanalyse ergänzen. Als Beispiel kann der Apriori-Algorithmus angeführt werden. Der eigentliche Verwendungszweck dieses Algorithmus liegt im Bereich der Warenkorbanalyse, um Häufungen zu untersuchen und Regeln der Form „Wenn A, dann auch B“ (inklusive statistischer Kennzahlen) aus einem Textkorpus abzuleiten (Agrawal & Srikant, 1994). Dieses Prinzip ließe sich auf den vorliegenden Forschungskontext übertragen. So könnten beispielsweise Kompetenzfelder oder Einzelkompetenzen identifiziert werden, die innerhalb des IT-Textkorpus (übergreifend oder je Tätigkeitsfeld) gemeinsam artikuliert werden. Bei dieser Vorgehensweise ist jedoch zu bedenken - anders als bei den ausführlich diskutierten Wortvektoren (siehe Kapitel 3.6.3) -, dass eine kontextuelle Nähe nicht unmittelbar gegeben ist. Sollte der Apriori-Algorithmus jedoch ausschließlich auf dem textuellen Inhalt des Anforderungsprofils implementiert werden, spielt diese Eingrenzung gemäß der Untersuchung eines gemeinsamen Auftretens von Kompetenzfeldern oder Einzelkompetenzen eine untergeordnete Rolle, was den Einsatz einer Assoziationsanalyse durchaus motiviert. Je nach Perspektive, entweder aus Sicht einzelner Kompetenzanforderungen oder deren Aggregation zu Kompetenzfeldern, wäre es auf diese Weise möglich, Erkenntnisse über ein gemeinsames Auftreten spezifischer Kompetenzkombinationen abzuleiten, die sich für weiterführende Untersuchungen nutzen ließen.

Des Weiteren können die in Kapitel 5.3 dargestellten zeitlichen Verläufe der IT-Kompetenzfelder genutzt werden, um temporale Veränderungen innerhalb des IT-Arbeitsmarktes festzustellen. Eine mögliche Zielstellung wäre, zu überprüfen, ob bestimmte Kompetenzen überhaupt noch in Stellenanzeigen nachgefragt oder bereits implizit seitens des Arbeitsmarktes für bestimmte IT-Berufsgruppen angenommen werden. Diese Erkenntnisse könnten genutzt werden, um beispielsweise Angebote beruflicher Weiterbildungsmaßnahmen hinsichtlich ihrer Aktualität zu überprüfen. Um diese im Detail äußerst komplexen Zusammenhänge systematisch zu erforschen, würden jedoch weitere Sichtweisen und zusätzliche Daten benötigt werden.

Unabhängig von quantitativen Analysemöglichkeiten ließe sich die Forschungsmethodik und das Studiendesign um komplementäre qualitative Komponenten erweitern. Beispielsweise könnten während des Aufbaus der Wissensbasis (siehe Kapitel 3.7.4) Interviews als ergänzende Informationsquelle zur Auslegung und Interpretation von Kompetenzen aus berufsfeldspezifischer Sicht dienen, um unter anderem Ambiguitäten aufzulösen. Im Verlauf dieser Studie wurde mehrfach auf diesen Umstand hingewiesen, hingegen auch herausgestellt, dass ein solches Vorgehen im Rahmen dieser Untersuchung nicht praktikabel erschien und dadurch den Kosten-Nutzen-Faktor überstiegen hätte. Überdies sei die Anmerkung erlaubt, inwiefern der/die Autor:in einer Anzeige (in der Regel die inserierenden Unternehmen oder Personaldienstleister) direkt angefragt werden kann oder die Analyse auf einige wenige Unternehmen oder Personaldienstleister gerichtet werden müsste, um eine Interpretation in einem Unternehmenskontext zu bewahren. Dies hätte unter Umständen den negativen Effekt, dass bei einer eng begrenzten Auswahl die feldtheoretische Perspektive in Bezug auf eine Repräsentation des IT-Arbeitsmarktes an Bedeutung verlieren könnte. Dessen ungeachtet, kann der Einsatz von Interviews eine Erweiterung der hier angewandten Methoden darstellen, sollte jedoch im Rahmen des Studiendesigns und der entsprechenden Forschungsfrage berücksichtigt werden.

Eine weiterführende inhaltliche Ausrichtung würde sich ergeben, sollten zusätzliche Berufsgruppen, unabhängig vom Berufsfeld IT, untersucht werden. Die konzeptionell-methodische Vorgehensweise dieser Studie kann zu diesem Zweck repliziert werden. Spezifische Inhalte wären an neue Berufsfelder anzupassen, beispielsweise im Rahmen der modellhaften Abbildung eines Berufsfeldes (siehe Kapitel 3.4). Auf bereits erstellten Trainingsdaten kann unter Umständen aufgesetzt werden, indem technische Ansätze aus dem Umfeld des Transferlernens (Ruder et al., 2019) zum Einsatz kommen. Eine Eignung eines solches Ansatzes für die in dieser Studie erhobenen Daten und Modelle müsste jedoch zunächst validiert werden. Außerdem setzt eine berufsfeldspezifische Analyse ein Verständnis über die entsprechende Untersuchungsdomäne voraus, um die Schritte der Qualitätssicherung, Bewertung und Interpretation gemäß eines crossdisziplinären Ansatzes adäquat realisieren zu können. Durch die Erforschung weiterer Berufsgruppen und deren Tätigkeitsfelder können diese einerseits autonom betrachtet oder andererseits innerhalb des übergeordneten Feldes *Arbeitsmarkt* miteinander in Beziehung gesetzt werden. Ferner ließen sich aus einem berufsfeldübergreifenden Vergleich weitere Erkenntnisse zu Kompetenzen für die berufliche Weiterbildung im Sinne einer Programm- und Angebotsplanung ableiten. Auf diese Weise wird wiederum die eingangs deklarierte, aus der Feldtheorie begründete Schnittmenge zwischen den Feldern *Arbeitsmarkt* und *Weiterbildung* sichtbar (siehe Abbildung 2.1), die als Teile eines gesellschaftlichen Raumes beleuchtet wurden.

7.3 Schlussbetrachtungen

Das Ziel dieser Studie bestand darin, Kompetenzen in Form einer Systematisierung bestehend aus Kompetenzfeldern für das Berufsfeld *IT* schrittweise zu erarbeiten, zu diskutieren und zu analysieren, um aus weiterbildnerischer Sicht eine zusätzliche Orientierung anhand im Berufsfeld *IT* geforderter Kompetenzen und deren Tätigkeitsfeldern zu ermöglichen. An dieser Stelle sei nochmals rückblickend auf Kapitel 1.2 der Prozess zur zyklischen Feststellung von Kompetenzanforderungen aufgegriffen. Mit Blick auf Abbildung 7.1 sollen die zentralen Forschungsaspekte und der sukzessive Erkenntnisgewinn während des Durchlaufens der im Verlauf dieser Studie betrachteten Phasen 1 und 2 abschließend reflektiert werden. Hierzu wurde der Zyklus um die zusätzlichen Elemente *Daten*, *Informationsextraktion* und *Wissen* erweitert, wie in Darstellung 7.1 visualisiert und nachfolgend erläutert wird.

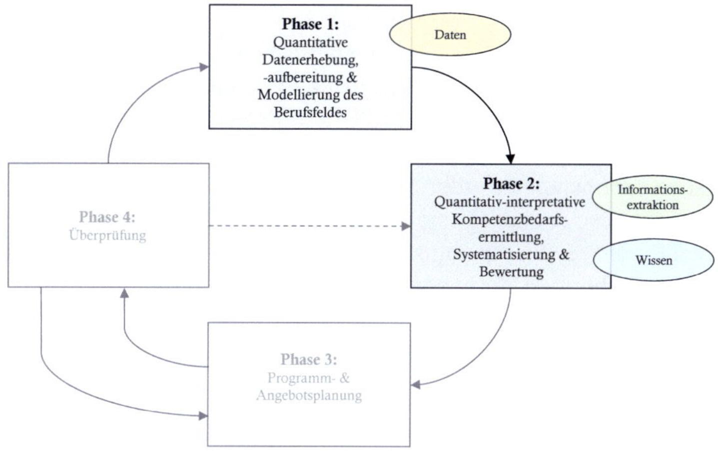

Abbildung 7.1: Sukzessiver Erkenntnisgewinn im Rahmen der Phasen 1 und 2 zur zyklischen Feststellung und Systematisierung von Kompetenzanforderungen im (IT-)Arbeitsmarkt zur Unterstützung einer Programm- und Angebotsplanung in der (beruflichen) Weiterbildung (eigene Darstellung)

Die Datengrundlage dieser Untersuchung bildeten Stellenanzeigen aus einem Onlinekarriereportal, welche zunächst berufsgruppenunabhängig erfasst wurden. Durch einen bedachten Umgang mit der Ausgangsdatenbasis konnte gleich zu Beginn eine irreversible Fehlentscheidung im Hinblick auf die Ableitung eines IT-Textkorpus basierend auf der O*NET-SOC-Codierung während der Phase der quantitativen Datenerhebung, -aufbereitung & Modellierung des Berufsfeldes vermieden werden (siehe Kapitel 3.4.2). Die daraus resultierende Designentscheidung ermöglichte letztendlich die Schaffung einer modellhaften Abbildung des deutschen IT-Arbeitsmarktes. Hierzu wurden Grundannahmen definiert und eine Auswahl von IT-Stellenanzeigen anhand charakteristischer Merkmale durchgeführt. Anschließend mussten Strukturen bestimmt und semantische Informationseinheiten im IT-Textkorpus erkannt werden. Hierbei lag der Fokus auf den Tätigkeiten und dem Anforderungsprofil. All diese Schritte aus Phase 1 waren zunächst primär datenzentriert, bildeten jedoch die Voraussetzung, um in der darauffolgenden Phase 2 Informationen aus dem Textkorpus zu gewinnen.

Mittels dieser Strukturierung konnte eine Einteilung des Korpus in vier IT-Tätigkeitsfelder durchführt werden, um berufsgruppenspezifische Informationen zu extrahieren. Daran schloss sich die Analyse des Anforderungsprofils an. Diese hatte zum Ziel, Kompetenzen im Kontext des Berufsfeldes *IT* aus den Textdaten zu filtern. Die auf diese Weise erzeugte Informationsbasis musste anschließend interpretativ überprüft und bewertet werden. Durch diese Vorgehensweise wurde die eingangs datenfokussierte Ausrichtung nach und nach auf eine semantische Ebene der IT-Stellenanzeigen gelenkt, um letztlich Informationen aus diesen abzuleiten. Damit wurde der Übergang von der Informationsextraktion hin zur Wissensgenerierung geschaffen. In diesem Zuge kam es zum Aufbau einer Wissensbasis bestehend aus Kompetenzanforderungen und den ihnen zugewiesenen Terminologien und Phrasen. Anschließend wurden Kompetenzen im Rahmen einer weiterführenden, interpretativen Betrachtung und Auslegung zu IT-Kompetenzfeldern aggregiert. Mittels dieser Systematisierung konnte schließlich aus zuvor erhobenen Informationen Wissen über spezifische Kompetenzanforderungen im Berufsfeld *IT* kreiert werden. Die darauf folgende statistische Auslegung dieser Kompetenzfelder ermöglichte eine weitere Detaillierung dieses Wissens hinsichtlich des Auftretens dieser Kompetenzfelder und der ihnen zugehörigen Kompetenzen, sowohl aus einer ganzheitlichen Perspektive als auch in Bezug auf Tätigkeitsschwerpunkte im Berufsfeld IT, woran sich eine didaktische Reflexion der Top-3-Kompetenzfelder anschloss.

Dieses generierte Wissen ließe sich nun beispielsweise im Rahmen einer Programm- und Angebotsplanung in der beruflichen (IT-)Weiterbildung nutzen (siehe Phase 3, Abbildung 7.1), um gezielt die für dieses Berufsfeld relevanten Kompetenzfelder und deren Einzelkompetenzen auch tätigkeitsspezifisch zu forcieren, damit eine entsprechende Beschäftigungsfähigkeit in den betrachteten Tätigkeitsfeldern aufrechterhalten bzw. erhöht werden kann.

Wie in Kapitel 2.6, Kapitel 4 und Kapitel 6 diskutiert, nimmt Lernen dabei eine tragende Rolle ein. Gleichzeitig bestimmt die Art der Lernmotivation (extrinsisch oder intrinsisch), inwiefern eine Auseinandersetzung mit Kompetenzanforderungen und einer Anpassung des eigenen Kompetenzprofils im Rahmen individueller beruflicher Weiterbildung erfolgt. Exemplarisch kann durch eine unternehmensinterne Vorgabe zur Absolvierung einer Weiterbildungsmaßnahme zunächst deren alleinige Erledigung im Vordergrund stehen, womit unter Umständen eine Kompetenzorientierung in den Hintergrund rückt. In Anlehnung an Dohmen (2001) besteht die Gefahr, wenn „... Sinn und Bedeutsamkeit [einer Weiterbildungsmaßnahme] den Lernenden nicht nahegebracht werden ... [, können] Neugierde und Lernfreude erstickt und damit ein freiwilliges lebenslanges Weiterlernen blockiert“ (S. 136) werden. Eine ähnliche Feststellung machte auch Siebert (2019, S. 75), wie in Kapitel 6.3 erwähnt. Hingegen kann ein intrinsisch motiviertes Vorgehen in einem ersten Schritt eine Konsolidierung im Markt bedeutsamer Kompetenzanforderungen umfassen, um daran entsprechende berufliche Weiterbildungsmaßnahmen in Abhängigkeit vom eigenen Tätigkeitsschwerpunkt auszurichten und durchzuführen. Hieran lässt sich auch eine Nutzung der in dieser Untersuchung festgestellten und systematisierten Kompetenzbedarfe in der beruflichen Weiterbildung anschließen. In diesem Sinne wurde in Kapitel 6 auch eine Reflexion der Top-3-Kompetenzfelder und deren mögliche Förderung, beispielsweise im Rahmen berufsbegleitender Studiengänge, diskutiert.

Darüber hinaus wurden die Felder Arbeitsmarkt und Weiterbildung hinsichtlich Digitalisierung beleuchtet. Aufgrund der Aktualität dieses Themas und vielseitiger Diskussionen, sowohl im wissenschaftlichen Umfeld als auch in nichtakademischen Bereichen, darf davon ausgegangen werden, dass hierdurch bedingte Veränderungen auch zukünftig noch gesellschaftliche Herausforderungen mit sich bringen werden. In Bezug auf Kompetenzen als „zentrale Produktionsfaktoren“ verweist Lukas (2020) auf „... digital souveräne Beschäftigte ..., die sich selbstbestimmt und sicher in der digitalen Wirtschaft und Gesellschaft zurechtfinden ...“ (S. 147). Auch wenn dabei primär auf digitale Kompetenzen und die Entwicklung und Gestaltung digitaler Technologien abgezielt wird, macht diese Forderung deutlich, dass eine entsprechende Ausrichtung nur durch crossdisziplinäre Ansätze gelingen kann. Eine entsprechende Sicht auf Kompetenzen, so wie dies für das Berufsfeld *IT* und dessen Tätigkeitsfelder durchgeführt wurde, stellt hierbei den ersten Schritt dar, um nach Friedrichsen und Wersig (2020) „die sechs großen Motoren der Veränderung “ (S. 3) als gesamtgesellschaftliche Aufgabe angehen zu können:

> „[1.] Gesteigerte Lebenserwartung: Menschen bleiben länger arbeitsfähig und -willig. Das beeinflusst Karrierewege, Lernkurven und Neuorientierungen. [2.] Intelligente Maschinen: Die Nachbildung der kognitiven Prozesse des Menschen und deren Abrufbarkeit durch technische Systeme wird uns viele reproduzierbare Aufgaben abnehmen. [3.] Computerisierung: Sensoren und Programme steuern grundlegende Prozesse, Menschen lernen, mit komplexen Datenstrukturen umgehen zu können. [4.] Neue Medien: Ein Ökosystem neuer Medientechnologien fordert den Menschen auf kognitiver, technischer und interpretatorischer Ebene. [5.] Superstrukturierte Organisation: Durch die Nutzung sozialer Technologien werden neue Wege der Produktivität und Kollaboration erschlossen. [6.] Globale Vernetzung: Über die ganze Welt verteilte Spezialisten arbeiten an gemeinsamen Problemen, heutige Entwicklungsländer eingeschlossen.“ (S. 3 f.)

Um dieses Zielbild zu erreichen, wird die Entwicklung von Kompetenzen im Rahmen beruflicher Weiterbildung auch zukünftig einen zentralen Baustein zur Aufrechterhaltung der Beschäftigungsfähigkeit darstellen. In diesem Zusammenhang konstatiert Ehlert (2021), dass „Lebenslanges Lernen ... in Deutschland für immer mehr Menschen gelebte Realität ...“ (S. 127) wird, was sich vor allem auch im Berufsfeld *IT* zeigt.

Mit Blick auf den Umsetzungsbericht zur nationalen Weiterbildungsstrategie (Bundesministerium für Arbeit und Soziales & Bundesministerium für Bildung und Forschung, 2021b) und den darin formulierten Empfehlungen kann abschließend festgehalten werden, dass sich (a) der quantitative Forschungsanteil aus der vorliegenden Studie auf den Punkt „Strategische Vorausschau" mit dem Verweis auf den „... Bedarf bei der Entwicklung von Tools zur Ermittlung von Personalentwicklungs- und Weiterbildungsbedarfen" (S. 67) beziehen lässt. Des Weiteren kann (b) der Vorschlag einer Systematisierung von Kompetenzen in IT-Kompetenzfeldern und deren statistische Auslegung im Hinblick auf IT-Tätigkeitsfelder dazu beitragen, „... Bildungsangebote ... für den konkreten Kontext und individuellen Bedarf passfähig bereitzustellen" (ebd.). Diese Aspekte sollen noch einmal motivieren, die Erkenntnisse aus der vorliegenden Untersuchung auf einer mesodidaktischen Ebene einzubetten, um bei Erreichung der genannten Zielvorstellungen das planerisch tätige Personal in der Weiterbildung mit einer solchen Markteinsicht zusätzlich zu unterstützen. Obendrein ließen sich die Ergebnisse auch für eine Beratung im Berufsfeld *IT* heranziehen, der „in der Nationalen Weiterbildungsstrategie ... eine bedeutsame Rolle ... [zukommt]" (Bundesministerium für Arbeit und Soziales & Bundesministerium für Bildung und Forschung, 2021a, S. 46).

Diese Verzahnung verdeutlicht, dass eine crossdisziplinäre Ausrichtung, so wie diese zwischen den Disziplinen der Informatik und der Erwachsenenbildung und Weiterbildung in dieser Studie umgesetzt wurde, einen Beitrag leisten kann, zukünftigen Anforderungen an eine Programm- und Angebotsplanung gemäß beruflicher Kompetenzentwicklung in der IT und darüber hinaus gerecht zu werden. So lassen sich aus einer crossdisziplinären Zusammenarbeit letztendlich Mehrwerte für alle Beteiligten schaffen. Grundvoraussetzungen dafür sind mitunter ein Verständnis über Grenzen und Möglichkeiten der jeweiligen Disziplin sowie ein gemeinsames Sprachverständnis. Denn, wie Ludwig Wittgenstein einst treffend formulierte:

> „Die Grenzen meiner Sprache bedeuten die Grenzen meiner Welt." (5.6)
> (Wittgenstein, 1922)

Literaturverzeichnis

Agrawal, R. & Srikant, R. (1994). Fast Algorithms for Mining Association Rules. In J. B. Bocca, M. Jarke & C. Zaniolo (Hrsg.), *Proceedings of the 20th International Conference on Very Large Data Bases* (S. 487–499). Morgan Kaufmann. https://dl.acm.org/doi/10.5555/645920.672836

Ainöder, S. (2018). *Flexibilisierung akademischer Weiterbildung: Bedarfe und Empfehlungen* (BMBF-Verbundprojekt „OTH mind" der OTH Regensburg und der OTH Amberg-Weiden, Hrsg.).

Albers, M. (2018). Digitale Erschöpfung. In H. R. Fortmann & B. Kolocek (Hrsg.), *Arbeitswelt der Zukunft: Trends – Arbeitsraum – Menschen – Kompetenzen* (S. 3–14). Springer Gabler. https://doi.org/10.1007/978-3-658-20969-8_1

Anandarajan, M., Hill, C. & Nolan, T. (2019). *Practical Text Analytics: Maximizing the Value of Text Data* (R. Sharda & H. Chen, Hrsg.). Springer. https://doi.org/10.1007/978-3-319-95663-3

Ant, M. (2018). *Effizientes strategisches Management: Die 10 Phasen einer erfolgreichen Unternehmensentwicklung.* Springer Gabler. https://doi.org/10.1007/978-3-658-21827-0

Ant, M. (2021). *Effizientes Leadership: Grundlagen, Prinzipien und Methoden einer sozialkonstruktivistischen Führungstheorie.* Springer Gabler. https://doi.org/10.1007/978-3-658-33393-5

Arbeitskreis Deutscher Qualifikationsrahmen (2011, März). *Deutscher Qualifikationsrahmen für lebenslanges Lernen.*

Arnold, R., Pätzold, H. & Ganz, M. (2018). Weiterbildung und Beruf. In R. Tippelt & A. von Hippel (Hrsg.), *Handbuch Erwachsenenbildung/Weiterbildung* (6., überarbeitete und aktualisierte Auflage, S. 931–945). Springer VS. https://doi.org/10.1007/978-3-531-19979-5_46

Auernheimer, G. (2013). Interkulturelle Kommunikation, mehrdimensional betrachtet, mit Konsequenzen für das Verständnis von interkultureller Kompetenz. In G. Auernheimer (Hrsg.), *Interkulturelle Kompetenz und pädagogische Professionalität* (4., durchgesehene Auflage, S. 37–70). Springer VS. https://doi.org/10.1007/978-3-531-19930-6_3

Bäck, A., Hajikhani, A. & Suominen, A. (2021). Text mining on job advertisement data: Systematic process for detecting artificial intelligence related jobs. In Y. Zhang, C. Zhang, P. Mayr & A. Suominen (Hrsg.), *Proceedings of the 1st Workshop on AI + Informetrics (AII2021) co-located with the iConference 2021* (S. 111–124). CEUR-WS.

Balsiger, P. W. (2005). *Transdisziplinarität: Systematisch-vergleichende Untersuchung disziplinenübergreifender Wissenschaftspraxis.* Wilhelm Fink.

Baus, L. (2015). *Selbstmanagement: Die Arbeit ist ein ewiger Fluss: Gelassener arbeiten und besser leben.* Springer Gabler. https://doi.org/10.1007/978-3-658-09593-2

Becker, A. (2022). *Handlungskoordination in der Lernwelt Hochschule: Rahmenbedingungen kompetenzorientierter Lehre* (R. Stang, Hrsg.). De Gruyter. https://doi.org/10.1515/9783110770773

Becker, J. H. & Pastoors, S. (2018). Sozialkommunikative Kompetenzen. In *Praxishandbuch berufliche Schlüsselkompetenzen: 50 Handlungskompetenzen für Ausbildung, Studium und Beruf* (S. 51–58). Springer. https://doi.org/10.1007/978-3-662-54925-4_7

Becker, R. (2018). Berufliche Weiterbildung im Arbeitsmarkt. In M. Abraham & T. Hinz (Hrsg.), *Arbeitsmarktsoziologie: Probleme, Theorien, empirische Befunde* (3. Auflage, S. 311–353). Springer VS. https://doi.org/10.1007/978-3-658-02256-3_9

Beisch, N. & Koch, W. (2021). ARD/ZDF-Onlinestudie 2021: Aktuelle Aspekte der Internetnutzung in Deutschland. *Media Perspektiven 10*, 486–503.

Bernhard-Skala, C., Bolten-Bühler, R., Koller, J., Rohs, M. & Wahl, J. (2021). Impuls für eine erwachsenenpädagogische Digitalisierungsforschung. In C. Bernhard-Skala, R. Bolten-Bühler, J. Koller, M. Rohs & J. Wahl (Hrsg.), *Erwachsenenpädagogische Digitalisierungsforschung: Impulse – Befunde – Perspektiven* (S. 19–36). wbv. https://doi.org/10.3278/6004789w

Bernien, M. (1997). Anforderungen an eine qualitative und quantitative Darstellung der beruflichen Kompetenzentwicklung. In Arbeitsgemeinschaft QUEM (Hrsg.), *Kompetenzentwicklung '97. Berufliche Weiterbildung in der Transformation – Fakten und Visionen* (S. 17–84). Waxmann.

Beysolow II, T. (2018). *Applied Natural Language Processing with Python: Implementing Machine Learning and Deep Learning Algorithms for Natural Language Processing.* Apress. https://doi.org/10.1007/978-1-4842-3733-5

Bilger, F. & Strauß, A. (2017). Beteiligung an non-formaler Weiterbildung. In F. Bilger, F. Behringer, H. Kuper & J. Schrader (Hrsg.), *Weiterbildungsverhalten in Deutschland 2016: Ergebnisse des Adult Education Survey (AES)* (S. 25–55). wbv. https://doi.org/10.3278/85/0016w

Bird, S., Klein, E. & Loper, E. (2009). *Natural Language Processing with Python: Analyzing Text with the Natural Language Toolkit.* O'Reilly.

Bolder, A. (2009). Arbeit, Qualifikation und Kompetenzen. In R. Tippelt & B. Schmidt (Hrsg.), *Handbuch Bildungsforschung* (2., überarbeitete und erweiterte Auflage, S. 813–844). VS Verlag für Sozialwissenschaften.

Böttger, M., Weilandt, M. & Braun, O. L. (2019). Zeitmanagement. In O. L. Braun (Hrsg.), *Selbstmanagement und Mentale Stärke im Arbeitsleben: Training und Evaluation* (S. 21–36). Springer. https://doi.org/10.1007/978-3-662-57909-1_2

Bourdieu, P. & Wacquant, L. J. D. (1996). *Reflexive Anthropologie* (H. Beister, Übers.). Suhrkamp.

Brand, P., Geisemann, T., Schumacher, H. & Künne, T. (2017). Lernen und Handeln im Vorschulalter. Die Bedeutung von Selbstkompetenz. In C. Solzbacher, M. Buse & M. Sauerhering (Hrsg.), *Selbst – Lernen – Können: Selbstkompetenzförderung in Theorie und Praxis* (2. Auflage, S. 183–192). Schneider.

Brandes, C. & Helle, M. (2017). *Qualitätsmanagement in agilen IT-Projekten – quo vadis? HMD Best Paper Award 2016.* Springer Vieweg. https://doi.org/10.1007/978-3-658-18085-0

Braun, O. L. & Ziemke, S. (2019). Theorie und Training mit Positiver Psychologie. In O. L. Braun (Hrsg.), *Selbstmanagement und Mentale Stärke im Arbeitsleben: Training und Evaluation* (S. 1–20). Springer. https://doi.org/10.1007/978-3-662-57909-1_1

Bretschneider, M. (2006). *Kompetenzentwicklung aus der Perspektive der Weiterbildung.* Deutsches Institut für Erwachsenenbildung.

Bretschneider, M., Käpplinger, B., Klein, R. & Wenzig, A. (2007). Begrifflichkeiten, Ansätze und Praxiserfahrungen in der beruflichen Beratung und Begleitung. In P. Dehnbostel, U. Elsholz & J. Gillen (Hrsg.), *Kompetenzerwerb in der Arbeit: Perspektiven arbeitnehmerorientierter Weiterbildung* (S. 121–138). Edition Sigma.

Brüggemann, A., Dehnbostel, P. & Rohs, M. (2010). *eXtreme working – eXtreme learning? Grenzgänge zwischen Arbeiten und Lernen in der IT-Branche.* Waxmann.

Buck, G. (2019). *Lernen und Erfahrung. Epagogik* (M. Brinkmann, Hrsg.). Springer VS. https://doi.org/10.1007/978-3-658-17098-1

Bundesagentur für Arbeit (Hrsg.) (2019, April). *Berichte: Blickpunkt Arbeitsmarkt – IT-Fachleute.*

Bundesagentur für Arbeit (Hrsg.) (2021a, November). *Klassifikation der Berufe 2010 – überarbeitete Fassung 2020 Band 1: Systematischer und alphabetischer Teil mit Erläuterungen.*

Bundesagentur für Arbeit (Hrsg.) (2021b, November). *Klassifikation der Berufe 2010 – überarbeitete Fassung 2020 Band 2: Definitorischer und beschreibender Teil.*

Bundesministerium der Justiz (2005, März). *Berufsbildungsgesetz (BBiG).*

Bundesministerium für Arbeit und Soziales (Hrsg.) (2015, April). *Grünbuch – Arbeiten 4.0: Arbeit weiter denken.*

Bundesministerium für Arbeit und Soziales (Hrsg.) (2017, März). *Weißbuch – Arbeiten 4.0: Arbeit weiter denken.*

Bundesministerium für Arbeit und Soziales & Bundesministerium für Bildung und Forschung (Hrsg.) (2021a, Juni). *Abschlussberichte: Themenlabore – Begleitpublikation zum Umsetzungsbericht der Nationalen Weiterbildungsstrategie.*

Bundesministerium für Arbeit und Soziales & Bundesministerium für Bildung und Forschung (Hrsg.) (2021b, Juni). *Umsetzungsbericht: Nationale Weiterbildungsstrategie.*

Bundesministerium für Arbeit und Soziales & nextpractice GmbH (Hrsg.) (2016, März). *Wertewelten Arbeiten 4.0.*

Bundesministerium für Bildung und Forschung (Hrsg.) (2021, September). *Weiterbildungsverhalten in Deutschland 2020: Ergebnisse des Adult Education Survey – AES-Trendbericht.*

Bundesministerium für Bildung und Forschung (Hrsg.) (2022, 27. März). *Weiterbildung.* https://www.bmbf.de/bmbf/de/bildung/weiterbildung/weiterbildung

Bund-Länder-Koordinierungsstelle für den Deutschen Qualifikationsrahmen für lebenslanges Lernen (Hrsg.) (2013, August). *Handbuch zum Deutschen Qualifikationsrahmen: Struktur – Zuordnungen – Verfahren – Zuständigkeiten.*

Burrell, J. (2016). How the machine 'thinks': Understanding opacity in machine learning algorithms. *Big Data & Society January–June*, 1–12. https://doi.org/10.1177/2053951715622512

Busch, R. (2020). Digitale Medien – Zugang zu einer neuen Welt. In M. Friedrichsen & W. Wersig (Hrsg.), *Digitale Kompetenz: Herausforderungen für Wissenschaft, Wirtschaft,*

Gesellschaft und Politik (S. 61–70). Springer Gabler. https://doi.org/10.1007/978-3-658-22109-6_8

Campos, R., Mangaravite, V., Pasquali, A., Jorge, A., Nunes, C. & Jatowt, A. (2018a). A Text Feature Based Automatic Keyword Extraction Method for Single Documents. In G. Pasi, B. Piwowarski, L. Azzopardi & A. Hanbury (Hrsg.), *Advances in Information Retrieval: 40th European Conference on IR Research (ECIR)* (S. 684–691). Springer. https://doi.org/10.1007/978-3-319-76941-7_63

Campos, R., Mangaravite, V., Pasquali, A., Jorge, A., Nunes, C. & Jatowt, A. (2018b). YAKE! Collection-independent Automatic Keyword Extractor. In G. Pasi, B. Piwowarski, L. Azzopardi & A. Hanbury (Hrsg.), *Advances in Information Retrieval: 40th European Conference on IR Research (ECIR)* (S. 806–810). Springer. https://doi.org/10.1007/978-3-319-76941-7_80

Campos, R., Mangaravite, V., Pasquali, A., Jorge, A., Nunes, C. & Jatowt, A. (2020). YAKE! Keyword Extraction from Single Documents using Multiple Local Features. *Information Sciences Journal 509*, 257–289. https://doi.org/10.1016/j.ins.2019.09.013

Cedefop (2019). *Online job vacancies and skills analysis: a Cedefop pan-European approach.* Luxembourg: Publications Office. http://data.europa.eu/doi/10.2801/097022

Christ, J., Koscheck, S., Martin, A., Ohly, H. & Widany, S. (2020). *Digitalisierung: Ergebnisse der wbmonitor Umfrage 2019* (Bundesinstitut für Berufsbildung, Hrsg.). Stabsstelle „Publikationen und wissenschaftliche Informationsdienste".

Colombo, E., Mercorio, F. & Mezzanzanica, M. (2019). AI meets labor market: Exploring the link between automation and skills. *Information Economics and Policy 47*, 27–37. https://doi.org/10.1016/j.infoecopol.2019.05.003

Covey, S. R. (2005). *Die 7 Wege zur Effektivität: Prinzipien für privaten und beruflichen Erfolg* (A. Roethe & I. Proß-Gill, Übers.; erweiterte und überarbeitete Neuausgabe). Gabal.

Dasbeck, J. & Engel, S. (2021). User Experience Design und Organisationsentwicklung: Wie Innovationen entstehen und warum methodisches Vorgehen so wichtig ist. *Informatik Spektrum 44*(3), 161–169. https://doi.org/10.1007/s00287-021-01357-9

Dehnbostel, P. (2005). Konstitution reflexiven Handelns im arbeitsbezogenen Lernen: Erwachsenenbildung im betrieblichen Kontext (B. Dewe, G. Wiesner & C. Zeuner, Hrsg.). *REPORT Literatur- und Forschungsreport Weiterbildung: Theoretische Grundlagen und Perspektiven der Erwachsenenbildung 28*(1), 208–214.

Dehnbostel, P. (2019). Betriebliche Lernorte, Lernräume und Selbstlernarchitekturen in der digitalisierten Arbeitswelt (E. Gruber & K. Schmid, Hrsg.). *Magazin erwachsenenbildung.at. Das Fachmedium für Forschung, Praxis und Diskurs 35–36.*

Dehnbostel, P. (2020, 25. Februar). *Digitalisierung der Arbeitswelt – Neue Chancen für das Lernen Erwachsener?*

Dehnbostel, P. (2021). Die Europäisierung der Berufsbildung und die Rolle von Qualifikationsrahmen. In S. Dernbach-Stolz, P. Eigenmann, C. Kamm & S. Kessler (Hrsg.), *Transformationen von Arbeit, Beruf und Bildung in internationaler Betrachtung: Festschrift für Philipp Gonon* (S. 219–237). Springer VS. https://doi.org/10.1007/978-3-658-32682-1_12

Deng, L. & Liu, Y. (Hrsg.) (2018). *Deep Learning in Natural Language Processing.* Springer. https://doi.org/10.1007/978-981-10-5209-5

Deutscher Bildungsrat (1970). *Empfehlungen der Bildungskommission: Strukturplan für das Bildungswesen.* Ernst Klett.

Dindas, H. (2021). Wissenstransfer und Transferkompetenz in Studium und Lehre – Grundlagen und Veranschaulichung am Beispiel der FOM Hochschule. In A. Boos, M. van den Eeden & T. Viere (Hrsg.), *CSR und Hochschullehre: Transdisziplinäre und innovative Konzepte und Fallbeispiele* (S. 97–127). Springer Gabler. https://doi.org/10.1007/978-3-662-62679-5_6

Dinkelaker, J. (2018). *Lernen Erwachsener.* Kohlhammer.

Dobischat, R. & Düsseldorff, K. (2018). Weiterbildung und Arbeitnehmer. In R. Tippelt & A. von Hippel (Hrsg.), *Handbuch Erwachsenenbildung/Weiterbildung* (6., überarbeitete und aktualisierte Auflage, S. 735–761). Springer VS. https://doi.org/10.1007/978-3-531-19979-5_34

Dohmen, G. (2001). *Das informelle Lernen: Die internationale Erschließung einer bisher vernachlässigten Grundform menschlichen Lernens für das lebenslange Lernen aller* (Bundesministerium für Bildung und Forschung, Hrsg.).

Dyrna, J. (2021). Mit digitalen Medien selbstgesteuert Lernen? Ansätze zur Ermöglichung und Förderung von Selbststeuerung in technologieunterstützten Lernprozessen. In J. Dyrna, J. Riedel, S. Schulze-Achatz & T. Köhler (Hrsg.), *Selbstgesteuertes Lernen in der beruflichen Weiterbildung: Ein Handbuch für Theorie und Praxis* (S. 247–261). Waxmann.

Eberhart, R. C. & Shi, Y. (2007). *Computational Intelligence: Concepts to Implementations.* Morgan Kaufmann.

Ebert, H. & Becker, J. H. (2018). Formen der Kommunikation. In *Praxishandbuch berufliche Schlüsselkompetenzen: 50 Handlungskompetenzen für Ausbildung, Studium und Beruf* (S. 33–42). Springer. https://doi.org/10.1007/978-3-662-54925-4_5

Ebner, M. (2019a). Lernräume und Makerspaces. *fnma Magazin 2*, 13–15.

Ebner, M. (2019b). Neue Dimensionen des Lernens – Weiterbildung mittels MOOCs. *Weiterbildung 5*, 38–41.

Edelmann, D. & Tippelt, R. (2007). Kompetenzentwicklung in der beruflichen Bildung und Weiterbildung. In M. Prenzel, I. Gogolin & H.-H. Krüger (Hrsg.), *Kompetenzdiagnostik* (S. 129–146). VS Verlag für Sozialwissenschaften. https://doi.org/10.1007/978-3-531-90865-6_8

Ederer, P., Warnke, A. J., Greiff, S. & Schuller, P. (2021). Dynamisches Problemlösen stärkt die Innovationskompetenz. In B. Rosenberger (Hrsg.), *Modernes Personalmanagement: Strategisch – operativ – systemisch* (3. Auflage, S. 27–42). Springer Gabler. https://doi.org/10.1007/978-3-658-34876-2_3

Edinger, E.-C. & Reimer, R. T. (2015). Thirdspace als hybride Lernumgebung. Die Kombination materieller und virtueller Lernräume. In C. Bernhard, K. Kraus, S. Schreiber-Barsch & R. Stang (Hrsg.), *Erwachsenenbildung und Raum: Theoretische Perspektiven – professionelles Handeln – Rahmungen des Lernens* (S. 205–216). wbv. https://doi.org/10.3278/14/1126w

Ehlert, M. (2021). Weiterbildung. In Statistisches Bundesamt (Destatis), Wissenschaftszentrum Berlin für Sozialforschung (WZB) & Bundesinstitut für Bevölkerungsforschung (BiB) (Hrsg.), *Datenreport 2021: Ein Sozialbericht für die Bundesrepublik Deutschland* (S. 121–127). Bundeszentrale für politische Bildung.

Ehrenheim, A. (2011). *Das Textdesign der Stellenanzeige: Linguistisch und interdisziplinär.* Peter Lang.

Engel, M. (2021). *Besser führen: Mit Haltung und Vertrauen zu Loyalität.* UVK. https://doi.org/10.24053/9783739880723-1

Epstein, S. (1998). *Constructive thinking: The key to emotional intelligence.* Praeger.

Erpenbeck, J. (2005). Kompetenz, Kompetenzmessung und Kompetenzanalyse mit dem KODE®. In Bundesinstitut für Berufsbildung (Hrsg.), *Informelles Lernen: Verfahren zur Dokumentation und Anerkennung im Spannungsfeld von individuellen, betrieblichen und gesellschaftlichen Anforderungen* (S. 41–57). wbv.

Erpenbeck, J. & Heyse, V. (2007). *Die Kompetenzbiographie: Wege der Kompetenzentwicklung* (2., aktualisierte und überarbeitete Auflage). Waxmann.

Erpenbeck, J., von Rosenstiel, L. & Grote, S. (Hrsg.) (2013). *Kompetenzmodelle von Unternehmen: Mit praktischen Hinweisen für ein erfolgreiches Management von Kompetenzen.* Schäffer-Poeschel.

Europäische Kommission (Hrsg.) (2002). *Ein europäischer Raum des lebenslangen Lernens.* Amt für amtliche Veröffentlichungen der Europäischen Gemeinschaften.

Faulstich, P. (2014). *Menschliches Lernen: Eine kritisch-pragmatistische Lerntheorie.* transcript.

Faulstich, P. (2018). Weiterbildung und Technik. In R. Tippelt & A. von Hippel (Hrsg.), *Handbuch Erwachsenenbildung/Weiterbildung* (6., überarbeitete und aktualisierte Auflage, S. 947–971). Springer VS. https://doi.org/10.1007/978-3-531-19979-5_47

Faulstich, P. & Zeuner, C. (2010). *Erwachsenenbildung* (S. Andresen, K. Hurrelmann, C. Palentien & W. Schröer, Hrsg.). Beltz.

von Felden, H. (2018). Zur Erforschung von Lern- und Bildungsprozessen über die Lebenszeit aus biographieanalytischer Perspektive. In C. Hof & H. Rosenberg (Hrsg.), *Lernen im Lebenslauf: Theoretische Perspektiven und empirische Zugänge* (S. 45–61). Springer VS. https://doi.org/10.1007/978-3-658-19953-1_3

Feldmüller, D. (2018). Vielfalt in der IT-Projektarbeit – Chancen erkennen und nutzen. *42. WI-MAW-Rundbrief: Gesellschaft für Informatik e.V. – Fachausschuss Management der Anwendungsentwicklung und -wartung (WI-MAW) im FB Wirtschaftsinformatik 24*(1), 13–23.

Fernández, A., García, S., Galar, M., Prati, R. C., Krawczyk, B. & Herrer, F. (2018). *Learning from Imbalanced Data Sets.* Springer. https://doi.org/10.1007/978-3-319-98074-4

Flechsig, K.-H. & Haller, H.-D. (1975). *Einführung in didaktisches Handeln: Ein Lernbuch für Einzel- und Gruppenarbeit.* Ernst Klett.

Fleige, M., Gieseke, W., von Hippel, A., Käpplinger, B. & Robak, S. (2018). Glossar. In *Programm- und Angebotsentwicklung in der Erwachsenen- und Weiterbildung* (S. 156–158). wbv.

Fleige, M. & Robak, S. (2018). Lehr-Lernkultur in der Erwachsenenbildung. In R. Tippelt & A. von Hippel (Hrsg.), *Handbuch Erwachsenenbildung/Weiterbildung* (6., überarbeitete und aktualisierte Auflage, S. 623–641). Springer VS. https://doi.org/10.1007/978-3-531-19979-5_35

Fleischmann, C. (2021). Internationale und interkulturelle Mitarbeiterkommunikation. In S. Einwiller, S. Sackmann & A. Zerfaß (Hrsg.), *Handbuch Mitarbeiterkommunikation:*

Interne Kommunikation in Unternehmen (S. 277–292). Springer Gabler. https://doi.org/10.1007/978-3-658-23152-1_15

Fliegen, I. (2020). *Crashkurs Recruiting: Personalbeschaffung und -auswahl* (2. Auflage). Haufe.

Fort, K. (2016). *Collaborative Annotation for Reliable Natural Language Processing: Technical and Sociological Aspects* (P. Paroubek, Hrsg.). Wiley-ISTE.

Frank, F. (2020). Bildung im digitalen Zeitalter. In M. Friedrichsen & W. Wersig (Hrsg.), *Digitale Kompetenz: Herausforderungen für Wissenschaft, Wirtschaft, Gesellschaft und Politik* (S. 7–15). Springer Gabler. https://doi.org/10.1007/978-3-658-22109-6_2

Friedmann, D. & Fritz, K. (2015). *Denken. Fühlen. Handeln. Mit psychographischer Menschenkenntnis besser arbeiten und leben* (6. Auflage). Springer Gabler. https://doi.org/10.1007/978-3-658-07666-5

Friedrichsen, M. & Wersig, W. (2020). Digitale Kompetenz – Notwendigkeit und Kerngedanken. In M. Friedrichsen & W. Wersig (Hrsg.), *Digitale Kompetenz: Herausforderungen für Wissenschaft, Wirtschaft, Gesellschaft und Politik* (S. 3–6). Springer Gabler. https://doi.org/10.1007/978-3-658-22109-6_1

Fuchs, C., Barthel, P., Winter, K. & Hess, T. (2019). Agile Methoden in der digitalen Transformation – mehr als ein Konzept für die Softwareentwicklung. *Wirtschaftsinformatik & Management 11*(4), 196–206. https://doi.org/10.1365/s35764-019-00192-8

Fuhr, T. (2018). Lernen im Lebenslauf als transformatives Lernen. In C. Hof & H. Rosenberg (Hrsg.), *Lernen im Lebenslauf: Theoretische Perspektiven und empirische Zugänge* (S. 83–104). Springer VS. https://doi.org/10.1007/978-3-658-19953-1_5

Gaida, I. (2021). *Agiles Arbeiten in der Praxis: Wie Unternehmen besser arbeiten und mehr Werte schaffen.* Springer Gabler. https://doi.org/10.1007/978-3-662-63965-8

Gaitanides, S. (2013). Interkulturelle Teamentwicklung – Beobachtungen in der Praxis. In G. Auernheimer (Hrsg.), *Interkulturelle Kompetenz und pädagogische Professionalität* (4., durchgesehene Auflage, S. 155–172). Springer VS. https://doi.org/10.1007/978-3-531-19930-6_8

Geramanis, O. (2020). Zusammenarbeit 5.0 – die kooperative Dimension der neuen Arbeitswelt. In O. Geramanis & S. Hutmacher (Hrsg.), *Der Mensch in der Selbstorganisation: Kooperationskonzepte für eine dynamische Arbeitswelt* (S. 3–25). Springer Gabler. https://doi.org/10.1007/978-3-658-27048-3_1

Gerstbach, I. (2018). Design Thinking – Weil Innovation kein Zufall ist. In S. Grote & R. Goyk (Hrsg.), *Führungsinstrumente aus dem Silicon Valley* (S. 63–78). Springer Gabler. https://doi.org/10.1007/978-3-662-54885-1_4

Gerstdorfer, D. (2020). Entdecken und Rechtfertigen in den Digital Humanities. In N. Reiter, A. Pichler & J. Kuhn (Hrsg.), *Reflektierte algorithmische Textanalyse: Interdisziplinäre(s) Arbeiten in der CRETA-Werkstatt* (S. 107–123). De Gruyter. https://doi.org/10.1515/9783110693973-005

Ghavami, P. (2020). *Big Data Analytics Methods: Analytics Techniques in Data Mining, Deep Learning and Natural Language Processing* (2. Auflage). De Gruyter. https://doi.org/10.1515/9781547401567-202

Gholamy, A., Kreinovich, V. & Kosheleva, O. (2018). *Why 70/30 or 80/20 Relation Between Training and Testing Sets: A Pedagogical Explanation* (Techn. Ber. Nr. 1209). The University of Texas at El Paso.

Gieseke, W. (2006). Programmforschung als Grundlage der Programmplanung unter flexiblen institutionellen Kontexten. In K. Meisel & C. Schiersmann (Hrsg.), *Zukunftsfeld Weiterbildung: Standortbestimmungen für Forschung, Praxis und Politik* (S. 69–88). wbv.

Gieseke, W. (2018a). Professionalität und Professionalisierung in der Erwachsenenbildung/Weiterbildung. In R. Tippelt & A. von Hippel (Hrsg.), *Handbuch Erwachsenenbildung/Weiterbildung* (6., überarbeitete und aktualisierte Auflage, S. 1051–1069). Springer VS. https://doi.org/10.1007/978-3-531-19979-5_52

Gieseke, W. (2018b). Programm und Angebot. In *Programm- und Angebotsentwicklung in der Erwachsenen- und Weiterbildung* (S. 18–27). wbv.

Graf, A. (2012). *Selbstmanagement-Kompetenz in Unternehmen nachhaltig sichern: Leistung, Wohlbefinden und Balance als Herausforderung*. Springer Gabler. https://doi.org/10.1007/978-3-8349-7150-0

Groß, S. (2021). *Moderationskompetenzen: Kommunikationsprozesse in Gruppen zielführend begleiten* (2. Auflage). Springer Gabler. https://doi.org/10.1007/978-3-658-34479-5

Grützmacher, L. S., Schermuly, C. C. & Rózsa, J. A. (2021). Das CORE-Prinzip. Vorstellung und Evaluation eines kompetenzorientierten, hochschulübergreifenden Studienmodells. *die hochschullehre – Interdisziplinäre Zeitschrift für Studium und Lehre 7*, 297–312. https://doi.org/10.3278/HSL2127W

Gündling, C. (2018). *Letzter Aufruf Kundenorientierung: Vom Sinn zum Gewinn – warum in einer digitalisierten Welt nur echte Kundenorientierung zu Gewinn führen wird*. Springer Gabler. https://doi.org/10.1007/978-3-658-21773-0

Hall, A., Maier, T., Helmrich, R. & Zika, G. (2016). *IT-Berufe und IT-Kompetenzen in der Industrie 4.0*. Bundesinstitut für Berufsbildung.

Haller, R., Proske, H., Reichert, J. F., Reiff, E. & Triebfürst, S. (2020). *Effektiver arbeiten: Werden Sie so gut, wie Sie sein können*. Haufe.

Harper, R. (2012). The collection and analysis of job advertisements: A review of research methodology. *Research methodology in library and information studies (LIS) 36*(112), 29–54. https://doi.org/10.29173/lirg499

Hartmann, M. (2015). Mitarbeiterrekrutierung – vernetzt denken. In M. Hartmann (Hrsg.), *Rekrutierung in einer zukunftsorientierten Arbeitswelt: HR-Aufgaben optimal vernetzen* (S. 1–26). Springer Gabler. https://doi.org/10.1007/978-3-658-05084-9_1

Heilmann, T. A. (2019). Algorithmus. In K. Liggieri & O. Müller (Hrsg.), *Mensch-Maschine-Interaktion: Handbuch zu Geschichte – Kultur – Ethik* (S. 229–231). J. B. Metzler. https://doi.org/10.1007/978-3-476-05604-7_32

Hellwig, M. & Schroll-Decker, I. (2020). Didaktische Innovationen in der wissenschaftlichen Weiterbildung. In M. Bradshaw & A. Wurdack (Hrsg.), *Neue Impulse für die wissenschaftliche Weiterbildung in Ostbayern: Abschlussband Verbundprojekt OTH mind* (S. 43–64). wbv. https://doi.org/10.3278/6004765w

Hermes, J. & Schandock, M. (2016). *Stellenanzeigenanalyse in der Qualifikationsentwicklungsforschung: Die Nutzung maschineller Lernverfahren zur Klassifikation von Textabschnitten*. Bundesinstitut für Berufsbildung.

Heyse, V. (2007). Strategien – Kompetenzanforderungen – Potenzialanalysen. In V. Heyse & J. Erpenbeck (Hrsg.), *Kompetenzmanagement: Methoden, Vorgehen, KODE® und KODE® X im Praxistest* (S. 11–179). Waxmann.

Heyse, V. (2010). Verfahren zur Kompetenzermittlung und Kompetenzentwicklung. KODE® im Praxistest. In V. Heyse, J. Erpenbeck & S. Ortmann (Hrsg.), *Grundstrukturen menschlicher Kompetenzen: Praxiserprobte Konzepte und Instrumente* (S. 55–174). Waxmann.

Hinz, T. & Abraham, M. (2018). Theorien des Arbeitsmarktes. In M. Abraham & T. Hinz (Hrsg.), *Arbeitsmarktsoziologie: Probleme, Theorien, empirische Befunde* (3. Auflage, S. 9–76). Springer VS. https://doi.org/10.1007/978-3-658-02256-3_2

von Hippel, A., Kulmus, C. & Stimm, M. (2019). *Didaktik der Erwachsenen- und Weiterbildung*. Ferdinand Schöningh.

von Hippel, A. & Freide, S. (2018). Erwachsenenbildung und Medien. In R. Tippelt & A. von Hippel (Hrsg.), *Handbuch Erwachsenenbildung/Weiterbildung* (6., überarbeitete und aktualisierte Auflage, S. 973–999). Springer VS. https://doi.org/10.1007/978-3-531-19979-5_48

Hochreiter, S. & Schmidhuber, J. (1997). Long Short-term Memory. *Neural Computation* 9(8), 1735–1780. https://doi.org/10.1162/neco.1997.9.8.1735

Hof, C. (2018). Der Lebenslauf als Rahmen für Lern- und Bildungsprozesse. Perspektiven und Desiderata. In C. Hof & H. Rosenberg (Hrsg.), *Lernen im Lebenslauf: Theoretische Perspektiven und empirische Zugänge* (S. 181–204). Springer VS. https://doi.org/10.1007/978-3-658-19953-1_10

Hof, C. & Rosenberg, H. (2018). Lernen im Lebenslauf. Einführung in den Band. In C. Hof & H. Rosenberg (Hrsg.), *Lernen im Lebenslauf: Theoretische Perspektiven und empirische Zugänge* (S. 1–11). Springer VS. https://doi.org/10.1007/978-3-658-19953-1_1

Hofmann, J. & Günther, J. (2019). Arbeiten 4.0 – Eine Einführung. *HMD Praxis der Wirtschaftsinformatik 56*, 687–705. https://doi.org/10.1365/s40702-019-00553-2

Holm, U. (2018). Anthropologische Voraussetzungen des Lernens Erwachsener – Lernfähigkeit als Grundlage der Erwachsenenbildung. In R. Tippelt & A. von Hippel (Hrsg.), *Handbuch Erwachsenenbildung/Weiterbildung* (6., überarbeitete und aktualisierte Auflage, S. 109–125). Springer VS. https://doi.org/10.1007/978-3-531-19979-5_5

Holzkamp, K. (1995). *Lernen: Subjektwissenschaftliche Grundlegung*. Campus.

Jager, A. & Thiemann, D. (2021). Technostress als Schattenseite der Digitalisierung: Ansatzpunkte für eine gesundheitsförderliche Gestaltung digitaler Arbeitswelten. In S. Kaiser, A. Kozica, F. Böhringer & J. Wissinger (Hrsg.), *Digitale Arbeitswelt: Wie Unternehmen erfolgreich die digitale Transformation gestalten können* (S. 75–92). Springer Gabler. https://doi.org/10.1007/978-3-658-33224-2_4

Jäger, W. & Wickel-Kirsch, S. (2020). Personalmarketing und Personalgewinnung (-beschaffung und -auswahl). In D. Wagner (Hrsg.), *Praxishandbuch Personalmanagement* (2. Auflage, S. 97–162). Haufe.

Jantsch, E. (1970). Inter- and Transdisciplinary University: A systems approach to education and innovation. *Policy Sciences 1*, 403–428. https://doi.org/10.1007/BF00145222

Jung, A. (2022). *Machine Learning: The Basics*. Springer. https://doi.org/10.1007/978-981-16-8193-6

Jungert, M. (2013). Was zwischen wem und warum eigentlich? Grundsätzliche Fragen der Interdisziplinarität. In M. Jungert, E. Romfeld, T. Sukopp & U. Voigt (Hrsg.), *Interdisziplinarität: Theorie, Praxis, Probleme* (2. Auflage, S. 1–12). wbg.

Kaluza, G. (2015). *Gelassen und sicher im Stress: Das Stresskompetenz-Buch: Stress erkennen, verstehen, bewältigen* (6., vollständig überarbeitete Auflage). Springer. https://doi.org/10.1007/978-3-662-45807-5

Kantner, C. & Overbeck, M. (2020). Exploring Soft Concepts with Hard Corpus-Analytic Methods. In N. Reiter, A. Pichler & J. Kuhn (Hrsg.), *Reflektierte algorithmische Textanalyse: Interdisziplinäre(s) Arbeiten in der CRETA-Werkstatt* (S. 169–189). De Gruyter. https://doi.org/10.1515/9783110693973-008

Kasulke, S. & Bensch, J. (2017). *Zero Outage: Kompromisslose Qualität in der IT im Zeitalter der Digitalisierung*. Springer Gabler. https://doi.org/10.1007/978-3-658-14222-3

Katz, R. L. (1974). Skills of an effective administrator. *Harvard Business Review 52*(5), 90–102.

Kaufmann, F.-X. (1987). Interdisziplinäre Wissenschaftspraxis: Erfahrungen und Kriterien. In J. Kocka (Hrsg.), *Interdisziplinarität: Praxis – Herausforderung – Ideologie* (S. 63–81). Suhrkamp.

Kaufmann-Kuchta, K. & Kuper, H. (2017). Informelles Lernen und soziale Teilhabe. In F. Bilger, F. Behringer, H. Kuper & J. Schrader (Hrsg.), *Weiterbildungsverhalten in Deutschland 2016: Ergebnisse des Adult Education Survey (AES)* (S. 185–201). wbv. https://doi.org/10.3278/85/0016w

Kettler, J. (2021). *Mit Empathie verkaufen: Emotionale Intelligenz als Sales-Code – so finden Sie den besten Zugang zum Kunden*. Springer Gabler. https://doi.org/10.1007/978-3-658-32419-3

Kirchhöfer, D. (2004). *Lernkultur Kompetenzentwicklung: Begriffliche Grundlagen* (Arbeitsgemeinschaft QUEM, Hrsg.).

Klabunde, R. (2018a). Pragmatik – sprachliches Schließen und Handeln. In S. Dipper, R. Klabunde & W. Mihatsch (Hrsg.), *Linguistik: Eine Einführung (nicht nur) für Germanisten, Romanisten und Anglisten* (S. 127–144). Springer. https://doi.org/10.1007/978-3-662-55589-7_6

Klabunde, R. (2018b). Semantik – die Bedeutung von Wörtern und Sätzen. In S. Dipper, R. Klabunde & W. Mihatsch (Hrsg.), *Linguistik: Eine Einführung (nicht nur) für Germanisten, Romanisten und Anglisten* (S. 105–126). Springer. https://doi.org/10.1007/978-3-662-55589-7_5

Klammer, U., Steffes, S., Maier, M. F., Arnold, D., Stettes, O., Bellmann, L. & Hirsch-Kreinsen, H. (2017). Arbeiten 4.0 – Folgen der Digitalisierung für die Arbeitswelt. *Wirtschaftsdienst 97*, 459–476. https://doi.org/10.1007/s10273-017-2163-9

Klieme, E., Artelt, C. & Stanat, P. (2014). Fächerübergreifende Kompetenzen: Konzepte und Indikatoren. In F. E. Weinert (Hrsg.), *Leistungsmessungen in Schulen* (3., aktualisierte Auflage, S. 203–218). Beltz.

Klingenberg, C. & Weber, K. (2020). Daten- und Informationsmanagement. In E. Tiemeyer (Hrsg.), *Handbuch IT-Management: Konzepte, Methoden, Lösungen und Arbeitshilfen für die Praxis* (7., überarbeitete Auflage, S. 225–280). Hanser.

Knapp, A. (2013). Interkulturelle Kompetenz: eine sprachwissenschaftliche Perspektive. In G. Auernheimer (Hrsg.), *Interkulturelle Kompetenz und pädagogische Professionalität* (4., durchgesehene Auflage, S. 85–101). Springer VS. https://doi.org/10.1007/978-3-531-19930-6_5

Knörl, S. & Herdegen, S. (2017). Beruflich Qualifizierte in Hochschulstudium und wissenschaftlicher Weiterbildung: Eine Charakterisierung von Motiven und Hindernissen zur Aufnahme akademischer Lernprozesse. *ZHWB – Zeitschrift Hochschule und Weiterbildung 1*, 32–38. https://doi.org/10.4119/UNIBI/ZHWB-2017-01-66

Köchler, H. (2020). Selbstbestimmtes Handeln im Digitalzeitalter – Philosophische und anthropologische Überlegungen. In M. Friedrichsen & W. Wersig (Hrsg.), *Digitale Kompetenz: Herausforderungen für Wissenschaft, Wirtschaft, Gesellschaft und Politik* (S. 37–43). Springer Gabler. https://doi.org/10.1007/978-3-658-22109-6_5

Kollar, I. & Fischer, F. (2018). Digitale Medien für die Unterstützung von Lehr-/Lernprozessen in der Weiterbildung: Theoretische Ansätze und empirische Befunde. In R. Tippelt & A. von Hippel (Hrsg.), *Handbuch Erwachsenenbildung/Weiterbildung* (6., überarbeitete und aktualisierte Auflage, S. 1553–1568). Springer VS. https://doi.org/10.1007/978-3-531-19979-5_73

Kommission der Europäischen Gemeinschaften (2000, Oktober). *Memorandum über Lebenslanges Lernen: Arbeitsdokument der Kommissionsdienststellen.*

Koopmann-Wischhoff, S. (2020). *Optimierung von Online-Stellenanzeigen: Kompaktes Wissen für effektives Recruiting.* Springer Gabler. https://doi.org/10.1007/978-3-658-31975-5

Kossack, P. & Ludwig, J. (2015). Kompetenz und Qualifikation. In J. Dinkelaker & A. von Hippel (Hrsg.), *Erwachsenenbildung in Grundbegriffen* (S. 207–214). Kohlhammer.

Kraus, K., Stang, R., Schreiber-Barsch, S. & Bernhard, C. (2015). Erwachsenenbildung und Raum. Eine Einleitung. In C. Bernhard, K. Kraus, S. Schreiber-Barsch & R. Stang (Hrsg.), *Erwachsenenbildung und Raum: Theoretische Perspektiven – professionelles Handeln – Rahmungen des Lernens* (S. 11–25). wbv. https://doi.org/10.3278/14/1126w

Krebs, D. & Menold, N. (2019). Gütekriterien quantitativer Sozialforschung. In N. Baur & J. Blasius (Hrsg.), *Handbuch Methoden der empirischen Sozialforschung* (2., vollständig überarbeitete und erweiterte Auflage, S. 489–504). Springer VS. https://doi.org/10.1007/978-3-658-21308-4_34

Kropp, C. & Braun, K. (2021). In digitaler Gesellschaft: Herausforderungen, Risiken und Chancen einer demokratischen Technikgestaltung. In C. Kropp & K. Braun (Hrsg.), *In digitaler Gesellschaft: Neukonfigurationen zwischen Robotern, Algorithmen und Usern* (S. 7–34). transcript. https://doi.org/10.1515/9783839454534-001

Kubat, M. (2017). *An Introduction to Machine Learning* (2. Auflage). Springer. https://doi.org/10.1007/978-3-319-63913-0

Kuckartz, U. & Rädiker, S. (2022). *Qualitative Inhaltsanalyse: Methoden, Praxis, Computerunterstützung* (5. Auflage). Beltz Juventa.

Kuhn, J. (2020). Computational Text Analysis within the Humanities: How to combine working practices from the contributing fields? In N. Reiter, A. Pichler & J. Kuhn (Hrsg.), *Reflektierte algorithmische Textanalyse: Interdisziplinäre(s) Arbeiten in der CRETA-Werkstatt* (S. 61–106). De Gruyter. https://doi.org/10.1515/9783110693973-004

Künne, T. & Kuhl, J. (2017). Warum die Beziehung so wichtig ist... Selbstkompetenz aus Sicht einer integrativen Persönlichkeitstheorie. In C. Solzbacher, M. Buse & M. Sauerhering (Hrsg.), *Selbst – Lernen – Können: Selbstkompetenzförderung in Theorie und Praxis* (2. Auflage, S. 21–34). Schneider.

Künne, T. & Sauerhering, M. (2012). Selbstkompetenz (-Förderung) in KiTa und Grundschule. *nifbe-Themenheft* (4).

Kuper, H., Christ, J. & Schrader, J. (2017). Formale Bildungsaktivitäten Erwachsener. In F. Bilger, F. Behringer, H. Kuper & J. Schrader (Hrsg.), *Weiterbildungsverhalten in Deutschland 2016: Ergebnisse des Adult Education Survey (AES)* (S. 153–161). wbv. https://doi.org/10.3278/85/0016w

Langemeyer, I. (2019). *Digitalisierung als Herausforderung für Personalentwicklung und Mitbestimmung: Unternehmensstrategien der IT-Branche und ihre Bedeutung für Weiterbildung.* Barbara Budrich. https://doi.org/10.3224/84742251

Langhoff, T. (2015). Die Bedeutung von Innovationskompetenz im demografischen Wandel als Voraussetzung zur Innovationsfähigkeit von Unternehmen. In T. Langhoff, M. Bornewasser, E. Heidling, B. Kriegesmann & M. Falkenstein (Hrsg.), *Innovationskompetenz im demografischen Wandel: Konzepte und Lösungen für die unternehmerische Praxis* (S. 13–41). Springer Gabler. https://doi.org/10.1007/978-3-658-09159-0_1

Larner, A. J. (2021). *The 2x2 Matrix: Contingency, Confusion and the Metrics of Binary Classification.* Springer. https://doi.org/10.1007/978-3-030-74920-0

Latka, T. (2010). Feld. In C. Reutlinger, C. Fritsche & E. Lingg (Hrsg.), *Raumwissenschaftliche Basics: Eine Einführung für die Soziale Arbeit* (S. 55–62). VS Verlag für Sozialwissenschaften. https://doi.org/10.1007/978-3-531-92619-3_5

Lehner, C. & Weihe, S. (2019). *Zwischen Achtsamkeit und Pragmatismus: Souverän agieren in herausfordernden Situationen.* Springer. https://doi.org/10.1007/978-3-662-58915-1

Lerch, S. (2016). *Selbstkompetenzen: Eine erziehungswissenschaftliche Grundlegung.* Springer VS. https://doi.org/10.1007/978-3-658-12975-0

Lerch, S. (2017). *Interdisziplinäre Kompetenzen: Eine Einführung.* Waxmann.

Lerch, S. (2021). Interdisziplinarität als Merkmal erwachsenenpädagogischen Denkens und Handelns? *Hessische Blätter für Volksbildung 71*(3), 13–22. https://doi.org/10.3278/HBV2103W002

Lexa, C. (2021). *Fit für die digitale Zukunft: Trends der digitalen Revolution und welche Kompetenzen Sie dafür brauchen.* Springer Gabler. https://doi.org/10.1007/978-3-658-33073-6

Lin, J. C.-W., Shao, Y., Zhang, J. & Yun, U. (2020). Enhanced sequence labeling based on latent variable conditional random fields. *Neurocomputing 403*, 431–440. https://doi.org/10.1016/j.neucom.2020.04.102

von der Linde, B. & von der Heyde, A. (2010). *Psychologie für Führungskräfte* (M. T. Meifert, Hrsg.; 3. Auflage). Haufe.

Liu, Z., Lin, Y. & Sun, M. (2020). *Representation Learning for Natural Language Processing.* Springer. https://doi.org/10.1007/978-981-15-5573-2

Loitsch, T. (2021). Menschsein im Management. Wie es möglich ist, rationale Entscheidungen mit einem guten Bauchgefühl zu treffen. In A. Hildebrandt & W. Neumüller (Hrsg.), *Bauchgefühl im Management: Die Rolle der Intuition in Wirtschaft, Gesellschaft und Sport* (S. 111–118). Springer Gabler. https://doi.org/10.1007/978-3-662-63667-1_10

Lukas, W.-D. (2020). Kompetenzen und Technologiesouveränität als Voraussetzungen für die Selbstbestimmtheit von Staat und Individuen im digitalen Wandel. In M. Friedrichsen & W. Wersig (Hrsg.), *Digitale Kompetenz: Herausforderungen für Wissenschaft, Wirtschaft, Gesellschaft und Politik* (S. 145–151). Springer Gabler. https://doi.org/10.1007/978-3-658-22109-6_15

Mayring, P. & Fenzl, T. (2019). Qualitative Inhaltsanalyse. In N. Baur & J. Blasius (Hrsg.), *Handbuch Methoden der empirischen Sozialforschung* (2., vollständig überarbeitete und erweiterte Auflage, S. 633–648). Springer VS. https://doi.org/10.1007/978-3-658-21308-4_42

McCormick, C. (2016, 19. April). *Word2Vec Tutorial – The Skip-Gram Model.* http://mccormickml.com/2016/04/19/word2vec-tutorial-the-skip-gram-model/

Mertens, D. (1973). Der Arbeitsmarkt als System von Angebot und Nachfrage. *Mitteilungen aus der Arbeitsmarkt- und Berufsforschung* 6(4), 229–236.

Metz-Kleine, A. (2018). Die Zukunft der Arbeit ist flexibel. In H. R. Fortmann & B. Kolocek (Hrsg.), *Arbeitswelt der Zukunft: Trends – Arbeitsraum – Menschen – Kompetenzen* (S. 131–137). Springer Gabler. https://doi.org/10.1007/978-3-658-20969-8_9

Meueler, E. (2018). Didaktik der Erwachsenenbildung/Weiterbildung als offenes Projekt. In R. Tippelt & A. von Hippel (Hrsg.), *Handbuch Erwachsenenbildung/Weiterbildung* (6., überarbeitete und aktualisierte Auflage, S. 1385–1401). Springer VS. https://doi.org/10.1007/978-3-531-19979-5_70

Mikolov, T., Sutskever, I., Chen, K., Corrado, G. & Dean, J. (2013). Distributed representations of words and phrases and their compositionality. In C. J. C. Burges, L. Bottou & M. Welling (Hrsg.), *Proceedings of the 26th International Conference on Neural Information Processing Systems (NIPS)* (S. 3111–3119). Curran Associates. https://dl.acm.org/doi/10.5555/2999792.2999959

Morris, C. W. (2019). Grundlagen der Zeichentheorie: Semiotik. In L. Hoffmann (Hrsg.), *Sprachwissenschaft: Ein Reader* (4., aktualisierte und erweiterte Auflage, S. 135–136). De Gruyter.

Moser, M. (2018). *Bedeutung von Soft Skills in einer sich wandelnden Unternehmenswelt: Eine Studie zu dem besonderen Stellenwert von Kompetenzen im Personalmanagement.* Springer Gabler. https://doi.org/10.1007/978-3-658-22273-4

Mukhopadhyay, S. (2018). *Advanced Data Analytics Using Python: With Machine Learning, Deep Learning and NLP Examples.* Apress. https://doi.org/10.1007/978-1-4842-3450-1

Müller, M. (2021). Flexibilisierung von Arbeitswelten in der digitalen Transformation – Ansatzpunkte für die erfolgreiche Gestaltung von Homeoffice. In S. Kaiser, A. Kozica, F. Böhringer & J. Wissinger (Hrsg.), *Digitale Arbeitswelt: Wie Unternehmen erfolgreich die digitale Transformation gestalten können* (S. 119–139). Springer Gabler. https://doi.org/10.1007/978-3-658-33224-2_6

Münch, J. (1995). *Personalentwicklung als Mittel und Aufgabe moderner Unternehmensführung.* wbv.

Neidhardt, H. (2006). *Zum lebenslangen Lernen gezwungen? Chancen und Risiken einer gesetzlichen „Bildungspflicht" für Erwachsene.*

North, K., Reinhardt, K. & Sieber-Suter, B. (2013). *Kompetenzmanagement in der Praxis: Mitarbeiterkompetenzen systematisch identifizieren, nutzen und entwickeln* (2., überarbeitete und erweiterte Auflage). Springer Gabler. https://doi.org/10.1007/978-3-8349-3696-7

Nouvel, D., Ehrmann, M. & Rosset, S. (2016). *Named Entities for Computational Linguistics* (P. Paroubek, Hrsg.). Wiley-ISTE.

Nuissl, E. (2018). Ordnungsgrundsätze der Erwachsenenbildung in Deutschland. In R. Tippelt & A. von Hippel (Hrsg.), *Handbuch Erwachsenenbildung/Weiterbildung* (6., überarbeitete und aktualisierte Auflage, S. 499–520). Springer VS. https://doi.org/10.1007/978-3-531-19979-5_25

Offstein, E. H., Morwick, J. M. & Koskinen, L. (2010). Making telework work: leading people and leveraging technology for competitive advantage. *Strategic HR Review* 9(2), 32–37. https://doi.org/10.1108/14754391011022244

Ogden, C. K. & Richards, I. A. (1923). *The meaning of meaning: A study of the influence of language upon thought and of the science of symbolism.* Harcourt, Brace & World.

Osterhage, W. W. (2017). *IT-Kompendium: Die effiziente Gestaltung von Anwendungsplattformen.* Springer Vieweg. https://doi.org/10.1007/978-3-662-52705-4

Pagel, J., Reiter, N., Rösiger, I. & Schulz, S. (2020). Annotation als flexibel einsetzbare Methode. In N. Reiter, A. Pichler & J. Kuhn (Hrsg.), *Reflektierte algorithmische Textanalyse: Interdisziplinäre(s) Arbeiten in der CRETA-Werkstatt* (S. 125–141). De Gruyter. https://doi.org/10.1515/9783110693973-006

Pastoors, S. (2018a). Berufliche Methodenkompetenzen. In *Praxishandbuch berufliche Schlüsselkompetenzen: 50 Handlungskompetenzen für Ausbildung, Studium und Beruf* (S. 71–79). Springer. https://doi.org/10.1007/978-3-662-54925-4_9

Pastoors, S. (2018b). Werteorientierte Führung. In *Praxishandbuch berufliche Schlüsselkompetenzen: 50 Handlungskompetenzen für Ausbildung, Studium und Beruf* (S. 149–155). Springer. https://doi.org/10.1007/978-3-662-54925-4_16

Pejic-Bach, M., Bertoncel, T., Meško, M. & Krstić, Ž. (2020). Text mining of industry 4.0 job advertisements. *International Journal of Information Management 50*, 416–431. https://doi.org/10.1016/j.ijinfomgt.2019.07.014

Peterson, N. G., Mumford, M. D., Borman, W. C., Jeanneret, P. R., Fleishman, E. A., Levin, K. Y., Campion, M. A., Mayfield, M. S., Morgeson, F. P., Pearlman, K., Gowing, M. K., Lancaster, A. R., Silver, M. B. & Dye, D. M. (2001). Understanding work using the Occupational Information Network (O*NET): Implications for practice and research. *Personnel Psychology* 54(2), 451–492. https://doi.org/10.1111/j.1744-6570.2001.tb00100.x

Pfister, A., Lippmann, E. & Beutter, C. (2019). Problemlösen und Entscheiden. In E. Lippmann, A. Pfister & U. Jörg (Hrsg.), *Handbuch angewandte Psychologie für Führungskräfte: Führungskompetenz und Führungswissen* (5. Auflage, S. 239–324). Springer. https://doi.org/10.1007/978-3-662-55810-2_8

Pichler, A. & Reiter, N. (2020). Reflektierte Textanalyse. In N. Reiter, A. Pichler & J. Kuhn (Hrsg.), *Reflektierte algorithmische Textanalyse: Interdisziplinäre(s) Arbeiten in der CRETA-Werkstatt* (S. 43–59). De Gruyter. https://doi.org/10.1515/9783110693973-003

Preußners, D. (2021). *Sicher auftreten im Technischen Vertrieb: So überzeugen Sie Ihre Kunden* (5. Auflage). Springer Gabler. https://doi.org/10.1007/978-3-658-33092-7

Prieß, A. & Spörer, S. (2018). *Mit Begeisterung zu Top-Leistung und Erfolg: Praxis-Tipps und neuro-agile Konzepte zum Glücklich-Bleiben.* Haufe.

Rammstedt, B. (2013). PIAAC 2012: Die wichtigsten Ergebnisse im Überblick. In B. Rammstedt (Hrsg.), *Grundlegende Kompetenzen Erwachsener im internationalen Vergleich: Ergebnisse von PIAAC 2012* (S. 11–20). Waxmann.

Ramshaw, L. & Marcus, M. (1995). Text Chunking using Transformation-Based Learning. *ACL Third Workshop on Very Large Corpora,* 82–94. https://doi.org/10.48550/arXiv.cmp-lg/9505040

Rauner, F. (2010). KOMET – Messen beruflicher Kompetenz im Berufsfeld Elektronik. *Berufsbildung in Wissenschaft und Praxis 1,* 22–26.

Rauner, F. (2017). *Methodenhandbuch: Messen und Entwickeln beruflicher Kompetenzen (COMET).* wbv. https://doi.org/10.3278/6004578w

Rauner, F. (2018). *Berufliche Kompetenzdiagnostik mit COMET: Erfahrungen und Überraschungen aus der Praxis.* wbv. https://doi.org/10.3278/6004677w

Rebmann, K. (2020). Didaktik und Methodik der beruflichen Weiterbildung. In R. Arnold, A. Lipsmeier & M. Rohs (Hrsg.), *Handbuch Berufsbildung* (3. Auflage, S. 399–410). Springer VS. https://doi.org/10.1007/978-3-658-19312-6_32

Reiter, N. (2020). Anleitung zur Erstellung von Annotationsrichtlinien. In N. Reiter, A. Pichler & J. Kuhn (Hrsg.), *Reflektierte algorithmische Textanalyse: Interdisziplinäre(s) Arbeiten in der CRETA-Werkstatt* (S. 193–201). De Gruyter. https://doi.org/10.1515/9783110693973-009

Roberge, J. & Seyfert, R. (2017). Was sind Algorithmuskulturen? In R. Seyfert & J. Roberge (Hrsg.), *Algorithmuskulturen: Über die rechnerische Konstruktion der Wirklichkeit* (S. 7–40). transcript.

Rohrmeier, J. (2021). Employer Branding im Kontext von Personalmanagement. In C. Chlupsa & J. Rohrmeier (Hrsg.), *Employer Branding: Chancen eines interdisziplinären Ansatzes* (S. 7–13). De Gruyter. https://doi.org/10.1515/9783110712056-002

Rohs, M., Pietraß, M. & Schmidt-Hertha, B. (2020). Weiterbildung und Digitalisierung. Einstellungen, Herausforderungen und Potenziale. In I. van Ackeren, H. Bremer, F. Kessl, H. C. Koller, N. Pfaff, C. Rotter, D. Klein & U. Salaschek (Hrsg.), *Bewegungen: Beiträge zum 26. Kongress der Deutschen Gesellschaft für Erziehungswissenschaft* (S. 363–375). Barbara Budrich.

Rollwagen, I. (2020). Zukünftige digitale Kompetenzen: Design Thinking und digitales Technologieverständnis für die nachhaltige Gestaltung der digitalen Wissensrevolution. In M. Friedrichsen & W. Wersig (Hrsg.), *Digitale Kompetenz: Herausforderungen für Wissenschaft, Wirtschaft, Gesellschaft und Politik* (S. 263–280). Springer Gabler. https://doi.org/10.1007/978-3-658-22109-6_32

Roth, H. (1971). *Pädagogische Anthropologie* (Bd. 2). Schroedel.

Ruder, S., Peters, M. E., Swayamdipta, S. & Wolf, T. (2019). Transfer Learning in Natural Language Processing. In A. Sarkar & M. Strube (Hrsg.), *Proceedings of the 2019 Conference of the North American Chapter of the Association for Computational Linguistics (NAACL): Tutorials* (S. 15–18). Association for Computational Linguistics. https://doi.org/10.18653/v1/N19-5004

Schenk, S. (2018). Erfahrung und Lernen im Lebenslauf: Anschlüsse an die phänomenologisch-hermeneutischen Perspektiven von Günther Buck. In C. Hof & H. Rosenberg (Hrsg.), *Lernen im Lebenslauf: Theoretische Perspektiven und empirische Zugänge* (S. 63–81). Springer VS. https://doi.org/10.1007/978-3-658-19953-1_4

Schiller, A., Teufel, S., Stöckert, C. & Thielen, C. (1999, August). *Guidelines für das Tagging deutscher Textcorpora mit STTS (Kleines und großes Tagset).*

Schneider, A. (2016). Automatic Generation of Competency Profiles for Information Technology Jobs Based on Online Advertisements Using Text Mining and Statistical Analysis. In G. Hagel & J. Mottok (Hrsg.), *European Conference Software Engineering Education (ECSEE)* (S. 197–207). Shaker.

Schneider, A. & Schroll-Decker, I. (2016). Was von Fachkräften und Sozialmanagern erwartet wird. *Sozialwirtschaft aktuell (SWa) 26*(14), 1–4.

Schön, S., Aschemann, B., Bisovsky, G., Edelsbrunner, S., Eglseer, D., Kreiml, T., Lanzinger, M., Reisenhofer, C., Steiner, K. & Ebner, M. (2022). MOOC-Gestaltung in der Erwachsenenbildung: Empfehlungen für die Gestaltung und Durchführung von Online-Kursen für Viele. *Magazin erwachsenenbildung.at – Das Fachmedium für Forschung, Praxis und Diskurs 44-45*, 22-1-22–11.

Schrader, J. (2011). *Struktur und Wandel der Weiterbildung* (Deutsches Institut für Erwachsenenbildung – Leibniz-Zentrum für Lebenslanges Lernen, Hrsg.). wbv.

Schroll-Decker, I. & Schneider, A. (2019). Digitale Kompetenzen von sozialpädagogischen Fachkräften: Benötigt – aber auch gesucht? *Blätter der Wohlfahrtspflege – Deutsche Zeitschrift für Soziale Arbeit 166*(4), 151–155.

Schroll-Decker, I. & Schneider, A. (2020). Medienkompetenz von Erzieher*innen – Fachschulische Ausbildung, Bedarf und Nachfrage. *klein&groß 6*, 48–51.

Schüller, K., Koch, H. & Rampelt, F. (2021). *Data-Literacy-Charta* (Version 1.2). Stifterverband.

Schulz von Thun, F. (2022). *Miteinander reden: 1. Störungen und Klärungen. Allgemeine Psychologie der Kommunikation* (59. Auflage). Rowohlt Taschenbuch.

Schwarz, H. & Flekl, T. (2020). IT-Berufe – und sie bewegen sich doch... *lernen & lehren 35*(139), 92–101.

Seelheim, T. & Witte, E. H. (2007). Teamfähigkeit und Performance. *Gruppe. Interaktion. Organisation. Zeitschrift für Angewandte Organisationspsychologie (GIO) 38*(1), 73–95.

Siebert, H. (2017). *Lernen und Bildung Erwachsener* (3. überarbeitete Auflage). wbv.

Siebert, H. (2019). *Didaktisches Handeln in der Erwachsenenbildung: Didaktik aus konstruktivistischer Sicht* (M. Jagenlauf, Hrsg.; 8., bearbeitete Auflage). Zentrum für interdisziplinäres erfahrungsorientiertes Lernen.

Sozialgesetzbuch (SGB II) (2005, Januar). *Zweites Buch – Grundsicherung für Arbeitsuchende.*

Sozialgesetzbuch (SGB III) (1998). *Drittes Buch – Arbeitsförderung.*

SPD, BÜNDNIS 90/DIE GRÜNEN & FDP (Hrsg.) (2021, Dezember). *Mehr Fortschritt wagen: Bündnis für Freiheit, Gerechtigkeit und Nachhaltigkeit. Koalitionsvertrag 2021–2025 zwischen der sozialdemokratischen Partei Deutschlands (SPD), BÜNDNIS 90/DIE GRÜNEN und den Freien Demokraten (FDP).*

Spöttl, G. & Schlömer, B. (2019). Digitalisierung und Berufsbildung – Sieben Thesen. *lernen & lehren 34*(135), 126–129.

Stachowiak, H. (1973). *Allgemeine Modelltheorie.* Springer.

Stang, R., Bernhard, C., Kraus, K. & Schreiber-Barsch, S. (2018). Lernräume in der Erwachsenenbildung. In R. Tippelt & A. von Hippel (Hrsg.), *Handbuch Erwachsenenbildung/Weiterbildung* (6., überarbeitete und aktualisierte Auflage, S. 643–658). Springer VS. https://doi.org/10.1007/978-3-531-19979-5_36

Staudacher, J. (2021). *Kundenorientierung: Grundlagen, Modelle und Best Practices für eine erfolgreiche Transformation.* Springer Gabler. https://doi.org/10.1007/978-3-658-20176-0

Stecker, C. & Schnettler, S. (2018). Arbeitsmarkt und Demografie. In M. Abraham & T. Hinz (Hrsg.), *Arbeitsmarktsoziologie: Probleme, Theorien, empirische Befunde* (3. Auflage, S. 437–478). Springer VS. https://doi.org/10.1007/978-3-658-02256-3_12

Stein, P. (2019). Forschungsdesigns für die quantitative Sozialforschung. In N. Baur & J. Blasius (Hrsg.), *Handbuch Methoden der empirischen Sozialforschung* (2., vollständig überarbeitete und erweiterte Auflage, S. 125–142). Springer VS. https://doi.org/10.1007/978-3-658-21308-4_8

Stops, M., Bächmann, A.-C., Glassner, R., Janser, M., Matthes, B., Metzger, L.-J., Müller, C. & Seitz, J. (2020, November). *Machbarkeitsstudie Kompetenz-Kompass. Teilprojekt 2: Beobachtung von Kompetenzanforderungen in Stellenangeboten* (Bundesministerium für Arbeit und Soziales, Hrsg.). Institut für Arbeitsmarkt und Berufsforschung der Bundesagentur für Arbeit.

Strauch, A., Lencer, S., Bosche, B., Gladkova, V., Schneider, M. & Trevino-Eberhard, D. (2019). *GRETA – kompetent handeln in Training, Kurs & Seminar: Das GRETA-Kompetenzmodell.* Deutsches Institut für Erwachsenenbildung.

Thöne-Geyer, B. (2004). Zur Vermittlungsproblematik sozialer Kompetenz in der Erwachsenenbildung/Weiterbildung (B. Dewe, G. Wiesner & C. Zeuner, Hrsg.). *REPORT – Dokumentation der Jahrestagung 2003 der Sektion Erwachsenenbildung der Deutschen Gesellschaft für Erziehungswissenschaft. Milieus, Arbeit, Wissen: Realität in der Erwachsenenbildung 27*(1), 164–170.

Tiemeyer, E. (2020a). Enterprise IT-Projektmanagement. In E. Tiemeyer (Hrsg.), *Handbuch IT-Management: Konzepte, Methoden, Lösungen und Arbeitshilfen für die Praxis* (7., überarbeitete Auflage, S. 917–1010). Hanser.

Tiemeyer, E. (2020b). IT-Systeme und digitale Plattformen managen – Planung, Organisation, Betrieb, Monitoring. In E. Tiemeyer (Hrsg.), *Handbuch IT-Management: Konzepte, Methoden, Lösungen und Arbeitshilfen für die Praxis* (7., überarbeitete Auflage, S. 495–541). Hanser.

Tiemeyer, E. (2020c). Management der Digitalisierung. In E. Tiemeyer (Hrsg.), *Handbuch IT-Management: Konzepte, Methoden, Lösungen und Arbeitshilfen für die Praxis* (7., überarbeitete Auflage, S. 109–156). Hanser.

Tippelt, R. (2018). Lebenslanges Lernen als Kompetenzentwicklung. In C. Hof & H. Rosenberg (Hrsg.), *Lernen im Lebenslauf: Theoretische Perspektiven und empirische Zugänge* (S. 105–120). Springer VS. https://doi.org/10.1007/978-3-658-19953-1_6

Tuckman, B. W. (1965). Developmental sequence in small groups. *Psychological Bulletin 63*(6), 384–399. https://doi.org/10.1037/h0022100

Tukey, J. W. (1977). *Exploratory Data Analysis.* Addison-Wesley.

Vaswani, A., Shazeer, N., Parmar, N., Uszkoreit, J., Jones, L., Gomez, A. N., Kaiser, Ł. & Polosukhin, I. (2017). Attention is all you need. In U. von Luxburg, I. Guyon, S. Bengio, H. Wallach & R. Fergus (Hrsg.), *Proceedings of the 31st International Conference on Neural Information Processing Systems (NIPS)* (S. 6000–6010). Curran Associates. https://dl.acm.org/doi/10.5555/3295222.3295349

Verma, A. & Lamsal, K. (2022). An investigation of skill requirements in artificial intelligence and machine learning job advertisements. *Industry & Higher Education 36*(1), 63–73. https://doi.org/10.1177/0950422221990990

Vollmer, B. (2020). *Kreativität – Handeln in Ungewissheit: Eine Studie zur Relevanz individueller und ko-konstruktiver kreativer Prozesse.* Springer VS. https://doi.org/10.1007/978-3-658-31142-1

Vonken, M. (2017). Kompetenz und kompetentes Handeln: Grundlagen der Kompetenzorientierung in der beruflichen Bildung. *lernen & lehren 32*(126), 48–53.

Voß, A. & Röttger, U. (2021). Erfolgreiche Führungskräftekommunikation heute. In S. Einwiller, S. Sackmann & A. Zerfaß (Hrsg.), *Handbuch Mitarbeiterkommunikation: Interne Kommunikation in Unternehmen* (S. 257–276). Springer Gabler. https://doi.org/10.1007/978-3-658-23152-1_18

Watzlawick, P., Beavin, J. H. & Jackson, D. D. (2017). *Menschliche Kommunikation: Formen, Störungen, Paradoxien* (13., unveränderte Auflage). Hogrefe. https://doi.org/10.1024/85745-000

Weber, J. (2021). Human-Machine Learning und Digital Commons: K/Ein Manifest. In C. Kropp & K. Braun (Hrsg.), *In digitaler Gesellschaft: Neukonfigurationen zwischen Robotern, Algorithmen und Usern* (S. 213–222). transcript. https://doi.org/10.1515/9783839454534-009

Weinberger, S. (2013). *Klientenzentrierte Gesprächsführung: Lern- und Praxisanleitung für psychosoziale Berufe* (14., überarbeitete Auflage). Beltz Juventa.

Weinert, F. E. (2014). Vergleichende Leistungsmessung in Schulen – eine umstrittene Selbstverständlichkeit. In F. E. Weinert (Hrsg.), *Leistungsmessungen in Schulen* (3. Auflage, S. 17–31). Beltz.

Weisweiler, S., Dirscherl, B. & Braumandl, I. (2013). *Zeit- und Selbstmanagement: Ein Trainingsmanual – Module, Methoden, Materialien für Training und Coaching.* Springer. https://doi.org/10.1007/978-3-642-19888-5

Wenski, G. (2021). *Selbstmanagement im Beruf: Gestalten Sie ihr Arbeitsleben selbst – sonst tun es andere.* Springer. https://doi.org/10.1007/978-3-658-33249-5

Widany, S., Reichart, E., Christ, J. & Echarti, N. (Hrsg.) (2021). *Trends der Weiterbildung: DIE-Trendanalyse 2021.* Deutsches Institut für Erwachsenenbildung – Leibniz-Zentrum für Lebenslanges Lernen. wbv.

Winkler, F. (2020). Das IT-Weiterbildungssystem: reformbedürftig, aber wie? *lernen & lehren 35*(139), 102–109.

Wissenschaftsrat (2015, Oktober). *Empfehlungen zum Verhältnis von Hochschulbildung und Arbeitsmarkt: Zweiter Teil der Empfehlungen zur Qualifizierung von Fachkräften vor dem Hintergrund des demographischen Wandels.*

Wittgenstein, L. (1922). *Tractatus Logico-Philosophicus: Logisch-philosophische Abhandlung (side-by-side edition, Version 0.63 (July 14, 2022), containing the original German, alongside both the Ogden/Ramsey, and Pears/McGuinness English translations)*. Kegan Paul.

Wittpoth, J. (2005). Autonomie, Feld und Habitus: Anmerkungen zum Zustand der Erwachsenenbildung in der Perspektive Bourdieus. *Hessische Blätter für Volksbildung 1*, 26–36.

Wolff, H.-G., Moser, K. & Grau, A. (2008). Networking: Theoretical Foundations and Construct Validity. In J. Deller (Hrsg.), *Readings in Applied Organizational Behavior from the Lüneburg Symposium – Personality at Work* (S. 101–118). Rainer Hampp.

Wurdack, A. & Bradshaw, M. (2020). Neue Impulse für die wissenschaftliche Weiterbildung in Ostbayern. In M. Bradshaw & A. Wurdack (Hrsg.), *Neue Impulse für die wissenschaftliche Weiterbildung in Ostbayern: Abschlussband Verbundprojekt OTH mind* (S. 11–16). wbv. https://doi.org/10.3278/6004765w

Zhou, Z.-H. (2021). *Machine Learning* (S. Liu, Übers.). Springer. https://doi.org/10.1007/978-981-15-1967-3

Zimmer, R. (2017). Über den Körper die eigenen Stärken entdecken. In C. Solzbacher, M. Buse & M. Sauerhering (Hrsg.), *Selbst – Lernen – Können: Selbstkompetenzförderung in Theorie und Praxis* (2. Auflage, S. 161–170). Schneider.

Abbildungsverzeichnis

Tabellenverzeichnis

Anhang

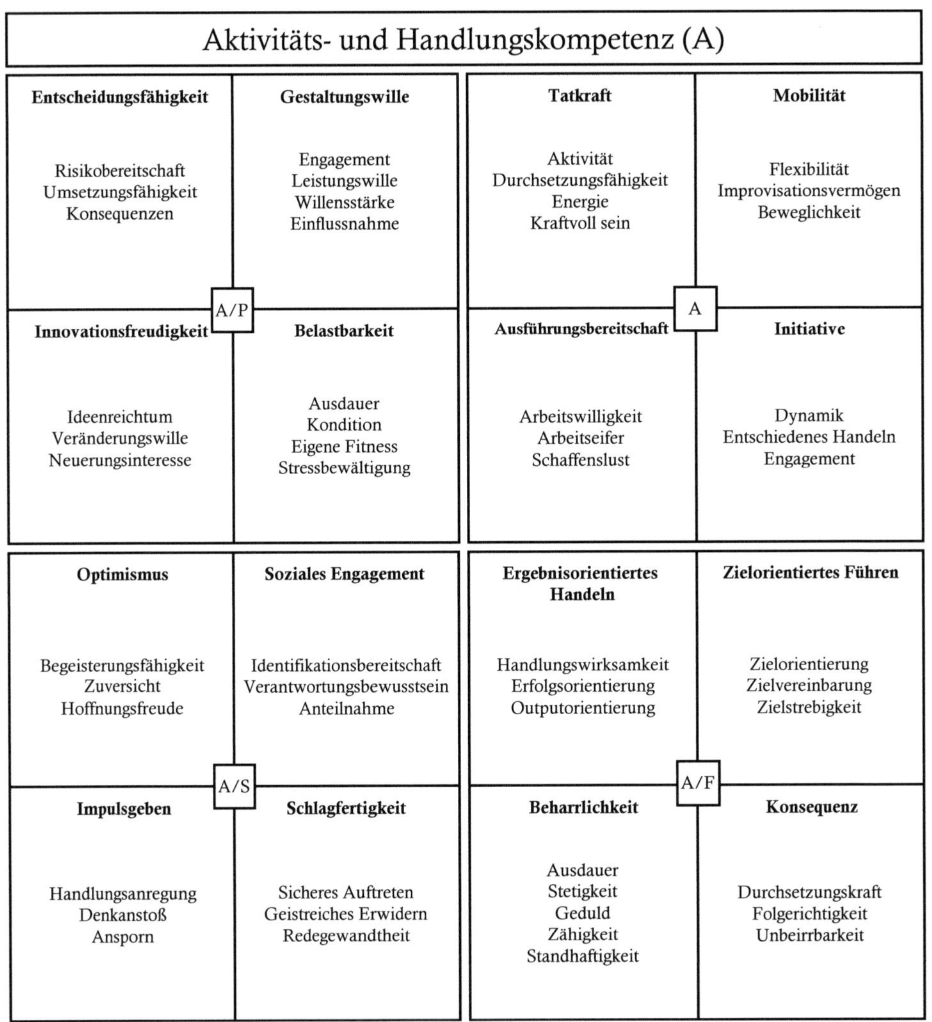

Abbildung A1: 1. Quadrant: Detailansicht Aktivitäts- und Handlungskompetenz (A) (eigene Darstellung, in Anlehnung an Heyse [2007, S.29])

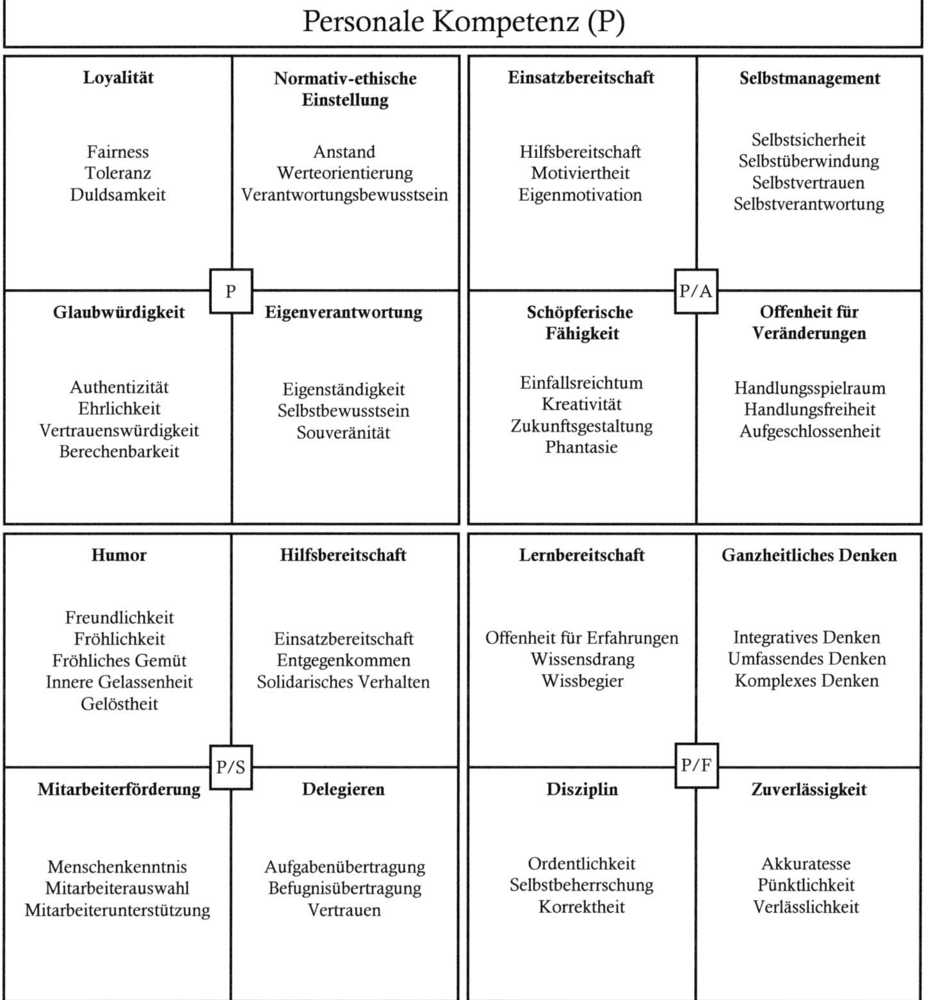

Abbildung A2: 2. Quadrant: Detailansicht Personale Kompetenz (P) (eigene Darstellung, in Anlehnung an Heyse [2007, S.28])

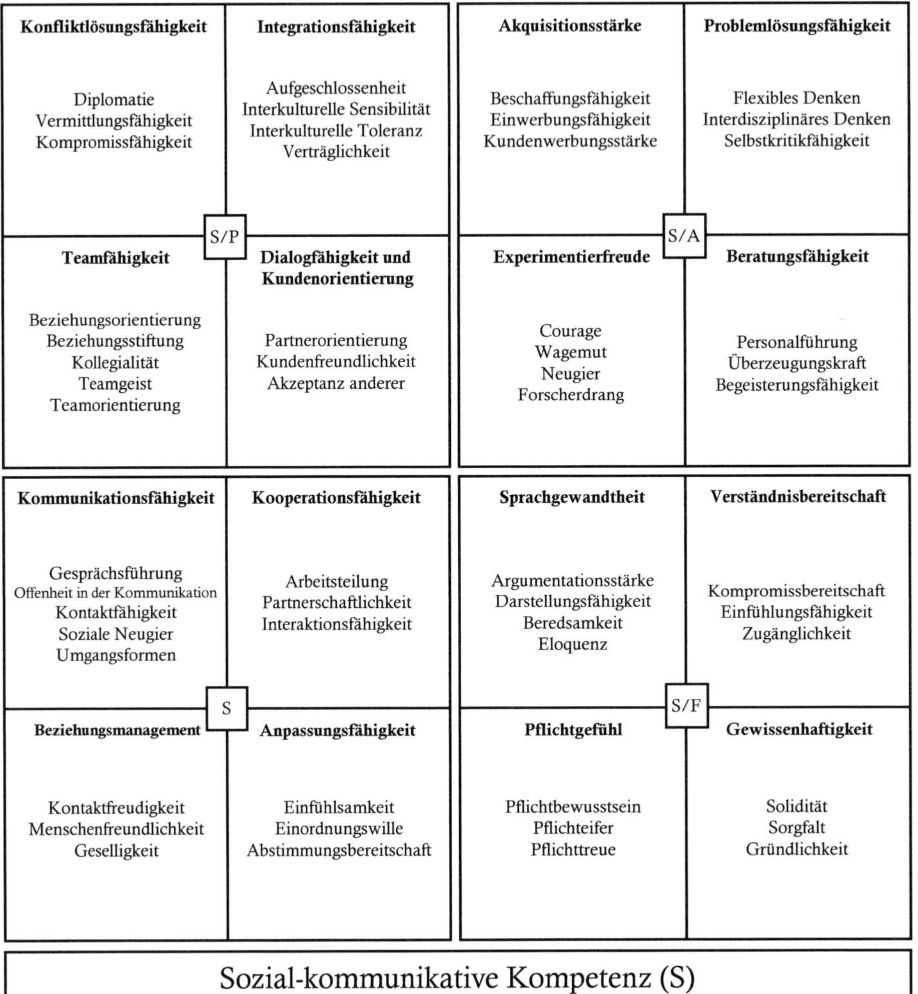

Abbildung A3: 3. Quadrant: Detailansicht Sozial-kommunikative Kompetenz (S) (eigene Darstellung, in Anlehnung an Heyse [2007, S.31])

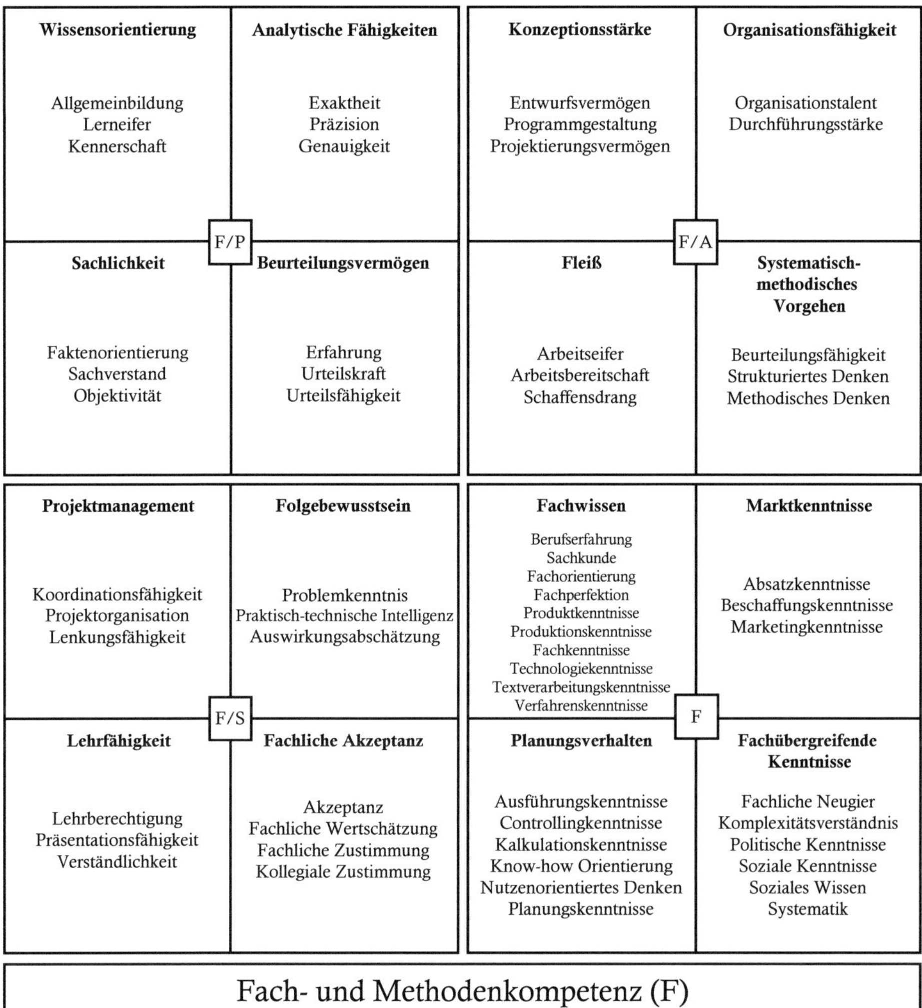

Abbildung A4: 4. Quadrant: Detailansicht Fach- und Methodenkompetenz (F) (eigene Darstellung, in Anlehnung an Heyse [2007, S.30])

Prüfung der Verteilungen von IT-Anzeigen mit Punkt und von IT-Anzeigen ohne Punkt: Um zu überprüfen, ob sich die beiden Verteilungen *IT-Anzeigen mit Punkt* und *IT-Anzeigen ohne Punkt* signifikant unterscheiden, wurden statistische Testverfahren eingesetzt. Ein T-Test für unabhängige Stichproben zur Untersuchung zweier voneinander disjunkter Fallgruppen lässt sich in diesem Fall jedoch nicht heranziehen, da die Voraussetzung einer Normalverteilung der beiden Korpora nicht gegeben ist. Die entsprechenden Q-Q-Plots, auf denen diese Entscheidung basierte, sind in Abbildung A5 dargestellt.

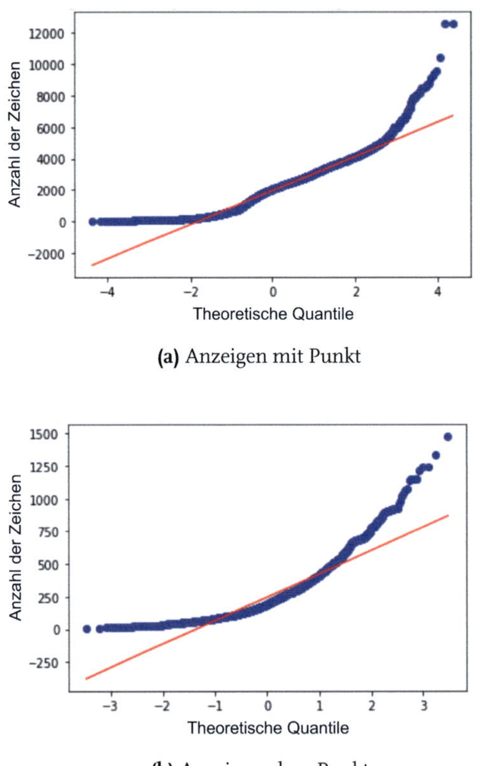

(a) Anzeigen mit Punkt

(b) Anzeigen ohne Punkt

Abbildung A5: Q-Q-Plots zum Vergleich von IT-Anzeigen mit Punkt und ohne Punkt (eigene Darstellung)

Wäre eine Normalverteilung gegeben, so müssten je Korpus die Zeichenlängen der Anzeigen möglichst auf der roten Linie liegen. Dies trifft jedoch für den unteren und oberen Längenbereich nicht zu. Dieser Umstand hat sich bereits bei der Interpretation der Verteilungen auf Basis des Histogramms und der Betrachtung der statistischen Kennzahlen in Kapitel 3.5.1 angedeutet. Für den Vergleich von Verteilungen, die unabhängig voneinander sind und keiner Normalverteilung folgen, empfiehlt es sich daher, den Mann-Whitney-U-Test anzuwenden. Dabei geht die Nullhypothese H_0

davon aus, dass es keinen Unterschied zwischen den Verteilungen der beiden Korpora gibt (Eberhart & Shi, 2007, S. 401). Die Berechnung des Mann-Whitney-U-Tests ergab einen p-Wert von 0,0, womit die Nullhypothese H_0 bei einem festgelegten alpha-Wert von 0,05 zurückgewiesen (p < alpha) werden kann. Das bedeutet, die beiden Korpora folgen einer unterschiedlichen Verteilung und die in Kapitel 3.5.1 aufgestellte Behauptung, dass *Anzeigen ohne Punkt in der Länge ihrer Beschreibungstexte signifikant kürzer sind als Anzeigen mit Punkt*, lässt sich auf diese Weise bestätigen.

Parameter zur Initialisierung des Word2Vec-Modells (Skip-Gram): Nachfolgend werden ausgewählte Parameter, die zur Initialisierung, zum Training und zur Erstellung des Word2Vec-Modells (Skip-Gram) im Rahmen dieser Studie in Kapitel 3.6.3 festgelegt wurden, kurz erläutert. Es sei angemerkt, dass die Werte, insbesondere des Kontextfensters und der Dimensionalität des Hidden Layers, experimentell durch Test und Vergleich unterschiedlicher Eingabeparameter ermittelt wurden.

Tabelle T1: Parameter zur Initialisierung des Word2Vec-Modells (Skip-Gram)

Parameter	Erläuterung
Umfang des Vokabulars	Über den Umfang des Vokabulars wird die Dimensionalität des Vektors des Eingabetokens bestimmt. Ausgehend von 128.952 singulären Token wurde entschieden, nur solche im Vokabular zu belassen, die mindestens 30-mal in den aufbereiteten Tokensequenzen der Tätigkeitsbeschreibungen genannt wurden. Diese Maßnahme führte dazu, dass die Anzahl um 94,77 % auf 6.744 Token reduziert wurde.
Kontextfenster	Für das Kontextfenster wurde die Größe 2 gewählt. Das heißt, es werden, wie in Abbildung 3.24 visualisiert, von einem Eingabetoken ausgehend maximal zwei Token links bzw. zwei Token rechts innerhalb einer Sequenz als Kontextwörter berücksichtigt, die anschließend in Form von Tupeln abgelegt werden (siehe Tabelle 3.22).
Dimensionalität	Der Hidden Layer wurde mit 30 Dimensionen konzipiert. So wird jeder Token aus dem Vokabular durch einen dreißigdimensionalen Vektor repräsentiert. In Summe bildet der Hidden Layer nach Abschluss der Trainingsphase eine Matrix mit 6.744 Einträgen (Reihen) und 30 Features (Spalten) ab. Diese stellt die Ausgangsbasis dar, um Tätigkeitsfelder für das Berufsfeld IT zu identifizieren.

Tabelle T2: Funktionsweise des K-Means-Algorithmus

Funktionsweise des K-Means-Algorithmus (Kapitel 3.6.4)
K-Means unterteilt einen Vektorraum in *K* disjunkte Kategorien. Der Parameter *K* entspricht der Anzahl zu generierender Cluster und muss dem Algorithmus mitgeteilt werden. Darauf folgend werden *K* Clusterzentren (sogenannte Centroide) zufällig im Vektorraum platziert und initialisiert. Auf Grundlage der zufällig gewählten Clusterzentren weist der Algorithmus im ersten Schritt jedem Token aus dem Word2Vec-Modell (bzw. dessen Vektorrepräsentation) genau ein Cluster zu. Die Zuteilung eines Tokens (bzw. Vektors) erfolgt durch die Berechnung der Distanz zu allen Clusterzentren, wobei das Zentrum, zu dem ein Token den geringsten Abstand aufweist, ausgewählt wird. Abschließend werden alle *K* Clusterzentren neu berechnet und damit die Position eines Clusterzentrums verschoben. Dieser Vorgang wird solange wiederholt, bis kein Token (bzw. Vektor) einem anderen Cluster mehr zugeordnet wird, sprich, die Abstände zum Zentrum minimal sind (Ghavami, 2020, S. 127 f. Kubat, 2017, S. 277–283).

Tabelle T3: Implementierung des K-Means-Algorithmus

Implementierung des K-Means-Algorithmus (Kapitel 3.6.4)
Um den Parameter *K* optimal auszuwählen und für den vorliegenden Anwendungsfall zu bestimmen, wurde der Algorithmus mit einem Wertebereich zwischen 2 (Minimum) und 30 (Maximum) zu bestimmender Cluster initialisiert. Das bedeutet, der Algorithmus teilt für jeden Wert innerhalb dieses Bereiches die Token (bzw. Vektoren) des Word2Vec-Modells in die vorgegebene Anzahl an Clustern ein. Die Ergebnisse lassen sich durch die Ellbogenmethode (englisch: elbow method) validieren (Mukhopadhyay, 2018, S. 82), wie in Abbildung A6 dargestellt. Die Grafik zeigt auf der X-Achse den vorgegebenen Wertebereich für den Parameter *K*. Die Y-Achse beschreibt die Distorsion, das heißt eine möglichst sichtbare Veränderung des Verlaufs der blauen Linie, um den Ellbogeneffekt kenntlich zu machen. Bei Betrachtung von Abbildung A6 kann jedoch kein eindeutiger Knick (bzw. Ellbogen) ausgemacht werden. Ein leichtes Einknicken des Kurvenverlaufs ist ab dem Wert ($K = 22$) in der Grafik zu erkennen, welcher daher als Grenzwert herangezogen wurde. Auf dieser Grundlage wurde entschieden, den Wert ($K = 21$) zur Festlegung der Clusteranzahl zu definieren. Ein Grund für das fehlende deutliche Einknicken der Kurve kann unter anderem darauf zurückgeführt werden, da es sich bei den dieser Einteilung zugrunde liegenden Wortvektoren um eine kompakte Anordnung in einem multidimensionalen Raum handelt. Selbst eine Reduktion des Vokabulars des Word2Vec-Modells durch Anpassung des Parameters für das minimale Wortaufkommen (siehe Tabelle T1) würde diese Verdichtung kaum auflösen. Die Initialisierung des Clusteralgorithmus mit 21 zufälligen Clusterzentren wurde schließlich als Ausgangspunkt verwendet, alle tätigkeitsbezogenen Token aus dem Word2Vec-Modell in 21 Gruppen einzuteilen. Dabei muss berücksichtigt werden, dass hierdurch inhaltlich unterschiedliche Cluster entstehen können. Um die Robustheit der Cluster zu gewährleisten, wurden insgesamt 50 Durchläufe mit unterschiedlichen Startinitialisierungen (englisch: seeds) für die 21 Centroide ausgeführt. Als Endresultat wurde das Ergebnis mit der geringsten Fehlersumme aus all diesen Durchläufen ausgewählt.

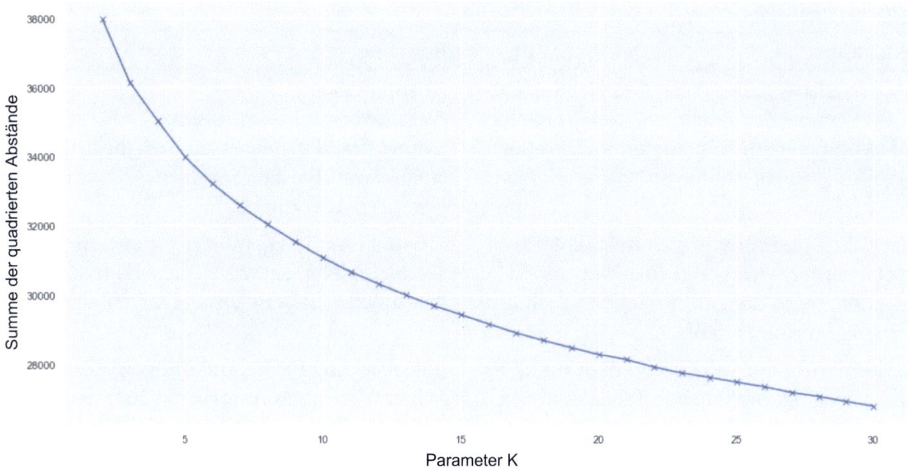

Abbildung A6: Ellbogenmethode zur Bestimmung des optimalen Parameters *K* (eigene Darstellung)

Annotationsrichtlinien: Im Folgenden finden sich die für die Annotation der Trainings- und Testdaten des spezifischen Named-Entity-Recognition-Modells zugrunde gelegten Richtlinien, bei denen der Kompetenz- und Synonymatlas von Erpenbeck und Heyse als Referenzrahmen zur Abgrenzung möglicher Kompetenzanforderungen in den IT-Anforderungsprofilen diente. In Anbetracht der festgelegten Annotationsrichtlinien soll kein Anspruch auf Vollständigkeit erhoben, vielmehr können diese als Ausgangspunkt verwendet, diskutiert und angepasst werden. Es sollte allerdings bedacht sein, diese vor Beginn des eigentlichen Annotationsprozesses zu definieren, um Aufwände im Hinblick auf eine mögliche Korrektur bereits erzeugter Trainings- und Testdaten zu minimieren. Nachfolgend finden sich Kurzbeschreibungen der Richtlinien und ausgewählte Beispiele möglicher Annotationen, die in eckigen Klammern dargestellt sind.

Tabelle T4: Ausgewählte Annotationsrichtlinien

Richtlinie	Beispiele
Es werden keine beschreibenden Token (zum Beispiel Adjektive) in Bezug auf eine Kompetenz annotiert, sondern nur der jeweilige Begriff bzw. die entsprechende Phrase, welche die Kompetenzanforderung beinhaltet (Ausnahme siehe nachfolgende Richtlinie).	hohe [Belastbarkeit], ausgezeichnete [Kommunikationsfähigkeit]
Falls ein oder mehrere Token (zum Beispiel Adjektive) eine Kompetenzanforderung ausdrücken, so werden diese innerhalb einer gemeinsamen Annotation erfasst.	[sicheres Auftreten], [überzeugendes Handeln], [analytisches Denken]

(Fortsetzung Tabelle T4)

Richtlinie	Beispiele
Abgrenzbare Token (zum Beispiel Substantive, Verben oder Adjektive), welche explizit als Kompetenzterminologien interpretiert werden können, werden als solche annotiert.	[Teamfähigkeit], [Verantwortungsbewusstsein], [kontaktfreudig], [eigenständig], [belastbar], [analysierst], [gestaltest], [eigenverantwortlich]
Implizite Formulierungen möglicher Kompetenzanforderungen sollten nur erfasst werden, wenn der Interpretationsspielraum eine Zuordnung erlaubt.	Sie sind [motiviert], du bist von neuen Technologien [begeistert], die Arbeit in einem [innovativen] Umfeld macht dir Spaß
Anforderungen, welche sich über mehr als zwei zusammenhängende Token erstrecken, werden gemeinsam annotiert.	[Begeisterung für Veränderungen], [keine Scheu vor großen Aufgaben], [über den Tellerrand hinauszuschauen], [sicherem Blick für zukünftige Anforderungen und Entwicklungen], [offen für Veränderungen]
Durch Bindestrich separierte Token werden als separate Kompetenzbegriffe annotiert, sofern sich diese auf unterschiedliche Kompetenzen beziehen.	[Team-] und [Kommunikationsfähigkeit], [Kunden-] und [Ergebnisorientierung], [Dienstleistungs-] und [Serviceorientierung]
Durch Komma oder Bindewörter separierte Token werden als separate Kompetenzbegriffe annotiert, sofern sich diese auf unterschiedliche Kompetenzen beziehen.	[analytische], [systematische] Arbeitsweise, [ergebnisorientierte] und [kollegiale] sowie [teamorientierte] Arbeitsweise, [ergebnisorientierte] und [kollegiale] sowie [teamorientierte] Arbeitsweise

Aufstellung aller 95 Kompetenzen der Top-15-Kompetenzfelder und deren Verteilungen innerhalb der vier Tätigkeitsfelder: Nachfolgende Tabelle T5 listet alle 95 Kompetenzen (Spalte Kompetenz (K)), deren Zuordnung zu einem der Top-15-Kompetenzfelder (Spalte Kompetenzfeld (KF)) und deren absolute Verteilungen innerhalb der vier Tätigkeitsfelder, *Projektarbeit, Consulting und Vertrieb* (Spalte $H_{RITT_{PCV}}(K)$), *Administration, Netzwerk und Architektur* (Spalte $H_{RITT_{ANA}}(K)$), *Softwareentwicklung und Programmierung* (Spalte $H_{RITT_{SP}}(K)$) und *Anwenderbetreuung und Support* (Spalte $H_{RITT_{AS}}(K)$), auf. Die Rangfolge der Kompetenzen entspricht dabei deren in Spalte $H_{RITT}(K)$ aufgeführten absoluten bzw. in Spalte $h_{RITT}(K)$ genannten prozentualen Häufigkeiten. So wird *Team* (Rang 1) über alle Tätigkeitsfelder hinweg in 25.627 IT-Stellenanzeigen am häufigsten artikuliert. Wie bereits in Kapitel 5.2 erwähnt, handelt es sich in Summe um 185.586 Formulierungen, die sich auf Grundlage der 1.405 Terminologien und Phrasen (siehe Tabelle 5.1) der Top-15-Kompetenzfelder extrahieren ließen.

Diese Nennungen teilen sich folgendermaßen in die vier Tätigkeitsfelder auf: *Projektarbeit, Consulting und Vertrieb* (PCV) (n = 100.065, 53,92%)[1], *Administration, Netzwerk und Architektur* (ANA) (n = 51.775, 27,90%)[2], *Softwareentwicklung und Programmierung* (SP) (n = 16.777, 9,04%)[3] und *Anwenderbetreuung und Support* (AS) (n = 16.969, 9,14%)[4], womit auf die beiden erstgenannten Felder 81,82 % aller Erwähnungen entfallen. Zudem zeigen diese Zahlen, dass für das Tätigkeitsfeld *Anwenderbetreuung und Support*, trotz des geringsten Umfangs an zugeordneten Stellenanzeigen (siehe Tabelle 5.3), mehr Kompetenzen aus den Anforderungsprofilen gefiltert wurden als für *Softwareentwicklung und Programmierung*.

Darüber hinaus machen die Top-28-Kompetenzen in Tabelle T5 in Summe 90,13 % aller Gesamtnennungen aus. Lediglich im einstelligen absoluten Wertebereich genannt, dennoch in den Top-15-Kompetenzfeldern vertreten, finden sich Kompetenzen wie *Menschenkenntnis, Zuhören, Objektorientierung, Delegation, Selbstbestimmung, Selbstvertrauen, Glaubwürdigkeit, Rationalität* und *Natürlichkeit*, die relativ selten in den Anforderungsprofilen als Voraussetzungen formuliert werden.

1 Eine Verteilung der Kompetenzen der Top-15-Kompetenzfelder zu *Projektarbeit, Consulting und Vertrieb* findet sich in Anhang T6.

2 Eine Verteilung der Kompetenzen der Top-15-Kompetenzfelder zu *Administration, Netzwerk und Architektur* findet sich in Anhang T7.

3 Eine Verteilung der Kompetenzen der Top-15-Kompetenzfelder zu *Softwareentwicklung und Programmierung* findet sich in Anhang T8.

4 Eine Verteilung der Kompetenzen der Top-15-Kompetenzfelder zu *Anwenderbetreuung und Support* findet sich in Anhang T9.

Tabelle T5: Auflistung aller 95 Kompetenzen aus den Top-15-Kompetenzfeldern und deren Verteilungen innerhalb der vier Tätigkeitsfelder sowie deren absolute und prozentuale Anteile

Rang	Kompetenz (K)	$H_{RITT_{PCV}}(K)$	$H_{RITT_{ANA}}(K)$	$H_{RITT_{SP}}(K)$	$H_{RITT_{AS}}(K)$	$H_{RITT}(K)$	$h_{RITT}(K)$	Kompetenzfeld (KF)
1	Team	13.144	7.320	2.944	2.219	25.627	13,81 %	Team
2	Kommunikation	11.786	5.312	1.709	2.702	21.509	11,59 %	Kommunikation
3	Flexibilität	7.979	4.034	1.221	1.233	14.467	7,80 %	Flexibilität
4	Selbstständigkeit	7.262	3.771	1.294	1.216	13.543	7,30 %	Selbstständigkeit
5	Analyse	5.745	2.982	944	954	10.625	5,73 %	Analyse
6	Strukturiertheit	4.113	2.765	598	465	7.941	4,28 %	Strukturiertheit
7	Kundenorientierung	2.949	2.172	353	820	6.294	3,39 %	Kundenorientierung
8	Begeisterung	3.463	1.489	712	468	6.132	3,30 %	Begeisterung
9	Verantwortung	2.782	1.599	491	343	5.215	2,81 %	Selbstständigkeit
10	Eigeninitiative	2.775	1.335	374	190	4.674	2,52 %	Selbstständigkeit
11	Selbstverantwortung	2.244	1.337	412	527	4.520	2,44 %	Selbstständigkeit
12	Konzeption	2.235	1.271	562	173	4.241	2,29 %	Konzeption
13	Eigenmotivation	2.423	945	446	302	4.116	2,22 %	Begeisterung
14	Belastbarkeit	2.290	931	157	538	3.916	2,11 %	Belastbarkeit
15	Zielorientierung	2.573	791	399	152	3.915	2,11 %	Zielorientierung
16	Zuverlässigkeit	1.590	1.396	321	414	3.721	2,01 %	Zuverlässigkeit
17	Lösung	1.785	1.091	223	414	3.513	1,89 %	Analyse
18	Kreativität	1.818	729	548	117	3.212	1,73 %	Kreativität
19	Sicheres Auftreten	1.754	639	110	118	2.621	1,41 %	Sicheres Auftreten
20	Qualität	1.160	665	498	116	2.439	1,31 %	Qualität
21	Serviceorientierung	645	1.013	26	722	2.406	1,30 %	Kundenorientierung

(Fortsetzung Tabelle T5)

Rang	Kompetenz (K)	$H_{RITT_{PCV}}(K)$	$H_{RITT_{ANA}}(K)$	$H_{RITT_{SP}}(K)$	$H_{RITT_{AS}}(K)$	$H_{RITT}(K)$	$h_{RITT}(K)$	Kompetenzfeld (KF)
22	Einsatzbereitschaft	1.074	869	121	336	2.400	1,29 %	Begeisterung
23	Organisation	1.520	534	104	163	2.321	1,25 %	Konzeption
24	Ergebnisorientierung	1.128	452	195	125	1.900	1,02 %	Zielorientierung
25	Leidenschaft	770	560	326	113	1.769	0,95 %	Begeisterung
26	Innovation	1.006	294	165	50	1.515	0,82 %	Kreativität
27	Leistung	981	286	53	49	1.369	0,74 %	Begeisterung
28	Dienstleistungsorientierung	590	514	17	191	1.312	0,71 %	Kundenorientierung
29	Genauigkeit	667	168	82	353	1.270	0,68 %	Qualität
30	Sorgfalt	508	468	82	142	1.200	0,65 %	Qualität
31	Proaktivität	742	181	165	25	1.113	0,60 %	Selbstständigkeit
32	Souveränität	550	372	32	37	991	0,53 %	Sicheres Auftreten
33	Professionalität	765	137	37	33	972	0,52 %	Sicheres Auftreten
34	Methodik	542	233	85	13	873	0,47 %	Strukturiertheit
35	Systematik	598	173	79	24	874	0,47 %	Strukturiertheit
36	Stress	197	70	23	514	804	0,43 %	Belastbarkeit
37	Verbindlichkeit	641	77	22	23	763	0,41 %	Zuverlässigkeit
38	Moderation	435	183	4	10	632	0,34 %	Kundenorientierung
39	Aufgeschlossenheit	264	153	36	53	506	0,27 %	Team
40	Gestaltung	251	184	49	11	495	0,27 %	Kreativität
41	Zielgerichtetheit	328	96	34	26	484	0,26 %	Zielorientierung
42	Selbstbewusstsein	357	90	11	17	475	0,26 %	Sicheres Auftreten
43	Kooperation	214	184	58	15	471	0,25 %	Team

(Fortsetzung Tabelle T5)

Rang	Kompetenz (K)	$H_{RITT_{PCV}}(K)$	$H_{RITT_{ANA}}(K)$	$H_{RITT_{SP}}(K)$	$H_{RITT_{AS}}(K)$	$H_{RITT}(K)$	$h_{RITT}(K)$	Kompetenzfeld (KF)
44	Gewissenhaftigkeit	253	144	40	28	465	0,25 %	Qualität
45	Abstraktion	174	155	65	7	401	0,22 %	Analyse
46	Erfolgsorientierung	237	66	40	15	358	0,19 %	Zielorientierung
47	Selbstmanagement	154	115	44	20	333	0,18 %	Selbstständigkeit
48	Dynamik	153	116	13	14	296	0,16 %	Begeisterung
49	Ehrgeiz	183	49	45	7	284	0,15 %	Zielorientierung
50	Pflichtbewusstsein	85	106	70	14	275	0,15 %	Selbstständigkeit
51	Zielgruppenorientierung	201	60	6	6	273	0,15 %	Kundenorientierung
52	Kontaktfreudigkeit	127	86	7	36	256	0,14 %	Team
53	Enthusiasmus	146	65	29	10	250	0,13 %	Begeisterung
54	Routine	119	50	43	13	225	0,12 %	Sicheres Auftreten
55	Koordination	137	44	17	20	218	0,12 %	Konzeption
56	Planung	160	28	18	1	207	0,11 %	Konzeption
57	Veränderung	127	45	14	12	198	0,11 %	Kreativität
58	Logik	93	57	28	18	196	0,11 %	Analyse
59	Selbstsicherheit	123	28	21	5	177	0,10 %	Sicheres Auftreten
60	Seriosität	53	101	1	22	177	0,10 %	Zuverlässigkeit
61	Zielstrebigkeit	35	105	17	3	160	0,09 %	Zielorientierung
62	Konstruktivität	98	31	26	3	158	0,09 %	Kreativität
63	Interkulturalität	97	37	6	4	144	0,08 %	Team
64	Termin	79	27	8	12	126	0,07 %	Zuverlässigkeit
65	Gründlichkeit	67	31	14	0	112	0,06 %	Qualität

(Fortsetzung Tabelle T5)

Rang	Kompetenz (K)	$H_{RITT_{PCV}}(K)$	$H_{RITT_{ANA}}(K)$	$H_{RITT_{SP}}(K)$	$H_{RITT_{AS}}(K)$	$H_{RITT}(K)$	$h_{RITT}(K)$	Kompetenzfeld (KF)
66	Hilfsbereitschaft	8	59	6	35	108	0,06 %	Team
67	Kollegialität	70	16	7	12	105	0,06 %	Team
68	Loyalität	64	27	5	6	102	0,05 %	Zuverlässigkeit
69	Dokumentation	24	44	14	10	92	0,05 %	Strukturiertheit
70	Kompetentes Auftreten	36	30	1	14	81	0,04 %	Sicheres Auftreten
71	Einsatzfreude	44	29	6	2	81	0,04 %	Begeisterung
72	Vorstellungsvermögen	6	2	1	56	65	0,04 %	Analyse
73	Vertrauen	32	20	1	8	61	0,03 %	Zuverlässigkeit
74	Zeitmanagement	33	14	5	2	54	0,03 %	Konzeption
75	Authentizität	31	12	2	1	46	0,02 %	Zuverlässigkeit
76	Anpassung	9	32	3	0	44	0,02 %	Flexibilität
77	Geschicklichkeit	20	11	3	7	41	0,02 %	Sicheres Auftreten
78	Networking	29	6	0	0	35	0,02 %	Team
79	Priorisierung	22	9	0	3	34	0,02 %	Konzeption
80	Integration	11	20	1	0	32	0,02 %	Team
81	Konsequenz	17	5	8	0	30	0,02 %	Zielorientierung
82	Pünktlichkeit	14	7	0	7	28	0,02 %	Zuverlässigkeit
83	Argumentation	18	1	0	1	20	0,01 %	Kommunikation
84	Ehrlichkeit	10	3	4	0	17	0,01 %	Zuverlässigkeit
85	Gewandtheit	5	4	1	2	12	0,01 %	Sicheres Auftreten
86	Versiertheit	4	0	6	0	10	0,01 %	Sicheres Auftreten
87	Menschenkenntnis	4	4	0	0	8	0,00 %	Kundenorientierung

(Fortsetzung Tabelle T5)

Rang	Kompetenz (K)	$H_{RITT_{PCV}}(K)$	$H_{RITT_{ANA}}(K)$	$H_{RITT_{SP}}(K)$	$H_{RITT_{AS}}(K)$	$H_{RITT}(K)$	$h_{RITT}(K)$	Kompetenzfeld (KF)
88	Zuhören	1	0	0	7	8	0,00 %	Kundenorientierung
89	Objektorientierung	0	3	4	0	7	0,00 %	Strukturiertheit
90	Delegation	3	3	0	0	6	0,00 %	Zuverlässigkeit
91	Selbstbestimmung	0	2	3	0	5	0,00 %	Selbstständigkeit
92	Selbstvertrauen	3	0	0	0	3	0,00 %	Sicheres Auftreten
93	Glaubwürdigkeit	1	1	1	0	3	0,00 %	Zuverlässigkeit
94	Rationalität	2	0	0	0	2	0,00 %	Analyse
95	Natürlichkeit	0	0	1	0	1	0,00 %	Zuverlässigkeit

Tabelle T6: Verteilung der Kompetenzen der Top-15-Kompetenzfelder im Tätigkeitsfeld *Projektarbeit, Consulting und Vertrieb*

Kompetenzfeld (*KF*)	Kompetenz (*K*)	$H_{RITT_{KF}}(K)$	$h_{RITT_{KF}}(K)$	$h_{RITT}(K)$
(1) Selbstständigkeit	Selbstständigkeit	7262	45,26 %	7,26 %
	Verantwortung	2782	17,34 %	2,78 %
	Eigeninitiative	2775	17,3 %	2,77 %
	Selbstverantwortung	2244	13,99 %	2,24 %
	Proaktivität	742	4,62 %	0,74 %
	Selbstmanagement	154	0,96 %	0,15 %
	Pflichtbewusstsein	85	0,53 %	0,08 %
	Selbstbestimmung	0	0,0 %	0,0 %
Summe		16.044	100,00 %	16,02 %
(2) Team	Team	13.144	94,13 %	13,14 %
	Aufgeschlossenheit	264	1,89 %	0,26 %
	Kooperation	214	1,53 %	0,21 %
	Kontaktfreudigkeit	127	0,91 %	0,13 %
	Interkulturalität	97	0,69 %	0,1 %
	Kollegialität	70	0,5 %	0,07 %
	Networking	29	0,21 %	0,03 %
	Integration	11	0,08 %	0,01 %
	Hilfsbereitschaft	8	0,06 %	0,01 %
Summe		13.964	100,00 %	13,96 %
(3) Kommunikation	Kommunikation	11.786	99,85 %	11,78 %
	Argumentation	18	0,15 %	0,02 %
Summe		11.804	100,00 %	11,80 %
(4) Begeisterung	Begeisterung	3.463	38,25 %	3,46 %
	Eigenmotivation	2.423	26,76 %	2,42 %
	Einsatzbereitschaft	1.074	11,86 %	1,07 %
	Leistung	981	10,83 %	0,98 %
	Leidenschaft	770	8,5 %	0,77 %
	Dynamik	153	1,69 %	0,15 %
	Enthusiasmus	146	1,61 %	0,15 %
	Einsatzfreude	44	0,49 %	0,04 %
Summe		9.054	100,00 %	9,04 %
(5) Flexibilität	Flexibilität	7979	99,89 %	7,97 %
	Anpassung	9	0,11 %	0,01 %
Summe		7.988	100,00 %	7,98 %

(Fortsetzung Tabelle T6)

Kompetenzfeld (*KF*)	Kompetenz (*K*)	$H_{RITT_{KF}}(K)$	$h_{RITT_{KF}}(K)$	$h_{RITT}(K)$
(6) Analyse	Analyse	5.745	73,61 %	5,74 %
	Lösung	1.785	22,87 %	1,78 %
	Abstraktion	174	2,23 %	0,17 %
	Logik	93	1,19 %	0,09 %
	Vorstellungsvermögen	6	0,08 %	0,01 %
	Rationalität	2	0,03 %	0,0 %
Summe		7.805	100,00 %	7,79 %
(7) Strukturiertheit	Strukturiertheit	4.113	77,94 %	4,11 %
	Systematik	598	11,33 %	0,6 %
	Methodik	542	10,27 %	0,54 %
	Dokumentation	24	0,45 %	0,02 %
	Objektorientierung	0	0,0 %	0,0 %
Summe		5.277	100,00 %	5,27 %
(8) Kundenorientierung	Kundenorientierung	2.949	61,12 %	2,95 %
	Serviceorientierung	645	13,37 %	0,64 %
	Dienstleistungsorientierung	590	12,23 %	0,59 %
	Moderation	435	9,02 %	0,43 %
	Zielgruppenorientierung	201	4,17 %	0,2 %
	Menschenkenntnis	4	0,08 %	0,0 %
	Zuhören	1	0,02 %	0,0 %
Summe		4.825	100,00 %	4,81 %
(9) Zielorientierung	Zielorientierung	2.573	57,17 %	2,57 %
	Ergebnisorientierung	1128	25,06 %	1,13 %
	Zielgerichtetheit	328	7,29 %	0,33 %
	Erfolgsorientierung	237	5,27 %	0,24 %
	Ehrgeiz	183	4,07 %	0,18 %
	Zielstrebigkeit	35	0,78 %	0,03 %
	Konsequenz	17	0,38 %	0,02 %
Summe		4.501	100,00 %	4,50 %
(10) Konzeption	Konzeption	2.235	54,42 %	2,23 %
	Organisation	1.520	37,01 %	1,52 %
	Planung	160	3,9 %	0,16 %
	Koordination	137	3,34 %	0,14 %
	Zeitmanagement	33	0,8 %	0,03 %
	Priorisierung	22	0,54 %	0,02 %
Summe		4.107	100,00 %	4,10 %

(Fortsetzung Tabelle T6)

Kompetenzfeld (*KF*)	Kompetenz (*K*)	$H_{RITT_{KF}}(K)$	$h_{RITT_{KF}}(K)$	$h_{RITT}(K)$
(11) Sicheres Auftreten	Sicheres Auftreten	1.754	46,95 %	1,75 %
	Professionalität	765	20,48 %	0,76 %
	Souveränität	550	14,72 %	0,55 %
	Selbstbewusstsein	357	9,56 %	0,36 %
	Selbstsicherheit	123	3,29 %	0,12 %
	Routine	119	3,19 %	0,12 %
	Kompetentes Auftreten	36	0,96 %	0,04 %
	Geschicklichkeit	20	0,54 %	0,02 %
	Gewandtheit	5	0,13 %	0,0 %
	Versiertheit	4	0,11 %	0,0 %
	Selbstvertrauen	3	0,08 %	0,0 %
Summe		3.736	100,00 %	3,72 %
(12) Kreativität	Kreativität	1.818	55,09 %	1,82 %
	Innovation	1.006	30,48 %	1,01 %
	Gestaltung	251	7,61 %	0,25 %
	Veränderung	127	3,85 %	0,13 %
	Konstruktivität	98	2,97 %	0,1 %
Summe		3.300	100,00 %	3,31 %
(13) Qualität	Qualität	1.160	43,69 %	1,16 %
	Genauigkeit	667	25,12 %	0,67 %
	Sorgfalt	508	19,13 %	0,51 %
	Gewissenhaftigkeit	253	9,53 %	0,25 %
	Gründlichkeit	67	2,52 %	0,07 %
Summe		2.655	100,00 %	2,66 %

(Fortsetzung Tabelle T6)

Kompetenzfeld (*KF*)	Kompetenz (*K*)	$H_{RITT_{KF}}(K)$	$h_{RITT_{KF}}(K)$	$h_{RITT}(K)$
(14) Zuverlässigkeit	Zuverlässigkeit	1.590	63,15 %	1,59 %
	Verbindlichkeit	641	25,46 %	0,64 %
	Termin	79	3,14 %	0,08 %
	Loyalität	64	2,54 %	0,06 %
	Seriosität	53	2,1 %	0,05 %
	Vertrauen	32	1,27 %	0,03 %
	Authentizität	31	1,23 %	0,03 %
	Pünktlichkeit	14	0,56 %	0,01 %
	Ehrlichkeit	10	0,4 %	0,01 %
	Delegation	3	0,12 %	0,0 %
	Glaubwürdigkeit	1	0,04 %	0,0 %
	Natürlichkeit	0	0,0 %	0,0 %
Summe		2.518	100,00 %	2,50 %
(15) Belastbarkeit	Belastbarkeit	2.290	92,08 %	2,29 %
	Stress	197	7,92 %	0,2 %
Summe		2.487	100,00 %	2,49 %
Gesamtsumme		100.065		100,00 %

Rundungsdifferenzen können zu einem Gesamtwert ungleich 100,00 % führen.

Tabelle T7: Verteilung der Kompetenzen der Top-15-Kompetenzfelder im Tätigkeitsfeld *Administration, Netzwerk und Architektur*

Kompetenzfeld (*KF*)	Kompetenz (*K*)	$H_{RITT_{KF}}(K)$	$h_{RITT_{KF}}(K)$	$h_{RITT}(K)$
(1) Selbstständigkeit	Selbstständigkeit	3771	44,65 %	7,28 %
	Verantwortung	1599	18,93 %	3,09 %
	Selbstverantwortung	1337	15,83 %	2,58 %
	Eigeninitiative	1335	15,81 %	2,58 %
	Proaktivität	181	2,14 %	0,35 %
	Selbstmanagement	115	1,36 %	0,22 %
	Pflichtbewusstsein	106	1,26 %	0,2 %
	Selbstbestimmung	2	0,02 %	0,0 %
Summe		8.446	100,00 %	16,30 %
(2) Team	Team	7320	92,88 %	14,14 %
	Kooperation	184	2,33 %	0,36 %
	Aufgeschlossenheit	153	1,94 %	0,3 %
	Kontaktfreudigkeit	86	1,09 %	0,17 %
	Hilfsbereitschaft	59	0,75 %	0,11 %
	Interkulturalität	37	0,47 %	0,07 %
	Integration	20	0,25 %	0,04 %
	Kollegialität	16	0,2 %	0,03 %
	Networking	6	0,08 %	0,01 %
Summe		7.881	100,00 %	15,23 %
(3) Kommunikation	Kommunikation	5312	99,98 %	10,26 %
	Argumentation	1	0,02 %	0,0 %
Summe		5.313	100,00 %	10,26 %
(4) Begeisterung	Begeisterung	1489	34,16 %	2,88 %
	Eigenmotivation	945	21,68 %	1,83 %
	Einsatzbereitschaft	869	19,94 %	1,68 %
	Leidenschaft	560	12,85 %	1,08 %
	Leistung	286	6,56 %	0,55 %
	Dynamik	116	2,66 %	0,22 %
	Enthusiasmus	65	1,49 %	0,13 %
	Einsatzfreude	29	0,67 %	0,06 %
Summe		4.359	100,00 %	8,43 %

(Fortsetzung Tabelle T7)

Kompetenzfeld (*KF*)	Kompetenz (*K*)	$H_{RITT_{KF}}(K)$	$h_{RITT_{KF}}(K)$	$h_{RITT}(K)$
(5) Analyse	Analyse	2982	69,56 %	5,76 %
	Lösung	1091	25,45 %	2,11 %
	Abstraktion	155	3,62 %	0,3 %
	Logik	57	1,33 %	0,11 %
	Vorstellungsvermögen	2	0,05 %	0,0 %
	Rationalität	0	0,0 %	0,0 %
Summe		4.287	100,00 %	8,28 %
(6) Flexibilität	Flexibilität	4034	99,21 %	7,79 %
	Anpassung	32	0,79 %	0,06 %
Summe		4.066	100,00 %	7,85 %
(7) Kundenorientierung	Kundenorientierung	2172	55,04 %	4,2 %
	Serviceorientierung	1013	25,67 %	1,96 %
	Dienstleistungsorientierung	514	13,03 %	0,99 %
	Moderation	183	4,64 %	0,35 %
	Zielgruppenorientierung	60	1,52 %	0,12 %
	Menschenkenntnis	4	0,1 %	0,01 %
	Zuhören	0	0,0 %	0,0 %
Summe		3.946	100,00 %	7,63 %
(8) Strukturiertheit	Strukturiertheit	2765	85,92 %	5,34 %
	Methodik	233	7,24 %	0,45 %
	Systematik	173	5,38 %	0,33 %
	Dokumentation	44	1,37 %	0,08 %
	Objektorientierung	3	0,09 %	0,01 %
Summe		3.218	100,00 %	6,21 %
(9) Konzeption	Konzeption	1271	66,89 %	2,45 %
	Organisation	534	28,11 %	1,03 %
	Koordination	44	2,32 %	0,08 %
	Planung	28	1,47 %	0,05 %
	Zeitmanagement	14	0,74 %	0,03 %
	Priorisierung	9	0,47 %	0,02 %
Summe		1.900	100,00 %	3,66 %

(Fortsetzung Tabelle T7)

Kompetenzfeld (*KF*)	Kompetenz (*K*)	$H_{RITT_{KF}}(K)$	$h_{RITT_{KF}}(K)$	$h_{RITT}(K)$
(10) Zuverlässigkeit	Zuverlässigkeit	1396	83,39 %	2,7 %
	Seriosität	101	6,03 %	0,2 %
	Verbindlichkeit	77	4,6 %	0,15 %
	Termin	27	1,61 %	0,05 %
	Loyalität	27	1,61 %	0,05 %
	Vertrauen	20	1,19 %	0,04 %
	Authentizität	12	0,72 %	0,02 %
	Pünktlichkeit	7	0,42 %	0,01 %
	Ehrlichkeit	3	0,18 %	0,01 %
	Delegation	3	0,18 %	0,01 %
	Glaubwürdigkeit	1	0,06 %	0,0 %
	Natürlichkeit	0	0,0 %	0,0 %
Summe		1.674	100,00 %	3,24 %
(11) Zielorientierung	Zielorientierung	791	50,58 %	1,53 %
	Ergebnisorientierung	452	28,9 %	0,87 %
	Zielstrebigkeit	105	6,71 %	0,2 %
	Zielgerichtetheit	96	6,14 %	0,19 %
	Erfolgsorientierung	66	4,22 %	0,13 %
	Ehrgeiz	49	3,13 %	0,09 %
	Konsequenz	5	0,32 %	0,01 %
Summe		1.564	100,00 %	3,02 %
(12) Qualität	Qualität	665	45,05 %	1,28 %
	Sorgfalt	468	31,71 %	0,9 %
	Genauigkeit	168	11,38 %	0,32 %
	Gewissenhaftigkeit	144	9,76 %	0,28 %
	Gründlichkeit	31	2,1 %	0,06 %
Summe		1.476	100,00 %	2,84 %

(Fortsetzung Tabelle T7)

Kompetenzfeld (*KF*)	Kompetenz (*K*)	$H_{RITT_{KF}}(K)$	$h_{RITT_{KF}}(K)$	$h_{RITT}(K)$
(13) Sicheres Auftreten	Sicheres Auftreten	639	46,95 %	1,23 %
	Souveränität	372	27,33 %	0,72 %
	Professionalität	137	10,07 %	0,26 %
	Selbstbewusstsein	90	6,61 %	0,17 %
	Routine	50	3,67 %	0,1 %
	Kompetentes Auftreten	30	2,2 %	0,06 %
	Selbstsicherheit	28	2,06 %	0,05 %
	Geschicklichkeit	11	0,81 %	0,02 %
	Gewandtheit	4	0,29 %	0,01 %
	Versiertheit	0	0,0 %	0,0 %
	Selbstvertrauen	0	0,0 %	0,0 %
Summe		1.361	100,00 %	2,62 %
(14) Kreativität	Kreativität	729	56,82 %	1,41 %
	Innovation	294	22,92 %	0,57 %
	Gestaltung	184	14,34 %	0,36 %
	Veränderung	45	3,51 %	0,09 %
	Konstruktivität	31	2,42 %	0,06 %
Summe		1.283	100,00 %	2,49 %
(15) Belastbarkeit	Belastbarkeit	931	93,01 %	1,8 %
	Stress	70	6,99 %	0,14 %
Summe		1.001	100,00 %	1,94 %
Gesamtsumme		51.775		100,00 %

Rundungsdifferenzen können zu einem Gesamtwert ungleich 100,00 % führen.

Tabelle T8: Verteilung der Kompetenzen der Top-15-Kompetenzfelder im Tätigkeitsfeld *Softwareentwicklung und Programmierung*

Kompetenzfeld (*KF*)	Kompetenz (*K*)	$H_{RITT_{KF}}(K)$	$h_{RITT_{KF}}(K)$	$h_{RITT}(K)$
(1) Team	Team	2.944	96,05 %	17,55 %
	Kooperation	58	1,89 %	0,35 %
	Aufgeschlossenheit	36	1,17 %	0,21 %
	Kontaktfreudigkeit	7	0,23 %	0,04 %
	Kollegialität	7	0,23 %	0,04 %
	Interkulturalität	6	0,20 %	0,04 %
	Hilfsbereitschaft	6	0,20 %	0,04 %
	Integration	1	0,03 %	0,01 %
	Networking	0	0,00 %	0,00 %
Summe		3.065	100,00	18,28 %
(2) Selbstständigkeit	Selbstständigkeit	1.294	45,36 %	7,71 %
	Verantwortung	491	17,21 %	2,93 %
	Selbstverantwortung	412	14,44 %	2,46 %
	Eigeninitiative	374	13,11 %	2,23 %
	Proaktivität	165	5,78 %	0,98 %
	Pflichtbewusstsein	70	2,45 %	0,42 %
	Selbstmanagement	44	1,54 %	0,26 %
	Selbstbestimmung	3	0,11 %	0,02 %
Summe		2.853	100,00	17,01 %
(3) Kommunikation	Kommunikation	1.709	100,00 %	10,19 %
	Argumentation	0	0,00 %	0,00 %
Summe		1.709	100,00 %	10,19 %
(4) Begeisterung	Begeisterung	712	41,74 %	4,24 %
	Eigenmotivation	446	26,14 %	2,66 %
	Leidenschaft	326	19,11 %	1,94 %
	Einsatzbereitschaft	121	7,09 %	0,72 %
	Leistung	53	3,11 %	0,32 %
	Enthusiasmus	29	1,70 %	0,17 %
	Dynamik	13	0,76 %	0,08 %
	Einsatzfreude	6	0,35 %	0,04 %
Summe		1.706	100,00	10,17 %

(Fortsetzung Tabelle T8)

Kompetenzfeld (*KF*)	Kompetenz (*K*)	$H_{RITT_{KF}}(K)$	$h_{RITT_{KF}}(K)$	$h_{RITT}(K)$
(5) Analyse	Analyse	944	74,86 %	5,63 %
	Lösung	223	17,68 %	1,33 %
	Abstraktion	65	5,15 %	0,39 %
	Logik	28	2,22 %	0,17 %
	Vorstellungsvermögen	1	0,08 %	0,01 %
	Rationalität	0	0,00 %	0,00 %
Summe		1.261	100,00 %	7,53 %
(6) Flexibilität	Flexibilität	1221	99,75 %	7,28 %
	Anpassung	3	0,25 %	0,02 %
Summe		1.224	100,00 %	7,30 %
(7) Kreativität	Kreativität	548	68,33 %	3,27 %
	Innovation	165	20,57 %	0,98 %
	Gestaltung	49	6,11 %	0,29 %
	Konstruktivität	26	3,24 %	0,15 %
	Veränderung	14	1,75 %	0,08 %
Summe		802	100,00 %	4,77 %
(8) Strukturiertheit	Strukturiertheit	598	76,67 %	3,56 %
	Methodik	85	10,90 %	0,51 %
	Systematik	79	10,13 %	0,47 %
	Dokumentation	14	1,79 %	0,08 %
	Objektorientierung	4	0,51 %	0,02 %
Summe		780	100,00 %	4,64 %
(9) Zielorientierung	Zielorientierung	399	54,07 %	2,38 %
	Ergebnisorientierung	195	26,42 %	1,16 %
	Ehrgeiz	45	6,10 %	0,27 %
	Erfolgsorientierung	40	5,42 %	0,24 %
	Zielgerichtetheit	34	4,61 %	0,20 %
	Zielstrebigkeit	17	2,30 %	0,10 %
	Konsequenz	8	1,08 %	0,05 %
Summe		739	100,00 %	4,40 %
(10) Qualität	Qualität	498	69,55 %	2,97 %
	Sorgfalt	82	11,45 %	0,49 %
	Genauigkeit	82	11,45 %	0,49 %
	Gewissenhaftigkeit	40	5,59 %	0,24 %
	Gründlichkeit	14	1,96 %	0,08 %
Summe		716	100,00 %	4,27 %

(Fortsetzung Tabelle T8)

Kompetenzfeld (*KF*)	Kompetenz (*K*)	$H_{RITT_{KF}}(K)$	$h_{RITT_{KF}}(K)$	$h_{RITT}(K)$
(11) Konzeption	Konzeption	562	79,60 %	3,35 %
	Organisation	104	14,73 %	0,62 %
	Planung	18	2,55 %	0,11 %
	Koordination	17	2,41 %	0,10 %
	Zeitmanagement	5	0,71 %	0,03 %
	Priorisierung	0	0,00 %	0,00 %
Summe		706	100,00 %	4,21 %
(12) Kundenorientierung	Kundenorientierung	353	86,95 %	2,10 %
	Serviceorientierung	26	6,40 %	0,15 %
	Dienstleistungsorientierung	17	4,19 %	0,10 %
	Zielgruppenorientierung	6	1,48 %	0,04 %
	Moderation	4	0,99 %	0,02 %
	Zuhören	0	0,00 %	0,00 %
	Menschenkenntnis	0	0,00 %	0,00 %
Summe		406	100,00 %	2,41 %
(13) Zuverlässigkeit	Zuverlässigkeit	321	87,70 %	1,91 %
	Verbindlichkeit	22	6,01 %	0,13 %
	Termin	8	2,19 %	0,05 %
	Loyalität	5	1,37 %	0,03 %
	Ehrlichkeit	4	1,09 %	0,02 %
	Authentizität	2	0,55 %	0,01 %
	Vertrauen	1	0,27 %	0,01 %
	Seriosität	1	0,27 %	0,01 %
	Natürlichkeit	1	0,27 %	0,01 %
	Glaubwürdigkeit	1	0,27 %	0,01 %
	Pünktlichkeit	0	0,00 %	0,00 %
	Delegation	0	0,00 %	0,00 %
Summe		366	100,00 %	2,19 %

(Fortsetzung Tabelle T8)

Kompetenzfeld (*KF*)	Kompetenz (*K*)	$H_{RITT_{KF}}(K)$	$h_{RITT_{KF}}(K)$	$h_{RITT}(K)$
(14) Sicheres Auftreten	Sicheres Auftreten	110	41,51 %	0,66 %
	Routine	43	16,23 %	0,26 %
	Professionalität	37	13,96 %	0,22 %
	Souveränität	32	12,08 %	0,19 %
	Selbstsicherheit	21	7,92 %	0,13 %
	Selbstbewusstsein	11	4,15 %	0,07 %
	Versiertheit	6	2,26 %	0,04 %
	Geschicklichkeit	3	1,13 %	0,02 %
	Kompetentes Auftreten	1	0,38 %	0,01 %
	Gewandtheit	1	0,38 %	0,01 %
	Selbstvertrauen	0	0,00 %	0,00 %
Summe		265	100,00 %	1,61 %
(15) Belastbarkeit	Belastbarkeit	157	87,22 %	0,94 %
	Stress	23	12,78 %	0,14 %
Summe		180	100,00 %	1,08 %
Gesamtsumme		16.777		100,00 %

Rundungsdifferenzen können zu einem Gesamtwert ungleich 100,00 % führen.

Tabelle T9: Verteilung der Kompetenzen der Top-15-Kompetenzfelder im Tätigkeitsfeld *Anwenderbetreuung und Support*

Kompetenzfeld (*KF*)	Kompetenz (*K*)	$H_{RITT_{KF}}(K)$	$h_{RITT_{KF}}(K)$	$h_{RITT}(K)$
(1) Kommunikation	Kommunikation	2702	99,96 %	15,92 %
	Argumentation	1	0,04 %	0,01 %
Summe		2.703	100,00 %	15,93 %
(2) Team	Team	2219	93,47 %	13,08 %
	Aufgeschlossenheit	53	2,23 %	0,31 %
	Kontaktfreudigkeit	36	1,52 %	0,21 %
	Hilfsbereitschaft	35	1,47 %	0,21 %
	Kooperation	15	0,63 %	0,09 %
	Kollegialität	12	0,51 %	0,07 %
	Interkulturalität	4	0,17 %	0,02 %
	Networking	0	0,00 %	0,00 %
	Integration	0	0,00 %	0,00 %
Summe		2.374	100,00 %	13,99 %
(3) Selbstständigkeit	Selbstständigkeit	1216	52,08 %	7,17 %
	Selbstverantwortung	527	22,57 %	3,11 %
	Verantwortung	343	14,69 %	2,02 %
	Eigeninitiative	190	8,14 %	1,12 %
	Proaktivität	25	1,07 %	0,15 %
	Selbstmanagement	20	0,86 %	0,12 %
	Pflichtbewusstsein	14	0,60 %	0,08 %
	Selbstbestimmung	0	0,00 %	0,00 %
Summe		2.335	100,00 %	13,77 %
(4) Kundenorientierung	Kundenorientierung	820	46,70 %	4,83 %
	Serviceorientierung	722	41,12 %	4,25 %
	Dienstleistungsorientierung	191	10,88 %	1,13 %
	Moderation	10	0,57 %	0,06 %
	Zuhören	7	0,40 %	0,04 %
	Zielgruppenorientierung	6	0,34 %	0,04 %
	Menschenkenntnis	0	0,00 %	0,00 %
Summe		1.756	100,00 %	10,35 %

(Fortsetzung Tabelle T9)

Kompetenzfeld (*KF*)	Kompetenz (*K*)	$H_{RITT_{KF}}(K)$	$h_{RITT_{KF}}(K)$	$h_{RITT}(K)$
(5) Analyse	Analyse	954	65,84 %	5,62 %
	Lösung	414	28,57 %	2,44 %
	Vorstellungsvermögen	56	3,86 %	0,33 %
	Logik	18	1,24 %	0,11 %
	Abstraktion	7	0,48 %	0,04 %
	Rationalität	0	0,00 %	0,00 %
Summe		1.449	100,00 %	8,54 %
(6) Begeisterung	Begeisterung	468	36,17 %	2,76 %
	Einsatzbereitschaft	336	25,97 %	1,98 %
	Eigenmotivation	302	23,34 %	1,78 %
	Leidenschaft	113	8,73 %	0,67 %
	Leistung	49	3,79 %	0,29 %
	Dynamik	14	1,08 %	0,08 %
	Enthusiasmus	10	0,77 %	0,06 %
	Einsatzfreude	2	0,15 %	0,01 %
Summe		1.294	100,00 %	7,63 %
(7) Flexibilität	Flexibilität	1.233	100,00 %	7,27 %
	Anpassung	0	0,00 %	0,00 %
Summe		1.233	100,00 %	7,27 %
(8) Belastbarkeit	Belastbarkeit	538	51,14 %	3,17 %
	Stress	514	48,86 %	3,03 %
Summe		1.052	100,00 %	6,20 %
(9) Qualität	Genauigkeit	353	55,24 %	2,08 %
	Sorgfalt	142	22,22 %	0,84 %
	Qualität	116	18,15 %	0,68 %
	Gewissenhaftigkeit	28	4,38 %	0,17 %
	Gründlichkeit	0	0,00 %	0,00 %
Summe		639	100,00 %	3,77 %
(10) Strukturiertheit	Strukturiertheit	465	90,82 %	2,74 %
	Systematik	24	4,69 %	0,14 %
	Methodik	13	2,54 %	0,08 %
	Dokumentation	10	1,95 %	0,06 %
	Objektorientierung	0	0,00 %	0,00 %
Summe		512	100,00 %	3,02 %

(Fortsetzung Tabelle T9)

Kompetenzfeld (*KF*)	Kompetenz (*K*)	$H_{RITT_{KF}}(K)$	$h_{RITT_{KF}}(K)$	$h_{RITT}(K)$
(11) Zuverlässigkeit	Zuverlässigkeit	414	83,98 %	2,44 %
	Verbindlichkeit	23	4,67 %	0,14 %
	Seriosität	22	4,46 %	0,13 %
	Termin	12	2,43 %	0,07 %
	Vertrauen	8	1,62 %	0,05 %
	Pünktlichkeit	7	1,42 %	0,04 %
	Loyalität	6	1,22 %	0,04 %
	Authentizität	1	0,20 %	0,01 %
	Natürlichkeit	0	0,00 %	0,00 %
	Glaubwürdigkeit	0	0,00 %	0,00 %
	Ehrlichkeit	0	0,00 %	0,00 %
	Delegation	0	0,00 %	0,00 %
Summe		493	100,00 %	2,92 %
(12) Konzeption	Konzeption	173	47,79 %	1,02 %
	Organisation	163	45,03 %	0,96 %
	Koordination	20	5,52 %	0,12 %
	Priorisierung	3	0,83 %	0,02 %
	Zeitmanagement	2	0,55 %	0,01 %
	Planung	1	0,28 %	0,01 %
Summe		362	100,00 %	2,14 %
(13) Zielorientierung	Zielorientierung	152	46,34 %	0,90 %
	Ergebnisorientierung	125	38,11 %	0,74 %
	Zielgerichtetheit	26	7,93 %	0,15 %
	Erfolgsorientierung	15	4,57 %	0,09 %
	Ehrgeiz	7	2,13 %	0,04 %
	Zielstrebigkeit	3	0,91 %	0,02 %
	Konsequenz	0	0,00 %	0,00 %
Summe		328	100,00 %	1,94 %

(Fortsetzung Tabelle T9)

Kompetenzfeld (*KF*)	Kompetenz (*K*)	$H_{RITT_{KF}}(K)$	$h_{RITT_{KF}}(K)$	$h_{RITT}(K)$
(14) Sicheres Auftreten	Sicheres Auftreten	118	47,97 %	0,70 %
	Souveränität	37	15,04 %	0,22 %
	Professionalität	33	13,41 %	0,19 %
	Selbstbewusstsein	17	6,91 %	0,10 %
	Kompetentes Auftreten	14	5,69 %	0,08 %
	Routine	13	5,28 %	0,08 %
	Geschicklichkeit	7	2,85 %	0,04 %
	Selbstsicherheit	5	2,03 %	0,03 %
	Gewandtheit	2	0,81 %	0,01 %
	Versiertheit	0	0,00 %	0,00 %
	Selbstvertrauen	0	0,00 %	0,00 %
Summe		246	100,00 %	1,45 %
(15) Kreativität	Kreativität	117	60,62 %	0,69 %
	Innovation	50	25,91 %	0,29 %
	Veränderung	12	6,22 %	0,07 %
	Gestaltung	11	5,70 %	0,06 %
	Konstruktivität	3	1,55 %	0,02 %
Summe		193	100,00 %	1,13 %
Gesamtsumme		16.969		100,00 %

Rundungsdifferenzen können zu einem Gesamtwert ungleich 100,00 % führen.

Tabelle T10: Top-15-Kompetenzfelder und deren absolute Häufigkeiten in unterschiedlichen Stellenanzeigen der vier IT-Tätigkeitsfelder, *Projektarbeit, Consulting und Vertrieb* (PCV), *Administration, Netzwerk und Architektur* (ANA), *Softwareentwicklung und Programmierung* (SP) und *Anwenderbetreuung und Support* (AS), im reduzierten IT-Textkorpus

Kompetenzfeld (KF)	$H_{RITT_{PCV}}(KF)$	$H_{RITT_{ANA}}(KF)$	$H_{RITT_{SP}}(KF)$	$H_{RITT_{AS}}(KF)$	$H_{RITT}(KF)$
Selbstständigkeit	12.259	6.539	2.294	1.768	22.860
Team	13.506	7.604	3.022	2.295	26.427
Kommunikation	11.786	5.313	1.709	2.702	21.510
Begeisterung	7.248	3.784	1.526	1.055	13.613
Analyse	7.157	3.798	1.140	1.241	13.336
Flexibilität	7.987	4.057	1.221	1.233	14.498
Kundenorientierung	4.455	3.664	402	1.580	10.101
Strukturiertheit	4.833	3.099	754	505	9.191
Zielorientierung	4.177	1.406	677	312	6.572
Konzeption	3.840	1.804	673	350	6.667
Sicheres Auftreten	3.398	1.268	250	228	5.144
Kreativität	2.818	1.203	737	177	4.935
Qualität	2.514	1.394	669	618	5.195
Zuverlässigkeit	2.416	1.623	352	473	4.864
Belastbarkeit	2.436	990	170	1.045	4.641

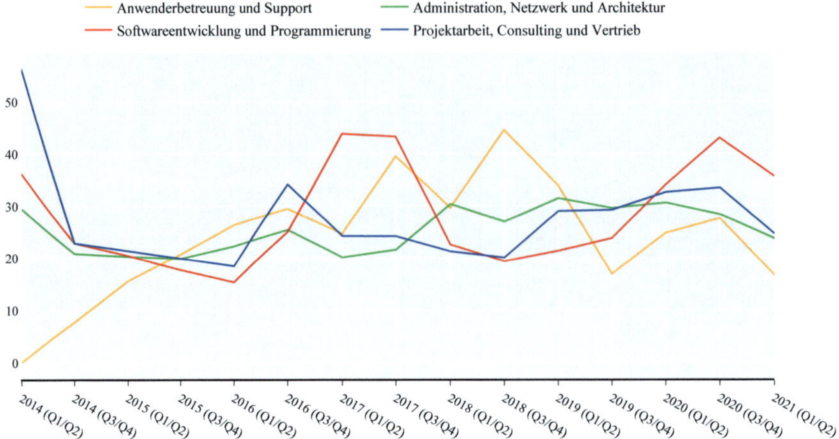

Abbildung A7: Prozentuale, halbjährliche Verteilung des IT-Kompetenzfeldes *Begeisterung* je IT-Tätigkeitsfeld (eigene Darstellung)

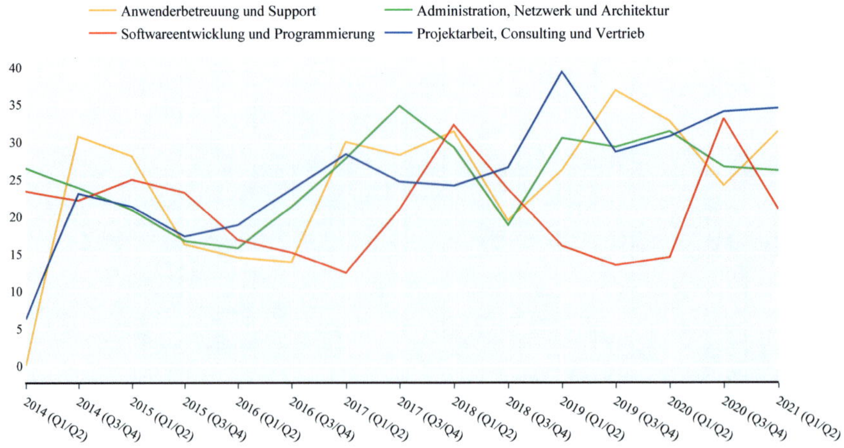

Abbildung A8: Prozentuale, halbjährliche Verteilung des IT-Kompetenzfeldes *Analyse* je IT-Tätigkeitsfeld (eigene Darstellung)

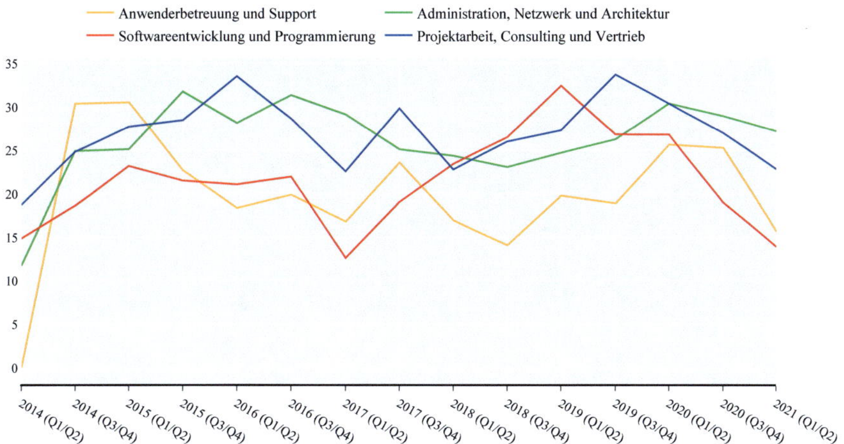

Abbildung A9: Prozentuale, halbjährliche Verteilung des IT-Kompetenzfeldes *Flexibilität* je IT-Tätigkeitsfeld (eigene Darstellung)

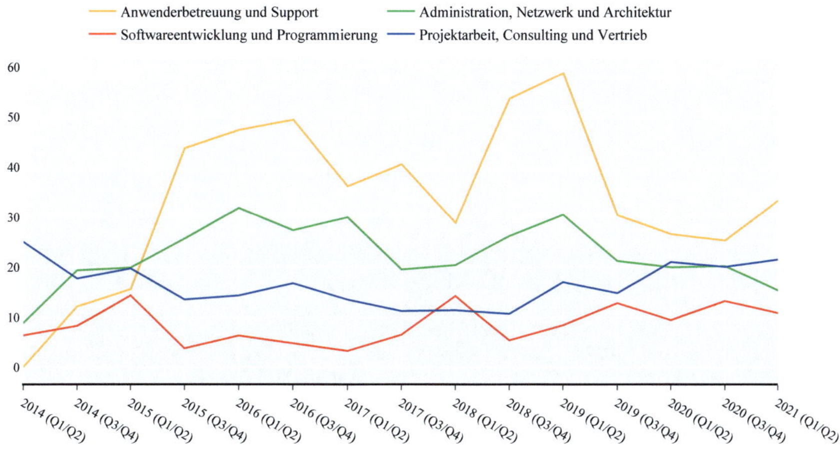

Abbildung A10: Prozentuale, halbjährliche Verteilung des IT-Kompetenzfeldes *Kundenorientierung* je IT-Tätigkeitsfeld (eigene Darstellung)

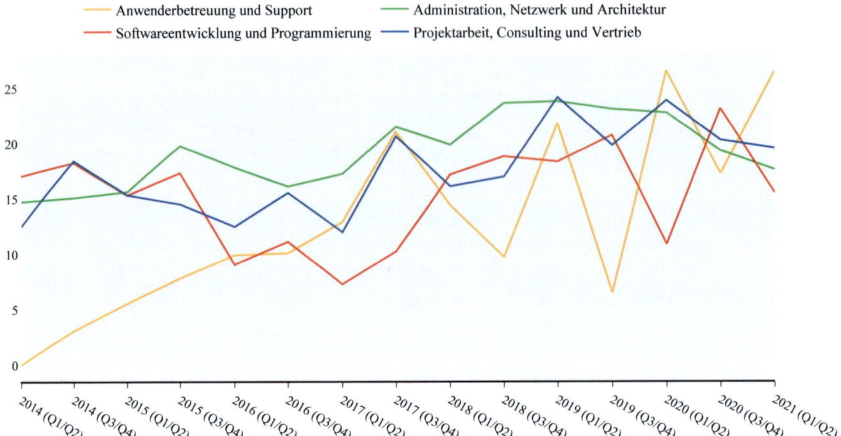

Abbildung A11: Prozentuale, halbjährliche Verteilung des IT-Kompetenzfeldes *Strukturiertheit* je IT-Tätigkeitsfeld (eigene Darstellung)

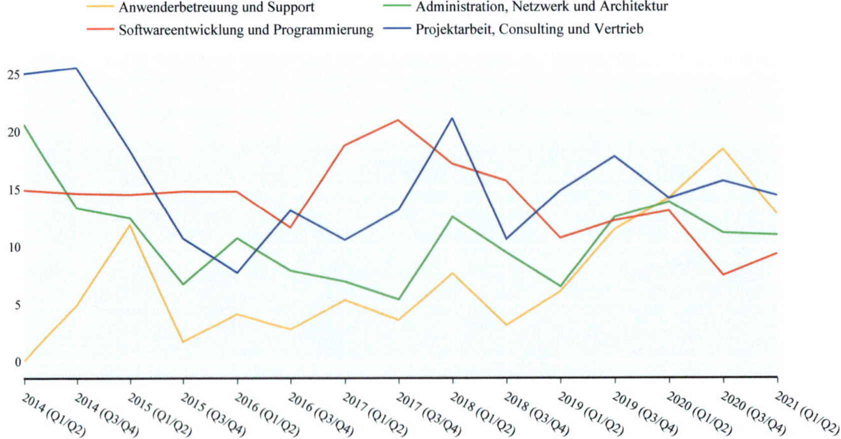

Abbildung A12: Prozentuale, halbjährliche Verteilung des IT-Kompetenzfeldes *Zielorientierung* je IT-Tätigkeitsfeld (eigene Darstellung)

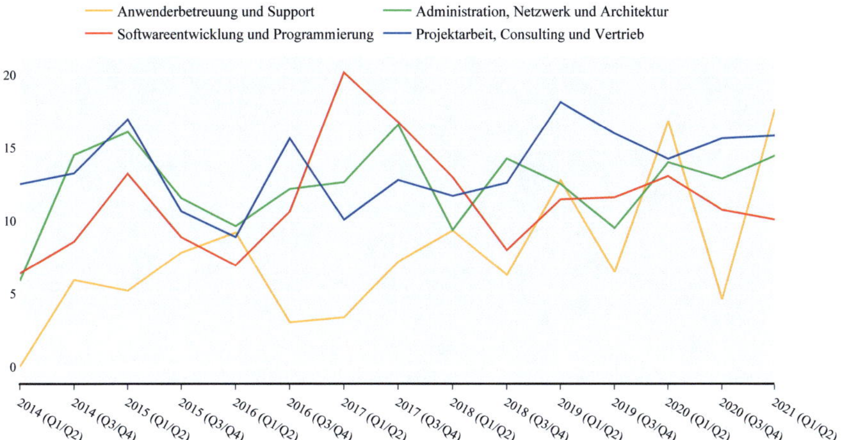

Abbildung A13: Prozentuale, halbjährliche Verteilung des IT-Kompetenzfeldes *Konzeption* je IT-Tätigkeitsfeld (eigene Darstellung)

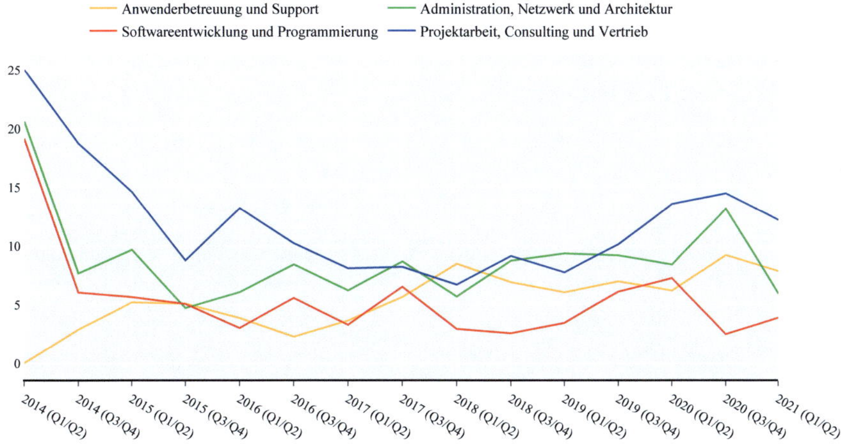

Abbildung A14: Prozentuale, halbjährliche Verteilung des IT-Kompetenzfeldes *Sicheres Auftreten* je IT-Tätigkeitsfeld (eigene Darstellung)

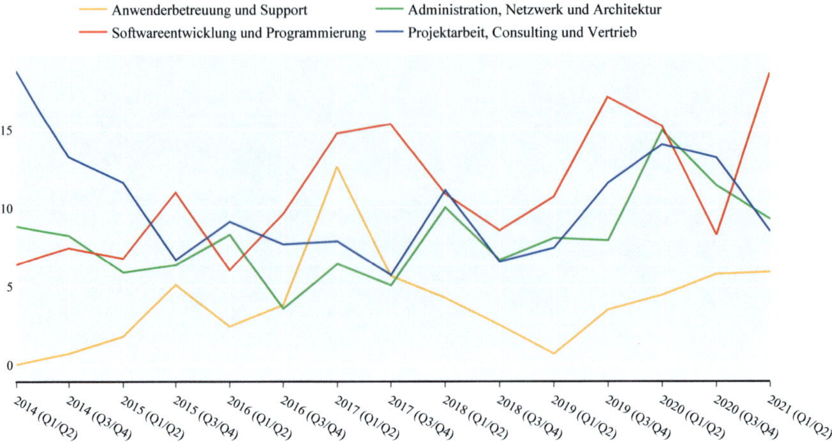

Abbildung A15: Prozentuale, halbjährliche Verteilung des IT-Kompetenzfeldes *Kreativität* je IT-Tätigkeitsfeld (eigene Darstellung)

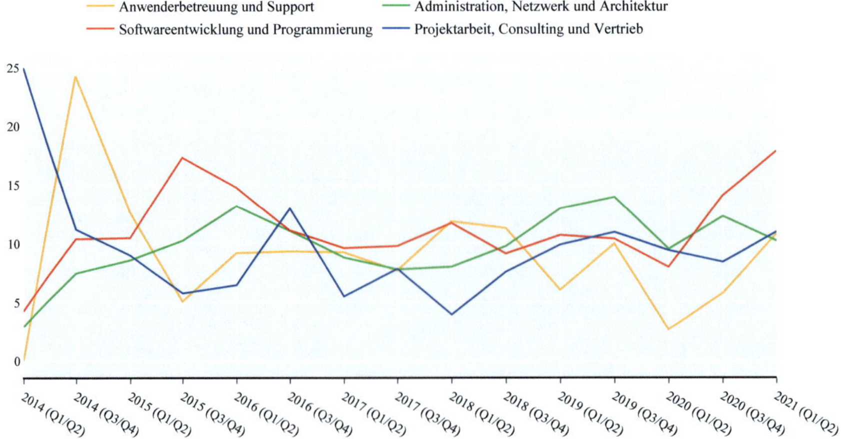

Abbildung A16: Prozentuale, halbjährliche Verteilung des IT-Kompetenzfeldes *Qualität* je IT-Tätigkeitsfeld (eigene Darstellung)

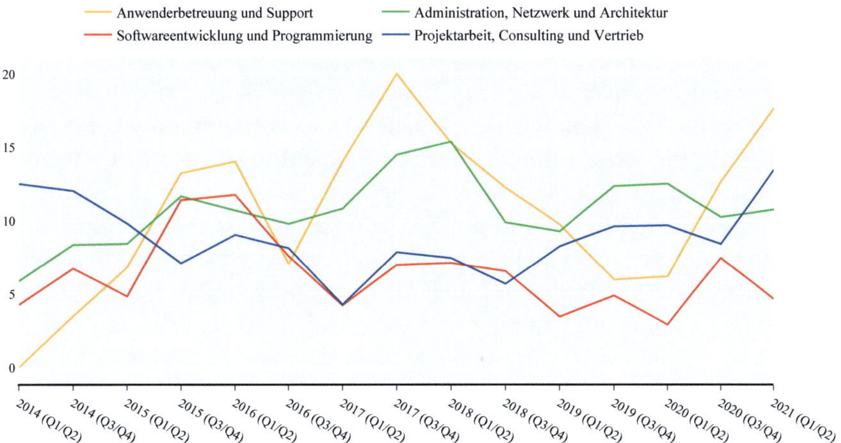

Abbildung A17: Prozentuale, halbjährliche Verteilung des IT-Kompetenzfeldes *Zuverlässigkeit* je IT-Tätigkeitsfeld (eigene Darstellung)

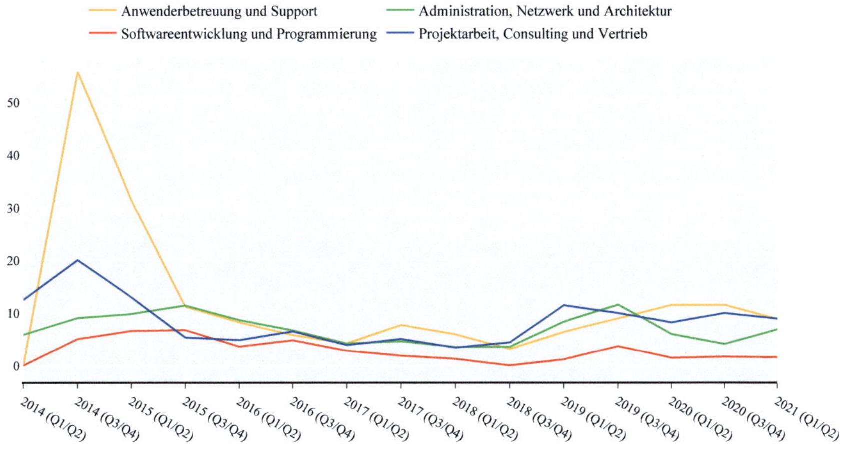

Abbildung A18: Prozentuale, halbjährliche Verteilung des IT-Kompetenzfeldes *Belastbarkeit* je IT-Tätigkeitsfeld (eigene Darstellung)

Post-hoc-Tests: Die Resultate der Post-hoc-Tests der paarweisen Mittelwertvergleiche auf Grundlage einer einfaktoriellen Varianzanalyse finden sich in den nachfolgenden Abbildungen (A21 bis A20). Der alpha-Wert wurde mit 0,05 festgelegt, um je betrachtetem Kompetenzfeld in Abhängigkeit eines Tätigkeitsfeldes die Nullhypothese H_0 *Es existiert kein signifikanter Unterschied im Auftreten eines Kompetenzfeldes innerhalb eines spezifischen Tätigkeitsfeldes im Vergleich zu allen anderen Tätigkeitsfeldern* zu überprüfen. Aus den Werten der nachfolgenden Tabellen kann entnommen werden, dass diese Hypothese für die jeweils durchgeführten Betrachtungen verworfen werden kann ($p < alpha$). Eine Ausnahme bildet die Analyse in Bezug auf das Kompetenzfeld *Qualität* (siehe Abbildung A19 und A20). Diese zeigt, dass sich das Auftreten dieses Kompetenzfeldes zwischen den Tätigkeitsfeldern *Anwenderbetreuung und Support* und *Softwareentwicklung und Programmierung* nicht signifikant unterscheidet, jedoch dieses Kompetenzfeld signifikant häufiger in diesen beiden Tätigkeitsfeldern auftritt als im Vergleich zu *Administration, Netzwerk und Architektur* und *Projektarbeit, Consulting und Vertrieb*, die wiederum untereinander ebenfalls keine signifikanten Unterschiede in der Nennung dieses Kompetenzfeldes zeigen.

Zudem finden sich weitere Darstellungen von Mittelwertdiagrammen je betrachtetem Kompetenzfeld, welche die prozentualen Werte des Auftretens eines Kompetenzfeldes (siehe Heatmap in Abbildung 5.9) über alle vier Tätigkeitsfelder darstellen.

Abhängige Variable	(I) Tätigkeitsfeld	(J) Tätigkeitsfeld	Mittelwertdifferenz (I-J)	Std.-Fehler	Sig.	95% Konfidenzintervall	
						Untergrenze	Obergrenze
Kompetenzfeld Qualität	Anwenderbetreuung und Support	Administration, Netzwerk und Architektur	0,031	0,005	0,000	0,02	0,04
		Softwareentwicklung und Programmierung	0,001	0,006	1,000	-0,02	0,02
		Projektarbeit, Consulting und Vertrieb	,035*	0,005	0,000	0,02	0,05
	Administration, Netzwerk und Architektur	Anwenderbetreuung und Support	-0,031	0,005	0,000	-0,04	-0,02
		Softwareentwicklung und Programmierung	-0,03	0,005	0,000	-0,04	-0,02
		Projektarbeit, Consulting und Vertrieb	0,004	0,003	0,736	0,00	0,01
	Softwareentwicklung und Programmierung	Anwenderbetreuung und Support	-0,001	0,006	1,000	-0,02	0,02
		Administration, Netzwerk und Architektur	0,03	0,005	0,000	0,02	0,04
		Projektarbeit, Consulting und Vertrieb	0,034	0,005	0,000	0,02	0,05
	Projektarbeit, Consulting und Vertrieb	Anwenderbetreuung und Support	-0,035	0,005	0,000	-0,05	-0,02
		Administration, Netzwerk und Architektur	-0,004	0,003	0,736	-0,01	0,00
		Softwareentwicklung und Programmierung	-0,034	0,005	0,000	-0,05	-0,02

Abbildung A19: Aufstellung der paarweisen Vergleiche auf Grundlage einer einfaktoriellen Varianzanalyse für das Kompetenzfeld *Qualität* (eigene Darstellung)

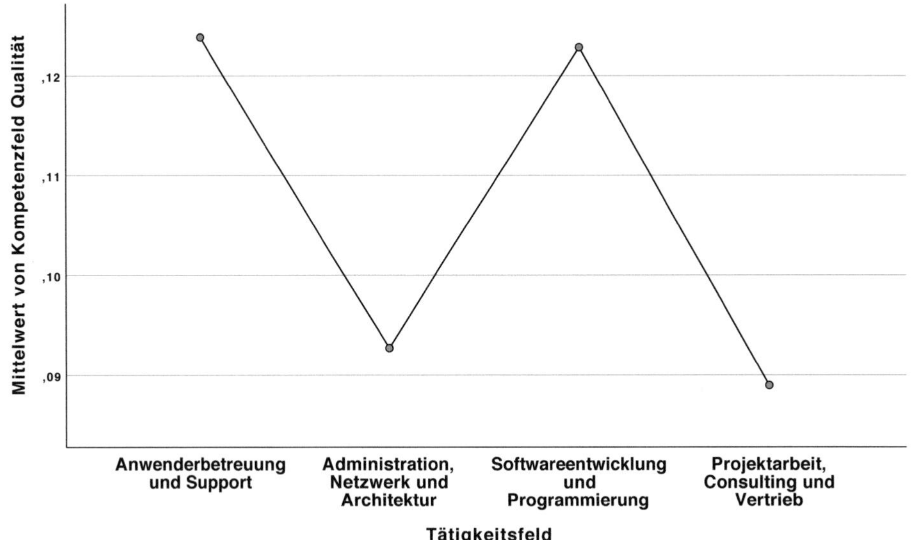

Abbildung A20: Mittelwertdiagramm für das Kompetenzfeld *Qualität* in Bezug auf die vier Tätigkeitsfelder (eigene Darstellung)

Abhängige Variable	(I) Tätigkeitsfeld	(J) Tätigkeitsfeld	Mittelwertdifferenz (I-J)	Std.-Fehler	Sig.	95% Konfidenzintervall	
						Untergrenze	Obergrenze
Kompetenzfeld Analyse	Anwenderbetreuung und Support	Administration, Netzwerk und Architektur	-0,004	0,007	0,994	-0,02	0,01
		Softwareentwicklung und Programmierung	0,039	0,008	0,000	0,02	0,06
		Projektarbeit, Consulting und Vertrieb	-0,005	0,007	0,982	-0,02	0,01
	Administration, Netzwerk und Architektur	Anwenderbetreuung und Support	0,004	0,007	0,994	-0,01	0,02
		Softwareentwicklung und Programmierung	0,043	0,007	0,000	0,03	0,06
		Projektarbeit, Consulting und Vertrieb	-0,001	0,004	1,000	-0,01	0,01
	Softwareentwicklung und Programmierung	Anwenderbetreuung und Support	-0,039	0,008	0,000	-0,06	-0,02
		Administration, Netzwerk und Architektur	-0,043	0,007	0,000	-0,06	-0,03
		Projektarbeit, Consulting und Vertrieb	-0,044	0,006	0,000	-0,06	-0,03
	Projektarbeit, Consulting und Vertrieb	Anwenderbetreuung und Support	0,005	0,007	0,982	-0,01	0,02
		Administration, Netzwerk und Architektur	0,001	0,004	1,000	-0,01	0,01
		Softwareentwicklung und Programmierung	0,044	0,006	0,000	0,03	0,06

Abbildung A21: Aufstellung der paarweisen Vergleiche auf Grundlage einer einfaktoriellen Varianzanalyse für das Kompetenzfeld *Analyse* (eigene Darstellung)

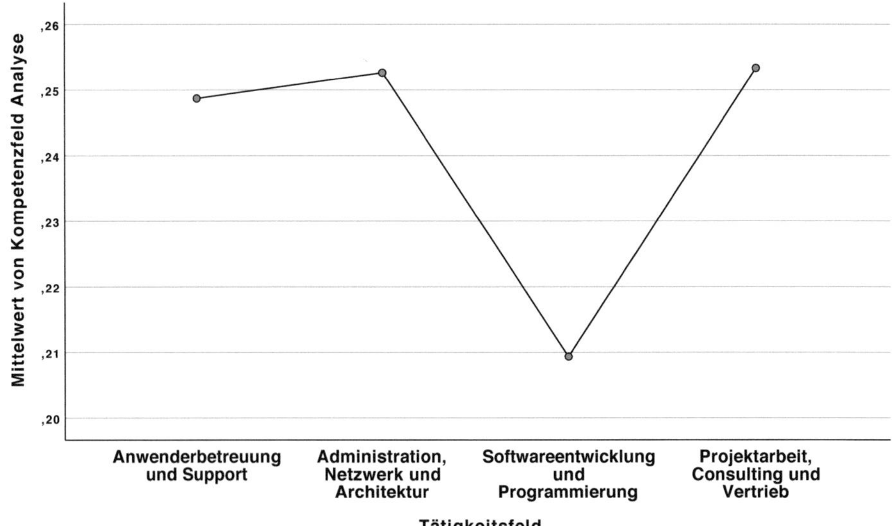

Abbildung A22: Mittelwertdiagramm für das Kompetenzfeld *Analyse* in Bezug auf die vier Tätigkeitsfelder (eigene Darstellung)

Abhängige Variable	(I) Tätigkeitsfeld	(J) Tätigkeitsfeld	Mittelwertdifferenz (I-J)	Std.-Fehler	Sig.	95% Konfidenzintervall	
						Untergrenze	Obergrenze
Kompetenzfeld Selbstständigkeit	Anwenderbetreuung und Support	Administration, Netzwerk und Architektur	-0,081	0,008	0,000	-0,10	-0,06
		Softwareentwicklung und Programmierung	-0,067	0,010	0,000	-0,09	-0,04
		Projektarbeit, Consulting und Vertrieb	-0,08	0,007	0,000	-0,10	-0,06
	Administration, Netzwerk und Architektur	Anwenderbetreuung und Support	0,081	0,008	0,000	0,06	0,10
		Softwareentwicklung und Programmierung	0,014	0,008	0,391	-0,01	0,03
		Projektarbeit, Consulting und Vertrieb	0,001	0,005	1,000	-0,01	0,01
	Softwareentwicklung und Programmierung	Anwenderbetreuung und Support	0,067	0,010	0,000	0,04	0,09
		Administration, Netzwerk und Architektur	-0,014	0,008	0,391	-0,03	0,01
		Projektarbeit, Consulting und Vertrieb	-0,013	0,007	0,404	-0,03	0,01
	Projektarbeit, Consulting und Vertrieb	Anwenderbetreuung und Support	0,08	0,007	0,000	0,06	0,10
		Administration, Netzwerk und Architektur	-0,001	0,005	1,000	-0,01	0,01
		Softwareentwicklung und Programmierung	0,013	0,007	0,404	-0,01	0,03

Abbildung A23: Aufstellung der paarweisen Vergleiche auf Grundlage einer einfaktoriellen Varianzanalyse für das Kompetenzfeld *Selbstständigkeit* (eigene Darstellung)

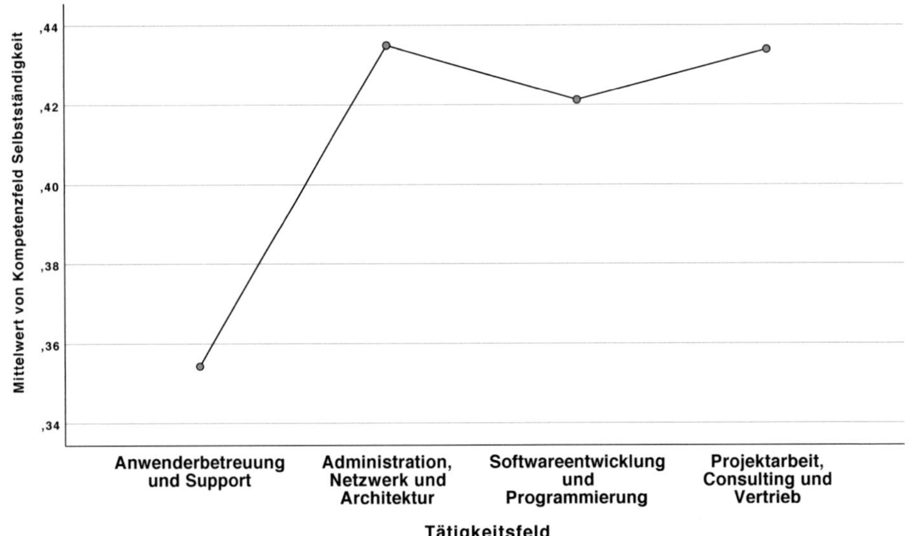

Abbildung A24: Mittelwertdiagramm für das Kompetenzfeld *Selbstständigkeit* in Bezug auf die vier Tätigkeitsfelder (eigene Darstellung)